westermann

Rahmenthemen 5 bis 7

Literatur und Sprache von 1945 bis zur Gegenwart
Sprache und Sprachgebrauch reflektieren
Medienwelten

Schülerarbeitsbuch
GRUNDBAND II
DEUTSCH · NIEDERSACHSEN

Das **Schülerarbeitsbuch Grundband II Niedersachsen** wurde erarbeitet von:

Jan Janssen Bakker
Dr. Peter Bekes
Karin Cohrs
Julian Eilmann
Falk Freyberg
Peter Noss
Dennis Strömsdörfer

herausgegeben von Karin Cohrs

westermann GRUPPE

© 2020 Bildungshaus Schulbuchverlage Westermann Schroedel Diesterweg Schöningh Winklers GmbH, Georg-Westermann-Allee 66, 38104 Braunschweig
www.westermann.de

Das Werk und seine Teile sind urheberrechtlich geschützt.
Jede Nutzung in anderen als den gesetzlich zugelassenen bzw. vertraglich zugestandenen Fällen bedarf der vorherigen schriftlichen Einwilligung des Verlages. Nähere Informationen zur vertraglich gestatteten Anzahl von Kopien finden Sie auf www.schulbuchkopie.de.

Für Verweise (Links) auf Internet-Adressen gilt folgender Haftungshinweis:
Trotz sorgfältiger inhaltlicher Kontrolle wird die Haftung für die Inhalte der externen Seiten ausgeschlossen. Für den Inhalt dieser externen Seiten sind ausschließlich deren Betreiber verantwortlich. Sollten Sie daher auf kostenpflichtige, illegale oder anstößige Inhalte treffen, so bedauern wir dies ausdrücklich und bitten Sie, uns umgehend per E-Mail davon in Kenntnis zu setzen, damit beim Nachdruck der Verweis gelöscht wird.

Druck A^3 / Jahr 2022
Alle Drucke der Serie A sind im Unterricht parallel verwendbar.

Redaktion: Christiane Weber
Umschlaggestaltung: LIO Design GmbH, Braunschweig
Druck und Bindung: Westermann Druck Zwickau GmbH, Crimmitschauer Straße 43, 08058 Zwickau

ISBN: 978-3-14-**169006**-4

Bitte beachten Sie, dass dieser Band nicht einzeln erhältlich ist, sondern nur über das Schülerpaket II bezogen werden kann.

Weitere Informationen und Materialien im Internet:

www.westermann.de/Schroedel-Abitur-Niedersachsen
www.westermann.de/Schroedel-Lektueren
www.westermann.de/Schroedel-Interpretationen

Das erwartet Sie …

Liebe Schülerinnen und Schüler,

die ersten beiden Halbjahre der Oberstufe liegen nun hinter Ihnen. Damit Sie auch zukünftig nicht den Durchblick verlieren, finden Sie hier eine Übersicht darüber, was Sie im Deutschunterricht bis zum Abitur erwartet.

Für das Fach Deutsch sieht der für Sie relevante Lehrplan, das niedersächsische Kerncurriculum (KC), in den vier Halbjahren insgesamt **sieben Rahmenthemen** vor: zwei pro Halbjahr, eins im Prüfungshalbjahr. Ein Rahmenthema, z.B. *Literatur und Sprache um 1800*, enthält immer ein **Pflichtmodul**, das für alle Oberstufenschüler in Niedersachsen verpflichtend ist, hier z. B. *Romantik als Gegenbewegung zur Aufklärung?* Zusätzlich muss ein weiteres **Wahlpflichtmodul** behandelt werden. Dazu schlägt das KC pro Rahmenthema acht Module – insgesamt folglich 56 Module – vor, aus denen Ihre Lehrerin oder Ihr Lehrer bzw. Sie als Kurs auswählen können. Die Reihe „Schroedel Abitur" Deutsch (Niedersachsen) besteht aus folgenden Werkteilen:
Für das 1. Schuljahr in der Qualifikationsphase: **Grundband I + Ergänzungsband I** (Rahmenthemen 1 bis 4)
Für das 2. Schuljahr in der Qualifikationsphase: **Grundband II + Ergänzungsband II** (Rahmenthemen 5 bis 7)
Die Grundbände enthalten die Pflichtmodule für alle Rahmenthemen sowie für jedes Rahmenthema jeweils ein ausgewähltes Wahlpflichtmodul.

Die Ergänzungsbände enthalten die für Ihren Abiturjahrgang prüfungsrelevanten Wahlpflichtmodule sowie ggf. ergänzende Wahlpflichtmodule.

Übersicht über **die Grundbände**:

Rahmenthema	Pflichtmodul	Wahlpflichtmodul
1 Lit. u. Sprache um 1800	Romantik als Gegenbewegung zur Aufklärung?	WPM 5 Gegenwelten in der Romantik
2 Drama und Kommunikation	Gestaltungsmittel des Dramas	WPM 4 Familie im Drama
3 Lit. u. Sprache um 1900	Krise und Erneuerung des Erzählens	WPM 5 Frauenbilder von Effi bis Else
4 Vielfalt lyrischen Sprechens	Was ist der Mensch? Lebensfragen und Sinnentwürfe	WPM 2 Unterschiedliche Sichtweisen von Natur
5 Lit. u. Sprache von 1945 bis zur Gegenwart	Wirklichkeitserfahrungen und Lebensgefühle junger Menschen	WPM 4 Auf der Suche nach dem Ich – Identitätsprobleme
6 Reflexion über Sprache und Sprachgebrauch	Tendenzen in der deutschen Gegenwartssprache	WPM 1 Sprachliche Vielfalt: Der multidimensionale Varietätenraum der deutschen Sprache
7 Medienwelten	Medien im Wandel	WPM 3 Der Film als eigene Kunstform

Zu jedem Pflichtmodul wird Ihnen ein ausführliches **Klausurtraining** angeboten, in dem Sie schrittweise an das Verfassen verschiedener Textsorten und an die Bewältigung unterschiedlicher Aufgabenformate herangeführt werden.

Der Weg ist das Ziel!

Wir wünschen Ihnen in diesem Sinne viel Freude und Erfolg im Deutschunterricht der Oberstufe!

INHALTSVERZEICHNIS

Das erwartet Sie ... 3

Rahmenthema 5: Literatur und Sprache von 1945 bis zur Gegenwart 8

P Pflichtmodul: Wirklichkeitserfahrungen und Lebensgefühle junger Menschen – Literatur und Sprache von der Nachkriegszeit bis in die Gegenwart 9

Literatur der Nachkriegszeit 10
- Sich mit dem Schicksal der Rückkehrenden auseinandersetzen 10

Kahlschlagliteratur – Trümmerliteratur 12
- Den Versuch eines sprachlichen Neuanfangs verstehen 12

Auseinandersetzung mit dem Holocaust 17
- Literarische Verarbeitungen des Unvorstellbaren analysieren 17
- Zeugnisse der Gräuel in den Konzentrationslagern kennenlernen 20

Individuelle Adoleszenzerfahrungen 24
- Sich mit der deutschen Teilung auseinandersetzen 24
- Eine literarische Verarbeitung der Unfreiheit bewerten 26

Mein Platz in der Welt – Identitätsfindung 28
- Jugendliches Verhalten erfassen und reflektieren 28
- Identitätsprobleme erkennen 31

Lebensvorstellungen und Sinnentwürfe im Kontrast 33
- Das Themenfeld „Protest" anhand lyrischer und epischer Texte erschließen 33

Aufbruch / oder Ausbruch? 39
- Epische Texte zum Themenfeld „Aufbruch / Ausbruch" interpretieren 39

„Die Jugend von heute" 42
- Einen Roman über Jugendliche kennenlernen 42
- Einen pragmatischen Text über Jugendliche erschließen und diskutieren 43

Norm und Abweichung in literarischer Sprache 45
- Beurteilungskriterien entwickeln und anwenden 45
- Normabweichungen in literarischen Texten herausarbeiten 47

E Lebenswelten junger Menschen im Spiegel pragmatischer Texte 50
- Einen pragmatischen Text zur Generationenfrage analysieren 50
- Ergebnisse von Jugendstudien erarbeiten und reflektieren 53

K Klausurtraining 56
- Aufgabenart: Interpretation eines literarischen Textes 56

Wahlpflichtmodul 4: Auf der Suche nach dem Ich – Identitätsprobleme 62
- Aspekte der eigenen Identität kennenlernen 62

Ges - ICH - ter 63
- Selbstbilder erstellen und reflektieren 63
- Literarische Texte als Selbstbilder analysieren 65

Selbstbild – Fremdbild – Wunschbild 66
Verschiedene Ebenen der Identität differenzieren 66
Erfahrungen von Identitätsdiebstahl in den digitalen Medien reflektieren 67

Phasen der Identitätsentwicklung 68
Ein Identitätsmodell auf literarische Texte übertragen 68

Das Blütenstaubzimmer 70
Sich einem literarischen Werk über die Identität der Autorin annähern 70
Einen literarischen Text unter dem Aspekt der Identitätsproblematik analysieren 72

Der Vater – (nur) der Geliebte der Mutter? 76
Mögliche Handlungsstrukturen eines Romans entwerfen und mit dem Original vergleichen 76

Identität in der Migration und Fremde 78
Möglichkeiten der Identitätsbehauptung in einer fremden Kultur reflektieren 78

Rahmenthema 6: Reflexion über Sprache und Sprachgebrauch 80

P Pflichtmodul: Tendenzen in der deutschen Gegenwartssprache 81

Deutsch heute 82
Gesellschaftliche Entwicklungen auf die Gegenwartssprache reflektieren 82

Perspektiven auf Deutsch 84
Sprachliche Entwicklungen beschreiben und vergleichend einordnen 84

„Lass ma so Kino gehen" – Kiezdeutsch 86
Die kommunikative Funktion von Varietäten des Deutschen erschließen 86

Einflüsse anderer Sprachen 88
Zum Einfluss von Anglizismen im Deutschen begründet Stellung nehmen 88

Vorschreiben oder Beschreiben? 90
Sich mit Tendenzen der Sprachpflege auseinandersetzen 90

Populäre Sprachkritik 92
Tabuwörter begründet in den aktuellen Sprachgebrauch einordnen 92

Das Unwort des Jahres 94
Tendenzen der Sprachkritik unterscheiden 94

Wie vergesslich ist das Internet? 96
Kritisch zu aktuellen Diskussionen über Mediennutzung Stellung nehmen 96

E „Die Bedeutung eines Wortes ist sein Gebrauch in der Sprache" 98
Sprachwandel theoretisch erklären, reflektieren und kritisch einordnen 98

K Klausurtraining 100
Adressatenbezogenes Schreiben: einen pragmatischen Text adressatenbezogen verfassen 100

INHALTSVERZEICHNIS

Wahlpflichtmodul 1: Sprachliche Vielfalt: Der multidimensionale Varietätenraum der deutschen Sprache 106

„Es sind in der deutschen Sprache viel Dialecti" 107
Die Geschichte der Dialekte in Deutschland nachvollziehen 107
Vor- und Nachteile des Dialektsprechens untersuchen 111

Sprache ist ein soziales Phänomen 113
Grundlagen der Soziolinguistik kennenlernen 113
Innere Mehrsprachigkeit verstehen 115

Politikum: Berlinerisch – Politikum: Sächsisch 116
Die gesellschaftspolitische Bedeutung von Dialekten analysieren 116

„Da fressen Se eenen Besen druff!" 120
Die Verwendung des Berliner Dialekts in einer Romanpassage analysieren und beurteilen 120

„Neuer Dialekt!" – „Rassistisch!" 122
Die Auseinandersetzung um Kiezdeutsch analysieren und bewerten 122

Ergebnisse der Soziolinguistik: elaborierter und restringierter Code 125
Die Definition der Codes kennenlernen 125

Rahmenthema 7: Medienwelten 130

P Pflichtmodul: Medien im Wandel 131

„Das Medium ist die Botschaft!" 132
Medienwissenschaftliche Begriffe lernen und anwenden können 132

„Wer viel studiert, wird ein Phantast" 136
Mediengeschichte als Kulturgeschichte nachvollziehen und kritisch bewerten 136

Wahlfreiheit und Wahlzwang durchdringen sich 140
Aktuelle Mediennutzung untersuchen und beurteilen 140

E „Die politischen Folgen sind unabsehbar" 149
Medienkritik analysieren und kritisch bewerten 149

K Klausurtraining 154

Wahlpflichtmodul 3: Der Film als eigene Kunstform 158

Motive filmischen Erzählens 158

Filmisches Erzählen: Einstellungsgrößen 159
Filmische Bildgestaltung und ihre expressive Funktion untersuchen 159

Die große Liebe? Filmthemen in Spielfilmen 160
Die thematischen Grundlagen eines Films erkennen und analysieren 160

Filmische Dramaturgie 161
Konventionen von Filmdrehbüchern kennenlernen 161

Absolute Giganten 163
Filmwissen auf einen Spielfilm anwenden 163

Die Filmexposition 164
    Filmsprachliche Mittel im ästhetischen Gesamtzusammenhang erschließen 164

„Ich muss woanders hin!": Figurenzeichnung 165
    Die Charakterisierung von Haupt- und Nebenfiguren in Spielfilmen analysieren 165

Handlungsorte erzählen 167
    Die Bedeutung von Handlungsorten und Requisiten in Filmszenen entschlüsseln 167

Die Kamera als Erzähler 168
    Kamerabewegungen im narrativen Kontext untersuchen 168

Westernshowdown in Hamburg 169
    Filmhistorische Bezüge und Zitate erkennen 169

Die filmische Heldenreise 169
    Mythologische Erzähltraditionen im modernen Film nachweisen 169

Eine Filmhandlung abschließen 171
    Das Ende von *Absolute Giganten* untersuchen 171

Coming of Age: Erwachsenwerden als Filmthema 172
    Filmthemen im historischen Kontext bewerten 172

Informieren, interpretieren, werten: Filmkritiken 173
    Merkmale der Textgattung Filmkritik kennenlernen und produktiv anwenden 173

Wie wurde der Film gemacht? 175
    Anhand von Kriterien einen Film analysieren 175

Auf einen Blick 177

Methoden und Arbeitstechniken 179

Klausurwissen 185

Fachbegriffe 195

Literaturgeschichtlicher Überblick 208

Anhang 235
    Stichwortregister 229
    Textquellen 232
    Bildquellen 237

RAHMENTHEMA
Literatur und Sprache von 1945 bis zur Gegenwart

Pflichtmodul:
Wirklichkeitserfahrungen und Lebensgefühle junger Menschen 9

Dieses Kapitel behandelt Lebenserfahrungen junger Menschen seit 1945. Dabei lernen Sie unterschiedliche literarische Verarbeitungen von Adoleszenz kennen, die häufig in Verbindung zum jeweiligen historischen Kontext stehen. Texte aus den drei Gattungen Epik, Dramatik und Lyrik beschäftigen sich mit der Verarbeitung des Zweiten Weltkriegs, mit der deutschen Teilung und dem Leben in der DDR, mit den Auswirkungen des Mauerfalls sowie mit aktuellen Wirklichkeitserfahrungen, zeittypischen Problemstellungen und dem Lebensgefühl junger Menschen: In diesem Rahmen begegnen Ihnen bedeutende deutsche Autoren.

Wahlpflichtmodul 4:
Auf der Suche nach dem Ich – Identitätsprobleme 62

Von der Identitätsentwicklung bis hin zu Identitätsdiebstahl im Internet – in diesem Wahlpflichtmodul geht es um Selbst- und Fremdbilder. Anhand von pragmatischen und literarischen Texten reflektieren Sie die Bedeutung von Identität.

5

Kompetenzen

In diesem Rahmenthema beschäftigen Sie sich mit der Literatur und Sprache in Deutschland ab dem Ende des Zweiten Weltkriegs bis in die heutige Zeit. Dabei lernen Sie exemplarisch sowohl Texte aus der Bundesrepublik als auch aus der ehemaligen DDR kennen.

Im Rahmen Ihrer Erarbeitungen erwerben Sie folgende Kompetenzen:

- Sie vergleichen unterschiedliche Lebensentwürfe und Weltbilder und erfassen dabei das zeitdiagnostische Potenzial der Texte.
- Sie analysieren und interpretieren epische, dramatische und lyrische Texte aus verschiedenen Jahrzehnten seit 1945 und lernen Lebensvorstellungen und Sinnentwürfe im Kontrast kennen.
- Sie wenden bei der Analyse und Interpretation auch gestaltende Verfahren an.
- Sie untersuchen kontinuierliche und diskontinuierliche pragmatische Texte.
- Sie analysieren sprachliche Gestaltungen von Texten in Relation zur standardsprachlichen Norm.

Als Schülerinnen und Schüler des erhöhten Anforderungsniveaus erlangen Sie zusätzlich folgende Kompetenzen:

- Sie analysieren pragmatische Texte zu Adoleszenzerfahrungen und nehmen kritisch dazu Stellung.
- Sie setzen sich mit Sprache als Ausdruck veränderter Wirklichkeitserfahrung auseinander.
- Sie reflektieren Lebenswelten junger Menschen im Spiegel pragmatischer und literarischer Texte.

Pflichtmodul:
Wirklichkeitserfahrungen und Lebensgefühle junger Menschen

Seit dem Ende des Zweiten Weltkriegs 1945 sind über 70 Jahre vergangen. In dieser Zeit haben grundlegende Veränderungen stattgefunden, die sich auch in einem Wandel der Literatur und der Sprache spiegeln.

1951

1990

2007

1 Beschreiben Sie die drei Fotos von Abiturientinnen und Abiturienten und benennen Sie Gemeinsamkeiten sowie Unterschiede.

2 Überlegen Sie auf dieser Grundlage, wie sich das Leben junger Menschen in den letzten 70 Jahren verändert haben könnte.

3 *Lernarrangement*
Setzen Sie sich in Vierergruppen zusammen und erstellen Sie ein Placemat.
a) Warum könnte nach dem Zweiten Weltkrieg eine veränderte Form von Sprache und Literatur entstanden sein? Sammeln Sie (in Einzelarbeit!) in Ihrem Feld Stichworte.
b) Vergleichen Sie Ihre Notizen in der Gruppe und formulieren Sie in der Mitte des Blattes Ihr Gruppenergebnis.
c) Stellen Sie Ihre Ergebnisse im Kurs vor.

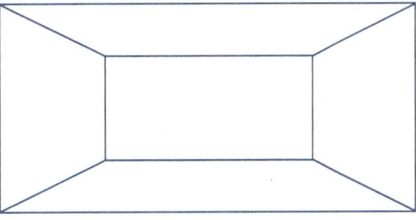

TIPP
Denken Sie z. B. an Themen, die in den verschiedenen Jahrzehnten von Bedeutung gewesen sein könnten.

9

Literatur der Nachkriegszeit
Sich mit dem Schicksal der Rückkehrenden auseinandersetzen

Das Jahr 1945 stellt für Deutschland eine drastische Zäsur in jeder Hinsicht dar. Das Ende des Zweiten Weltkriegs, die Schrecken des Nationalsozialismus, mehr als 60 Millionen Tote, die Aufteilung des Landes in Besatzungszonen, Hungersnot, Flüchtlingsströme, „Entnazifizierung" sind nur Stichworte, die die Situation zu der Zeit charakterisieren. Für viele Menschen bedeutet das Kriegsende aber auch, dass sie in ihre Heimat Deutschland zurückkehren können.

1 Stellen Sie sich vor, Sie würden nach jahrelanger Zeit im Exil zurück in Ihre Heimat(-stadt) kommen. Sammeln Sie mögliche Gefühle und Gedanken im Cluster.

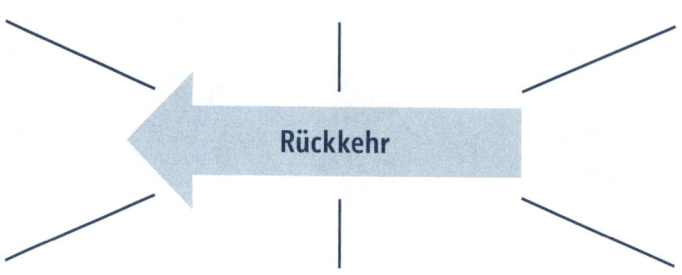

Bertolt Brecht

Die Rückkehr (1944)

1 Die Vaterstadt, wie find ich sie doch?
Folgend den Bomberschwärmen
Komm ich nach Haus.
Wo denn liegt sie? Wo die ungeheueren
5 Gebirge von Rauch stehn.
Das in den Feuern dort
Ist sie.

Die Vaterstadt, wie empfängt sie mich wohl?
Vor mir kommen die Bomber.
10 Tödliche Schwärme
Melden euch meine Rückkehr.
Feuersbrünste
Gehen dem Sohn voraus.

Lion Feuchtwanger

Arbeitsprobleme des Schriftstellers im Exil
(1954, Auszug)

> **Lion Feuchtwanger** (1884–1956), deutscher Dichter, ab 1933 im Exil. Die Romane seiner Wartesaal-Trilogie: *Erfolg*, *Die Geschwister Oppermann* und *Exil* beschäftigen sich mit dem Aufkommen des Nationalsozialismus und den Reaktionen darauf.
>
> *Gesichte*
> *Visionen*

1 [...] Denn wenn das Exil zerreibt, wenn es klein und elend macht, so härtet es auch und macht groß. Es strömt dem Schriftsteller im Exil eine
5 ungeheure Fülle neuen Stoffes und neuer Ideen zu, er ist einer Fülle von Gesichten gegenübergestellt, die ihm in der Heimat nie begegnet wären, ja, wenn wir uns bemühen, unser Leben im Exil historisch zu sehen, dann erweist
10 sich jetzt schon, dass beinahe alles, was unsere Arbeit zu behindern schien, ihr am

Rückkehrende 1945

Ende zum Heil ausschlug. Ich darf in diesem Zusammenhang nicht verschweigen, dass zum Beispiel auch der erzwungene ständige Kontakt mit der fremden Sprache, über den ich vorhin so laut zu klagen hatte, sich am Ende als eine Bereicherung erweist. Der im fremden Sprachkreis lebende Autor kontrolliert beinahe automatisch das eigene Wort ständig am fremden. Häufig dann sieht er, dass die fremde Sprache ein treffendes Wort hat für das, was er ausdrücken will. Er gibt sich dann nicht zufrieden mit dem, was ihm die eigene Sprache darbietet, sondern er schärft, feilt und poliert an dem Vorhandenen so lange, bis es ein Neues geworden ist, bis er der eigenen Sprache das neue, schärfere Wort abgerungen hat. Jeder von uns hat glückliche Wendungen der fremden Sprache seiner eigenen eingepasst.

Hans Bender

Heimkehr (1954)

Im Rock des Feindes,
in zu großen Schuhen,
im Herbst,
auf blattgefleckten Wegen
gehst du heim.
Die Hähne krähen
deine Freude in den Wind,
und zögernd pocht
dein Knöchel
an die stumme,
neue Tür.

1 Analysieren Sie die drei Texte der Autoren Bertolt Brecht, Lion Feuchtwanger und Hans Bender. Arbeiten Sie dabei die unterschiedlichen Aussagetendenzen heraus.

2 Diskutieren Sie, ob ein Zusammenhang zwischen sprachlicher Gestaltung und inhaltlicher Aussage erkennbar ist. Achten Sie z. B. auf die Sprecherrollen in den beiden Gedichten.

3 Stellen Sie dem Kurs weitere Texte von Exilschriftstellern vor. Arbeiten Sie Gemeinsamkeiten und Unterschiede dieser Textbeispiele heraus.

TIPP
Literarische Beispiele sind der Roman *Exil* von Lion Feuchtwanger, die Gedichte *An die Nachgeborenen* und *Über die Bezeichnung Emigranten* von Bertolt Brecht, *Declaração* von Stefan Zweig und *Aufruf zum Leben* von Carl Zuckmayer.

Literatur der Nachkriegszeit

Im Bereich der Literatur nach 1945 lassen sich vier Gruppierungen unterscheiden:

1. Die Schriftsteller im Dienst der Nazi-Ideologie verstummen, schon aus taktischen Gründen.

2. Die Autoren der sogenannten „Inneren Emigration" (Autoren, die in Nazi-Deutschland verblieben waren, ohne sich aktiv zum Nationalsozialismus zu bekennen) verteidigen ihre Haltung und sind zunächst im Nachkriegsdeutschland angesehener als die sogenannten

3. „Exilautoren". Zu Letzteren gehören die wohl bedeutendsten deutschen Schriftsteller der Zeit wie Heinrich und Thomas Mann, Bertolt Brecht, Kurt Tucholsky, Anna Seghers, Lion Feuchtwanger, Stefan Zweig, Walter Benjamin, Ernst Weiß, Carl Zuckmayer, Mascha Kaléko. Nicht wenige von ihnen setzten aus Verzweiflung über die politische Lage und deren persönliche Folgen ihrem Leben ein Ende (Stefan Zweig). Sofern noch am Leben, werden sie in Deutschland zunächst nicht wie erwartet mit offenen Armen empfangen. Man wirft ihnen vor, die Verhältnisse in Deutschland nicht gekannt zu haben und daher nicht mitreden zu können. Erst allmählich setzt eine Anerkennung und Würdigung ihres Engagements ein. Viele Autoren zögern mit einer Rückkehr nach Deutschland, manche können sich nicht dazu entschließen.

4. Eine weitere Gruppe schließlich setzt sich aus jungen Autoren und Kriegsheimkehrern zusammen, denen eine antifaschistische Grundhaltung und die Überzeugung gemeinsam ist, dass die Sprache der Literatur eines radikalen Neuanfangs bedürfe. Es entsteht die sogenannte „Kahlschlag-" oder „Trümmerliteratur".

RAHMENTHEMA 5 LITERATUR UND SPRACHE VON 1945 BIS ZUR GEGENWART

Kahlschlagliteratur – Trümmerliteratur
Den Versuch eines sprachlichen Neuanfangs verstehen

1 Sammeln Sie im Cluster Begriffe, die Sie mit *Kahlschlag-* oder *Trümmerliteratur* verbinden. Vergleichen Sie Ihre Assoziationen miteinander.

Günter Eich

Inventur (1945/46)

Günter Eich (1907–1972), deutscher Hörspielautor und Lyriker. Zu seinen bekanntesten Werken gehören die Nachkriegsgedichte *Inventur* und *Latrine*, das Hörspiel *Träume* sowie die Prosasammlung *Maulwürfe*. 1956 erhält er den Georg-Büchner-Preis.

Dies ist meine Mütze,
dies ist mein Mantel,
hier mein Rasierzeug
im Beutel aus Leinen.

5 Konservenbüchse:
Mein Teller, mein Becher,
ich hab in das Weißblech
den Namen geritzt.

Geritzt hier mit diesem
10 kostbaren Nagel,
den vor begehrlichen
Augen ich berge.

Im Brotbeutel sind
ein paar wollene Socken
15 und einiges, was ich
niemand verrate,

so dient es als Kissen
nachts meinem Kopf.
Die Pappe hier liegt
20 zwischen mir und der Erde.

Die Bleistiftmine
lieb ich am meisten:
Tags schreibt sie mir Verse,
die nachts ich erdacht.

25 Dies ist mein Notizbuch,
dies meine Zeltbahn,
dies ist mein Handtuch,
dies ist mein Zwirn.

2 *Lernarrangement*
Üben Sie in Kleingruppen den betonten Vortrag des Gedichts.
a) Erläutern Sie dazu zunächst den Titel (Inventur: Bestandsaufnahme).
b) Untersuchen Sie dann die sprachliche Gestaltung des Textes.
c) Stellen Sie eine Verbindung zwischen Ihren Clustern und dem Gedicht her.
d) Tragen Sie nun das Gedicht vor dem Hintergrund Ihrer Ergebnisse vor.

3 Interpretieren Sie das Gedicht unter besonderer Berücksichtigung der scheinbar banalen Wortwahl.

Wolfgang Borchert

Die drei dunklen Könige (1946)

Wolfgang Borchert (1921–1947), deutscher Schriftsteller. Sein schmales Werk von Kurzgeschichten, Gedichten und dem Theaterstück *Draußen vor der Tür* machte ihn nach dem Zweiten Weltkrieg zu einem der bekanntesten Autoren der sogenannten *Trümmerliteratur*.

Er tappte durch die dunkle Vorstadt. Die Häuser standen abgebrochen gegen den Himmel. Der Mond fehlte und das Pflaster war erschrocken über den späten Schritt. Dann fand er eine alte Planke. Da trat er mit dem Fuß gegen, bis eine Latte morsch aufseufzte und losbrach. Das Holz roch mürbe und süß. Durch die dunkle Vorstadt tappte er zurück. Sterne waren nicht da.

Als er die Tür aufmachte (sie weinte dabei, die Tür), sahen ihm die blassblauen Augen seiner Frau entgegen. Sie kamen aus einem müden Gesicht. Ihr Atem hing weiß im Zimmer, so kalt war es. Er beugte sein knochiges Knie und brach das Holz. Das Holz seufzte. Dann roch es mürbe und süß ringsum. Er hielt sich ein Stück davon unter die Nase. Riecht beinahe wie Kuchen, lachte er leise. Nicht, sagten die Augen der Frau, nicht lachen. Er schläft.

Der Mann legte das süße mürbe Holz in den kleinen Blechofen. Da glomm es auf und warf eine Handvoll warmes Licht durch das Zimmer. Die fiel hell auf ein winziges rundes Gesicht und blieb einen Augenblick. Das Gesicht war erst eine Stunde alt, aber es hatte schon alles, was dazugehört: Ohren, Nase, Mund und Augen. Die Augen mussten groß sein, das konnte man sehen, obgleich sie zu waren. Aber der Mund war offen und es pustete leise daraus. Nase und Ohren waren rot. Er lebt, dachte die Mutter. Und das kleine Gesicht schlief.

Da sind noch Haferflocken, sagte der Mann. Ja, antwortete die Frau, das ist gut. Es ist kalt. Der Mann nahm noch von dem süßen weichen Holz. Nun hat sie ihr Kind gekriegt und muss frieren, dachte er. Aber er hatte keinen, dem er dafür die Fäuste ins Gesicht schlagen konnte. Als er die Ofentür aufmachte, fiel wieder eine Handvoll Licht über das schlafende Gesicht. Die Frau sagte leise: Guck, wie ein Heiligenschein, siehst du? Heiligenschein!, dachte er und er hatte keinen, dem er die Fäuste ins Gesicht schlagen konnte.

Dann waren welche an der Tür. Wir sahen das Licht, sagten sie, vom Fenster. Wir wollen uns zehn Minuten hinsetzen.

Aber wir haben ein Kind, sagte der Mann zu ihnen. Da sagten sie nichts weiter, aber sie kamen doch ins Zimmer, stießen Nebel aus den Nasen und hoben die Füße hoch. Wir sind ganz leise, flüsterten sie und hoben die Füße hoch. Dann fiel das Licht auf sie.

Drei waren es. In drei alten Uniformen. Einer hatte einen Pappkarton, einer einen Sack. Und der dritte hatte keine Hände. Erfroren, sagte er, und hielt die Stümpfe hoch. Dann drehte er dem Mann die Manteltasche hin. Tabak war darin und dünnes Papier. Sie drehten Zigaretten. Aber die Frau sagte: Nicht, das Kind.

Da gingen die vier vor die Tür und ihre Zigaretten waren vier Punkte in der Nacht. Der eine hatte dicke umwickelte Füße. Er nahm ein Stück Holz aus seinem Sack. Ein Esel, sagte er. Ich habe sieben Monate daran geschnitzt. Für das Kind. Das sagte er und gab es dem Mann. Was ist mit den Füßen?, fragte der Mann. Wasser, sagte der Eselschnitzer, vom Hunger. Und der andere, der Dritte?, fragte der Mann und befühlte im Dunkeln den Esel. Der Dritte zitterte in seiner Uniform: Oh, nichts, wisperte er, das sind nur die Nerven. Man hat eben zu viel Angst gehabt. Dann traten sie die Zigaretten aus und gingen wieder hinein.

Sie hoben die Füße hoch und sahen auf das kleine schlafende Gesicht. Der Zitternde nahm aus seinem Pappkarton zwei gelbe Bonbons und sagte dazu: Für die Frau sind die.

Die Frau machte die blassen blauen Augen weit auf, als sie die drei Dunklen über das Kind gebeugt sah. Sie fürchtete sich. Aber da stemmte das Kind seine Beine gegen ihre Brust und schrie so kräftig, dass die drei Dunklen die Füße aufhoben und zur Tür schlichen. Hier nickten sie nochmal, dann stiegen sie in die Nacht hinein.

Der Mann sah ihnen nach. Sonderbare Heilige, sagte er zu seiner Frau. Dann machte er die Tür zu. Schöne Heilige sind das, brummte er und sah nach den
55 Haferflocken. Aber er hatte kein Gesicht für seine Fäuste.

Aber das Kind hat geschrien, flüsterte die Frau, ganz stark hat es geschrien. Da sind sie gegangen. Guck mal, wie lebendig es ist, sagte sie stolz. Das Gesicht machte den Mund auf und schrie.

Weint er?, fragte der Mann.

60 Nein, ich glaube, er lacht, antwortete die Frau.

Beinahe, wie Kuchen, sagte der Mann und roch an dem Holz, wie Kuchen. Ganz süß. Heute ist ja auch Weihnachten, sagte die Frau.

Ja, Weihnachten, brummte er und vom Ofen her fiel eine Handvoll Licht auf das kleine schlafende Gesicht.

1 Fassen Sie die Kurzgeschichte *Die drei dunklen Könige* stichwortartig zusammen.

2 Überprüfen Sie, inwiefern die Kurzgeschichte die Situation bei Kriegsende ausdrucksstark gestaltet. Charakterisieren Sie dazu die Sprachgestaltung des Textes.

3 *Lernarrangement*
Erarbeiten Sie eine szenische Darstellung der Kurzgeschichte.
a) Finden Sie sich in Gruppen zusammen und teilen Sie die Figuren untereinander auf.
b) Ordnen Sie den Figuren wörtliche Rede zu und schreiben Sie Ihren Text als Dialog.
c) Erstellen bzw. organisieren Sie sich passende Requisiten.
d) Sehen Sie sich im Kurs mehrere Aufführungen an und besprechen Sie sie, indem Sie Borcherts Text zugrunde legen.

Heinrich Böll (1917–1985), deutscher Schriftsteller und Übersetzer, gilt als einer der bedeutendsten deutschen Schriftsteller der Nachkriegszeit. Zahlreiche seiner Essays, Erzählungen und Romane befassen sich mit der Bewältigung der NS-Zeit. 1967 erhält er den Georg-Büchner-Preis, 1972 den Nobelpreis für Literatur.

Heinrich Böll

Bekenntnis zur Trümmerliteratur (1952, Auszug)

Die ersten schriftstellerischen Versuche unserer Generation nach 1945 hat man als Trümmerliteratur bezeichnet, man hat sie damit abzutun versucht. Wir haben uns gegen diese Bezeichnung nicht gewehrt,
5 weil sie zu Recht bestand: Tatsächlich, die Menschen, von denen wir schrieben, lebten in Trümmern, sie kamen aus dem Kriege, Männer und Frauen in gleichem Maße verletzt, auch Kinder. Und sie waren scharfäugig: Sie sahen. Sie lebten keineswegs in völligem Frieden,
10 ihre Umgebung, ihr Befinden, nichts an ihnen und um sie herum war idyllisch, und wir als Schreibende fühlten uns ihnen so nahe, dass wir uns mit ihnen identifizierten. Mit Schwarzhändlern und den Opfern der Schwarzhändler, mit Flüchtlingen und al-
15 len denen, die auf andere Weise heimatlos geworden waren, vor allem natürlich mit der Generation, der wir angehörten und die sich zu einem großen Teil in einer merk- und denkwürdigen Situation befand: Sie kehrte heim. Es war die Heimkehr aus einem Krieg,
20 an dessen Ende kaum noch jemand hatte glauben können.

Kriegsheimkehrer liest Vermisstenmeldungen

WIRKLICHKEITSERFAHRUNGEN UND LEBENSGEFÜHLE JUNGER MENSCHEN — PFLICHTMODUL

Wir schrieben also vom Krieg, von der Heimkehr und dem, was wir im Krieg gesehen hatten und bei der Heimkehr vorfanden: von Trümmern; das ergab drei Schlagwörter, die der jungen Literatur angehängt wurden: Kriegs-, Heimkehrer- und Trümmerliteratur. [...]

Der Name Homer ist der gesamten abendländischen Bildungswelt unverdächtig: Homer ist der Stammvater europäischer Epik, aber Homer erzählt vom Trojanischen Krieg, von der Zerstörung Trojas und von der Heimkehr des Odysseus – Kriegs-, Trümmer- und Heimkehrerliteratur –, wir haben keinen Grund, uns dieser Bezeichnung zu schämen.

1 Fassen Sie Bölls Text in wenigen Sätzen zusammen.

2 Erläutern Sie den Standpunkt des Autors und verweisen Sie auf entsprechende Textstellen.

3 Vergleichen Sie Bölls Stellungnahme mit Borcherts Geschichte auf den Seiten 13 und 14.

Junge Schriftsteller, die in der Regel gerade aus den Schrecken des Krieges heimgekehrt waren, wollten Zeugnis geben für einen Neuanfang in Sprache und Denken. Eine schlichte, wahrhaftige Sprache sollte einer demokratischen Erneuerung der Gesellschaft den Weg bereiten. Zu diesem Zweck wurden die Zusammenkünfte der *Gruppe 47* organisiert.

Die Gruppe 47

Eigentlich war die 1947 von Hans Werner Richter (1908–1993) gegründete *Gruppe 47* gar keine Gruppe im Sinn einer mehr oder weniger stabilen Organisation. Und doch stellte sie sich schon nach kurzer Zeit ihres Bestehens als eine Art „Talentschuppen" des literarischen Nachwuchses heraus. Einmal oder auch zweimal jährlich lud deren Mentor und Moderator Richter junge Schriftsteller ein, die aus eigenen, bis dahin unveröffentlichten Werken vorlasen.

Die Autorinnen und Autoren wollten einer von der nationalsozialistischen Propaganda und deren demagogischem Pathos verschlissenen Sprache eine schlichte, sachliche, unpathetische, aber als wahrhaftig empfundene Sprache entgegenstellen. Begriffe wie Ehre, Treue, Kameradschaft, Anstand, Pflichtgefühl, Pflichterfüllung, heiliger Eid, deutsches Wesen, Hingabe, Aufopferung, Mut, Tapferkeit, Held, Krieger, Gehorsam u. a. waren diskreditiert. Somit sollte auch ein Beitrag zur demokratischen Erneuerung der Gesellschaft und zur Abrechnung mit dem Nationalsozialismus und seinen vielen Helfern in allen Gesellschaftsschichten geleistet werden.

Dementsprechend sollte die Gruppe über die Qualität der Beiträge ihrer Mitglieder befinden. Rechtfertigungen oder Erklärungen der Vortragenden waren nicht vorgesehen.

In den Jahren 1950–1967 vergab die Gruppe jährlich den *Preis der Gruppe 47*. Preisträger waren u. a. Günter Eich (1950),

27. Tagung der Gruppe 47 in Berlin 1965

Heinrich Böll (1951), Ilse Aichinger (1952), Ingeborg Bachmann (1953), Martin Walser (1955), Peter Bichsel (1965), Jürgen Becker (1967). Wer den Preis gewonnen hatte, musste sich dank der Teilnahme von Verlagsvertretern für viele Jahre keine Gedanken über den Verkauf seiner Bücher machen.

Ohne die Literatur der *Gruppe 47* hätte das nach dem Krieg bis in die Sechzigerjahre reichende Verdrängen von Kriegserlebnissen, Schuld und Mitläufertum noch länger gedauert, die Aufarbeitung der Kriegserlebnisse nicht oder erst sehr viel später stattgefunden.

4 Recherchieren Sie, welche weiteren Schriftstellerinnen und Schriftsteller zeitweise in der *Gruppe 47* präsent waren. Stellen Sie diese in Kurzporträts dem Kurs vor.

5 Erörtern Sie, ob es eher als Vorteil oder als Nachteil zu sehen ist, dass die vortragenden Autoren sich nicht zu ihrem Werk äußern durften.

1 Diskutieren Sie, ob Literatur tatsächlich einen Beitrag zur Demokratisierung der Gesellschaft leisten kann, wie es der Anspruch der *Gruppe 47* war (vgl. S. 15).

2 *Lernarrangement*
a) Verfassen Sie ein Gedicht oder eine Kurzgeschichte zu einem selbst gewählten Thema (der Nachkriegszeit).
b) Vereinbaren Sie ein Verfahren, nach dem der/die Preisträger/in ermittelt werden kann.
c) Tragen Sie nun Ihre Werke vor; der Kurs bildet die Jury nach dem Vorbild der *Gruppe 47*.
d) Ermitteln Sie den Preisträger/die Preisträgerin der *Gruppe 2020*.

Marie Luise Kaschnitz (1901–1974), deutsche Dichterin, wächst in Berlin und Potsdam auf und lebt ab 1941 in Frankfurt am Main. Romane und Hörspiele, Gedichte, Essays und autobiografische Schriften gehören zu ihren Werken. Die höchste deutsche Literaturauszeichnung, den Georg-Büchner-Preis, erhält sie 1950.

Marie Luise Kaschnitz

Hiroshima (1957)

1 Der den Tod auf Hiroshima warf
Ging ins Kloster, läutete dort die Glocken.
Der den Tod auf Hiroshima warf
Sprang vom Stuhl in die Schlinge, erwürgte sich.
5 Der den Tod auf Hiroshima warf
Fiel in Wahnsinn, wehrte Gespenster ab.
Hunderttausend, die ihn angehen nächtlich
Auferstanden aus Staub für ihn.

Nichts von alledem ist wahr.
10 Erst vor kurzem sah ich ihn
Im Garten seines Hauses vor der Stadt.
Die Hecken waren noch jung und die Rosenbüsche zierlich.
Das wächst nicht so schnell, daß sich einer verbergen könnte
Im Wald des Vergessens. Gut zu sehen war
15 Das nackte Vorstadthaus, die junge Frau
Die neben ihm stand im Blumenkleid
Das kleine Mädchen an ihrer Hand
Der Knabe der auf seinem Rücken saß
Und über seinem Kopf die Peitsche schwang.
20 Sehr gut erkennbar war er selbst
Vierbeinig auf dem Grasplatz, das Gesicht
Verzerrt vor Lachen weil der Photograph
Hinter der Hecke stand, das Auge der Welt.
Originale Rechtschreibung

Der Stadtkern von Hiroshima nach der Explosion der Atombombe 1945

3 Formulieren Sie Ihren ersten Eindruck von dem Gedicht.

4 Gliedern Sie das Gedicht in Abschnitte. Begründen Sie.

5 Wie wird die Situation dessen gezeigt, „der den Tod auf Hiroshima warf"? Untersuchen Sie dazu die Sprachgestaltung.

6 Nehmen Sie Stellung zur Aussage des Gedichts.

7 Diskutieren Sie, ob man den, „der den Tod auf Hiroshima warf", einen Mörder nennen soll oder einen Soldaten, der seine „Pflicht" erfüllte, indem er einen Befehl ausführte.

Auseinandersetzung mit dem Holocaust
Literarische Verarbeitungen des Unvorstellbaren analysieren

Zur Geschichte der politischen Herrschaftsformen im 20. und 21. Jahrhundert gehören die soziale Diskriminierung Andersdenkender und die brutale Verfolgung von Minderheiten unter totalitären Machtstrukturen. Die Texte beziehen sich auf zynische Menschenverachtung, verbrecherischen Rassismus und den Massenmord der Nazis an Juden und anderen Minoritäten. Mit ihnen ist der Name des Konzentrationslagers Auschwitz untrennbar verbunden. Für viele Autoren bedeutet das Schreiben über den Holocaust schmerzvolle literarische Trauerarbeit. „Hätte ich nicht schreiben können", so drückt es Nelly Sachs für viele andere aus, „so hätte ich nicht überleben können."

Dass es barbarisch sei, nach dem Inferno von Auschwitz noch Gedichte zu schreiben, diese Äußerung des Philosophen Theodor W. Adorno ist von der Literatur selbst widerlegt worden. Viele Autoren haben nicht nur nach Auschwitz, sondern auch über den Holocaust Gedichte geschrieben.

Nelly Sachs

Ihr Zuschauenden (1947)

1 Unter deren Blicken getötet wurde.
Wie man auch einen Blick im Rücken fühlt,
So fühlt ihr an eurem Leibe
Die Blicke der Toten.

5 Wie viel brechende Augen werden euch ansehen
Wenn ihr aus den Verstecken ein Veilchen pflückt?
Wie viel flehend erhobene Hände
In dem märtyrerhaft geschlungenen Gezweige
Der alten Eichen?
10 Wie viel Erinnerung wächst im Blute
Der Abendsonne?

O die ungesungenen Wiegenlieder
In der Turteltaube Nachtruf –
Manch einer hätte Sterne herunterholen können,
15 Nun muss es der alte Brunnen für ihn tun!

Ihr Zuschauenden,
Die ihr keine Mörderhand erhobt,
Aber die ihr den Staub nicht von eurer Sehnsucht
Schütteltet,
20 Die ihr stehenbliebt, dort, wo er zu Licht
Verwandelt wird.

Rose Ausländer

Biografische Notiz (1976)

1 Ich rede

von der brennenden Nacht
die gelöscht hat
der Pruth

5 von Trauerweiden
Blutbuchen
verstummtem Nachtigallsang

vom gelben Stern
auf dem wir
10 stündlich starben
in der Galgenzeit

nicht über Rosen
red ich

Fliegend
15 auf einer Luftschaukel
Europa Amerika Europa

ich wohne nicht
ich lebe

Nelly Sachs (1891–1970), jüdische deutschschwedische Lyrikerin, die 1940 nach Stockholm fliehen kann, hat in ihrem Gedichtband *In den Wohnungen des Todes* das Grauen der Konzentrationslager literarisch verarbeitet. 1966 bekommt sie den Nobelpreis für Literatur.

Rose Ausländer (1901–1988), jüdische Lyrikerin, stammt wie viele Intellektuelle aus der Bukowina. Sie wandert schon 1921 in die USA aus, kehrt aber 1931 zurück. In einem Kellerversteck in Czernowitz überlebt sie Zwangsarbeit und Verfolgung. Später zieht sie nach Düsseldorf, wo sie auch stirbt.

1 Analysieren Sie das Gedicht von Nelly Sachs unter besonderer Berücksichtigung seines Adressatenbezugs und seiner Bildlichkeit.

2 Wie hätte Nelly Sachs auf Adornos Aussage, „nach Auschwitz ein Gedicht zu schreiben, sei barbarisch", reagieren können? Notieren Sie Sachs' mögliche Meinung und schreiben Sie ihr in Form eines Briefs eine Antwort.

3 Rose Ausländer hat mit ihrem Gedicht ein kurzes lyrisches Selbstporträt verfasst. Rekonstruieren Sie anhand des Textes einzelne ihrer Lebensstationen.

4 Zeigen Sie auf, wie Rose Ausländer ihre Lebenserfahrungen in ihrem Gedicht verarbeitet hat.

Paul Celan

Todesfuge (1944/45)

Paul Celan
(1920 – 1970), deutsch-jüdischer Dichter, stammt wie Rose Ausländer und andere Schriftsteller und Intellektuelle aus dem galizischen Czernowitz. Sein berühmtes Gedicht *Todesfuge*, entstanden 1944 / 1945, hat Celan zunächst 1947 in rumänischer Sprache, dann 1948 in Deutsch veröffentlicht. Er nimmt sich in der Seine in Paris das Leben.

Schwarze Milch der Frühe wir trinken sie abends
wir trinken sie mittags und morgens wir trinken sie nachts
wir trinken und trinken
wir schaufeln ein Grab in den Lüften da liegt man nicht eng
Ein Mann wohnt im Haus der spielt mit den Schlangen der schreibt
der schreibt wenn es dunkelt nach Deutschland
dein goldenes Haar Margarete
er schreibt es und tritt vor das Haus und es blitzen die Sterne
er pfeift seine Rüden herbei
er pfeift seine Juden hervor lässt schaufeln ein Grab in der Erde
er befiehlt uns spielt auf nun zum Tanz

Schwarze Milch der Frühe wir trinken dich nachts
wir trinken dich morgens und mittags wir trinken dich abends
wir trinken und trinken
Ein Mann wohnt im Haus der spielt mit den Schlangen der schreibt
der schreibt wenn es dunkelt nach Deutschland
dein goldenes Haar Margarete
Dein aschenes Haar Sulamith
wir schaufeln ein Grab in den Lüften da liegt man nicht eng

Er ruft stecht tiefer ins Erdreich ihr einen ihr andern singet und spielt
er greift nach dem Eisen im Gurt er schwingts seine Augen sind blau
stecht tiefer die Spaten ihr einen ihr anderen spielt weiter zum Tanz auf

Schwarze Milch der Frühe wir trinken dich nachts
wir trinken dich mittags und morgens wir trinken dich abends
wir trinken und trinken
ein Mann wohnt im Haus dein goldenes Haar Margarete
dein aschenes Haar Sulamith er spielt mit den Schlangen
Er ruft spielt süßer den Tod der Tod ist ein Meister aus Deutschland
er ruft streicht dunkler die Geigen dann steigt ihr als Rauch in die Luft
dann habt ihr ein Grab in den Wolken da liegt man nicht eng

Schwarze Milch der Frühe wir trinken dich nachts
wir trinken dich mittags der Tod ist ein Meister aus Deutschland
wir trinken dich abends und morgens wir trinken und trinken
der Tod ist ein Meister aus Deutschland sein Auge ist blau
er trifft dich mit bleierner Kugel er trifft dich genau
ein Mann wohnt im Haus dein goldenes Haar Margarete
er hetzt seine Rüden auf uns er schenkt uns ein Grab in der Luft
er spielt mit den Schlangen und träumet der Tod ist ein Meister aus Deutschland

dein goldenes Haar Margarete
dein aschenes Haar Sulamith

WIRKLICHKEITSERFAHRUNGEN UND LEBENSGEFÜHLE JUNGER MENSCHEN PFLICHTMODUL

Gaskammer im Konzentrationslager Auschwitz

1 *Lernarrangement*
a) Tragen Sie sich in Kleingruppen gegenseitig das Gedicht vor.
b) Sammeln Sie anschließend Ihre ersten Assoziationen, indem jede(r) von Ihnen spontan drei Wörter in die Kästen notiert.
c) Erläutern Sie auf Grundlage Ihrer ersten Eindrücke die Wirkung des Textes.
d) Fassen Sie das Gedicht gemeinsam inhaltlich zusammen und klären Sie dabei, welche Figuren (neben dem lyrischen Ich und dem Adressaten) im Text benannt werden.

2 Man hat Celan vorgeworfen, er habe in seinem Gedicht das unsägliche Grauen des Konzentrationslagers zu poetisch dargestellt. Nehmen Sie dazu Stellung.

3 Der Titel von Paul Celans Gedicht spielt auf das musikalische Kompositionsverfahren einer Fuge an. Informieren Sie sich über diese Musikform und untersuchen Sie, wie sie in der Verlaufsstruktur des Gedichts zum Ausdruck kommt.

4 Sachs, Ausländer (S. 17) und Celan verwenden in ihren Gedichten zahlreiche Metaphern, Motive und Kontrastfiguren. Markieren Sie diese und erläutern Sie ihre möglichen Bedeutungen vor dem Hintergrund der geschichtlichen Erfahrungen des Holocausts.

RAHMENTHEMA 5 LITERATUR UND SPRACHE VON 1945 BIS ZUR GEGENWART

Zeugnisse der Gräuel in den Konzentrationslagern kennenlernen

Alexander Kluge

Ein Liebesversuch (1962)

Alexander Kluge (*1932), deutscher Schriftsteller, Drehbuchautor und Filmemacher. Der Text ist dem Prosaband *Lebensläufe* entnommen. Die dort versammelten Texte stellen in exemplarischer Weise Biografien von Personen vor, deren Leben durch das „Dritte Reich" entscheidend geprägt, verändert oder zunichte gemacht wurden. Damit steht Kluge am Beginn eines sozialen, juristischen und literarischen Diskurses, in dem – nach langer Zeit des Vergessens und Verdrängens – erstmals versucht wird, die Mechanismen der nationalsozialistischen Terrorherrschaft und des Genozids an den Juden in Verbindung von dokumentarischer Methode und literarischer Gestaltung aufzuarbeiten.

Als das billigste Mittel, in den Lagern Massensterilisationen durchzuführen, erschien 1943 Röntgenbestrahlung. Zweifelhaft war, ob die so erzielte Unfruchtbarkeit nachhaltig war. Wir führten einen männlichen und einen weiblichen Gefangenen zu einem Versuch zusammen. Der dafür vorgesehene Raum war größer als die meisten anderen Zellen, er wurde mit Teppichen der Lagerleitung ausgelegt. Die Hoffnung, dass die Gefangenen in ihrer hochzeitlich ausgestalteten Zelle dem Versuch Genüge leisteten, erfüllte sich nicht.

Wussten sie von der erfolgten Sterilisation?

Das war nicht anzunehmen. Die beiden Gefangenen setzten sich in verschiedene Ecken des dielengedeckten und teppichbelegten Raumes. Es war durch das Bullauge, das der Beobachtung von außen diente, nicht zu erkennen, ob sie seit der Zusammenführung miteinander gesprochen hatten. Sie führten jedenfalls keine Gespräche. Diese Passivität war deshalb besonders unangenehm, weil hochgestellte Gäste sich zur Beobachtung des Versuchs angesagt hatten; um den Fortgang des Experiments zu beschleunigen, befahl der Standortarzt und Leiter des Versuchs, den beiden Gefangenen die Kleider fortzunehmen.

Schämten sich die Versuchspersonen?

Man kann nicht sagen, dass die Versuchspersonen sich schämten. Sie blieben im Wesentlichen auch ohne ihre Kleidung in den bis dahin eingenommenen Positionen, sie schienen zu schlafen. Wir wollen sie ein bisschen aufwecken, sagte der Leiter des Versuchs. Es wurden Schallplatten herbeigeholt. Durch das Bullauge war zu sehen, dass beide Gefangenen auf die Musik zunächst reagierten. Wenig später verfielen sie aber wieder in ihren apathischen Zustand. Für den Versuch war es wichtig, dass die Versuchspersonen endlich mit dem Versuch begannen, da nur so mit Sicherheit festgestellt werden konnte, ob die unauffällig erzeugte Unfruchtbarkeit bei den behandelten Personen auch über längere Zeitabschnitte hin wirksam blieb. Die am Versuch beteiligten Mannschaften warteten in den Gängen des Schlosses, einige Meter von der Zellentür entfernt. Sie verhielten sich im Wesentlichen ruhig. Sie hatten Weisung, sich nur flüsternd miteinander zu verständigen. Ein Beobachter verfolgte den Verlauf des Geschehens im Innenraum. So sollten die beiden Gefangenen in dem Glauben gewiegt werden, sie seien jetzt allein.

Trotzdem kam in der Zelle keine erotische Spannung auf. Fast glaubten die Verantwortlichen, man hätte einen kleineren Raum wählen sollen. Die Versuchspersonen selbst waren sorgfältig ausgesucht. Nach den Akten mussten die beiden Versuchspersonen erhebliches erotisches Interesse aneinander empfinden.

Woher wusste man das?

J., Tochter eines Braunschweiger Regierungsrates, Jahrgang 1915, also etwa 28 Jahre, mit arischem Ehemann, Abitur, Studium der Kunstgeschichte, galt in der niedersächsischen Kleinstadt G. als unzertrennlich von der männlichen Versuchsperson, einem gewissen P., Jahrgang 1900, ohne Beruf. Wegen P. gab die J. den rettenden Ehemann auf. Sie folgte ihrem Liebhaber nach Prag, später nach Paris. 1938 gelang es, den P. auf Reichsgebiet zu verhaften. Einige Tage später erschien auf der Suche nach P. die J. auf Reichsgebiet und wurde ebenfalls verhaftet. Im Gefängnis und später im Lager versuchten die beiden mehrfach, zueinanderzukommen. Insofern unsere Enttäuschung: Jetzt durften sie endlich, und jetzt wollten sie nicht.

WIRKLICHKEITSERFAHRUNGEN UND LEBENSGEFÜHLE JUNGER MENSCHEN — PFLICHTMODUL

Waren die Versuchspersonen nicht willig? Grundsätzlich waren sie gehorsam. Ich möchte also sagen: willig.

Waren die Gefangenen gut ernährt?

Schon längere Zeit vor Beginn des Versuchs waren die in Aussicht genommenen Versuchspersonen besonders gut ernährt worden. Nun lagen sie bereits zwei Tage im gleichen Raum, ohne dass Annäherungsversuche festzustellen waren. Wir gaben ihnen Eiweißgallert aus Eiern zu trinken, die Gefangenen nahmen das Eiweiß gierig auf. Oberscharführer Wilhelm ließ die beiden aus Gartenschläuchen anspritzen, anschließend wurden sie wieder, frierend, in das Dielenzimmer geführt, aber auch das Wärmebedürfnis führte sie nicht zueinander.

Fürchteten sie die Freigeisterei, der sie sich ausgesetzt sahen? Glaubten sie, dies wäre eine Prüfung, bei der sie ihre Moralität zu erweisen hätten? Lag das Unglück des Lagers wie eine hohe Wand zwischen ihnen?

Wussten sie, dass im Falle einer Schwängerung beide Körper seziert und untersucht würden?

Dass die Versuchspersonen das wussten oder auch nur ahnten, ist unwahrscheinlich. Von der Lagerleitung wurden ihnen wiederholt positive Zusicherungen für den Überlebensfall gemacht. Ich glaube, sie wollten nicht. Zur Enttäuschung des eigens herangereisten Obergruppenführers A. Zerbst und seiner Begleitung ließ sich das Experiment nicht durchführen, da alle Mittel, auch die gewaltsamen, nicht zu einem positiven Versuchsausgang führten. Wir pressten ihre Leiber aneinander, hielten sie unter langsamer Erwärmung in Hautnähe aneinander, bestrichen sie mit Alkohol und gaben den Personen Alkohol, Rotwein mit Ei, auch Fleisch zu essen und Champus zu trinken, wir korrigierten die Beleuchtung, nichts davon führte jedoch zu Erregung.

Hat man denn alles versucht?

Ich kann garantieren, dass alles versucht worden ist. Wir hatten einen Oberscharführer unter uns, der etwas davon verstand. Er versuchte nach und nach alles, was sonst todsicher wirkt. Wir konnten schließlich nicht selbst hineingehen und unser Glück versuchen, weil das Rassenschande gewesen wäre. Nichts von den Mitteln, die versucht wurden, führte zur Erregung.

Wurden wir selbst erregt? Jedenfalls eher als die beiden im Raum; wenigstens sah es so aus. Andererseits wäre uns das verboten gewesen. Infolgedessen glaube ich nicht, dass wir erregt waren. Vielleicht aufgeregt, da die Sache nicht klappte.

Will ich liebend Dir gehören, kommst Du zu mir heute Nacht?

Es gab keine Möglichkeit, die Versuchspersonen zu einer eindeutigen Reaktion zu gewinnen, und so wurde der Versuch ergebnislos abgebrochen. Später wurde er mit anderen Personen wieder aufgenommen.

Was geschah mit den Versuchspersonen?

Die widerspenstigen Versuchspersonen wurden erschossen.

Soll das besagen, dass an einem bestimmten Punkt des Unglücks Liebe nicht mehr zu bewerkstelligen ist?

---

1 Stellen Sie dar, in welcher Bedeutung der Begriff „Versuch" im Text verwendet wird.

2 Benennen Sie die Sprachform, in der der Text verfasst ist, sowie die Textsorte.

3 Charakterisieren Sie die im Text vorgeführten Sprecher-Rollen. Welche Beziehungen hat das Sprecher-Ich zu dem von ihm beschriebenen Geschehen?

4 Erläutern Sie Bedeutung und Funktion der in Kursivschrift verfassten Textzeile (Z. 82).

Peter Weiss

Die Ermittlung (1965, Auszug)

Gesang vom Zyklon B
III
Richter Angeklagter Mulka
Als Lageradjutant unterstand Ihnen auch
die Fahrbereitschaft
Hatten Sie da Fahrbefehle auszuschreiben
Angeklagter 1 Ich habe keine solchen Befehle geschrieben
Damit hatte ich nichts zu tun
Richter Wussten Sie
was Anforderungen von Material zur Umsiedlung
bedeuteten
Angeklagter 1 Nein
Richter Angeklagter Mulka
Das Gericht ist im Besitz von Fahrbefehlen
zum Transport von Material zur Umsiedlung
Diese Dokumente sind von Ihnen unterschrieben
Angeklagter 1 Es mag sein
dass ich den einen oder den andern Befehl
einmal abzeichnen musste
Richter Haben Sie nicht erfahren
dass Material zur Umsiedlung
aus dem Gas Zyklon B bestand
Angeklagter 1 Wie ich bereits äußerte
war mir dies nicht bekannt
Richter Von wem wurden die Anforderungen
dieses Materials ausgegeben
Angeklagter 1 Sie liefen durch Fernschreiben ein
und wurden an den Kommandanten
oder den Schutzhaftlagerführer
weitergeleitet
Von dort gelangten sie an den Chef
der Fahrbereitschaft
Richter Unterstand der nicht Ihnen
Angeklagter 1 Nur disziplinar
Richter Lag es nicht in Ihrem Interesse
zu erfahren
wozu die Lastwagen der Fahrbereitschaft
eingesetzt wurden
Angeklagter 1 Es war mir ja bekannt
dass sie zur Materialverfrachtung
benötigt wurden
Richter Wurden auch Häftlinge
in den Lastwagen transportiert
Angeklagter 1 Davon weiß ich nichts
Zu meiner Zeit gingen die Häftlinge
zu Fuß
Richter Angeklagter Mulka
Es befindet sich in unserer Hand ein Schriftstück
in dem die Rede ist
von der erforderlichen dringenden Fertigstellung

Peter Weiss (1916–1982), deutsch-schwedischer Schriftsteller, Maler, Grafiker und Experimentalfilmer. Die dokumentarischen Materialien zu seinem Stück *Die Ermittlung* entnimmt er den Protokollen, Akten und Berichten des Prozesses gegen das Wachpersonal des Vernichtungslagers Auschwitz, der zwischen 1963 und 1965 in Frankfurt/Main stattfindet. Weiss selbst nimmt als Beobachter daran teil. Im Untertitel heißt das Stück *Oratorium in 11 Gesängen*. Diese erklären die durch Zeilenbrechung markierte rhythmische Sprachgestaltung des Textes. Zugleich geben sie dessen Verlaufsstruktur, den Weg der Opfer von der „Selektion" an der Rampe bis zum Feuerofen wieder.

„Selektion" an der Rampe des Konzentrationslagers Auschwitz

der neuen Krematorien
mit dem Hinweis
dass die damit beschäftigten Häftlinge
auch sonntags zu arbeiten hätten
55 Das Schreiben ist von Ihnen unterzeichnet
Angeklagter 1 Ja
das muss ich wohl diktiert haben
Richter Wollen Sie immer noch behaupten
dass Sie von den Massentötungen
60 nichts gewusst haben
Angeklagter 1 Alle meine Einlassungen
entsprechen der Wahrheit
Richter Wir haben als Zeugen einberufen
den ehemaligen Werkstattleiter
65 der Fahrbereitschaft des Lagers
Herr Zeuge
Wie viele Wagen gab es da
Zeuge 1 Die Lastwagenstaffel bestand aus
10 schweren Fahrzeugen
70 **Richter** Von wem erhielten Sie die Fahrbefehle
Zeuge 1 Vom Fahrbereitschaftschef
Richter Von wem waren die Fahrbefehle unterschrieben
Zeuge 1 Das weiß ich nicht
Richter Herr Zeuge
75 Wozu wurden die Lastwagen eingesetzt
Zeuge 1 Zum Abholen von Frachten
und zum Häftlingstransport
Richter Wohin wurden die Häftlinge transportiert
Zeuge 1 Das kann ich nicht mit Bestimmtheit sagen
80 **Richter** Haben Sie an diesen Transporten teilgenommen
Zeuge 1 Ich musste da mal mitfahren
als Ersatz
Richter Wohin fuhren Sie
Zeuge 1 Ins Lager rein
85 wo sie da ausgesucht wurden
und was da so war
Richter Wohin fuhren Sie dann mit den Menschen
Zeuge 1 Bis zum Lagerende
Da war ein Birkenwald
90 Da wurden die Leute abgeladen
Richter Wohin gingen die Menschen
Zeuge 1 In ein Haus rein
Dann habe ich nichts mehr gesehen
Richter Was geschah mit den Menschen
95 **Zeuge 1** Das weiß ich nicht
Ich war ja nicht dabei
Richter Erfuhren Sie nicht
was mit ihnen geschah
Zeuge 1 Die wurden wohl verbrannt
100 an Ort und Stelle

Inszenierung des Stückes „Die Ermittlung" von Peter Weiss
in der Deutschen Akademie der Künste, Ost-Berlin 1965

1 Beschreiben Sie, welche Haltungen der Angeklagte und der Zeuge zu ihrem Verhalten im Konzentrationslager einnehmen.

2 Peter Weiss verzichtet innerhalb seines Stücks auf wertende oder verurteilende Instanzen. Erläutern Sie, was er damit erreicht.

3 Welcher der Texte über den Holocaust (S. 17–23) hat Sie am meisten beeindruckt bzw. überzeugt? Warum?

4 Analysieren Sie in vergleichender Weise die unterschiedlichen literarischen Zugriffe auf die Holocaust-Thematik.
Erläutern Sie deren mögliche Wirkungen auf den Leser / Hörer / Zuschauer.

RAHMENTHEMA 5   LITERATUR UND SPRACHE VON 1945 BIS ZUR GEGENWART

Individuelle Adoleszenzerfahrungen
Sich mit der deutschen Teilung auseinandersetzen

„Der Mensch erlebt das, was ihm zukommt, nur in der Jugend in seiner ganzen Schärfe und Frische […] davon zehrt er sein Leben lang."
Hermann Hesse

Pfingsttreffen der FDJ in Berlin 1984

Adoleszenz

Während die Pubertät die biologische Entwicklungsphase zwischen Kindheit und Erwachsenenalter bezeichnet, wird die Phase der Adoleszenz auf die geistige und soziale Entwicklung eines jungen Menschen bezogen, die vor allem von individuellen Erfahrungen des Heranwachsenden und von seinem soziokulturellen Umfeld geprägt werden. Die physische und besonders die psychische Entwicklung fördern selbstständiges und verantwortungsvolles Handeln eines jungen Erwachsenen. Für die Identitätsfindung eines Jugendlichen sind demzufolge zahlreiche Entwicklungsschritte verantwortlich. Hierzu gehören zum Beispiel die Gestaltung zwischenmenschlicher Beziehungen, die Auseinandersetzung mit der eigenen Realität und Zukunftsperspektiven, die Fähigkeit zur Selbstreflexion und die Erweiterung sozialer Kompetenzen.

In der Phase der Adoleszenz mindert sich auch der Einfluss der Familie zugunsten der Gleichaltrigen, was durch Gruppenbildung und bestimmtes Gruppenverhalten deutlich wird. Kleidung, Freizeitgestaltung, Musik, Interessen und Einstellungen sind Ausdruck eines gemeinsamen Werteverständnisses und dienen als Abgrenzung anderen Gruppen gegenüber.

Thomas Brussig

Am kürzeren Ende der Sonnenallee (1999, Auszug)

Im Mittelpunkt des Romans steht Michael Kuppisch, genannt Micha, ein ca. 16 Jahre alter Teenager, der mit seiner Familie in der Sonnenallee wohnt, und zwar am kürzeren Ende der geteilten Straße in Ost-Berlin. Der Roman beginnt mit dem nachfolgenden Textauszug.

Thomas Brussig (*1964), Drehbuchautor und Schriftsteller. In seinen Werken *(Wasserfarben, Helden wie wir)* verarbeitet er vor allem das Alltagsleben in der ehemaligen DDR. Dies geschieht häufig auf satirisch-ironische Art und Weise.

Churchills kalter Stumpen

Es gibt im Leben zahllose Gelegenheiten, die eigene Adresse preiszugeben, und Michael Kuppisch, der in Berlin in der Sonnenallee wohnte, erlebte immer wieder, dass die Sonnenallee friedfertige, ja sogar sentimentale Regungen auszulösen
5 vermochte. Nach Michael Kuppischs Erfahrung wirkt Sonnenallee gerade in unsicheren Momenten und sogar in gespannten Situationen. Selbst feinfühlige Sachsen wurden fast immer freundlich, wenn sie erfuhren, dass sie es hier mit einem Berliner zu tun hatten, der in der Sonnenallee wohnt. Michael Kuppisch konnte sich gut vorstellen, dass auch auf der Potsdamer Konferenz im Sommer 1945, als
10 Josef Stalin, Harry S. Truman und Winston Churchill die ehemalige Reichshauptstadt in Sektoren aufteilten, die Erwähnung der Sonnenallee etwas bewirkte. Vor allem bei Stalin; Diktatoren und Despoten sind bekanntlich prädestiniert dafür,

poetischem Raunen anheimzufallen. Die Straße mit dem so schönen Namen Sonnenallee wollte Stalin nicht den Amerikanern überlassen, zumindest nicht ganz. So hat er bei Harry S. Truman einen Anspruch auf die Sonnenallee erhoben – den der natürlich abwies. Doch Stalin ließ nicht locker, und schnell drohte es handgreiflich zu werden. Als sich Stalins und Trumans Nasenspitzen fast berührten, drängte sich der britische Premier zwischen die beiden, brachte sie auseinander und trat selbst vor die Berlin-Karte. Er sah auf den ersten Blick, dass die Sonnenalle über vier Kilometer lang ist. Churchill stand traditionell auf Seiten der Amerikaner, und jeder im Raum hielt es für ausgeschlossen, dass er Stalin die Sonnenallee zusprechen würde. Und wie man Churchill kannte, würde er an seiner Zigarre ziehen, einen Moment nachdenken, dann den Rauch ausblasen, den Kopf schütteln und zum nächsten Verhandlungspunkt übergehen. Doch als Churchill an seinem Stumpen zog, bemerkte er zu seinem Missvergnügen, dass der schon wieder kalt war. Stalin war so zuvorkommend, ihm Feuer zu geben, und während Churchill seinen ersten Zug auskostete und sich über die Berlin-Karte beugte, überlegte er, wie sich Stalins Geste adäquat erwidern ließe. Als Churchill den Rauch wieder ausblies, gab er Stalin einen Zipfel von sechzig Metern Sonnenallee und wechselte das Thema.

So muss es gewesen sein, dachte Michael Kuppisch. Wie sonst konnte eine so lange Straße so kurz vor dem Ende noch geteilt worden sein? Und manchmal dachte er auch: Wenn der blöde Churchill auf seine Zigarre aufgepasst hätte, würden wir heute im Westen leben.

Michael Kuppisch suchte immer nach Erklärungen, denn viel zu oft sah er sich mit Dingen konfrontiert, die ihm nicht normal vorkamen. Dass er in einer Straße wohnte, deren niedrigste Hausnummer die 379 war – darüber konnte er sich immer wieder wundern. Genauso wenig gewöhnte er sich an die täglichen Demütigungen, die darin bestanden, mit Hohnlachen vom Aussichtsturm auf der Westseite begrüßt zu werden, wenn er aus dem Haus trat – ganze Schulklassen johlten, pfiffen und riefen „Guckt mal, 'nen echter Zoni!" oder „Zoni, mach mal winke, winke, wir wolln dich knipsen!". Aber all die Absonderlichkeiten waren nichts gegen die schier unglaubliche Erfahrung, dass sein erster Liebesbrief vom Wind in den Todesstreifen getragen wurde und dort liegenblieb – bevor er ihn gelesen hatte. [...]

Berlin-Mitte/Potsdamer Platz 1981: Eine Touristenattraktion ist für Westberlin-Besucher der Blick über die Mauer nach Ost-Berlin.

1 Geben Sie thesenartig wieder, welche Informationen Sie in dem Erzählanfang über die innere und äußere Wirklichkeit des Protagonisten erhalten.

2 Informieren Sie sich über die Lebensumstände der Jugendlichen in Ost- und Westberlin nach dem Mauerbau. Stellen Sie Ihre Ergebnisse sowie die Fundstellen der Recherche im Kurs vor.

TIPP

Suchen Sie auch nach passenden Bildern, um Ihre Rechercheergebnisse zu veranschaulichen.

Eine literarische Verarbeitung der Unfreiheit bewerten

Arrestzelle im geschlossenen Jugendwerkhof Torgau (Nutzung in der DDR von 1964 bis 1989, Foto von 2009).

Der Roman *Weggesperrt* spielt 1988 in der DDR und handelt von der 14-jährigen Anja, die mit ihrer Mutter von der Staatssicherheit verhaftet wird, weil diese sich nicht regimekonform verhält und einen Ausreiseantrag stellt. Das 14-jährige Mädchen wird in verschiedene staatliche Erziehungsanstalten (Jugendwerkhöfe) eingewiesen. Dort ist sie nicht nur der staatlichen Willkür, sondern auch der Gewalt ihrer Erzieher ausgesetzt. Die Handlung endet mit den Demonstrationen von 1989, mit denen das Ende des Regimes eingeleitet wurde.

Grit Poppe

Weggesperrt (2009, Auszug)

Grit Poppe (* 1964), deutsche Schriftstellerin. In Potsdam aufgewachsen, war sie ein engagiertes Mitglied der Bürgerrechtsbewegung *Demokratie Jetzt*. Sie verfasst Romane und Jugendbücher, die einerseits fantasievolle Geschichten enthalten, andererseits aber auch reale Begebenheiten verarbeiten.

1 Anja wandte den Kopf ganz leicht nach hinten und erhaschte aus den Augenwinkeln einen Blick auf einen ihrer Verfolger. Es war der kleine Dicke mit der karierten Jacke und dem merkwürdigen Täschchen, das an seinem Handgelenk hin und her baumelte. Sein Gesicht war rot angelaufen und schweißnass, das konnte sie schon
5 erkennen. Dann hörte sie, wie die Mutter, die neben ihr lief, nervös Luft holte. „Dreh dich nicht um", sagte sie schroff.
„Wieso nicht?", fragte Anja leicht gereizt zurück.
Ihre Mutter hatte vor dem Schulgebäude auf sie gewartet, das war ungewöhnlich. Wer holte schon seine vierzehnjährige Tochter von der Schule ab? Oder ahnte
10 sie etwa, dass Anja in den letzten Wochen hin und wieder schwänzte? Wollte sie prüfen, ob ihre Tochter den Unterricht überhaupt noch besuchte? Wohl kaum. Ihre Mutter interessierte sich nur wenig für die Schule. Im Vergleich zu anderen Müttern verhielt sie sich oft ungewöhnlich. Ungewöhnlich, verrückt, wagemutig, widerspenstig, leichtsinnig … Anja flogen die Worte zu wie kleine Vögel. Wie
15 kleine schwarze Vögel mit scharfen, spitzen Schnäbeln und spitzen Krallen.
Ein schlammfarbener Wartburg fuhr langsam an ihnen vorbei. Anja versuchte nicht hinzusehen. Sie starrte geradeaus. Menschen kamen ihnen entgegen. Anja blickte durch sie hindurch, als wären sie Geister. „Die spinnen doch", sagte die Mutter so leise, als würde sie mit sich selbst sprechen.
20 Anja spürte eine merkwürdige Kälte in ihrem Mund. Konnte es sein, dass ihre Zunge eiskalt war? Sie schob den Zeigefinger zwischen die Lippen. Nein, die Zunge war warm und feucht. Alles normal also. „Solange wir beiden zusammen sind, werden sie es nicht wagen", hörte sie ihre Mutter murmeln. „Mach dir also keine Sorgen."
25 Anja schluckte. Das Kalte rutschte ihr die Kehle hinunter. „Was?", fragte sie. „Was werden sie nicht wagen?"

WIRKLICHKEITSERFAHRUNGEN UND LEBENSGEFÜHLE JUNGER MENSCHEN PFLICHTMODUL

„Wenn sie uns anfassen, schreien wir um Hilfe", sagte ihre Mutter bestimmt. „Schrei einfach, so laut du kannst."

Anja schwieg. Thea, eine Freundin ihrer Mutter, war erst vor ein paar Tagen von der Staatssicherheit abgeholt worden. Hatte Thea geschrien? Sich irgendwie gewehrt? Anja hatte jedenfalls nichts davon gehört.

Der braune Wartburg parkte am Straßenrand. Anja tat so, als würde sie die Blicke aus dem Wagen nicht bemerken.

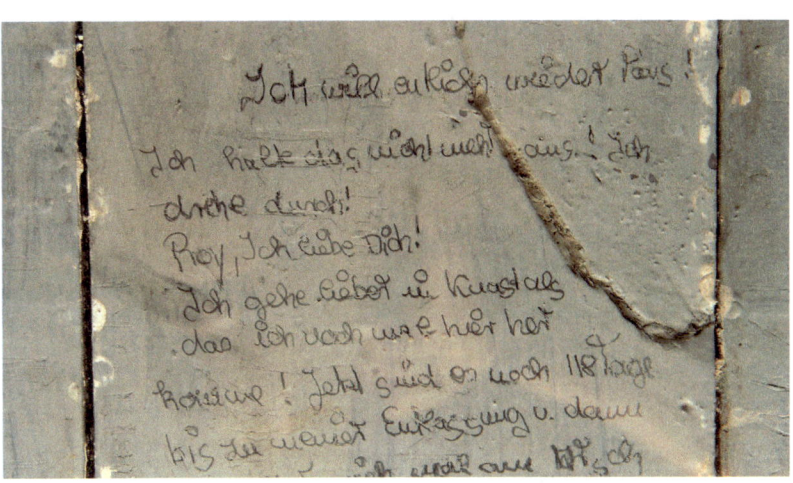

Originalinschrift auf einer Liege desselben Jugendwerkhofs, der von ehemaligen Insassen häufig mit den Worten *schlimmer als Knast* beschrieben wurde.

Ihre Mutter wurde also beschattet. Wieder einmal. Hoffentlich bemerkte niemand aus ihrer Klasse das seltsame Geschehen.

„Warum gehen wir nicht einfach nach Hause?", fragte Anja. Sie hörte sich an wie ein quengeliges Kleinkind.

Die Mutter seufzte. „Vielleicht ist es ja das, was sie wollen", murmelte sie.

Anja hielt den Blick gesenkt. Das, was sie wollen, das, was sie wollen, echote es in ihrem Kopf. Aber was wollen sie? Warum rannten die Männer hinter ihnen her? Sie hatten doch nichts verbrochen! Am liebsten hätte sie sich umgedreht und den Männern ihre Frage ins Gesicht geschrien: Was zum Teufel wollt ihr von uns?!

„Ist es wegen dem Trommeln?", fragte sie.

Ihre Mutter zuckte mit den Achseln. „Möglich", antwortete sie knapp.

Anja warf ihr einen forschenden Blick zu. Die Mutter sah blass aus. Die Falte lag tief zwischen ihren Augenbrauen, wie eine Narbe oder Wunde.

„Oder wegen den Zetteln?", fragte Anja.

Ihre Mutter hatte getrommelt. Und Zettel verteilt. Aus Protest. Für Thea. Sie nannte den Aufruhr, den sie veranstaltete, eine Mahnwache.

Anja war nicht ganz klar, was ein getrommelter Protest auf dem Marktplatz nützen sollte. Vielleicht wusste das ihre Mutter ja auch nicht so genau. Vielleicht wollte sie nur irgendetwas tun. Und nun bekamen sie die Quittung. Die Herren von der Staatssicherheit mochten es ganz und gar nicht, wenn man aus Protest trommelte und Zettelchen verteilte.

Das Kalte steckte jetzt in Anjas Hals. Sie konnte es nicht herunterschlucken.

„Wie war es in der Schule?", wechselte ihre Mutter das Thema.

Anja zuckte mit den Schultern. „Wie immer", brachte sie heraus. […]

---

1 *Lernarrangement*
Arbeiten Sie in Kleingruppen zusammen.
a) Geben Sie den Romananfang mit eigenen Worten wieder und schildern Sie die Situation der Protagonistinnen.
b) Markieren Sie die Besonderheiten der sprachlichen und erzähltechnischen Gestaltung und erläutern Sie die damit verbundene Wirkung auf den Rezipienten.
c) Beurteilen Sie den Erzählanfang und begründen Sie, welche Leseerwartung mit diesem Beginn verbunden ist.

2 Informieren Sie sich über den Fortlauf der Handlung und über die realen Hintergründe dieses Romans.

3 Stellen Sie Ihre Ergebnisse im Plenum vor und diskutieren Sie anschließend, ob der Roman für die literarische Auseinandersetzung mit der ehemaligen DDR geeignet ist.

RAHMENTHEMA 5 LITERATUR UND SPRACHE VON 1945 BIS ZUR GEGENWART

Mein Platz in der Welt – Identitätsfindung
Jugendliches Verhalten erfassen und reflektieren

Reiner Kunze

Fünfzehn (1976)

Reiner Kunze (* 1933), deutscher Schriftsteller. In der DDR aufgewachsen, aber Kritiker derselben. Er erhielt zahlreiche Auszeichnungen wie den Deutschen Jugendbuchpreis. Seit 2007 wird der Reiner-Kunze-Preis verliehen. Zu Kunzes Werk zählen u. a. *Die wunderbaren Jahre* und *ein tag auf dieser erde*.

1 Sie trägt einen Rock, den kann man nicht beschreiben, denn schon ein einziges Wort wäre zu lang. Ihr Schal dagegen ähnelt einer Doppelschleppe: lässig um den Hals gewor-
5 fen, fällt er in ganzer Breite über Schienbein und Wade. (Am liebsten hätte sie einen Schal, an dem mindestens drei Großmütter zweieinhalb Jahre gestrickt haben – eine Art Niagara-Fall aus Wolle. Ich glaube, von einem solchen
10 Schal würde sie behaupten, daß er genau ihrem Lebensgefühl entspricht. Doch wer hat vor zweieinhalb Jahren wissen können, daß solche Schals heute Mode sein würden.) Zum Schal trägt sie Tennisschuhe, auf denen jeder
15 ihrer Freunde und jede ihrer Freundinnen unterschrieben haben. Sie ist fünfzehn Jahre alt und gibt nichts auf die Meinung uralter Leute – das sind alle Leute über dreißig.

Könnte einer von ihnen sie verstehen,
20 selbst wenn er sich bemühen würde? Ich bin über dreißig. Wenn sie Musik hört, vibrieren noch im übernächsten Zimmer die Türfüllungen. Ich weiß, diese Lautstärke bedeutet für sie Lustgewinn. Teilbefriedigung ihres Bedürfnisses nach Protest. Überschallverdrängung unangenehmer logischer Schlüsse. Trance. Dennoch er-
25 tappe ich mich immer wieder bei einer Kurzschlußreaktion: ich spüre plötzlich den Drang in mir, sie zu bitten, das Radio leiser zu stellen. Wie also könnte ich sie verstehen – bei diesem Nervensystem? Noch hinderlicher ist die Neigung, allzu hochragende Gedanken erden zu wollen.

Auf den Möbeln ihres Zimmers flockt der Staub. Unter ihrem Bett wallt er.
30 Dazwischen liegen Haarklemmen, ein Taschenspiegel, Knautschlackledereste, Schnellhefter, Apfelstiele, ein Plastikbeutel mit der Aufschrift „Der Duft der großen weiten Welt", angelesene und übereinandergestülpte Bücher (Hesse, Karl May, Hölderlin), Jeans mit in sich gekehrten Hosenbeinen, halb- und dreiviertel gewendete Pullover, Strumpfhosen, Nylon und benutzte Taschentücher. (Die Aus-
35 läufer dieser Hügellandschaft erstrecken sich bis ins Bad und in die Küche.) Ich weiß: Sie will sich nicht den Nichtigkeiten des Lebens ausliefern. Sie fürchtet die Einengung des Blicks, des Geistes. Sie fürchtet die Abstumpfung der Seele durch Wiederholung! Außerdem wägt sie die Tätigkeiten gegeneinander ab nach dem Maß an Unlustgefühlen, das mit ihnen verbunden sein könnte, und betrachtet es
40 als Ausdruck persönlicher Freiheit, die unlustintensiveren zu ignorieren. Doch nicht nur, daß ich ab und zu heimlich ihr Zimmer wische, um ihre Mutter vor Herzkrämpfen zu bewahren, – ich muß mich auch der Versuchung erwehren, diese Nichtigkeiten ins Blickfeld zu rücken und auf die Ausbildung innerer Zwänge hinzuwirken.

45 Einmal bin ich dieser Versuchung erlegen. Sie ekelt sich schrecklich vor Spinnen. Also sage ich: „Unter deinem Bett waren zwei Spinnennester."

Ihre mit lila Augentusche nachgedunkelten Lider verschwanden hinter den hervortretenden Augäpfeln, und sie begann „Iix! Ääx! Uh!" zu rufen, so daß ihre Englischlehrerin, wäre sie zugegen gewesen, von soviel Kehlkopfknacklauten – englisch „glottal stops" – ohnmächtig geworden wäre. „Und warum bauen die ihre Nester gerade bei mir unterm Bett?"

„Dort werden sie nicht oft gestört." Direkter wollte ich nicht werden, und sie ist intelligent.

Am Abend hatte sie ihr inneres Gleichgewicht wiedergewonnen. Im Bett liegend, machte sie einen fast überlegenen Eindruck. Ihre Hausschuhe standen auf dem Klavier. „Die stelle ich jetzt immer dorthin", sagt sie. „Damit keine Spinnen hineinkriechen können."

Originale Rechtschreibung

1 Stellen Sie dar, inwiefern sich das Lebensgefühl der Tochter in ihrem Verhalten und in ihrer Kleidung ausdrückt.

2 Beschreiben Sie das Verhalten des Vaters und ziehen Sie hieraus Rückschlüsse auf seine Handlungsmotive.

3 Recherchieren und veranschaulichen Sie, wie sich Jugendliche heutzutage optisch und in ihrer Lebensführung von ihren Eltern abgrenzen. Präsentieren Sie Ihre Ergebnisse im Plenum.

Nachdem Sie die Kurzgeschichte zu dem fünfzehnjährigen Mädchen erschlossen haben, wartet ein weiterer Text auf Sie: *Im Spiegel* (S. 30). Auch diese Kurzgeschichte handelt von einem jungen Menschen, nun aber von einem männlichen.

4 Sammeln Sie zunächst einmal Ihre Assoziationen zum Begriff *Spiegel*.

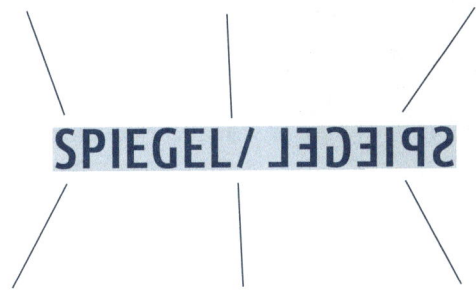

5 Notieren Sie in Kurzform Ihre Erwartung an die folgende Kurzgeschichte *Im Spiegel*.

Margret Steenfatt

Im Spiegel (1984)

Margret Steenfatt (* 1935), deutsche Schriftstellerin, schreibt vor allem Jugendbücher, z. B. *Hass im Herzen* und *Auf immer und ewig*.

1 „Du kannst nichts", sagten sie, „du machst nichts", „aus dir wird nichts." Nichts. Nichts. Nichts.

Was war das für ein NICHTS, von dem sie redeten und vor dem sie offensichtlich Angst hatten, fragte sich Achim, unter Decken und Kissen vergraben. Mit
5 lautem Knall schlug die Tür hinter ihnen zu.

Achim schob sich halb aus dem Bett. Fünf nach eins. Wieder mal zu spät. Er starrte gegen die Zimmerdecke. – Weiß. Nichts. Ein unbeschriebenes Blatt Papier, ein ungemaltes Bild, eine tonlose Melodie, ein ungesagtes Wort, ungelebtes Leben. Eine halbe Körperdrehung nach rechts, ein Fingerdruck auf den Einschaltknopf
10 seiner Anlage. Manchmal brachte Musik ihn hoch. Er robbte zur Wand, zu dem großen Spiegel, der beim Fenster aufgestellt war, kniete sich davor und betrachtete sich: lang, knochig, graue Augen im blassen Gesicht, hellbraune Haare, glanzlos. „Dead Kennedys" sangen: „Weil sie dich verplant haben, kannst du nichts anderes tun als aussteigen und nachdenken." –

15 Achim wandte sich ab, erhob sich, ging zum Fenster und schaute hinaus. Straßen, Häuser, Läden, Autos, Passanten, immer dasselbe. Zurück zum Spiegel, näher heran, so nahe, dass er glaubte, das Glas zwischen sich und seinem Spiegelbild durchdringen zu können. Er legte seine Handflächen gegen sein Gesicht im Spiegel, ließ seine Finger sanft über Wangen, Augen, Stirn und Schläfen kreisen,
20 streichelte, fühlte nichts als Glätte und Kälte.

Ihm fiel ein, dass in dem Holzkasten, wo er seinen Kram aufbewahrte, noch Schminke herumliegen musste. Er fasste unters Bett, wühlte in den Sachen im

Kasten herum und zog die Pappschachtel heraus, in der sich ei-
25 nige zerdrückte Tuben fanden. Von der schwarzen Farbe war noch ein Rest vorhanden. Achim baute sich vor dem Spiegel auf und malte zwei dicke Striche auf das
30 Glas, genau dahin, wo sich seine Augenbrauen im Spiegel zeigten. Weiß besaß er reichlich.

Er drückte eine Tube aus, fing die weiche ölige Masse in seinen
35 Händen auf, verteilte sie auf dem Spiegel über Kinn, Wangen und Nase und begann, sie langsam und sorgfältig zu verstreichen. Dabei durfte er sich nicht bewegen, sonst verschob sich seine Malerei. Schwarz und Weiß sehen gut aus, dachte er, fehlt noch Blau. Achim grinste seinem Bild zu, holte sich das Blau
40 aus dem Kasten und färbte noch die Spiegelstellen über Stirn und Augenlidern.

Eine Weile verharrte er vor dem bunten Gesicht, dann rückte er ein Stück zur Seite, und wie ein Spuk tauchte sein farbloses Gesicht im Spiegel wieder auf, daneben eine aufgemalte Spiegelmaske. Er trat einen Schritt zurück, holte mit dem Arm weit aus und ließ seine Faust in die Spiegelscheibe krachen. Glasteile fielen
45 herunter, Splitter verletzten ihn, seine Hand fing an zu bluten. Warm rann ihm das Blut über den Arm und tröpfelte zu Boden. Achim legte seinen Mund auf die Wunden und leckte das Blut ab. Dabei wurde sein Gesicht rotverschmiert.

Der Spiegel war kaputt. Achim suchte sein Zeug zusammen und kleidete sich an.

50 Er wollte runtergehen und irgendwo seine Leute treffen.

WIRKLICHKEITSERFAHRUNGEN UND LEBENSGEFÜHLE JUNGER MENSCHEN PFLICHTMODUL

1 Beschreiben Sie die Situation, in der sich der Protagonist befindet, und geben Sie Ihre ersten Leseeindrücke wieder. Gehen Sie auf Ihre Erwartungen an die Kurzgeschichte (vgl. S. 29) ein.

2 Der Song der Musikgruppe *Dead Kennedys* beschreibt Achims Lebensgefühl. Stellen Sie dieses mit eigenen Worten dar.

3 Diskutieren Sie, warum sich der Protagonist so aggressiv verhält und welche Bedeutung „seine Leute" (Z. 50) für ihn haben.

Identitätsprobleme erkennen

Sibylle Berg

Nora hat Hunger (1997)

Sibylle Berg
(*1962), deutsch-schweizerische Schriftstellerin. 1984 siedelt sie von der DDR in die Bundesrepublik über und lebt seit 1996 in Zürich.

1 Ich wiege mich jeden Morgen.
　Morgens ist es immer ein bisschen weniger.
　Seit einem halben Jahr esse ich nur noch Gurken, Äpfel und Salat. Alles ohne Zusätze, versteht sich.
5 　Zuerst war mir übel. Ich hatte Bauchkrämpfe. Aber jetzt geht es einfach. Wenn ich Essen rieche, habe ich keinen Hunger mehr. Mir wird direkt schlecht, wenn ich Essen rieche.
　Gestern waren es 40 Kilo. Ich bin 1,75 groß. Vielleicht wachse ich noch. Dünner werde ich auf jeden Fall.
10 　Ich habe es mir geschworen.
　Seit ich nicht mehr esse, brauche ich niemanden mehr. Meine Eltern sind fremde Personen geworden. Es ist mir egal, ob sie mich beachten oder nicht. Ich bin sehr stark. Meine Mutter hat geweint, neulich. Ich habe zugesehen, wie das Wasser ihr Make-up verschmiert hat. Und bin rausgegangen. Es sah hässlich aus. Ich
15 habe auch gesehen, wie dick sie ist. Sie sollte etwas dagegen tun. Ich verstecke mich in der Schule nicht mehr. Als ich noch dick war, bin ich in der Pause immer aufs Klo gegangen, damit sie mich nicht ignorieren können. Jetzt stehe ich offen da und denke mal, dass sie mich beneiden.
　Ich sehe noch immer nicht ganz schön aus. Ich bin noch zu dick. Die Arme
20 sind gut, da ist kaum noch Fleisch dran. Ich finde Fleisch hässlich. Und die Rippen sieht man auch schon gut. Aber die Beine sind zu dick.
　Als ich noch richtig dick war, hatte ich irgendwie keine Persönlichkeit. Jetzt ist das anders. Ich bin innen wie außen. Ganz fest. Mit einem Ziel ist keiner alleine, weil ja dann neben
25 dem Menschen immer noch das Ziel ist. Ich kann mich noch erinnern, wie es war, dick zu sein. Mal ging es mir gut, und im nächsten Moment musste ich heulen und wusste nicht, warum. Ich meine, das kam mir alles so sinnlos vor. Dass ich bald mit der Schule fertig bin und dann irgendeinen Beruf lernen muss.
30 Und dann würde ich heiraten und würde in einer kleinen Wohnung wohnen und so. Das ist doch zum Kotzen. Mit so einer kleinen Wohnung, meine ich. Das kann doch nicht Leben sein. Aber eben, wie Leben sein soll, das weiß ich nicht. Ich denke mir, dass ich das weiß, wenn ich schön bin. Ich werde so schön
35 wie Kate Moss oder so jemand. Vielleicht werde ich Model.
　Meine Mutter war mit mir bei einem Psychologen. Ein dicker, alter Mann. Mutter ließ uns allein, und er versuchte mich zu verarschen.

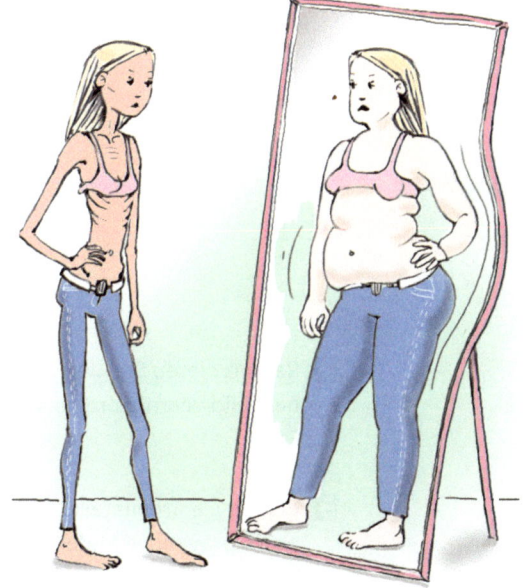

RAHMENTHEMA 5 LITERATUR UND SPRACHE VON 1945 BIS ZUR GEGENWART

Mich verarscht keiner so leicht. Ich hab so einiges gelesen, ich meine, ich kenne
40 ihre blöden Tricks. Und der Typ war mal speziell blöd.
„Bedrückt dich was", hat er gefragt. Und so ein Scheiß halt, und ich hab ihn die ganze Zeit nur angesehen. Der Mann war echt fett, und unter seinem Hemd waren so Schwitzränder. Ich habe nicht über seine Frage nachgedacht.
Ich meine, was soll ich einem fremden, dicken Mann irgendwas erzählen.
45 Einem Mann, der sich selbst nicht unter Kontrolle hat. Der frisst. Ich bin weggegangen und habe den Psychologen sofort vergessen.
Ich habe ein Ziel.
Ich habe vor nichts mehr Angst. Ich denke nicht mehr nach. Das ist das Beste.

1 *Lernarrangement*
Arbeiten Sie zu zweit zusammen.
a) Geben Sie Ihre ersten Leseeindrücke wieder und erläutern Sie die Situation der Ich-Erzählerin.
b) Visualisieren Sie, wie Nora sich und ihr Umfeld empfindet (s. u.).
c) Beurteilen Sie Noras Zukunftsvorstellungen. Diskutieren Sie, wie man ihr helfen könnte, ihre Ziele zu erreichen.

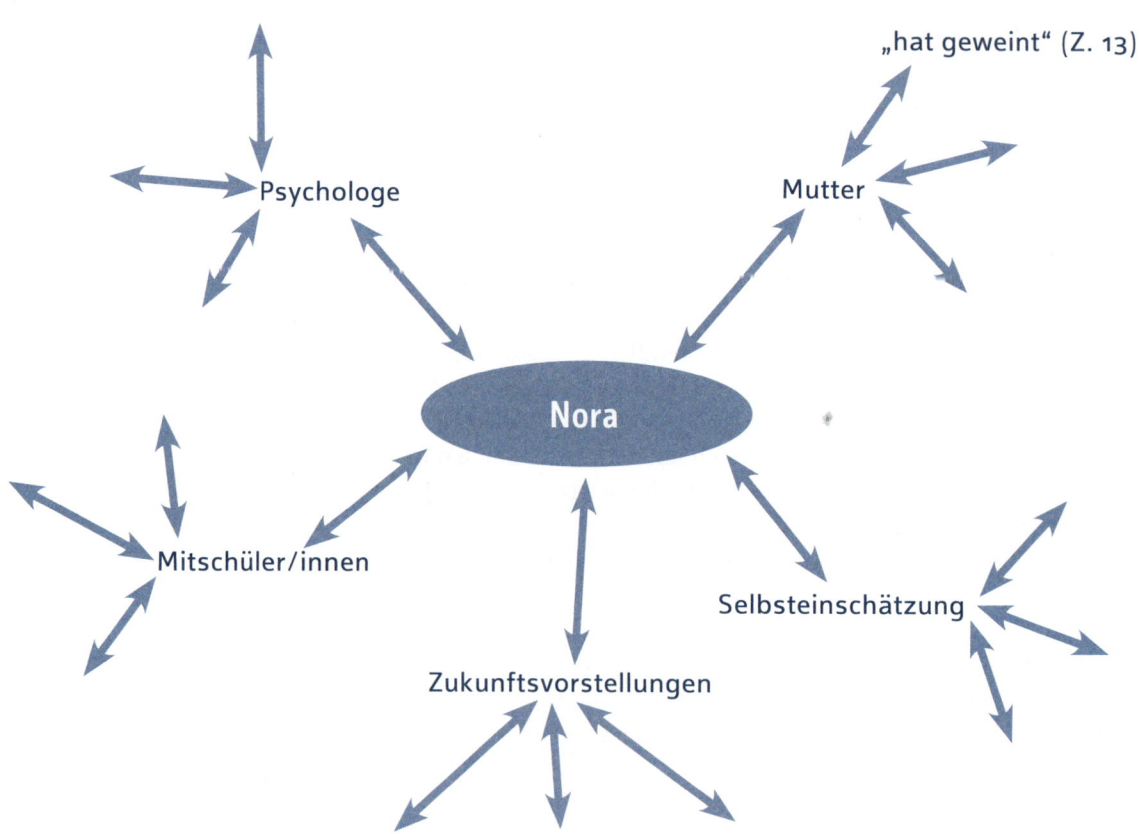

2 Recherchieren Sie, was man unter „Magersucht" versteht und welche Ursachen für dieses Krankheitsbild verantwortlich sind. Präsentieren Sie Ihre Ergebnisse im Plenum in angemessener Form.

3 Planen Sie arbeitsteilig ein Projekt für Ihre Schule, um das Thema vorzustellen und möglicherweise präventive Maßnahmen daraus ableiten zu können.

WIRKLICHKEITSERFAHRUNGEN UND LEBENSGEFÜHLE JUNGER MENSCHEN PFLICHTMODUL

Lebensvorstellungen und Sinnentwürfe im Kontrast
Das Themenfeld „Protest" anhand lyrischer und epischer Texte erschließen

Peter Huchel

Psalm (1963)

1 Dass aus dem Samen des Menschen
Kein Mensch
Und aus dem Samen des Ölbaums
Kein Ölbaum
5 Werde,
Es ist zu messen
Mit der Elle des Todes.

Die da wohnen
Unter der Erde
10 In einer Kugel aus Zement,
Ihre Stärke gleicht
Dem Halm
Im peitschenden Schnee.

Die Öde wird Geschichte.
15 Termiten schreiben sie
Mit ihren Zangen
In den Sand.

Und nicht erforscht wird werden
Ein Geschlecht,
20 Eifrig bemüht,
Sich zu vernichten.

Peter Huchel (1903–1981), deutscher Lyriker, Redakteur und Dramaturg

1 *Lernarrangement*
   a) Sammeln Sie zu zweit Adjektive, mit denen Sie das lyrische Ich des Gedichts beschreiben:
   – Stellung in der Welt: Handelt es sich um einen Menschen oder um ein „höheres" Wesen?
   – Befindlichkeit: In welcher Gemütsverfassung befindet er / es sich?
   b) Setzen Sie sich in Vierergruppen zusammen und vergleichen Sie Ihre Adjektiv-Sammlungen. Bereiten Sie eine vereinheitlichte Version Ihrer Ergebnisse vor.
   c) Präsentieren Sie Ihre Vorstellungen über die beiden Aspekte des lyrischen Ichs dem Kurs.

2 Klären Sie im Kurs, was ein Psalm ist. Stellen Sie dann gemeinsam Überlegungen an, was der Titel des Gedichts bedeuten könnte.

3 Vergleichen Sie die beiden Bilder und entscheiden Sie, welches eher zum Gedicht passt.

4 Recherchieren Sie arbeitsteilig, welche unterschiedlichen Vorstellungen darüber existieren, warum ein „Weltuntergang" stattfinden und wie er aussehen könnte. Beachten Sie dabei auch die Ideen, die die Menschen entwickelt haben, um diese Katastrophe irgendwie zu überleben. Verfassen und halten Sie Kurzreferate über Ihre Ergebnisse im Plenum.

TIPP
Viele Filme aus Hollywood sind sehr brauchbare Quellen für diese Recherche.

RAHMENTHEMA 5   LITERATUR UND SPRACHE VON 1945 BIS ZUR GEGENWART

Yaak Karsunke

Kilroy war hier (1967)

Yaak Karsunke (*1934), deutscher Schriftsteller und Schauspieler, schreibt politische Lyrik, Theaterstücke, Hörspiele und Kritiken.

1 als ich 11 war stand
„Kilroy is here"
auf den geborstenen mauern
auf gestürzten säulen
5 auf kneipentischen in klos
die amis schrieben
es überall hin

als ich 11 war trugen
meine schwestern rote röcke
10 den weißen kreis mit dem vierfach
gebrochenen kreuz
hatte meine mutter selber
abgetrennt & verbrannt
jetzt war Kilroy hier

15 als ich 11 war war
der krieg aus & „Hitler kaputt"
wie die häuser die fenster die juden
& deutschland (was war das?)
dafür war kilroy gekommen
20 brachte uns basketball bei
& kaugummi & cocacola

als ich 11 war lehrte
mich Kilroy worte wie fairness
& demokratie
25 parolen wie nie wieder krieg
brachte mir jitterbug bei
& selbst an Shakespeare-sonetten
noch den brooklyn-akzent

als ich 11 war waren
30 das drei goldene worte
„Kilroy is here"
fast so schön wie die drei
der french revolution
von der er erzählte
35 freiheit & gleichheit & brüderlichkeit

als ich 11 war hatten
meine eltern
mich falsch erzogen
Kilroy gab sich die mühe
40 erklärte mir menschenrechte
& uno-charta
erzog mich um

als ich 11 war
war Kilroy der beste
45 freund den ich hatte
sein haus stand mir offen
in seinem keller
hörte ich jazz & Strawinsky
& keine sirenen

50 : viel von dem blieb zurück
– jahre später –
als Kilroy sein flugzeug bestieg
es mit napalm belud & verschwand
jetzt steht auf pagoden
55 & den rauchschwarzen resten von dörfern
„Kilroy is here"

– wir
sind geschiedene leute

---

1 Beschreiben Sie das Verhältnis des lyrischen Ichs zu den US-amerikanischen Soldaten.

2 Rekonstruieren Sie anhand des Textes sowie mithilfe Ihrer Geschichtskenntnisse und Ihrer Fantasie den möglichen Lebenslauf des 11-jährigen lyrischen Ichs seit seiner Geburt (ca. 1934) bis zum Zeitpunkt des Eintreffens der US-Armee.

3 Arbeiten Sie heraus, welche historische Situation in der vorletzten Strophe (V. 50–56) angesprochen wird. Erörtern Sie dann im Kursplenum die Berechtigung und die Konsequenz der Entscheidung in der letzten Strophe.

Uwe Johnson

Über eine Haltung des Protestierens (1967)

Einige gute Leute werden nicht müde, öffentlich zu erklären, dass sie die Beteiligung ihres Landes am Krieg in Vietnam verabscheuen; was mögen sie da im Sinn haben? Die guten Leute sagen sich den Ausspruch nach, es sei Krieg nicht mehr erlaubt unter zivilisierten Nationalstaaten; die guten Leute haben sich nicht gemuckst, als die Kolonialpolitik zivilisierter Nationalstaaten jene Leute in Vietnam bloß mit Polizei dabei störte, erst einmal eine Nation zu werden. Die guten Leute hört man klagen, es wende das mächtigste Land der Erde gegen ein kleines Land fortgeschrittene Waffensysteme an, zum Teil experimentell, gerade das Probieren mit tüchtigeren Vernichtungsmitteln erbittert die guten Leute; die guten Leute haben still in der Ecke gesessen, als die Armeen sich auswuchsen, noch die Diät der Manöver haben sie dem Militär gegönnt, nun schreien sie über die natürliche Gier der Maschine nach lebensechtem Futter. Die guten Leute haben es mit der Moral, die Einhaltung des Genfer Abkommens wünschen sie sich, Verhandlungen, faire Wahlen, Abzug der fremden Truppen, Anstand sagen sie und Würde des Menschen; sie sprechen zum übermenschlichen Egoismus eines Staatswesens wie zu einer Privatperson mit privaten Tugenden. Die guten Leute mögen am Krieg nicht, dass er sichtbar ist; die guten Leute essen von den Früchten, die ihre Regierungen für sie in der Politik und auf den Märkten Asiens ernten. Die guten Leute wollen einen guten Kapitalismus, einen Verzicht auf Expansion durch Krieg, die guten Leute wollen das sprechende Pferd; was sie nicht wollen, ist der Kommunismus. Die guten Leute wollen eine gute Welt; die guten Leute tun nichts dazu. Die guten Leute hindern nicht die Arbeiter, mit der Herstellung des Kriegswerkzeugs ihr Leben zu verdienen, sie halten nicht die Wehrpflichtigen auf, die in diesem Krieg ihr Leben riskieren, die guten Leute stehen auf dem Markt und weisen auf sich hin als die Besseren. Auch diese guten Leute werden demnächst ihre Proteste gegen diesen Krieg verlegen bezeichnen als ihre jugendliche Periode, wie die guten Leute vor ihnen jetzt sprechen über Hiroshima und Demokratie und Kuba. Die guten Leute sollen das Maul halten. Sollen sie gut sein zu ihren Kindern, auch fremden, zu ihren Katzen, auch fremden; sollen sie aufhören zu reden von einem Gutsein, zu dessen Unmöglichkeit sie beitragen.

Uwe Johnson (1934–1984), deutscher Schriftsteller, verarbeitet in seinen Romanen, vornehmlich in seinem vierbändigen Hauptwerk *Jahrestage*, die Erfahrungen eines Lebens in der Diktatur und in der Fremde. Weitere bekannte Werke Johnsons sind *Mutmassungen über Jakob* (1959) und *Ingrid Babendererde. Reifeprüfung 1953* (Erstfassung 1953/54, 1985 aus dem Nachlass veröffentlicht).

Demonstration der IG-Metall 1965

1 Lernarrangement

a) Sammeln Sie arbeitsteilig alle Äußerungen (Wünsche, Forderungen, Gedanken) der „guten Leute" und tragen Sie diese in die Tabelle auf Seite 36 ein.

b) Fertigen Sie dann in der Gruppe eine Gegenüberstellung dieser Äußerungen mit den Kommentaren an, die Uwe Johnson zu ihnen abgegeben hat.

c) Prüfen Sie anschließend gemeinsam, ob Sie Johnsons Kommentierung für angebracht halten.

Äußerungen der „guten Leute"	Kommentare von Uwe Johnson

1 In Zeile 21 heißt es: „Die guten Leute wollen eine gute Welt; die guten Leute tun nichts dazu." Erörtern Sie, ob Sie diese Aussage für gerechtfertigt halten.

2 Im letzten Satz wird den „guten Leute[n]" (Z. 35) sogar vorgeworfen, dass sie dazu beitrügen, das „Gutsein" (Z. 40) zu verhindern. Überprüfen Sie die Berechtigung dieser Aussage.

Wolf Wondratschek

Über die Schwierigkeiten, ein Sohn seiner Eltern zu bleiben
(1969, Auszug)

Wolf Wondratschek (*1943), deutscher Schriftsteller, schreibt Gedichte, Lieder, Kurzprosa und Romane, vornehmlich über die Liebe und das Showbusiness.

1 Das begann alles viel früher, das hört auch nicht so schnell auf. So ist es immer. Vater war nicht Donald Duck. Auch in der Badehose sah er nicht aus wie Robinson. Für Karl May und Tom Prox hatten wir nicht den passenden Garten. Ich wurde zwar rot, aber kein Indianer.

5 Ich habe gesehen, wie ich keine Schwester bekam, ich bekam Schläge. Aber ich habe gelernt, mich zwischen Frühstück, Schule und Tagesschau zurechtzufinden.

Ich wusste nie, wie den Eltern zumute war, wenn sie sagten, ihnen sei gar nicht zum Lachen zumute. Ich zog bald weg von zuhause.

Als Kind war ich ein Spielverderber. Mutter sagte dann, das hätte ich von Vater 10 geerbt. Vater behauptete das Gegenteil. Ich hatte dann immer das Gefühl, dass wir doch alle irgendwie zusammengehören.

Vater zeigte mir, woher der Wind wehte. Ich hatte eine stürmische Jugend. Wenn wir von Krieg reden, sagt Mutter, wir können von Glück reden.

Ich denke an das Leben, sagt Vater, wenn er an mich denkt. Ich denke, du solltest dir mal Gedanken machen. Mutter ist die Frau von Vater. Auch sie denkt, ich sollte mir endlich mal Gedanken machen. Und ich denke nicht daran.

Vater: ein strenges Labyrinth. Mutter: der Ariadnefaden. Ich begreife das heute noch nicht.

Als das Einfamilienhaus fertig war, war ich mit der Familie fertig. Früher ging ich einfach ins Kino. Ich hatte Freunde. Aber das sind keine Lösungen. Auch eine Freundin ist keine Lösung.

Mutter weinte manchmal. Vater schrie manchmal. Auch Mutter schrie manchmal. Aber Vater weinte nie. Als ich sah, wie Vater den Hut vom Kopf nahm, um seinen Feinden die Stirn zu zeigen, wurde ich erwachsen.

Freitags Fisch. Samstags Fußball. Sonntags Familie. Vater raucht, als gehe es um sein Leben. Mutter legt eine Patience. Ich habe drei Brüder. Morgen ist Montag.

Ich erzähle einen schlechten Witz. Vater kann nicht lachen, weil Fritz erst 16 ist. Mutter wird nicht rot. Sie hat Geburtstag. Ich werde oft gefragt, ich frage mich oft selbst. Aber es ist nicht zu ändern. Wir sind tatsächlich perfekt. Vater ist Beamter, Mutter Hausfrau, ein Bruder Oberleutnant, ein anderer Automechaniker, wieder ein anderer einfach Student. Mutter sagt, nimm endlich mal die Hände aus den Hosentaschen, tu endlich mal was Gescheites, endlich mal sagt sie gern, das ist einer ihrer Lieblingsausdrucke, besinn dich endlich mal, wie es jetzt weitergehen soll, so jedenfalls kann es unmöglich weitergehen, kauf dir endlich mal einen Kamm, kämm dich endlich mal, schau endlich mal in den Spiegel und schau, wie du aussiehst, früher hast du anders ausgesehen, sie sagt mein Gott, geh endlich mal zum Frisör; die Haare hängen dir ja schon über den Hemdkragen hinaus, hast du deine Schulaufgaben gemacht, hast du gelernt? Ja, ich habe schon als Kind gelernt, dass der liebe Gott kein Frisör ist.

Neben dem Klingelknopf ist ein Namensschild montiert. Damit sind wir alle gemeint. Es kommt vor, dass wir alle einmal zur gleichen Zeit im Wohnzimmer sitzen. Das kommt natürlich nicht sehr häufig vor, aber dann geschieht, was auch in den besten Familien vorkommt, es gibt Krach! Jeder schreit, jeder ist im Recht, keiner weiß, worum es geht. Aber darum geht es ja nicht. Mutter schließt schnell die Fenster. Vater beruhigt den Hund. Ich sehe Tiger an der Decke. Vater ist wer. Jeder ist, wie er eben ist. Aber dafür sind die Schulferien da.

Der Sonntag ist so etwas wie eine höfliche Drohung, eine saubere Sackgasse. An Sonntagen sehen Familien aus, als hätte man sie auf dem Friedhof zusammengeklaut.

Es ist schwierig, ein Sohn seiner Eltern zu bleiben. Die Familie ist eine Bombe mit roten Schleifchen. An Weihnachten nehmen wir uns zusammen. An Weihnachten gelingt uns nahezu alles. Wir trinken Sekt und da ist nichts zu befürchten, weil wir anstoßen müssen bei Sekt. Die Kinder werden kurzerhand wieder Kinder. Vater fühlt sich als Großvater. Draußen ist es dunkel. Weihnachten hat nichts mehr mit Schnee zu tun. Mutter wird auch nächstes Jahr keinen Persianer bekommen.

Sonnenuntergänge und Feiertage geben uns immer wieder das Gefühl, dass alles nicht so schlimm sein kann. Wir

Ariadnefaden

In der griechischen Mythologie schenkt Ariadne, Tochter des Königs Minos, Theseus einen Faden, mit dessen Hilfe er den Weg durch das Labyrinth, in dem das stierköpfige Fabelwesen Minotauros haust, zurückfindet.

Wird er ein Sohn seiner Eltern bleiben?

glauben wieder an Kalbsbraten und selbstgedrehte Nudeln. Der Hund bellt die Umgebung leer und frisst aus der Hand. Auch das ist eine Version. [...]

Wir sitzen künstlich und vollzählig in den Polstergarnituren. Der offene Kamin sorgt für Nestwärme. Das Beste wäre, Mutter hätte jeden Tag Geburtstag.

6 Personen sind schon ein Trost. Wir wechseln ab. Einer wehrt sich dagegen, dass gerade der andere recht hat. Dieses Muster gilt. Die Opfer können sich am nächsten Tag als Angreifer erholen. Wenn Gäste kommen, erfinden wir Italien im Garten. Wir verstehen keinen Spaß.

1 *Lernarrangement*
a) Untersuchen Sie in Vierergruppen, ob dieser Text nahtlos in die heutige Zeit passen würde. Verständigen Sie sich über Sachverhalte oder Umstände, die eindeutig belegen, dass der Text aus einer „vergangenen" Zeit stammt.
b) Einige Stellen im Text wirken so, als seien sie komisch gemeint. Andere wirken deutlich ironisch. Wieder andere scheinen voller Bitterkeit zu stecken. Suchen Sie die Textstellen heraus, die Ihrer Meinung nach Belege für diese drei Aspekte sein könnten. Begründen Sie als Gruppe, ob Komik, Ironie und / oder Bitterkeit im Vordergrund des gesamten Textes stehen.
c) Im Text heißt es in den Zeilen 51 f.: „Die Familie ist eine Bombe mit roten Schleifchen." Diskutieren Sie, ob Sie diesem Satz als allgemeingültige Aussage zustimmen. Falls Sie anderer Meinung sind, versuchen Sie einen Satz zu formulieren, der mit: „Die Familie ist…" beginnt und dann eine Definition enthält, die Ihrer Meinung nach zutreffender ist.
d) Tauschen Sie im Kursplenum Ihre Ergebnisse aus.

2 Im Text sind viele für Eltern typische Sprüche oder Aussprüche enthalten. Einige sind deutlich zu erkennen, andere müssen mit etwas Mühe rekonstruiert werden.
a) Stellen Sie arbeitsteilig eine Liste aller Aussprüche zusammen.
b) Wählen Sie diejenigen aus, die Ihrer Meinung nach gut geeignet sind, betont vorgetragen zu werden. Üben Sie dieses Aussprechen und tragen Sie Ihre Sprüche vor. Bemühen Sie sich um Glaubwürdigkeit, Autorität, Ernsthaftigkeit und Durchsetzungsvermögen.

Typisch Eltern! – Sprüche:

3 Stellen Sie einen Bezug zwischen den betont vorgetragenen „Eltern-Sprüchen" und Ihren Definitionen von Familie her. Deuten und erläutern Sie auf dieser Grundlage den Titel des Textes.

Aufbruch und/oder Ausbruch?
Epische Texte zum Themenfeld „Aufbruch / Ausbruch" interpretieren

Zoë Jenny

Das Blütenstaubzimmer (1997, Auszug)

Zoë Jenny (*1974), Schweizer Schriftstellerin (vgl. auch S. 72–75)

Einmal in der Woche holte sie mich mittags von der Schule ab. Von Weitem sah ich sie neben dem Eisentor stehen, und ich rannte über den Schulhof auf sie zu. Sie nahm mich an der Hand, und wir gingen zusammen in die Stadt. In den Umkleidekabinen, die nach Schweiß und Plastik rochen, packte sie einige Kleider in die große Schultertasche, die anderen legte sie wieder in die Regale zurück. Sobald sie an der Kasse ein paar Socken oder ein T-Shirt bezahlt hatte, streichelte sie meinen Kopf, wie man frischgeborene Kätzchen streichelt, und die Verkäuferinnen, die uns durchs Schaufenster nachschauten, klatschten entzückt in die Hände. Das waren Tage, an denen es haufenweise Schokoladenkuchen gab und das Gesicht meiner Mutter weich und fröhlich war.

Im Restaurant, während ich aus einem Trinkhalm meinen Sirup schlürfte, griff meine Mutter immer wieder in die Tasche, nach dem Stoff, ihr Mund stand leicht offen, und die Augen waren riesengroß, als sei es kaum zu ertragen, und ich wusste, sie war glücklich. Zu Hause entfernte sie mit der Schere die Preisetiketten von den Kleidern, hängte sie sorgfältig an den Kleiderständer und rollte ihn langsam und mit dem erhobenen Kopf einer Königin, die vor ihr Reich tritt, ins Zimmer.

Immer wieder wartete ich nach Schulschluss stundenlang vor dem Eisentor auf sie. Aber sie kam nicht mehr. Ich fragte Vater, ob mit ihr etwas geschehen sei, aber er schüttelte den Kopf und schwieg. Doch nach einigen Wochen stand sie wieder da, küsste mich aufs Haar und hieß mich ins Auto steigen. Diesmal fuhren wir nicht in die Stadt, und ich freute mich. Sie parkte an einem Waldweg. Ich übersprang die Lücken zwischen den Zacken, die die Räder eines Traktors in die von der Hitze brüchige Erde gestoßen hatten. Das helle Kleid meiner Mutter bauschte sich wolkig um ihren Körper, und ich ahnte, dass sie gleich etwas Wichtiges sagen würde. Aber sie schwieg, den ganzen Weg, bis die Spuren des Traktors immer undeutlicher wurden und wir auf einer Wiese standen. Meine Mutter legte sich hin, ich legte mich neben sie auf die trockene Erde und spürte neben mir ihren glatten, pochenden Hals. Sie sagte, dass sie einen Mann, Alois, getroffen habe, den sie liebe, so wie sie einmal meinen Vater geliebt habe, und dass sie mit ihm fortgehen werde, für immer. Überall, wo ich hinsah, waren diese gelben und roten Blütenköpfe, die einen Duft ausströmten, der mich schwindlig und müde machte. Ich drehte mich zur Seite; das Ohr auf den Boden gepresst, hörte ich ein Summen und Knistern, als bewege sich da etwas tief unter der Erde, während ich ihren weit entfernten Mund weiterreden sah und ihre Augen, die in den Himmel schauten, der wie eine greifbare blaue Scheibe über uns schwebte. […]

1 Zoë Jenny war beim Verfassen des Textes eine junge Frau (24 J.), die autobiografische Elemente literarisch verarbeitete. Bestimmen Sie das ungefähre Alter der Ich-Erzählerin. Finden Sie Textstellen, bei denen es zweifelhaft ist, ob sie so von einem Kind erzählt werden könnten.

2 *Lernarrangement*
a) Sammeln Sie zu zweit Adjektive, die die Mutter der Erzählerin treffend charakterisieren.
b) Tragen Sie dem Kurs Ihre Zusammenstellung vor. Klären Sie ggf. kontroverse Sichtweisen.
c) Beurteilen Sie gemeinsam das Verhalten und die Wesenszüge der Mutter. Begründen Sie, warum sie Ihnen eher sympathisch oder unsympathisch erscheint.

Sibylle Berg

Hauptsache weit (2001)

Sibylle Berg (*1962), Schriftstellerin (vgl. S. 31)

Und weg, hatte er gedacht. Die Schule war zu Ende, das Leben noch nicht, hatte noch nicht begonnen, das Leben. Er hatte nicht viel Angst davor, weil er noch keine Enttäuschungen kannte. Er war ein schöner Junge mit langen dunklen Haaren, er spielte Gitarre, komponierte am Computer und dachte, irgendwie werde
5 ich wohl später nach London gehen, was Kreatives machen. Aber das war später.
Und nun? Warum kommt der Spaß nicht? Der Junge hockt in einem Zimmer, das Zimmer ist grün, wegen der Neonleuchte, es hat kein Fenster und der Ventilator ist sehr laut. Schatten huschen über den Betonboden, das Glück ist das nicht, eine Wolldecke auf dem Bett, auf der schon einige Kriege ausgetragen wurden.
10 Magen gegen Tom Yan, Darm gegen Curry. Immer verloren, die Eingeweide. Der Junge ist 18, und jetzt aber Asien, hatte er sich gedacht. Mit 1000 Dollar durch Thailand, Indien, Kambodscha, drei Monate unterwegs und dann wieder heim, nach Deutschland. Das ist so eng, so langweilig, jetzt was erleben und vielleicht nie zurück. Hast du keine Angst, hatten die blassen Freunde zu Hause gefragt,
15 so ganz alleine? Nein, hatte er geantwortet, man lernt ja so viele Leute kennen unterwegs. Bis jetzt hatte er hauptsächlich Mädchen kennengelernt, nett waren die schon, wenn man Leute mag, die einen bei jedem Satz anfassen, Mädchen, die aussahen wie dreißig und doch so alt waren wie er, seit Monaten unterwegs, die Mädchen, da werden sie komisch. Übermorgen würde er in Laos sein, da mag er
20 jetzt gar nicht dran denken, in seinem hässlichen Pensionszimmer, muss Obacht geben, dass er sich nicht aufs Bett wirft und weint, auf die Decke, wo schon die anderen Dinge drauf sind.
In dem kleinen Fernseher kommen nur Leute vor, die ihm völlig fremd sind, das ist das Zeichen, dass man einsam ist, wenn man die Fernsehstars eines Landes
25 nicht kennt und die eigenen keine Bedeutung haben. Der Junge sehnt sich nach Stefan Raab, nach Harald Schmidt und Echt. Er merkt weiter, dass er gar nicht existiert, wenn er nichts hat, was er kennt. Wenn er keine Zeitung in seiner Sprache kaufen kann, keine Klatschgeschichten über einheimische Prominente lesen, wenn keiner anruft und fragt, wie es ihm geht. Dann gibt es ihn nicht. Denkt er.
30 Und ist unterdessen aus seinem heißen Zimmer in die heiße Nacht gegangen, hat fremdes Essen vor sich, von einer fremdsprachigen Serviererin gebracht, die sich nicht für ihn interessiert, wie niemand hier. Das ist wie tot sein, denkt der Junge. Weit weg von zu Hause, um anderen beim Leben zuzusehen, könnte man umfallen und sterben in der tropischen Nacht und niemand würde weinen darum.
35 Jetzt weint er doch, denkt an die lange Zeit, die er noch rumbekommen muss, alleine in heißen Ländern mit seinem Rucksack, und das stimmt so gar nicht mit den Bildern überein, die er zu Hause von sich hatte. Wie er entspannt mit
40 Wasserbüffeln spielen wollte, in Straßencafés sitzen und cool sein. Was ist, ist einer mit Sonnenbrand und Heimweh nach den Stars zu Hause, die sind wie ein Geländer zum Festhalten. Er
45 geht durch die Nacht, selbst die Tiere reden ausländisch, und dann sieht er etwas, sein Herz schlägt schneller. Ein Computer, ein Internet-Café. Und er setzt sich, schaltet den Computer an,
50 liest seine E-Mails. Kleine Sätze von sei-

Tom Yan asiatisches Gericht

nen Freunden, und denen antwortet er, dass es ihm gut gehe und alles großartig ist, und er schreibt und schreibt und es ist auf einmal völlig egal, dass zu seinen Füßen ausländische Insekten so groß wie Meerkatzen herumlaufen, dass das fremde Essen im Magen drückt. Er schreibt seinen Freunden über die kleinen
55 Katastrophen und die fremde Welt um ihn verschwimmt, er ist nicht mehr allein, taucht in den Bildschirm ein, der ist wie ein weiches Bett, er denkt an Bill Gates und Fred Apple, er schickt eine Mail an Sat 1, und für ein paar Stunden ist er wieder am Leben, in der heißen Nacht weit weg von zu Hause.

1 Formulieren Sie treffende Definitionen für die Begriffe *Heimweh* und *Fernweh*.

Heimweh	Fernweh
Definition:	Definition:
Textstellen:	Textstellen:

2 Suchen Sie die Textstellen heraus, die das Heimweh beziehungsweise das Fernweh des Protagonisten beschreiben. Untersuchen Sie, ob im Text Heimweh und Fernweh in der Bedeutung vorliegen, wie Sie es in Aufgabe 1 definiert haben.

3 In der Zeile 32 heißt es: „Das ist wie tot sein, denkt der Junge." In den Zeilen 57 f. steht: „[…] und für ein paar Stunden ist er wieder am Leben". Erörtern Sie die Treffsicherheit dieser sprachlichen Mittel. Klären Sie dabei, welche Rolle der Gebrauch von Kommunikationsmedien spielt.

4 Stellen Sie sich vor, Sie hätten nach dem Abitur 5 000 Euro zu Ihrer Verfügung. Entweder dürften Sie – allein! – eine Weltreise unternehmen oder das Geld für Ihr Studium verwenden. Notieren Sie Ihre Entscheidung anonym und werten Sie im Plenum das Ergebnis der Umfrage aus. Diskutieren Sie das Ergebnis im Anschluss.

RAHMENTHEMA 5 LITERATUR UND SPRACHE VON 1945 BIS ZUR GEGENWART

„Die Jugend von heute"
Einen Roman über Jugendliche kennenlernen

Wolfgang Herrndorf

Tschick (2010, Auszug)

Wolfgang Herrndorf (1965–2013), Schriftsteller, Maler und Illustrator

Das Theaterstück *Tschick*, das auf dem gleichnamigen Roman von Wolfgang Herrndorf basiert, wurde 2012/13 in 29 Inszenierungen 764 Mal gespielt.

Inszenierung von *Tschick* am Theater Aachen 2013. Felix Strüven als Tschick und Robert Sailer als Maik

1 „*Ein Mann, der Herrn K. lange nicht gesehen hatte, begrüßte ihn mit den Worten: ‚Sie haben sich gar nicht verändert.'*
5 *– ‚Oh', sagte Herr K. und erbleichte.* Das war ja mal eine angenehm kurze Geschichte." Kaltwasser klappte im Vorbeigehen die Tafel auf, zog das Jackett aus und warf es über sei-
10 nen Stuhl. Kaltwasser war unser Deutschlehrer, und er kam immer ohne Begrüßung in die Klasse, oder zumindest hörte man die Begrüßung nicht, weil er schon mit Unterricht anfing, da war er noch gar nicht durch die Tür. Ich muss zugeben, dass ich Kaltwasser nicht ganz begriff. [...]

15 „Angenehm kurz", wiederholte Kaltwasser. „Und da haben sich sicher einige gedacht, so kurz kann ich das auch mit der Interpretation halten. Aber dann dürfte wohl klargeworden sein: So einfach ist das nicht. Oder fand es jemand sehr einfach? Wer will denn mal? Freiwillige? Na, kommt. Die letzte Reihe lacht mich an." Wir folgten Kaltwassers Blick zur letzten Reihe. Dort lag Tschick mit dem
20 Kopf auf dem Tisch, und man konnte nicht genau erkennen, ob er in sein Buch schaute oder schlief. Es war die sechste Stunde.

„Herr Tschichatschow, darf ich bitten?"

„Was?" Tschicks Kopf hob sich langsam. Dieses ironische Siezen. Da ging schon mal das Warnlämpchen an.

25 „Herr Tschichatschow, sind Sie da?"

„Bei der Arbeit."

„Haben Sie die Hausaufgaben gemacht?"

„Selbstverständlich."

„Hätten Sie die Güte, sie uns vorzulesen?"

30 „Äh, ja." Tschick sah sich kurz auf seinem Tisch um, entdeckte dann seine Plastiktüte auf dem Boden, hievte sie hoch und suchte nach dem Heft. Wie immer hatte er nichts ausgepackt vor der Stunde. Er zog mehrere Hefte raus und schien Mühe zu haben, das richtige zu identifizieren.

„Wenn du keine Hausaufgaben gemacht hast, sag's."

35 „Ich hab Hausaufgaben – wo isses denn? Wo isses denn?"

Er legte ein Heft auf den Tisch, steckte die anderen zurück und blätterte darin herum.

„Da, da ist es. Soll ich vorlesen?"

„Ich bitte darum."

40 „Gut, ich fang dann jetzt an. Die Hausaufgabe war die Geschichte vom Herrn K. Ich beginne. Interpretation der Geschichte von Herrn K. Die erste Frage, die man hat, wenn man Prechts Geschichte liest, ist logisch –"

„Brecht", sagte Kaltwasser, „Bert Brecht."

„Ah." Tschick fischte einen Kugelschreiber aus der Plastiktüte und kritzelte in
45 seinem Heft. Er steckte den Kugelschreiber zurück in die Plastiktüte.

42

„Interpretation der Geschichte von Herrn K. Die erste Frage, die man hat, wenn man Brechts Geschichte liest, ist logisch, wer sich hinter dem rätselhaften Buchstaben K. versteckt. Ohne viel Übertreibung kann man wohl sagen, dass es ein Mann ist, der das Licht der Öffentlichkeit scheut. Er versteckt sich hinter einem Buchstaben, und zwar dem Buchstaben K. Das ist der elfte Buchstabe vom Alphabet. Warum versteckt er sich? Tatsächlich ist Herr K. beruflich Waffenschieber. Mit anderen dunklen Gestalten zusammen (Herrn L. und Herrn F.) hat er eine Verbrecherorganisation gegründet, für die die Genfer Konvention nur einen traurigen Witz darstellt. Er hat Panzer und Flugzeuge verkauft und Milliarden gemacht und macht sich längst nicht mehr die Finger schmutzig. Lieber kreuzt er auf seiner Yacht im Mittelmeer, wo die CIA auf ihn kam. Daraufhin floh Herr K. nach Südamerika und ließ sein Gesicht bei dem berühmten Doktor M. chirurgisch verändern und ist nun verblüfft, dass ihn einer auf der Straße erkennt: Er erbleicht. Es versteht sich von selbst, dass der Mann, der ihn auf der Straße erkannt hat, genauso wie der Gesichtschirurg wenig später mit einem Betonklotz an den Füßen in unheimlich tiefem Wasser stand. Fertig."

Ich guckte Tatjana an. Sie hatte die Stirn gerunzelt und einen Bleistift im Mund. Dann guckte ich Kaltwasser an. An Kaltwassers Gesicht war absolut nichts zu erkennen. Kaltwasser schien leicht angespannt, aber mehr so interessiert-angespannt. Nicht mehr und nicht weniger. Eine Zensur gab er nicht. Anschließend las Anja die richtige Interpretation, wie sie auch bei Google steht, dann gab es noch eine endlose Diskussion darüber, ob Brecht Kommunist gewesen war, und dann war die Stunde zu Ende. Und das war schon kurz vor den Sommerferien. […]

1 *Lernarrangement*
a) Sammeln Sie in Partnerarbeit Adjektive, mit denen Ihrer Meinung nach der Schüler Tschick und sein Verhalten treffend beschrieben werden können. Entscheiden Sie auch, ob Ihnen Tschick und sein Verhalten sympathisch / unsympathisch sind.
b) Sammeln Sie nun Adjektive zur Beschreibung des Lehrers Kaltwasser und seines Verhaltens. Begründen Sie auch, inwiefern er Ihnen sympathisch / unsympathisch ist.
c) Diskutieren Sie Ihre Ergebnisse im Kursplenum.

2 Suchen Sie – wie Anja (vgl. Z. 66) – im Internet die „richtige" Interpretation der Geschichte Brechts heraus. Vergleichen Sie diese mit der Interpretation von Tschick und erläutern Sie, worin die wesentlichen Unterschiede bestehen.

3 Erörtern Sie, ob Tschicks Interpretation das zu „vernachlässigende Geschreibsel eines bildungsfernen Jugendlichen" ist oder ob diese Sichtweise durchaus ein tiefgründiges Verständnis des Brecht-Textes darstellt.

Einen pragmatischen Text über Jugendliche erschließen und diskutieren

Klaus Michael Bogdal

Verschwindet der Generationenkonflikt? (2000, Auszug)

In Romanen wie Alexa Hennig von Langes „Relax" oder Douglas Couplands „Generation X. Geschichten für eine immer schneller werdende Kultur", der über die Jugend der Achtzigerjahre in den USA erzählt, spielen Generationskonflikte keine Rolle mehr. Couplands Protagonisten haben keine Berührungspunkte mit ihren Eltern, weder negativ noch positiv. […]

In den Erziehungs- und Sozialwissenschaften wird zumindest seit einigen Jahren ernsthaft über das Ende des Generationskonflikts diskutiert. Kulturelle Diffe-

Klaus Michael Bogdal (*1948), Literaturwissenschaftler und Professor an der Universität Bielefeld

TIPP
Weitere pragmatische Texte zum Thema „Generationenkonflikt" finden Sie ab S. 50.

renzen in deutlich voneinander abgegrenzten Jugendkulturen oder „Szenen" haben die traditionellen Generationengrenzen verwischt. Die Generationen nehmen sich ähnlich wahr wie altersbenachbarte Gruppierungen: als Milieus mit einem jeweils spezifischen Lebensstil, den man zur Kenntnis nimmt, ohne ihn verändern oder übernehmen zu wollen. Hinzu kommt, dass Jugendlichkeit zu einem Habitus in allen Generationen geworden ist und deshalb als Distinktionsmerkmal für das sozio-biologische Jugendalter zwischen 12 und 20 immer weniger taugt.

Die Pluralisierung der Lebensstile und die Durchgängigkeit habitueller Jugendlichkeit haben zu einer Verringerung der Konfliktpotenziale und einer Entdramatisierung des Generationskonflikts geführt. [...]

Es ist allerdings zu fragen, ob die These der Entdramatisierung des Generationskonflikts auch für die beiden Orte zutrifft, an denen weiterhin generationsspezifische Interessen aufeinanderstoßen: in der Familie und der Schule. Wenn der Kampf um die kulturelle, soziale und politische Hegemonie einer einzigen Generation in der Gegenwart nicht mehr in der Form einer offenen und öffentlichen Auseinandersetzung stattfindet, verschwinden damit zugleich die „klassischen" sozio-psycho-biografischen Konstellationen wie der Vater-Sohn-, der Vater-Tochter- oder der Mutter-Tochter-Konflikt, von denen die Literatur seit der Antike ihre brisantesten Stoffe bezogen hatte – von der „Antigone" und „Ödipus" über „Hiltibrant enti Hatubrant" und „Hamlet" bis hin zu Kafkas „Urteil"? [...]

Mit der Popliteratur der neunziger Jahre (B. von Stuckrad-Barre, Ch. Kracht) ist zwar eine generationsspezifische Literatur entstanden, die sich allerdings weder ästhetisch noch thematisch auf einen (ödipalen) Generationskonflikt zurückbezieht. Sie bietet die (narzisstische) Selbstbeschreibung einer bestimmten Jugendkultur (andere nimmt sie nicht wahr) und den Erwachsenen einen vermeintlichen Einblick in die Welt ihrer Kinder. Wenn Konflikte auftauchen, wie bei Hennig von Lange, dann handelt es sich fast immer um Probleme bei der Inszenierung der eigenen Person oder um Beziehungskonflikte innerhalb der eigenen Altersgruppe: um Geschlechterbeziehungen oder um Rivalitäten.

Distinktion Unterscheidung; hier: Abgrenzung von Angehörigen bestimmter sozialer Gruppierungen

habituell gewohnheitsmäßig, verhaltenseigen

1 Fassen Sie die wichtigsten Ausführungen des Textes in einigen Thesen zusammen.

2 In den Zeilen 25 f. wird behauptet, Familie und Schule seien die verbleibenden Orte, an denen weiterhin generationsspezifische Interessen aufeinanderstoßen. Überprüfen Sie diese Aussage auf ihre Plausibilität.

3 *Lernarrangement*
In den Versen 36 – 38 des Gedichts *Kilroy war hier* (vgl. S. 34) heißt es:
„als ich 11 war hatten / meine eltern / mich falsch erzogen".
a) Untersuchen Sie in Partnerarbeit, ob es heute auch (noch) dazu kommen könnte, dass Jugendliche ihren Eltern diesen Vorwurf machen.
b) Finden Sie passende Beispiele.
c) Präsentieren Sie dem Kurs reihum Ihre Ergebnisse und untersuchen Sie, ob sich der Generationenkonflikt tatsächliche entdramatisiert hat (vgl. Z. 16 – 20).

4 Von Psychologen wird vielfach behauptet, dass stattfindende Generationenkonflikte eine unverzichtbare Voraussetzung für das Gelingen der Selbstfindung seien. Diskutieren Sie die Stimmigkeit dieser Aussage.

Norm und Abweichung in literarischer Sprache
Beurteilungskriterien entwickeln und anwenden

Urs Widmer

Von der Norm, der Abweichung und den Fertigteilen (2011, Auszug)

[…] Literatur funktioniert nicht nach dem K.o.-System, in dem am Schluss einer der Sieger ist. Die Frage ist nicht, ob Goethe oder Kleist oder Büchner, das heißt, die Antwort auf diese Frage ist: Goethe **und** Kleist **und** Büchner. Natürlich hantieren wir für uns selber doch immer mit den Begriffen „gut" und „schlecht" herum. […] Bei vielen Texten sind wir uns bald einig, dass sie grottenschlecht sind […].

Ob ein eigener Text „fertig" ist, „gut", entscheidet ein Gefühl der Evidenz. Es gibt keine gewisseren Kriterien, Texte sind aus Sprache gemacht. Die Sprache ist nicht unsere Schöpfung, nie, sie kann es nicht sein, weil sie just das Allgemeine ist, über das die andern auch verfügen und das uns mit den andern verbindet. […] Die Abweichung, die einen literarischen Text erst als solchen definiert, entsteht durch den Druck, den […] das Leben auf uns ausübt und dem wir schreibend einen Gegendruck entgegensetzen, aus dem dann das Verformte, von der Norm Abweichende entsteht, das unsere Leser, wenn das Abenteuer geglückt ist, am Ende so entzückt. […]

Die Sprache ist ein großer Fertigteilbaukasten, aus dem wir uns mit mehr oder minder großer Geschicklichkeit bedienen. Wir tun es mit routinierter Selbstverständlichkeit im Alltag, und wir tun es auch, wenn wir schreiben. […] Wir gehen aber schon verschieden mit den Fertigteilen der Sprache um. Den einen genügen sie nicht, die andern […] sind völlig zufrieden damit, das Altvertraute so zu arrangieren, dass es wenigstens für die Dauer der Lektüre wie neu aussieht. Das gilt auch für die Inhalte. Die, denen die Bauteile der Sprache so, wie sie von jedem gebraucht werden, genügen, montieren auch ihre Inhalte aus altvertrauten Fertigteilen. Und wir lesen das dann durchaus gern, weil es so vertraut ist. Man nennt das mainstream, und der mainstream ist nichts Verwerfliches. Er bringt nur die Literatur nicht vom Fleck, und uns selber auch nicht. […]

Schlechte Literatur ist ausschließlich aus schon Vertrautem montiert. Aus dem gemeinsamen Nenner der Sprache, und nur aus ihm. Sprache: jeder Satz schon gehört. Inhalt: the same procedure as last year. Gute Bücher gehen dem Vertrauten nicht um jeden Preis aus dem Weg, aber sie reiben sich an ihm durch Abweichungen. In der Sprache und, als zwingende Folge daraus, in den Inhalten. […]

Die Sprache ist so oder so kein statisches System. Sie verändert sich unablässig. Hier stirbt ein Wort, von niemandem betrauert, und dort gibt jemand etwas Neues ins System ein. […]

Wir nehmen die Veränderungen nicht nur auf, wir tragen auch zu ihnen bei. Das geht seit den Urzeiten so, als ein Erster „Löwe" sagte, ohne dass einer da war, und so die Kommunikation in Begriffen erfand. Es hat nie eine Normsprache gegeben, etwas für alle und jederzeit Verbindliches, auch wenn Diktatoren, Religionsstifter und Herr Duden das gern so hätten. Sogar die Sprache der deutschen Klassik, die Goethes allen voran, die, obwohl wir uns ganz schön von ihr entfernt haben, immer noch so etwas wie der Urmeter ist, war nie für jedermann oder auch nur irgendwen verbindlich. Die Zeitgenossen fanden im Gegenteil Goethes Sprache als irritierend von ihrer Alltagsnorm abweichend. […]

Urs Widmer (1938–2014), Schweizer Schriftsteller und Übersetzer, bekannt für seine ironisch-satirischen Romane, Erzählungen, Essays und Theaterstücke. Der Text ist ein Auszug aus der Eröffnungsrede zur Verleihung des Bachmann-Preises 2011.

Evidenz Deutlichkeit, vollständige Gewissheit

RAHMENTHEMA 5 LITERATUR UND SPRACHE VON 1945 BIS ZUR GEGENWART

1 Setzen Sie sich mit den Kategorien *Norm* und *Abweichung* auseinander, indem Sie zuerst die Definitionen von Urs Widmer (vgl. S. 45) herausarbeiten und dann in einem zweiten Schritt Ihre eigenen Vorstellungen entwickeln, inwieweit das Kriterium „Gefühl der Evidenz" (Z. 6) tragfähig ist.

Lichtinstallation auf dem Loreley-Felsen, 2009

Günter Bruno Fuchs

Gestern (1967)

Günter Bruno Fuchs (1928–1977), deutscher Schriftsteller und Grafiker

1 Jestern
kam eena klingeln von Tür zu
Tür. Hat nuscht jesagt. Kein
Ton. Hat so schräg sein Kopf
5 jehalten, war
still. Hat nuscht jesagt,
als wenn der
von jestern
war
10 und nur mal
rinnkieken wollte,
wies sich so
lebt.

Ernst Jandl

falamaleikum (1966)

Ernst Jandl (1925–2000), österreichischer Schriftsteller, bekannt für seine experimentelle Lyrik in der Tradition der Konkreten Poesie, erhält 1984 den Georg-Büchner-Preis.

1 falamaleikum
falamaleitum
falnamaleutum
fallnamalsooovielleutum
5 wennabereinmalderkrieglang-
genugausist
sindallewiederda.
oderfehlteiner?

2 Ersetzen Sie die Textpassagen von *Gestern*, die im Berliner Dialekt verfasst wurden, durch hochsprachliche Formulierungen. Untersuchen Sie, wie sich dadurch die Wirkung des Gedichts ändert.

3 Üben Sie individuell, das Gedicht *falamaleikum* laut und frei vorzutragen. Entscheiden Sie sich für eine Interpretation im Spannungsfeld zwischen Komik und Tragik.

Normabweichungen in literarischen Texten herausarbeiten

1 *Lernarrangement*

a) Setzen Sie sich in Vierergruppen zusammen und wählen Sie einen der folgenden drei Texte von Bobrowski, Heißenbüttel oder Grass (S. 47–49) aus. Achten Sie darauf, dass im Kurs insgesamt alle drei Texte behandelt werden.
b) Klären Sie in Ihrer Gruppe, womit sich der ausgewählte Text beschäftigt und welchen ersten Eindruck er bei Ihnen hinterlässt.
c) Untersuchen Sie dann in Einzelarbeit, in welcher Weise der Text von sprachlichen Normen abweicht. Führen Sie Beispiele an.
d) Verständigen Sie sich innerhalb Ihrer Gruppe über Ihre Ergebnisse.
e) Tauschen Sie Ihre Ergebnisse zu den drei Texten im Kursplenum aus. Stellen Sie Hypothesen auf, warum die Autoren jeweils von der sprachlichen Norm abweichen.

TIPP
Achten Sie z. B. auf Haupt- und Nebensatzkonstruktionen.

Johannes Bobrowski

Die ersten beiden Sätze für ein Deutschlandbuch (1968)

1 Als die ersten Nachrichten von den Massenmorden an Juden in die Stadt gelangten und jedermann meinte, sie seien übertrieben, so schlimm könnte es ja wohl nicht sein, und jeder dennoch ganz genau wusste, dass sich das alles tatsächlich so verhielt, dass keine noch so ungeheuren Zahlen, keine noch so grässlichen
5 Methoden und raffinierten Techniken, von denen man hörte, übertrieben waren, dass wirklich alles so sein musste, weil es gar nicht anders sein könnte, und dass es längst nicht mehr die Zeit war, davon zu reden, ob es nicht doch noch andere, mildere, menschlichere Verfahren gegeben hätte, Ausweisungen ja wohl nicht mehr, jetzt im Kriege, aber doch garantierte Reservationen, mit Eigenverwaltung
10 und so weiter, als das völlige Schweigen an der Reihe war, als man sich selber schon hinweg geschwiegen hatte, wer weiß wovon und wer weiß wohin, gegen nichts mehr einen Widerspruch aufsteigen spürte, nur so daherredete, zwischen einem nachlässig stilisierten Witz und dem feierlich-feuchten Gefühl, in einen Schicksalskampf von mythischem Rang einbezogen zu sein, wider Willen, zuge-
15 geben, als es so weit war mit denen, die frei herumliefen in Deutschland und frei herum lebten, unter den erschwerten Bedingungen des Krieges, zugegeben, als sie so weit gekommen waren, – was nichts heißen soll, denn so weit waren sie ja dann wohl schon seit je gewesen, wenn es jetzt so gut klappte, als es also war wie schon immer, als das so war, läuteten die Glocken – für gar nichts Besonderes:
20 die Hochzeit eines Hirnverletzten, dem man in Anbetracht seiner militärischen Auszeichnungen diesen Wunsch nicht hatte abschlagen können, eines garnisonsverwendungsfähig geschriebenen, aber für die nächsten Jahre vorerst beurlaubten Oberleutnants der Pioniere, mit einer Krankenschwester namens Erika, die ihn im Sanatorium vom Fensterkreuz, an dem er sich aufgeknüpft, mit eigner Hand
25 abgeschnitten hatte und die er am Abend der Hochzeit noch erwürgte, in einem sogar vermuteten Anfall von Geistesgestörtheit, was auch nichts heißt, denn geistesgestört zu sein war ohnehin sein behördlicher Zustand gewesen seither, das heißt seit zwei Jahren, seit seiner Verletzung.
  Das eine also seit zwei Jahren, das andere seit wann?

Johannes Bobrowski (1917–1965), deutscher Lyriker und Erzähler, dessen Werk auf vielfältige thematische Perspektiven gerichtet ist: Heimatverlust, Aussöhnung und Dialog mit den Völkern des Ostens, Mahnung gegen das Vergessen und Totschweigen diktatorischer Gräuel.

Helmut Heißenbüttel

Kalkulation über was alle gewusst haben (1965)

Helmut Heißenbüttel (1921–1996), deutscher Schriftsteller, Kritiker und Essayist

natürlich haben alle was gewusst der eine dies und der andere das aber niemand mehr als das und es hätte schon jemand sich noch mehr zusammenfragen müssen wenn er das gekonnt hätte aber das war schwer weil jeder immer nur an der oder der Stelle dies oder das zu hören kriegte heute weiß es jeder weil jeder es weiß aber da nützt es nichts mehr weil jeder es weiß heute bedeutet es nichts mehr als dass es damals etwas bedeutet hat als jeder nicht alles sondern nur dies oder das zu hören kriegte usw.

einige haben natürlich etwas mehr gewusst das waren die die sich bereit erklärt hatten mitzumachen und die auch insofern mitmachten als sie halfen die andern zu Mitmachern zu machen mit Gewalt oder mit Versprechungen denn wer geholfen hat hat natürlich auch was wissen müssen es hat zwar vor allen verheimlicht werden können aber nicht ganz vor allen usw.

und dann gab es natürlich welche die schon eine ganze Menge wussten die mittlere Garnitur die auf dem einen oder dem anderen Sektor was zu sagen hatten da haben sie zwar nur etwas verwalten können was organisiert war denen waren gewisse Einzelheiten bekannt sie hätten sich vielleicht auch das Ganze zusammenreimen können oder haben es vielleicht sogar getan aber sie trauten sich nicht und vor allem fehlte ihnen eins und das war der springende Punkt was sie hätten wissen müssen wenn sie wirklich usw.

die da oben wussten natürlich das meiste auch untereinander denn wenn sie nichts voneinander gewusst hätten hätten sie es nicht machen können und es hätte gar nichts geklappt denn so etwas musste funktionieren und was nicht und wo einer nicht funktionierte da musste er erledigt werden wie sich schon gleich zu Anfang und noch deutlicher später gegen Ende gezeigt hat usw.

und natürlich wussten die paar die fast alles wussten auch schon fast alles und wie es funktionierte und wie durch Mitwissen Mitwisser und Mitwisser zu Mittätern Mittäter zu Übelwissern Übelwisser zu Übeltätern usw. denn die fast alles wussten waren so mächtig dass sie fast alles tun konnten auch Mitwisser zu Mittätern Mittäter zu Übelwissern Übelwisser zu Übeltätern usw. die haben es schon gewusst und weil sie es gewusst haben sind sie bei der Stange geblieben denn es war ihre Angelegenheit usw. und weil man sagen kann dass die es schon gewusst haben sagt man heute oft dass die es waren die dies aber das das stimmt nicht völlig denn sie haben nicht gewusst obs auch funktioniert und das denn das hat natürlich nur ein einziger gewusst aber wenn er gewusst hat den springenden Punkt sozusagen dass es auch funktioniert und dass es weils funktioniert auch passiert und das ist ja auch genau passiert usw. das was alle gewusst haben das hat er natürlich nicht gewusst denn das konnte er nicht wissen er hatte ja keine Ahnung davon was alle dachten und sich überlegten usw. aber gerade daran lag es schließlich dass es funktionierte dass alle was gewusst haben aber nur einer obs funktionierte aber nicht wusste dass es nur deshalb funktionierte weil er nicht wusste was alle wussten usw. die etwas mehr wussten konnten nichts machen ohne die, die etwas wussten die schon eine ganze Menge wussten konnten nichts machen ohne die die etwas mehr wussten die fast alles wussten konnten nichts machen ohne die die schon eine ganze Menge wussten usw. aber weil alle bis auf den einen nicht wussten obs auch wirklich funktionierte konnten sie nichts machen ohne den der schon wusste dass es funktionierte aber nicht wusste was alle wussten nämlich dass sie nicht wussten obs auch funktionierte und so hat das funktioniert.

Filmtipp: *Im Labyrinth des Schweigens*, Deutschland 2014, ein Film über die Vorgeschichte der ab 1963 in Frankfurt/Main stattgefundenen Auschwitz-Prozesse

Günter Grass

Die Blechtrommel (1959, Auszug)

Ich erblickte das Licht dieser Welt in Gestalt zweier Sechzig-Watt-Glühbirnen. Noch heute kommt mir deshalb der Bibeltext „Es werde Licht und es ward Licht" wie der gelungenste Werbeslogan der Firma Osram vor. Bis auf den obligaten Dammriss verlief meine Geburt glatt. Mühelos befreite ich mich aus der von Müttern, Embryonen und Hebammen gleichviel geschätzten Kopflage.

Damit es sogleich gesagt sei: Ich gehörte zu den hellhörigen Säuglingen, deren geistige Entwicklung schon bei der Geburt abgeschlossen ist und sich fortan nur noch bestätigen muß. So unbeeinflußbar ich als Embryo nur auf mich gehört und mich im Fruchtwasser spiegelnd geachtet hatte, so kritisch lauschte ich den ersten spontanen Äußerungen der Eltern unter den Glühbirnen. Mein Ohr war hellwach. Wenn es auch klein, geknickt, verklebt und allenfalls niedlich zu benennen war, bewahrte es dennoch jede jener für mich fortan so wichtigen, weil als erste Eindrücke gebotenen Parolen. Noch mehr: Was ich mit dem Ohr einfing, bewertete ich sogleich mit winzigstem Hirn und beschloß, nachdem ich alles Gehörte genug bedacht hatte, dieses und jenes zu tun, anderes gewiß zu lassen.

„Ein Junge", sagte jener Herr Matzerath, der in sich meinen Vater vermutete. „Er wird später einmal das Geschäft übernehmen. Jetzt wissen wir endlich, wofür wir uns so abarbeiten."

Mama dachte weniger ans Geschäft, mehr an die Ausstattung ihres Sohnes: „Na, wußt' ich doch, dass es ein Jungchen ist, auch wenn ich manchmal jesagt hab', es wird ne Marjell."

So machte ich verfrühte Bekanntschaft mit weiblicher Logik und hörte mir hinterher an: „Wenn der kleine Oskar drei Jahre alt ist, soll er eine Blechtrommel bekommen" […].

Äußerlich schreiend und einen Säugling blaurot vortäuschend, kam ich zu dem Entschluß, meines Vaters Vorschlag, also alles, was das Kolonialwarengeschäft betraf, schlankweg abzulehnen, den Wunsch meiner Mama jedoch zu gegebener Zeit, also anläßlich meines dritten Geburtstages, wohlwollend zu prüfen.

Neben all diesen Spekulationen, meine Zukunft betreffend, bestätigte ich mir: Mama und jener Vater Matzerath hatten nicht das Organ, meine Einwände und Entschlüsse zu verstehen und gegebenenfalls zu respektieren. Einsam und unverstanden lag Oskar unter den Glühbirnen, folgerte, daß das so bleibe, bis sechzig, siebenzig Jahre später ein endgültiger Kurzschluß aller Lichtquellen Strom unterbrechen werde, verlor deshalb die Lust, bevor dieses Leben unter den Glühbirnen anfing; und nur die in Aussicht gestellte Blechtrommel hinderte mich damals, dem Wunsch nach Rückkehr in meine embryonale Kopflage stärkeren Ausdruck zu geben.

Zudem hatte die Hebamme mich schon abgenabelt; es war nichts mehr zu machen.

Originale Rechtschreibung

Günter Grass (1927–2015), deutscher Schriftsteller, Grafiker und Bildhauer, erlangt mit seinem Debütroman *Die Blechtrommel* Weltruhm. Zentrales Motiv seines Schreibens ist der Verlust der Heimat und die Auseinandersetzung mit der nationalsozialistischen Vergangenheit. 1965 wird ihm der Georg-Büchner-Preis und 1999 der Nobelpreis für Literatur verliehen.

1 Nehmen Sie nach der Präsentation der drei Texte (vgl. Lernarrangement auf S. 47) Stellung zu der Frage, welche sprachlichen Abweichungen von der Norm Sie persönlich interessant / störend / verwirrend … finden.

RAHMENTHEMA 5 LITERATUR UND SPRACHE VON 1945 BIS ZUR GEGENWART

Lebenswelten junger Menschen im Spiegel pragmatischer Texte
Einen pragmatischen Text zur Generationenfrage analysieren

Lars Kompa

Du bist wie deine Mutter! … und du wie dein Vater! (2014, Auszug)
Warum das für viele kein Problem mehr ist – und warum genau das ein Problem ist …

Lars Kompa, Autor und Herausgeber verschiedener Szene- und Studentenmagazine in der Stadt Hannover

1 Habt ihr auch so ein tolles Verhältnis zu euren Eltern? Ihr versteht euch richtig gut? Ach was, ihr seid sogar beste Freunde? Friede, Freude, Sonnenschein? Wie schön! Schön für euch … Also früher, und das ist noch gar nicht so lange her, war der Kommentar „Du bist wie deine Mutter!" oder wahlweise „Du bist wie
5 dein Vater!" eine ziemlich miese Beleidigung. Aber fragt man euch heute auf der Straße – und wir waren wirklich tagelang unterwegs – scheint aus der Beleidigung eher ein Kompliment geworden zu sein. Nur einer meinte, sein Vater sei ein bisschen sehr cholerisch, das wäre bei ihm selbst nicht ganz so krass, aber diese leise Kritik war eine absolute Ausnahme. Ansonsten lauter strahlende Gesichter.
10 Was ist bloß passiert in den letzten zwanzig, dreißig Jahren? Gehirnwäsche? War irgendwas im Trinkwasser?

Heute gibt es an manchen Hochschulen Elterntage, unglaublich beliebte Veranstaltungen, bei denen angehende Studierende gemeinsam mit ihren Erzeugern die heiligen Hallen erkunden. Die Erzeuger besorgen dann auch gleich die Stu-
15 dentenwohnung, kümmern sich ums Bafög, teilweise sogar um den passenden Studiengang, und zeigen während der Elterntage auch gerne mal auf diesen oder jenen potenziellen Mitstudierenden, der „ganz nett" scheint, um einem bei der Freundesauswahl zu helfen. Und wenn es dann nicht so rund läuft, ruft die Mama auch mal beim Dozenten an. Oder der Papa schreibt einen Brief, in dem er damit
20 droht, seinen Spross in einen überfüllten Kurs reinzuklagen. Früher wäre all das den meisten Studierenden hochnotpeinlich gewesen. Aber die Zeiten haben sich ganz offensichtlich geändert.

Das Verhältnis zwischen den Generationen sei heute eher partnerschaftlich geprägt, sagen die Wissenschaftler. Es gäbe nicht mehr die großen Konflikte, man
25 sei sich näher gekommen in den vergangenen Dekaden. […]

Früher gab es das alles nicht. Da kam es zwar mal vor, ganz selten, dass jemand im Kreise seiner Freunde zugegeben hat, seine Eltern seien „ganz in Ordnung", aber so eine Sympathiebekundung war dann auch das Maximum. Früher mussten die Eltern draußen bleiben. Früher hatten die Kinder noch Geheimnisse vor
30 ihren Eltern. Und sie waren ganz und gar nicht einverstanden mit dem spießigen Lebensentwurf ihrer Erzeuger. Heute ist das alles anders. Keine Auflehnung

Revival Wiederaufleben

mehr, keine Kritik. Stattdessen Revival. Und dann stöbert man zusammen im Kleiderschrank nach alten Schätzen und führt die tollen Fundstücke stolz am eigenen Leib spazieren. Voll retro? Eher voll krank. Die Klamotten der eigenen Eltern auf-
35 tragen – nein, früher gab es das wirklich nicht, ein absolutes No-Go. Also, was war im Trinkwasser? Gar nichts. Aber es gibt natürlich ein paar miteinander eng verwobene Gründe für das neue, versöhnliche Verhältnis zwischen Eltern und Kindern. Zunächst mal sind die Kinder heute länger jung und die Eltern später alt. Moment mal, könnte man nun einwenden, dann dürfte sich doch eigentlich
40 grundsätzlich gar nichts geändert haben, der Abstand wäre dann ja trotzdem nahezu der gleiche. Und das stimmt – rein rechnerisch. Dennoch hatte diese beiderseitige Verjüngung Folgen. Die Eltern sind später alt, was bedeutet, dass sie heute mit 52 oder 62 eher wie Anfang 40 wirken und sich auch so fühlen. Und damit

natürlich auch weitaus näher dran sind am Lebensgefühl ihrer Kinder. Oder sich
zumindest so geben, weil jung sein momentan dem Ideal entspricht. […]

Früher Feindbild, heute Vorbild? Die Eltern leben das Leben, das sich ihre Kinder für die Zukunft wünschen. Sagen jedenfalls alle neueren Studien. Auch ein Haus, auch ein Auto, eventuell sogar zwei, dazu irgendwann eine Familie, im besten Fall noch ein netter Job. All das haben die Eltern schon erreicht (mit Ausnahmen, aber die gibt es ja immer). Und bei all dem, bei all der Verantwortung, sind sie trotzdem ziemlich cool geblieben. Zu hören „Du bist wie deine Mutter!" oder „Du bist wie dein Vater!" heißt doch dann, dass es ziemlich gut läuft ... So bleibt man als Kind dann auch gerne noch ein bisschen länger jung. Und verkriecht sich noch ein paar Jahre mehr bei den Erzeugern. Warum sollte man auch bei Freunden ausziehen? Zumal die ja immer helfend zur Seite stehen. Bei der Wäsche oder der Studienwahl. Klar, das ist bequem. Aber warum auch nicht? Das machen doch inzwischen fast alle so. Die Zahl der Studierenden, die bei ihren Eltern wohnen, ist seit 2002 kontinuierlich gestiegen. Kein Auszug, keine Freiheit, keine Unabhängigkeit, die Zeit der Postadoleszenz verbringt man im Kinderzimmer. Wobei Absolventen heute natürlich auch weitaus jünger sind als noch vor Jahren. G8, der Wegfall der Wehrpflicht, manche sind schon mit 21 mit dem Studium fertig. Und viele bleiben dann auch nach dem Studium ihren Erzeugern erhalten. Das Elternhaus ist im Anschluss die Basis zwischen brüchigen Beziehungen und Zeitverträgen – und vermittelt einem trotz eigener Rückschläge, dass es für alles Hoffnung gibt, Hoffnung für die wahre Liebe oder 40-jährige Firmenjubiläen. Kinder nabeln sich heute später von ihren Eltern ab. Ist das schlimm? Nein, das allein ist noch kein Beinbruch. Problematischer ist etwas ganz anderes: Früher, in der Generation der Eltern der heute Studierenden, war der Vergleich mit den Erzeugern, wie gesagt, meist eine ziemlich miese Beleidigung. Selbst wenn man sich damals mit seinen Eltern gut verstanden hat, wollte man doch anders sein, sich unterscheiden. Auf keinen Fall durfte jemand die eigene Individualität infrage stellen. Sicher, gegen die äußeren Ähnlichkeiten war auch damals kein Kraut gewachsen. Die Farbe der Augen, die Haare, die Nase – die Gene halt. […]

Das ist die eine Seite. Fehlt noch der Charakter. Und den pflanzen uns unsere Eltern, ob sie nun wollen oder nicht, von Anfang an in den Kopf. Sie prägen uns. Durch Erziehung, Einstellungen, Werte, Rollenbilder, Verhaltensmuster. Besonders stark in den ersten Lebensjahren. Diese Prägungen abzulegen, ist fast unmöglich. Und doch hat die Generation der Eltern heutiger Studierender diesen „Kampf" damals aufgenommen. Und ihn natürlich vielfach verloren. Klar. Aber die Auseinandersetzung hat trotzdem eine Menge gebracht, beispielsweise bei den eingespielten Rollenbildern.

Natürlich haben sich auch diese Generationen dabei erwischt, sich in bestimmten Situationen genauso zu verhalten wie ihre Eltern. Bestimmte Rituale, Formulierungen, Ticks, das Verhalten in Stresssituationen. Zum Beispiel bei einem Streit, wenn es emotional wird und unreflektiert. Dann greift die Prägung, dann tritt zutage, was vorher im letzten Winkel des Charakters verstaubt und fast vergessen ist. Dagegen ist man nahezu chancenlos. Trotzdem ist man früher vor Scham und Entsetzen fast im Erdboden versunken und hat durch stetige Selbstreflexion versucht, bloß nie wieder rückfällig und den Eltern ähnlich zu werden oder den Schaden zumindest auf ein Minimum zu begrenzen. Heutzutage gibt es diese Scham nicht mehr.

Generell gibt es weniger Scham – bleiben wir nur mal kurz beim Sich-dabei-Erwischen: Die eigenen Eltern beim Sex erwischen oder von ihnen dabei erwischt werden? Absolutes Horrorszenario, zumindest früher. Inzwischen scheint selbst das für viele gar kein Problem mehr darzustellen. „Na, bei euch scheint's aber noch gut zu laufen, und das trotz Muttis neuer Hüfte." Und schon beginnt ein inniges Vater-Sohn-Gespräch, im Laufe dessen auch der Sohnemann zu seinem Sexleben befragt, beglückwünscht oder beraten wird. Und statt dem Wunsch, die ganzen Bilder, die man nun unfreiwillig im Kopf hat, komplett von der Festplatte zu löschen oder sich am besten gleich den ganzen Kopf abhacken zu lassen, kommt selbst in Sachen Sexleben bei manchen der krude Wunsch auf, den eigenen Eltern nachzueifern und später mal „genauso lange Spaß zu haben". What the fuck? Was treibt junge Menschen dazu, ihren Erzeugern derart nachzueifern, sie überall kopieren zu wollen? Die Routine, klar. Je länger man bei Freunden wohnt, desto höher natürlich die Wahrscheinlichkeit, dass man ähnlich und immer ähnlicher tickt. Früher wollte man bewusst anders ticken. Da wurde revoltiert, insbesondere gegen die Werte, Einstellungen und Rollenbilder. Und es gab für diese Revolte auch eine Menge Stoff. Die autoritäre Erziehung mit der flachen Hand im Gesicht beispielsweise. Oder die Verbannung der Frau an den Herd. Die Generation damals war gezwungen, neue Konzepte zu entwickeln, sie musste innovativ sein, was seinen Ausdruck beispielsweise in der Musik und in der Mode fand. Aber auch insgesamt im Denken. Und heute? Heute sind anscheinend alle Kämpfe ausgestanden. Von Revolte keine Spur mehr. Man frühstückt zusammen, geht dann gemeinsam Merkel wählen und danach, ohne dass einem das Ganze vielleicht mal auf den Magen schlagen würde, wieder zusammen essen. Denn es ist ja nichts übrig, wogegen man sich auflehnen könnte. Wer revoltiert schon gegen die besten Freunde? [...]

Sollen die Wissenschaftler ruhig weiter behaupten, dass die Generationen sich angenähert haben. Ihr habt es selber in der Hand, diese bedrohlichen Studien Lügen zu strafen und wieder ein bisschen Distanz zu schärfen. Klar, das geht nicht von heute auf morgen. Wenn man erst mal in der Elternfalle hockt, sie Besitz von einem ergriffen haben, für einen handeln und sogar denken, ist es schwer dort wieder rauszukommen. [...]

Fazit: [...] Hört auf eure innere Stimme und sprecht ihr nach, um zwischen den Generationen endlich wieder klare Grenzen zu setzen: „Du bist nicht meine Freundin/mein Freund! Du bist meine Mutter/mein Vater!" Und dann der große Showdown: „Und ich bin nicht wie du!"

1 Fertigen Sie, vom Text ausgehend, eine Tabelle nach folgendem Muster an. Fassen Sie dazu die vorgenommenen Zuschreibungen zusammen und stellen Sie diese einander gegenüber.

Jugendgeneration heute	Jugendgeneration vor 20/30 Jahren = heutige Elterngeneration der Studierenden
Ähnlichkeit zur Elterngeneration als Kompliment (vgl. Z. 5–9)	Ähnlichkeit zur Elterngeneration als Beleidigung (vgl. Z. 3–5)
...	...

TIPP
Nutzen Sie hier auch Ihre Ergebnisse von S. 44.

2 Analysieren Sie den Text hinsichtlich seiner sprachlichen und inhaltlichen Gestaltung.

3 Diskutieren Sie im Kurs gemeinsam, ob Ihre Generation von heute in einer „Elternfalle" (Z. 127) steckt. Sammeln Sie zunächst stichwortartig Argumente.

WIRKLICHKEITSERFAHRUNGEN UND LEBENSGEFÜHLE JUNGER MENSCHEN PFLICHTMODUL

Ergebnisse von Jugendstudien erarbeiten und reflektieren

Der folgende Text ist ein Auszug aus der Shell Jugendstudie von 1985, also zu der Generation, die Lars Kompa in seinem Artikel *Du bist wie deine Mutter! ... und du wie dein Vater!* (S. 50 – 52) als die heutige Elterngeneration bezeichnet. Können die Ergebnisse den im Artikel beschriebenen Vergleich von früher und heute bestätigen?

Shell Jugendstudie

Jugendliche und Erwachsene '85 – Überblick über die Ergebnisse (1985, Auszug)

[...] Es sind nicht nur 88 % der Jugendlichen, sondern auch 76 % der Erwachsenen der Meinung, dass „Erwachsene von Jugendlichen etwas lernen" können. Nur ein Viertel der Erwachsenen, die zugleich ja die Elterngeneration der heutigen Jugendlichen bilden, beharrt darauf, dass Lernprozesse in einer Richtung, von den Älteren zu den Jüngeren, zu erfolgen haben. Ein solches Ergebnis signalisiert das Ende eines Erwachsenen-Monopols: Im Alltagsverständnis heutiger Erwachsener ist das Erwachsenen-Alter zum Lernen freigegeben. Für die beiden Altersgruppen entwerfen Jugendliche und Erwachsene gleichermaßen ein quasi kompensatorisches Lernprogramm. Die Generationen sollen vordringlich die Eigenschaften und Verhaltensweisen lernen, die bei ihnen jeweils schwächer vertreten sind. Auf eine kurze Formel gebracht: Jugendliche sollen sich alte Werte; Erwachsene neue Werte aneignen. [...]

Was hier sichtbar wird, ist ein möglicher erneuter Schub in den für Eltern und Jugendliche verfügbaren Machtressourcen. Speziell seit Mitte des Jahrhunderts gewinnen neue, andere Dimensionen des Funktionsverlustes an Gewicht. Hier fallen insbesondere die weltorientierenden Funktionen der Eltern ins Gewicht. Familie als pädagogische Provinz befindet sich in einem historischen Konkurrenzkampf mit öffentlichen und mit selbsternannten kommerziellen Erziehern der Jugend. Das Orientierungswissen, das die Älteren in der Familie den Jüngeren weiterzugeben vermochten, und worauf sie ihren Anspruch auf Vorherrschaft gründen konnten, wurde auf verschiedensten Ebenen entwertet. Damit entfällt aber eine wesentliche außerökonomische Quelle elterlicher Macht.

Eine weitere Quelle möglicher Elternmacht, nach der ökonomischen und der orientierenden, bezieht sich auf affektive Bindungen. Wer vermag die andere Seite stärker an sich zu binden? Das überlieferte Schema sah in erster Linie die emotionalen Bindungen der Jüngeren an die Älteren, ihre Schwierigkeiten, sich von den übermächtigen Elternfiguren zu lösen. Zunehmend treten jetzt die Beziehungsprobleme der Eltern mit den Kindern in den Vordergrund. Sie sind es, die um die Liebe der Kinder kämpfen (müssen); sie benötigen Jugendliche als Ersatzpartner; sie können sich von den älter werdenden Kindern nicht lösen usw. Das deutet darauf hin, dass das sublime Machtmittel, den anderen mittels seiner affektiven Bindungen zu beherrschen, neu zwischen Eltern und Kindern verteilt wird. [...]

Der Verfall elterlichen Orientierungswissens äußert sich darin, dass die Jüngeren heute mehrheitlich Dissens anmelden. Sie denken anders als die Eltern über zentrale Lebensbereiche. In der überlieferten Familienkultur war die Anmeldung eines solchen Dissens mit einem gewissen Tabu behaftet. Aufgrund veränderter Verhaltensstandards und Erziehungswerte dürfen sich die Jüngeren etwas darauf zugutehalten, sich anders als die Eltern zu orientieren. [...]

In welchen Bereichen haben Eltern sich unter dem Eindruck der eigenen Kinder geändert? Von den Eltern, die eine Änderung an sich wahrgenommen haben

---

Shell Jugendstudie
Bereits seit 1953 beauftragt Shell in Deutschland unabhängige Institute mit der Erstellung von Studien zur Lebenssituation und Einstellung Jugendlicher in Deutschland.

kompensatorisch
ausgleichend

RAHMENTHEMA 5 LITERATUR UND SPRACHE VON 1945 BIS ZUR GEGENWART

(41 %), erwähnt ein Drittel Änderungen des Erziehungsstiles (toleranter, verständnisvoller), die unter dem Eindruck der Kinder vorgenommen wurden. An zweiter Stelle wird die eigene Jugendlichkeit hervorgehoben. Man ist durch die Kinder selbst jung geblieben und versteht deshalb auch andere Jugendliche und die Probleme der jungen Generation besser. Ebenfalls jeder Fünfte verweist auf Modifikationen des eigenen Charakters, in erster Linie darauf, dass man „lockerer" und großzügiger geworden sei. Es folgen Äußerungen, die auf bewusstseinsbezogene Lernprozesse verweisen. Man habe ein Stückweit die eigene Weltanschauung revidiert bzw. man lebe bewusster und kritischer. Relativ wenige – und dies sind mehr Mütter als Väter – verweisen auf Änderungen der eigenen Geschmackskultur (Kleidung, Mode, Frisur) oder auf veränderte Freizeitinteressen. [...]

Wie viele Eltern betrachten ihre eigenen Kinder als Gesprächspartner für Sorgen und Nöte? 41 % der Eltern können alle, 42 % die meisten Sorgen und Nöte mit den Kindern besprechen. Zusammen sind dies also 83 %. Wir dürfen uns verwundern, in wie hohem Ausmaß Eltern [...] bereit zu sein scheinen, mit Kindern persönliche Probleme anzusprechen.

1 Erstellen Sie ausgehend von in der Studie genannten Fakten ein zur Veranschaulichung geeignetes Diagramm:

2 Stellen Sie die beschriebenen Veränderungen zwischen den Generationen dar und erläutern Sie die dafür in der Studie genannten Gründe.

3 Überprüfen Sie anhand der von Ihnen aufgestellten Vergleichstabelle zu dem Artikel von Lars Kompa (S. 50 – 52), inwiefern die hier dargestellten Ergebnisse der Shell Jugendstudie von 1985 die Aussagen zu den Generationsunterschieden von früher zu heute bestätigen oder widerlegen.

Die Kinder so erziehen, wie selbst erzogen?
Vergleich der Shell Jugendstudien 1985, 2000, 2002, 2006 und 2015[1]
Westdeutsche Jugendliche im Alter von 15 bis 24 Jahren

%-Angaben	Shell Jugendstudie 1985	Shell Jugendstudie 2000	Shell Jugendstudie 2002	Shell Jugendstudie 2006	Shell Jugendstudie 2010	Shell Jugendstudie 2015
Genauso	12	12	13	15	16	74
Ungefähr so	41	60	57	56	57	
Anders	37	20	22	20	19	
Ganz anders	11	8	7	7	7	

[1] Angaben für 1985 und 2000 zit. n. 13. Shell Jugendstudie. Deutsche Shell (Hrsg.): Jugend 2000. Opladen 2000, S. 59.1; für 2015: nach: 17. Schell Jugendstudie 2015

4 Stellen Sie die in der Tabelle dargestellten Ergebnisse in einem Fließtext dar.

Shell Jugendstudie (2015, Auszug)

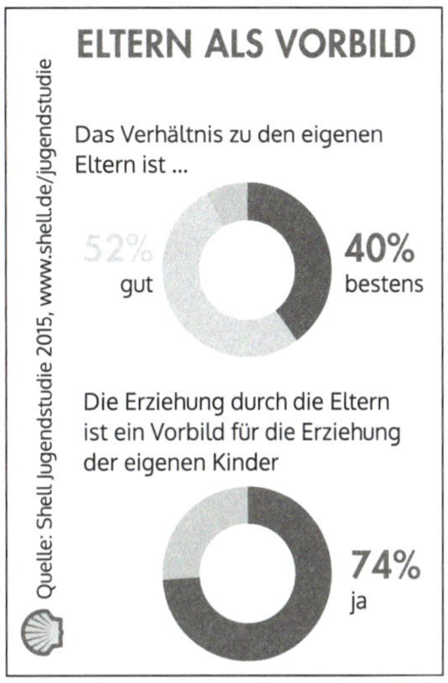

Die Familie hat bei Jugendlichen nach wie vor einen hohen Stellenwert. Eine eigene Familie halten für das Lebensglück im Vergleich zu 2010 (76%) inzwischen aber deutlich weniger Jugendliche (63%) für erforder-
5 lich. Ebenfalls – allerdings weniger stark – rückläufig seit 2010 (43%) ist die Zustimmung zur Aussage, dass man eigene Kinder für sein Lebensglück braucht (41%).

Davon unabhängig bleibt die eigene Herkunftsfamilie in Zeiten hoher Anforderungen in Schule, beruflicher
10 Ausbildung und ersten qualifizierten Tätigkeiten der sichere Heimathafen. Hier findet eine große Mehrheit der Jugendlichen auf dem Weg ins Erwachsenenleben den notwendigen Rückhalt und die positive emotionale Unterstützung. So berichten weiterhin mehr als 90%
15 der Jugendlichen über ein gutes Verhältnis zu ihren eigenen Eltern (40% kommen bestens miteinander aus, und weitere 52% kommen klar, auch wenn es gelegentlich Meinungsverschiedenheiten gibt). Seit 2010 (35%) ist der Anteil der Jugendlichen, die bestens mit ihren Eltern auskommen, noch einmal deutlich gestiegen.

20 Ebenfalls ungebrochen ist die Zustimmung zum Erziehungsverhalten der eigenen Eltern. Fast drei Viertel der Jugendlichen (74%) würden ihre eigenen Kinder ungefähr so oder genauso erziehen, wie sie selbst erzogen wurden (2002: 69%, 2006: 72%, 2010: 72%). Bei den Jugendlichen aus der unteren Schicht (46%) ist diese Zustimmung erneut am geringsten, allerdings ist hier im Vergleich zu 2010 (40%)
25 und den Jahren zuvor (2002: 54%, 2006: 46%) eine Trendwende auszumachen. Der Wunsch nach eigenen Kindern ist bei Jugendlichen hingegen rückläufig. Nach einem Anstieg im Jahr 2010 auf 69%, liegt der Anteil der Jugendlichen, die sich selbst Kinder wünschen, aktuell bei 64%. 2006 waren es 62% und im Jahr 2002 immerhin 67%. Der Rückgang beim Kinderwunsch lässt sich sowohl bei jungen Frauen (69%)
30 als auch bei jungen Männern (60%) beobachten. [...]

ELTERN ALS VORBILD

Das Verhältnis zu den eigenen Eltern ist …
52% gut
40% bestens

Die Erziehung durch die Eltern ist ein Vorbild für die Erziehung der eigenen Kinder
74% ja

Quelle: Shell Jugendstudie 2015, www.shell.de/jugendstudie
Basis: Jugendliche von 12 bis 15 Jahren, *Westdeutsche Jugendliche von 14 bis 25 Jahren" Shell Deutschland GmbH

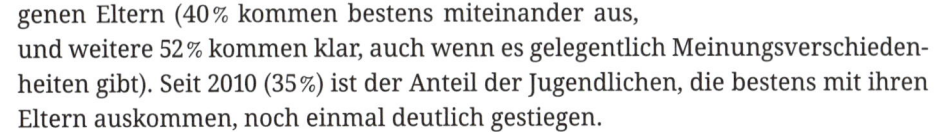

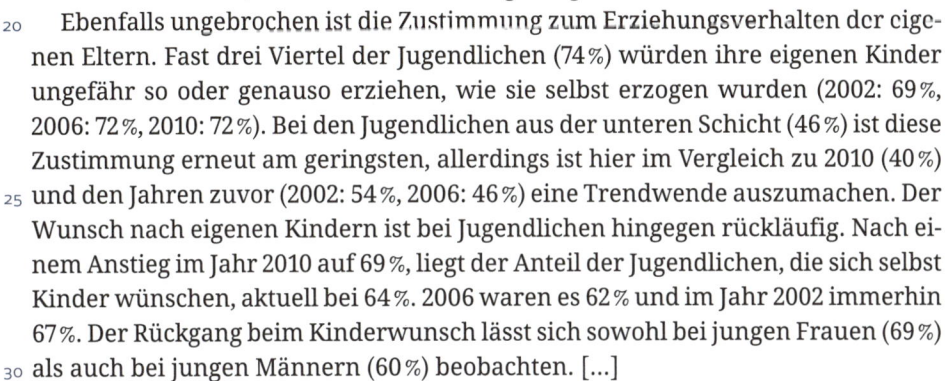

1 Stellen Sie die in der Zusammenfassung zur aktuellen Shell Jugendstudie 2015 aufgezeigten Ergebnisse dar und beziehen Sie diese auf Ihre bisherigen Erkenntnisse zum Verhältnis der Generationen.

2 Beschreiben Sie die Änderungen im Wertekatalog von 2010 zu 2015 und erläutern Sie mögliche Gründe für die aufgezeigten Entwicklungen.

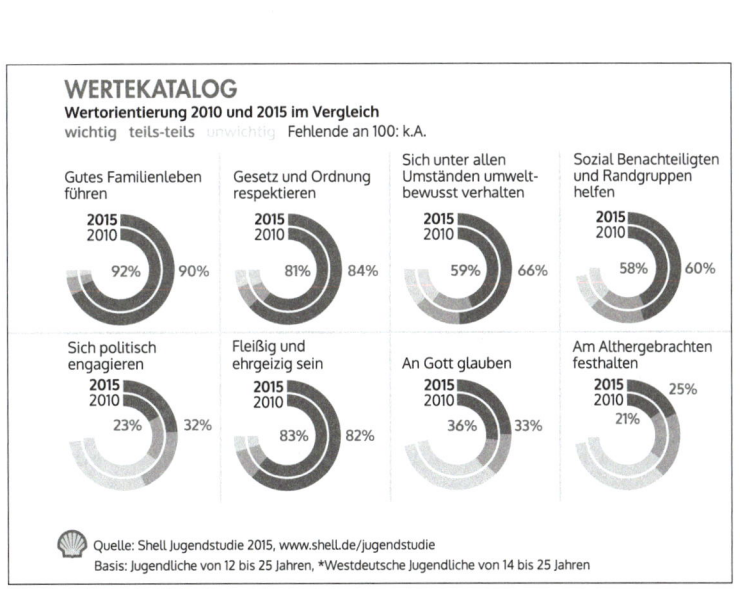

WERTEKATALOG
Wertorientierung 2010 und 2015 im Vergleich
wichtig teils-teils unwichtig Fehlende an 100: k.A.

Gutes Familienleben führen	Gesetz und Ordnung respektieren	Sich unter allen Umständen umweltbewusst verhalten	Sozial Benachteiligten und Randgruppen helfen
2015 92% / 2010 90%	2015 81% / 2010 84%	2015 59% / 2010 66%	2015 58% / 2010 60%

Sich politisch engagieren	Fleißig und ehrgeizig sein	An Gott glauben	Am Althergebrachten festhalten
2015 23% / 2010 32%	2015 83% / 2010 82%	2015 36% / 2010 33%	2015 21% / 2010 25%

Quelle: Shell Jugendstudie 2015, www.shell.de/jugendstudie
Basis: Jugendliche von 12 bis 25 Jahren, *Westdeutsche Jugendliche von 14 bis 25 Jahren

3 Diskutieren Sie, welche Ergebnisse Sie für eine neue „Shell Jugendstudie" hinsichtlich des Verhältnisses von Jugend- und Elterngenerationen erwarten.

Klausurtraining
Aufgabenart: Interpretation eines literarischen Textes

1 Analysieren Sie den Text unter Berücksichtigung der gestalterischen Mittel in ihrer funktionalen Anbindung.

2 Erläutern Sie die mögliche Intention des Textes.

Berliner Dampf (Peter Edel)

Schicklgrubers Unterhosen (1949)

Alois Schicklgruber (1837–1903), Vater von Adolf Hitler

trockenstempelgemäß belegt durch Dokumente, die mit Prägestempel versehen sind, also fälschungssicher

sektorengemäß Berlin war nach der Kapitulation 1945 in vier Sektoren eingeteilt: einen amerikanischen, einen britischen, einen französischen und einen sowjetischen.

OMGUS Office of Military Government for Germany (U. S.)

1 „Das ist aber eine Überraschung, Herr Gauleiter. Leben noch frisch?"
„Trockenstempelgemäß, Krause. Und Sie? Sehen ja ein bisschen mickrig aus. Macht denn die Gattin? Und die strammen Buben?"
„Danke. Danke. Malte ist beim Ami. Folke im Juss-Klapp."
5 „Wat denn, wat denn; wo ist er?"
„Na, da draußen in Steglitz. So eine Art Jugend-Verein. Sie wissen ja, sektorengemäß."
„Ja ja, kenne ich. ‚Coca-Cola-HJ' Haha. Und der Blondling?"
„Ach, die Woglinde? [...] Hat einen Injenier kennengelernt. Bei OMGUS. Will
10 sie nachholen. Ist schon vorgefahren. Filadelfia. Schreibt kräftig, der gute Junge. Raketenexperte, [...], Herr Gauleiter."
„Also Krause, nun lassen Sie mal den Gauleiter. Vorläufig. Habe da gewisse Instruktionen ..."
„Verstehe. Verstehe völlig, Herr Gaul ... – eh, Herr ... – wie man doch die Namen
15 so schnell vergessen kann. Direkt peinlich, das ..."
„Ah, Krause, da bringen Sie mich auf was. Ihr Name wird ja direkt berühmt werden."
„Um Gottes willen, meine Zeugen sind doch alle ... okay. War teuer genug."
„Kein Grund zum Traurigsein, Krause. Quasi Namensvetter von Ihnen. Kennen Sie den Krause denn nicht? Den Karl Wilhelm? Schreibt jetzt Memoiren in Hannover.
20 Prima, prima. War Kammerdiener bei IHM."
„Bei IHM? Kenne ich nicht. Wer ist IHM?"
„Krause, wen könnte ich wohl meinen? Überlegen Sie doch mal."
„Ach so, den Chef! Aber Krause? Krause? Krause ...? Nee, nie gehört."
„Also, ganz ehrlich, mein Lieber, war mir bisher auch kein Begriff, der Krause.
25 Aber brauchbar, brauchbar, der Kerl. Ein alter Enthüller. Sie kennen doch meinen früheren Fahrer, den Kadureit – treue Seele übrigens. Schickt mir da vor ein paar Tagen eine Zeitung aus Hannover. Typisches Sonntagsblättchen. Sieht aus wie die ‚Grüne Post'. Schon die Überschrift ..."
„Donnerwetter. ‚Schleier um Hitlers Privatleben gelüftet.' Das ist 'ne Wucht. Ob
30 der Junge wohl echt ist?"
„Goldecht, sage ich Ihnen, Krause. Kommt gewissermaßen von hinten rum, der Mann. Und so aufschlussreich. Der Führer musste sich ja um alles selber kümmern. Wie viel Stunden sollte er eigentlich noch arbeiten?"
„War es denn so schlimm?"
35 „Na, eins kann der Mensch doch nur. Entweder Strategie oder Socken."
„Socken? Wieso Socken?"
„Ja. Lesen Sie doch, was ER gesagt hat: ‚Ist es denn nicht möglich, dass der Führer des deutschen Volkes ein paar vernünftige Socken bekommt?'"
„Da wird einem vieles klar. Dürfte ich mal in die Zeitung ..."

„Aber gewiss doch. Können wir uns dazu nicht irgendwo hinsetzen? Da drüben vielleicht? Kleiner Umtrunk? Molle? Korn?"

„Ausgezeichnete Idee, Herr Gaul .... eh .... na ja, gehen wir doch. Bin schon ganz neugierig, was Krause schreibt ..."

„So. Na denn ..."

„Na denn Prost!"

„Na denn rin ins Vergnügen. Her mit Krausen!"

„Ist ja einfach toll. Und die vielen schönen Bilder. Oben, unten, überall: Adolf. Sicher noch von Hoffmann."

„Gute Aufnahmen, was? Die zum Beispiel ..."

„Sie, was steht denn da als Unterschrift? Also das ...: ‚Rührend gütiger Hitler, fast verlegen den Blumenstrauß umklammernd.' Sagen Sie mal, ist das wirklich eine Zeitung aus diesem Jahr?"

„Na, Sie denken wohl, ein alter VB, was? Hier, bitte: ‚Lizenznummer zwei der niedersächsischen Staatsregierung. Hannover. Vom 17. Juli 1949.'"

„Kaum zu glauben, stimmt aber. Kriegt man ja immer mehr Mut."

„Na, nun lesen Sie mal in Ruhe, Krause, was Krause schreibt. Hier zum Beispiel den Abschnitt über den ‚Sonderkurier für die Unterhosen ...'"

„Hm. ‚Die neuen Unterhosen fliegen mir mit dem Anschnauzer vor die Füße: Die Dinger nehmen Sie mal gefälligst wieder raus. Das sind ja ganz unmögliche Hosen! – Ich nahm sie fort. Sie kamen zum eisernen Bestand.' [...]"

„Und hier? Das? Die Angst vorm Führer dann: ‚Nur die Gewissheit, dass ein Sonderkurier mit Unterhosen unterwegs war und bald eintreffen musste, erleichterte mir ein wenig das sorgenschwere Herz.'"

„Kann ich mir denken. Möchte nicht in Krauses Haut gesteckt haben. Nun lassen Sie mich mal wieder reinsehen."

„Na, hier steht's ja denn auch: ‚Wenn ER Wut im Leibe hatte, dann konnte ich das bereits an einem deutlichen, starken Anschwellen der Gesichtspartien des Unterkiefers feststellen.' [...]"

„Und wie einfach der Führer war! ‚Keinen Schlafanzug, sondern nur ein Nachthemd aus Leinen. Selbst zum hellen Anzug nur schwarze Schuhe.' Aber – meinen Sie nicht, dass das ein bisschen abfällig klingt?"

„Wie? Wo? Was?"

„Na, passen Sie mal auf: ‚Kleiderängste, wenn Damenbesuch in Sicht — Angst auch vorm Maß-Schneider — Die Frauen halfen nach — Kleiderfimmel, wie ein Filmstar — Der an die Wand geknallte Kammerdiener — Hitlers Kampf mit Kleidern und Wäsche ...'"

„Nee, nee, Krause, der Krause weiß schon, was er will. Hauptsache, die Leute lesen den Namen mal wieder. Sozusagen geistiges Ehrenmal. Feldherr an der Front, Mensch zu Hause."

„Na ja, wenn Sie's so sehen ... Und das erscheint jede Woche?"

„Klar. Wird ja extra nochmal gesagt: ‚Mit jedem Abschnitt seiner Aufzeichnung lässt uns Krause tiefer eindringen in Hitlers Privatleben — eine schier unerschöpfliche Fülle von überraschenden Aufschlüssen. Was wird der Abschnitt III in der Nummer 29 bringen? Lassen Sie sich überraschen!'"

„Der scheint ja wirklich noch allerhand auf der Pfanne zu haben. Nicht bloß Unterhosen. Hähä. Muss kolossales Vertrauen zu ihm gehabt haben, der Führer. Dabei war Krause nicht einmal Pg. Steht ja hier: ‚Schlichter Mann und Matrose'. Und dann das Lob aus des Führers Munde: ‚Seht euch mal meinen Krause an. Den kann eigentlich nichts erschüttern. Dem seine Ruhe möchte ich mal fünf Minuten haben.' Das muss ein großer Augenblick in Krauses Leben gewesen sein."

„Wenn man aber überlegt, dass dieser Krause eigentlich jederzeit auf den Führer hätte ... – Also, man darf gar nicht daran denken. Man müsste ihm mal die Hand

---

Molle
Berliner Dialekt für kleines Bier

Krausen
Dativ des Namens Krause

Heinrich Hoffmann
(1885–1957), langjähriger Leibfotograf Hitlers

VB
Völkischer Beobachter, Organ der NSDAP

Pg
Parteigenosse der NSDAP

drücken können. Ist ja noch nicht aller Tage Abend. Wollen wir steigen. Krause?! Ober, zahlen!!!"

95 „Na denn Hei ... eh, verdammt heiß ist das heute wieder. Man wird direkt braun in der Sonne."

„Könnten aber auch ein wenig mehr Farbe vertragen, Krause, sehen wirklich mickrig aus. Servus, mein Lieber, freut einen doch immer wieder, einen alten [...] Kameraden wiederzusehen."

100 „Ganz meinerseits, Herr Gaul ... eh – eh ... – Dass ich doch nicht auf den Namen komme!!!"

Aus: Scherz beiseite: Die Anthologie der deutschsprachigen Prosa-Satire von 1900 bis zur Gegenwart. Hrg. von G. H. Herzog und Erhardt Heinold. München/Berlin/Wien: Scherz Verlag 1966, S. 402 f.

Zu Aufgabe 1:

Vorarbeit

1. Lesen Sie den vorliegenden Text und markieren Sie die – im Hinblick auf die Aufgabenstellungen – wesentlichen Textstellen, am besten mit verschiedenen Farben.

Beim Lesen des Textes stellen Sie fest, dass er ausschließlich aus einem Dialog zwischen zwei Figuren besteht. Anscheinend treffen sie sich zufällig auf der Straße, und wenn etwa ein Drittel des Gesprächs vorüber ist, setzen sie sich an einen Tisch eines Restaurants. Insgesamt dauert das Gespräch etwa 15 Minuten. Die äußere Handlung besteht also darin, dass zwei Männer sich treffen und sich dann eine Viertelstunde unterhalten. Es dürfte sich bei Ihnen ein Gefühl einstellen, dass dieses Gespräch ein wenig „merkwürdig" ist. Es wirkt nicht wie ein gewöhnlicher Dialog, sondern alles ist ein wenig schrill und übertrieben. Richtig, es handelt sich um eine Satire. Dieser Umstand wird in den Aufgabenstellungen nicht erwähnt. Es wird von Ihnen erwartet, dass Sie diese Tatsache selbstständig erkennen und in allen folgenden Arbeitsschritten verwerten. Spätestens bei der Bearbeitung der Aufgabe 2 muss klar sein, dass es sich um einen satirischen Text handelt, denn andernfalls können Sie sich hier nicht zielgerichtet äußern.

2. Fassen Sie das Gespräch der beiden Männer als Grundlage für Ihre weiteren Erarbeitungen stichwortartig zusammen.

Sie sollen herausfinden, wo und wann das Gespräch stattfindet, wer die beiden Gesprächsteilnehmer sind, welche Beziehung sie zueinander haben und worum es in dem Gespräch geht. Notieren Sie diese fünf W-Fragen und sammeln Sie beim zweiten Lesen die entsprechenden Informationen. Wenn Sie den Eindruck haben, dass Ihr Ertrag unbefriedigend ist, lesen Sie noch ein drittes Mal. Da die Geschichte keinen Erzähler hat, sondern nur aus direkter Rede besteht, müssen Sie eine eigene Vorstellung von der Situation entwickeln. Das erreichen Sie am besten durch mehrmaliges Lesen.

Hier finden Sie Anregungen für Ihren Schreibplan:

Erster Teil des Gesprächs:
- ehemaliger Gauleiter dominiert das Gespräch (stellt Herrn Krause in rascher Folge Fragen)
- keine Informationen über ihn bzw. seine jüngste Vergangenheit
- Antwort Krauses zu seinen Kindern Malte, Folke und Woglinde, nicht zur Gattin
- ...

Zweiter Teil des Gesprächs:
- anderer Krause enthüllt Details aus Hitlers Leben (mit Bildern)
- lizensierte Zeitung bringt die Story

WIRKLICHKEITSERFAHRUNGEN UND LEBENSGEFÜHLE JUNGER MENSCHEN PFLICHTMODUL

- scherzhafter Vergleich mit dem VB
- es geht um Socken, Unterhosen und Nachthemden ...
- ...

Verfassen des Textes

Schritt 1: Aufgabenbezogene Einleitung
Schritt 2: Knappe Inhaltsangabe in eigenen Worten
Schritt 3: Ergebnisse der Analyse der gestalterischen Mittel
Schritt 4: Zusammenfassender Schlussteil

Schritt 1

In der einleitenden Passage Ihrer Analyse nennen Sie den Autor, den Titel, das Erscheinungsdatum, die Textsorte und das Thema (Kernaussage). Sie können hier entspannt mehrere Sätze formulieren und müssen nicht versuchen, alles in einem Bandwurmsatz unterzubringen. Als Textsorte können Sie Satire oder satirische Kurzgeschichte schreiben. Bei der Formulierung des Themas müssen die unverzichtbaren Extrakte Ihrer Notizen zu den W-Fragen auftauchen. Das könnte so aussehen:

Bei Peter Edels Satire „Schicklgrubers Unterhosen" aus dem Jahr 1949 handelt es sich um einen Dialog von zwei Männern, die sich 1949 zufällig in West-Berlin treffen und sich ca. 15 Minuten lang unterhalten. Dabei geht es zunächst um persönliche Befindlichkeiten und dann um eine Serie von Zeitungsartikeln, in denen Adolf Hitlers Privatleben illustriert wird. ...

Schritt 2

Fassen Sie nun den Text inhaltlich zusammen. Sie erinnern sich an die formalen Merkmale einer Inhaltsangabe: Darstellung der Handlung (also hier: Ablauf und Inhalt des Gesprächs); Berichtstempus ist Präsens; sachlicher, analytischer Stil; präzise, kompakte Formulierungen (nicht jedes Detail auflisten); Verwendung der indirekten Rede; Darstellung der Ereignisse in ihrer logischen zeitlichen Abfolge (Achtung! Der Anfang der Handlung ist nicht die zufällige Begegnung, sondern die Tatsache, dass die beiden Dialogpartner sich bereits aus der Zeit des „Dritten Reiches" ziemlich gut kennen, denn der eine erkundigt sich nach den Kindern des anderen.).

Da der Text aus reinem Dialog besteht, gibt es keine Handlungsstruktur im eigentlichen Sinne. In der Inhaltsangabe sollte der Gesprächsverlauf dargelegt werden. Dabei taucht die Frage auf, ob bestimmte Details so wichtig sind, dass man sie erwähnen sollte. Im Text gibt es zwei Hinweise darauf, dass Dokumente gefälscht wurden und dass betrogen wurde, um die Nazi-Vergangenheit zu verschleiern. In Z. 2 ist von „trockenstempelgemäß" die Rede, was als Anspielung verstanden werden kann, dass der ehemalige Gauleiter über sehr professionell gefälschte Dokumente verfügt. In Z. 17 stammelt Herr Krause etwas von „Zeugen" und „teuer genug", was darauf schließen lässt, dass er falsche Zeugenaussagen zu seinen Gunsten erkauft hat. Wenn Details dieser Art in der Inhaltsangabe nicht benannt werden, dann sollten sie aber auf jeden Fall bei der Interpretation herangezogen werden. Ihre sorgfältigen Notizen über den Gesprächsverlauf werden jetzt von Ihnen in einen Fließtext überführt und aufgeschrieben. Formulierungsbeispiel:

Die beiden Männer, die sich schon aus der Zeit des „Dritten Reiches" zu kennen scheinen, sind ein ehemaliger Gauleiter und ein Herr namens Krause, die sich anfangs über Krauses Kinder unterhalten. Der mit Gauleiter angesprochene Mann möchte, mit einem Hinweis auf entsprechende Vorschriften, nicht mehr so genannt werden, doch Krause kennt seinen eigentlichen Namen gar nicht.

Als der ehemalige Gauleiter auf Krauses Namen zu sprechen kommt, der nun bekannt werde, reagiert Krause ...

‹TIPP

Denken Sie daran, den Inhalt des Textes in eigenen Worten wiederzugeben und keine Textbelege anzuführen.

Krauses Gesprächspartner berichtet vom ehemaligen Kammerherrn Hitlers namens Krause, der nun in einer Hannoverschen Zeitung ...

Schritt 3

Um die gestalterischen Mittel analysieren zu können und deren Bedeutung zu erkennen, sollten Sie den Text noch einmal lesen und auf der Grundlage Ihrer Markierungen (s. Vorbereitung) eine zunächst unstrukturierte Liste von gestalterischen Mitteln anlegen:

- Krauses selbstverständliche Benutzung von „Gauleiter" (Z. 1 und 11)
- altertümelnd: „Blondling" (Nazi-Deutsch?) (Z. 8)
- Name des Gauleiters wird „vergessen" (1. Mal) (Z. 14 f.)
- Weglassen einiger Pronomen (durchgehend!) (Z. 1, 2, 3, 12 ...)
- „Chef" = Hitler (Name wird nicht genannt) (Z. 23)
- „Das ist 'ne Wucht" → Ausruf (gute Laune!) (Z. 29)
- ER, IHM → Großschreibung wie in der Bibel! (Z. 20, 21)
- „rin ins Vergnügen"; „Krausen" → Berliner Dialekt (Z. 46)
- „jederzeit auf den Führer hätte ... -"→ Sprache bricht ab (Z. 91 f.)
- „braun in der Sonne" → Anspielung auf Farbe der SA (Z. 95 f.)
- Name des Gauleiters wird „vergessen" (2. Mal) (Z. 100 f.)
- ...

Da die Aufgabenstellung offen formuliert ist, können Sie die Aspekte selbst festlegen, nach denen Sie Ihre erhobenen Daten ordnen wollen. Es bieten sich an: Figurenzeichnung, Gesprächsatmosphäre, Kennzeichnung der historischen Situation (1949) oder eben Charakterisierung des Textes als Satire (Es wird übertrieben, überzeichnet, Komik spielt eine Rolle; wirklichkeitsferne Drastik wird verwendet). Diesen Aspekten ordnen Sie bündelweise Ihre Beobachtungen zu. Sie werden feststellen, dass es Überschneidungen gibt.

Erläutern Sie Ihre selbstgewählten Aspekte und handeln Sie sie ab, indem Sie die gebündelten Gestaltungsmittel nutzen. Formulierungsbeispiel:

Da der Text ausschließlich aus szenischer Rede besteht und es keinen eigentlichen Erzähler gibt, bietet es sich an, das Sprachmaterial des Dialogs zu nutzen, um die beiden Figuren näher zu charakterisieren. Daran anschließend liegt es nahe, die Atmosphäre zu charakterisieren, in der das Gespräch stattfindet. Hier soll auch die historische Situation kurz erläutert werden. ...

Beispiel:

Figurenzeichnung des ehemaligen Gauleiters: herrisch, militärisch knapp, in der Sprachführung dominant, Geheimniskrämerei, zackiger Humor, ungebrochenes Selbstbewusstsein, unbeeindruckt in seiner Nazi-Gesinnung usw.

Achten Sie darauf, dass Sie Formulierungen verwenden, die zum Ausdruck bringen, dass es sich um Hypothesen handelt. Vermeiden Sie platte indikativische Sätze und denken Sie an entsprechende Textbelege.

Schritt 4

Fassen Sie Ihre Analyseergebnisse kurz zusammen. Formulierungsbeispiel:

Insgesamt lässt sich sagen, dass in diesem Gespräch eine sehr lockere, geradezu fröhliche, fast übertrieben gut gelaunte Atmosphäre herrscht, was bei genauerer Betrachtung als ausgeprägte Satire zu kennzeichnen wäre. Der tölpelhaft-unbeholfene Humor der beiden Sprecher reizt zum Lachen, während die im Hintergrund erkennbare Thematik eigentlich erschreckt oder erschrecken müsste. ...

WIRKLICHKEITSERFAHRUNGEN UND LEBENSGEFÜHLE JUNGER MENSCHEN — PFLICHTMODUL

Zu Aufgabe 2:

Vorarbeit

Nachdem Sie nun den Text analysiert haben, gehen Sie noch einen Schritt weiter und beschäftigen sich mit der möglichen Wirkungsabsicht des Autors.

Um einen satirischen Text in einen beabsichtigten Wirkungszusammenhang einzuordnen, sollten Sie einmal „um die Ecke" denken. Der Satiriker dreht ja gewissermaßen die Wirklichkeit um, indem er schamlos übertreibt und das Gegenteil von dem schreibt, was er denkt bzw. bezweckt. Dieser Grundgedanke sollte als **Interpretationshypothese** in der Einleitung formuliert werden. Um diese Hypothese zu belegen, bietet es sich an, jetzt die erkennbare Gedankenwelt der Satire zu skizzieren und dann davon ein Spiegelbild zu schaffen. Ob dieses Spiegelbild plausibel ist und mit der konkreten historischen Situation (West-Deutschland bzw. West-Berlin 1949 während des Gründungsprozesses der Bundesrepublik) übereinstimmt, kann sichergestellt werden, indem Sie sich von der anderen Seite nähern: Was sind die Hauptprobleme beim Umgang mit dem Nationalsozialismus und den Nationalsozialisten so kurz nach dem Ende des Krieges? Die Gedankenwelt des satirischen Textes könnten Sie folgendermaßen umreißen, wobei Sie sich auf Ihre vorliegenden Ergebnisse stützen:

Alte Nazis laufen frei und unbehelligt herum; sie verfügen über gefälschte Papiere; sie hegen Hoffnungen auf ein Wiedererstarken; sie haben keinerlei Schuldgefühl; die Boulevard-Presse druckt Home-Storys über Hitler; dies wird nicht zensiert; das Leserinteresse ist groß; möglicherweise gibt es sogar noch Befehlsstrukturen im Untergrund; ...

Das gedankliche Spiegelbild dazu lautet zusammengefasst: Das soll alles nicht so sein, und jeder muss Anstrengungen unternehmen, damit dieses Horror-Szenario bereits im Ansatz bekämpft wird.

Erarbeitung der möglichen Intention

Die gedankliche Struktur für die Interpretation der Schreibabsicht liegt nun vor. Bevor Sie den Fließtext verfassen, sollten Sie festlegen, wie Sie Text und Wirklichkeit als umgedrehtes Spiegelereignis darstellen. Verschiedene Modelle bieten sich an: Erst die Satire-Welt und dann die reale Welt; erst die reale Welt und dann die Satire-Welt oder Punkt für Punkt Satire und Realität in Beziehung setzen.

1. Da Sie bereits die Analyse angefertigt haben, brauchen Sie keine weitere Einleitung, sondern lediglich eine **Überleitung** (inkl. der Interpretationshypothese) zu verfassen.

   Formulierungsbeispiel:

   Es bietet sich an, von der geschichtlichen Situation auszugehen, in der diese Satire verfasst wurde. Der Autor will wahrscheinlich darauf hinweisen, dass überzeugte Nationalsozialisten weiterhin ihrer Überzeugung treu bleiben, dass sie dieses mehr oder weniger schamlos kundtun und dass es eine breite Öffentlichkeit gibt, die sich völlig unreflektiert an der Verharmlosung des Dritten Reiches belustigt. ...

2. Formulieren Sie Ihre Interpretation aus und greifen Sie auf **Zitate** aus dem Text zurück.

   Formulierungsbeispiel:

   Mit der Schreibweise „ER" (Z. 66) und „IHM" (Z. 20 f.) soll zum Ausdruck gebracht werden, dass man sich diese Worte mit besonderer Betonung ausgesprochen vorstellen soll, aber darüber hinaus ist es auch eine Botschaft an den Leser, der sich durch die Großschreibung möglicherweise an die Bibel erinnert fühlt. ...

3. Verfassen Sie einen abrundenden Schluss zur **Wirkungsabsicht** des Textes.

   Formulierungsbeispiel:

   Dieser Text könnte eine Warnung davor darstellen, im Jahr 1949 speziell in Berlin, aber auch in ganz Deutschland die nationalsozialistische Weltanschauung als „überwunden" zu betrachten. ...

Inhaltliche und formale Endkontrolle

Lesen Sie zum Schluss Ihren Text noch einmal ganz in Ruhe durch. Achten Sie auf mögliche Wiederholungen in Ihrer Gedankenführung. Korrigieren Sie gegebenenfalls formale Fehler.

Wahlpflichtmodul 4:
Auf der Suche nach dem Ich – Identitätsprobleme

Aspekte der eigenen Identität kennenlernen

Aspekte in den Wolken: Hobbys, Interessen und Aktivitäten; Beziehungen und Gruppen; Träume und Wünsche; Herkunft und Orte; Stärken und Schwächen; Kommunikation und Sprache; Themen, Erfahrungen und Wissen; Geschlecht, Aussehen und Stil; Gegenstände und Materielles; ICH

Mögliche Aspekte der Identität

1 Lernarrangement

a) Nehmen Sie sich ein DIN-A3-Papier und legen Sie es quer vor sich. Skizzieren Sie dann eine grobe Darstellung von sich selbst in die Mitte des Blattes, z. B. in Form eines Strichmännchens.

b) Notieren Sie nun auf dem Blatt um die Figur herum spontan Begriffe und/oder zeichnen Sie Symbole für all das, was Sie selbst umgibt oder als Person kennzeichnet. Schreiben Sie nur solche Dinge auf, die Sie den anderen Kursteilnehmern mitteilen möchten. Orientieren Sie sich dabei auch an den Aspekten in der Abbildung oben, z. B.:

- Welche Aktivitäten sind typisch für Sie? Was machen Sie in Ihrer Freizeit? Welchen Hobbys gehen Sie nach?
- Welche Erfahrungen (Reisen, Erlebnisse etc.) und welches Wissen prägen Sie?
- Welche Träume oder Wünsche haben Sie? Welche Ziele verfolgen Sie? Gibt es bestimmende Werte?
- Welche Beziehungen sind Ihnen wichtig? Wer umgibt Sie? Fühlen Sie sich bestimmten Gruppen zugehörig?
- Gibt es typische Kennzeichen/Besonderheiten in Ihrer Sprache? Was ist Ihnen in der Kommunikation wichtig?
- Gibt es Orte, die für Sie eine besondere Bedeutung haben oder an denen Sie sich gerne aufhalten?
- Welche Gegenstände sind Ihnen wichtig? Mit welchen Materialien haben Sie gerne zu tun?
- Was können Sie besonders gut? Was möchten Sie gerne noch besser beherrschen?

c) Legen Sie neben Ihre Darstellung ein Papier (A4), auf dem Sie diese Tabelle vorbereiten:

Von ... (Name)	Mein Titelvorschlag
...	...
...	...

d) Gehen Sie im Kurs herum, setzen Sie sich an einen frei werdenden Platz und betrachten Sie die jeweilige Darstellung. Überlegen Sie aufgrund der dort abgebildeten Aspekte einen passenden und kreativen Titel für eine Biografie (wenn also diese Selbstdarstellung in einem Buch oder Film thematisiert würde). Tragen Sie Ihren Namen und Ihren Titelvorschlag in die Tabelle ein und knicken Sie das Blatt unter Ihrer Zeile nach hinten um, damit der Nächste es nicht sieht.

e) Kehren Sie am Ende der Arbeitsphase zu Ihrem Platz zurück und öffnen Sie die Vorschläge.

f) Werten Sie die Ergebnisse im Kurs aus und kommentieren Sie ggf. die Vorschläge. Welche der Aspekte sehen Sie als zentral an, wenn Sie eine Definition des Begriffs *Identität* geben müssten?

Ges - ICH - ter
Selbstbilder erstellen und reflektieren

Anne Geick

Ich hab mein Selbstbild kennengelernt ... (2011, Auszug)

… zumindest nehme ich dieses an! […] Ich habe neun Fotos herausgesucht. Das jüngste wurde heute geschossen … das älteste Foto ist ein Jahr alt. Die Fotos wurden an verschiedenen Orten aufgenommen … in unterschiedlichen Situationen, von unterschiedlichen Menschen … Jedes Foto hat so seine eigene Geschichte und einen anderen Ursprung. […] Ich habe mal gelesen, dass jeder Mensch sich auf Fotos anders sieht. Wieso? Er sieht nicht sein Spiegelbild! Wir schauen immer nur in den Spiegel. […]

So … diese drei Aufnahmen entstanden mit einem Selbstauslöser. Kameradisplay in meine Richtung gedreht und mich dann auch gesehen. Als ich es als okay empfand, drückte ich den Auslöser ganz durch. Man lächelt nicht … Es sind Zufallsaufnahmen und ich finde, alle haben eine Stimmung … fröhlich ist sie nicht. Stellenweise nachdenklich. Mag ich mich nur nachdenklich?!

Diese Aufnahmen tätigten zwei Menschen, die mir sehr nahe standen, als sie den Auslöser drückten. Es waren Momente, in denen ich mich wohl fühlte. Ungeschminkt und mit Brille … auf dem anderen Bild geschminkt, aber alle Hemmungen durch einen Witz verloren und einfach mal angefangen zu lachen. Das einzige Lachen … Später fiel mir auf … ich lache auf nur einem Bild … Stellte ich mir anders vor … Mit Freunden lache ich immer. Bin dafür bekannt, dass ich viel lache. Aber da … mh … […]

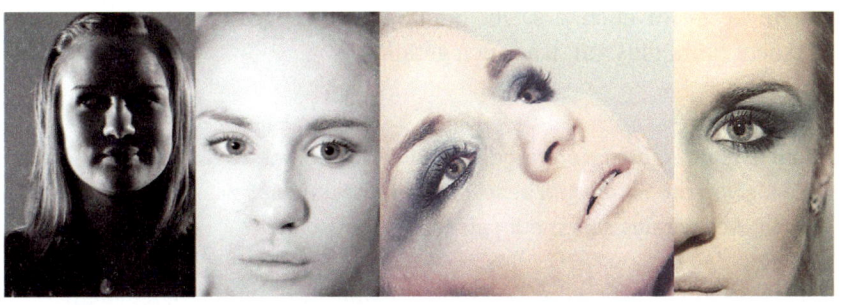

Ungezwungene Studioaufnahmen. Die Menschen, die nun diese Aufnahmen machten, kennen mich – ich kenne sie. Aber mehr als ein normales Kennen ist es nicht. Man ist nicht befreundet. Man kennt sich eben … ihr wisst, was ich meine. Bis auf das erste sind es kühle Bilder. Ja doch … ich finde alle ein wenig emotionslos. Dabei bin ich doch ein emotionaler Mensch?

Nun … Ich denke, ihr wisst, wo ich hin will, so langsam müsste es zumindest der Fall sein! (; Ihr wisst, wie ihr mich auf den Bildern seht. Wie ihr mich einschätzt. Manche werden diese Aufnahmen vielleicht mögen – andere nicht. […] Selbstbild und Fremdbild … das sind zwei Welten, die unterschiedlicher nicht sein könnten, zumindest im Punkt Gefallen bei der Fotografie.

Anderen ist es gleich. Dem Model nicht immer.

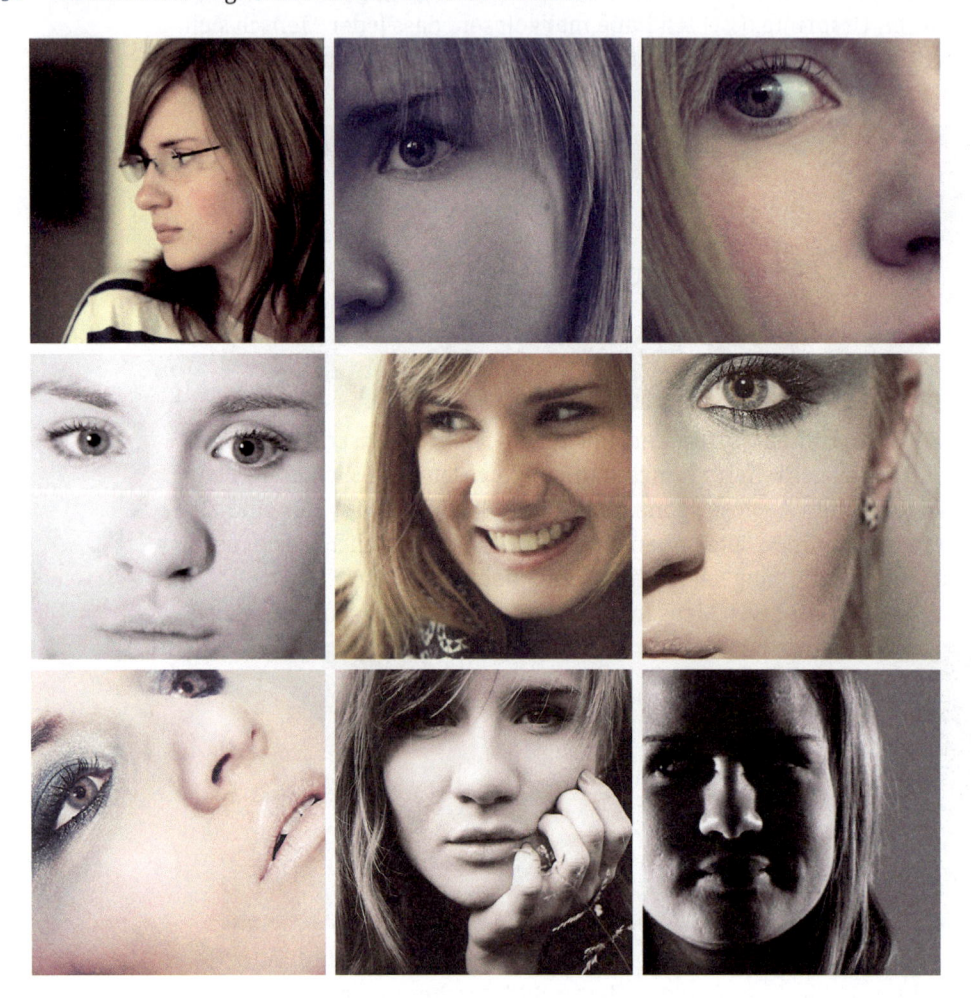

Werft noch mal einen Blick auf alle Bilder … setzt sie in eine Reihe … legt sie nebeneinander … beobachtet euch selbst. Eure Reaktionen. Ich denke, am ehesten wisst ihr von dem „Problem", wenn ihr dran denkt, wie oft ihr manchmal braucht, euch selbst zu gefallen, wenn ihr euch z. B. vor dem Spiegel fotografiert. Nach gefühlten 100 Fotos taucht dann eins auf, was euch gefällt …!

1 Tauschen Sie sich im Kurs über Ihre Erfahrungen mit Bildern von Ihnen selbst aus. Inwiefern kennen Sie den im Blog von der Fotografin beschriebenen Effekt, dass wir unser Gesicht auf Fotos oft nicht mögen, weil wir uns selbst nur spiegelverkehrt kennen?

2 Gestalten Sie zu dem Blogeintrag von Anne Geick einen Paralleltext mit eigenen Bildern.

AUF DER SUCHE NACH DEM ICH – IDENTITÄTSPROBLEME WAHLPFLICHTMODUL 4

Literarische Texte als Selbstbilder analysieren

Yoko Tawada (jap. 多和田葉子)

Ges - ICH - ter (1997)

1 Seitdem ich auf dieser Welt geboren bin, habe ich niemals mein Gesicht von außen gesehen. Kein Spiegel zeigt mir, wie ich im Gespräch mit einer anderen Person aussehe. Oft sehe ich im Gesicht der anderen rätselhafte Züge. Sie faszinieren mich, und ich spiegele sie auf meinem Gesicht wider. Mein Gesicht ist ein Skizzen-
5 buch. Die Person, die mit mir spricht, entdeckt in meinem Gesicht Zeichnungen der eigenen Gesichtszüge und steigt in sie ein, so wie man in einen Fernzug steigt.

Ich weiß nicht, wie ich von außen aussehe. Von innen aber habe ich mein Gesicht schon oft gesehen: eine schattige Landschaft mit einem sumpfigen Wald und zwei gefrorenen Seen. Außerdem gibt es dort eine Tropfsteinhöhle und zwei Tunnel mit
10 Muscheln im Netz. Ich trete in diese Landschaft ein und verlaufe mich.

Ich kann das Gesicht jener Frau nicht von innen sehen. So werde ich zu einem Wind und streichele die Oberfläche ihres Gesichtes. Ihr Gesicht ist eine menschenlose Landschaft. Der Wind liest die Blindenschrift, die auf dem Feld geschrieben ist. In dem Moment werden zwei Seen auf dem Feld sichtbar. Tasten ist Sehen
15 ohne Distanz. Wenn es weht, rauschen blonde Gräser und graublaues Wasser.

In der Tropfsteinhöhle, aus der der blinde Wind bläst, lebt ein nacktes Ungeheuer mit rötlicher, feuchter Haut. Der Boden ist klebrig nass und glänzt blutrot. Der Unterleib des Ungeheuers ist an dem Boden festgewachsen. Es knurrt nicht, heult nicht, spricht nicht. Wenn das Tier sich aber bewegt, entsteht ein stöhnender
20 Wind. Er fliegt aus der Höhle heraus und verwandelt sich in Wörter.

Ein blinder Wind entsteht in einer Landschaft und bewegt sich in eine andere. Dann kehrt er zurück oder zieht weiter in eine dritte Landschaft. Der Wind gehört keinem Ort. Es wird auf einmal still, und dann weht es wieder. Ist dieser Wind ein anderer als der letzte? Wie kann man Luftzüge auseinanderhalten? Hat ein
25 Wind ein Gesicht?

Ich sehe das Gesicht des Windes, wenn das Wasser Lachfalten zeigt oder Grimassen schneidet. Ich sehe sein Gesicht, wenn das letzte Blatt am Baum mit dem Kopf schüttelt. Das Gesicht des Windes ist das, was er in Bewegung setzt.

Yoko Tawada (* 1960) Die in Tokyo (Japan) geborene Schriftstellerin und Lyrikerin lebt und arbeitet seit 1982 in Deutschland. Sie schreibt japanisch und deutsch und erhielt 2018 die Carl-Zuckermayer-Medaille.

1 Sammeln Sie die von Yoko Tawada verwendeten Vergleiche und Metaphern in einer Bedeutungstabelle als Verstehensschlüssel zu dem Text. Vergleichen Sie Ihre Tabelle anschließend mit der eines Partners.

Verwendetes Bild, Vergleich, Metapher	Gemeintes, Bedeutung
Tropfsteinhöhle (Z. 9)	Mund
...	...
...	...

2 Erläutern Sie unter Einbezug des Textes und Ihrer eigenen Erfahrungen die Bedeutung der Kommunikation mit sich selbst und anderen Menschen für die eigene Identität.

Selbstbild – Fremdbild – Wunschbild
Verschiedene Ebenen der Identität differenzieren

Stephan Holtmeier

Warum manche Menschen sich schlecht selbst einschätzen können und wie man ihnen helfen kann (2014, Auszug)

Stephan Holtmeier (*1974), Diplom-Psychologe, tätig in der Managementberatung. Schwerpunkte: Business Coaching, Personaldiagnostik.

[...] Eine erste Erklärung bietet ein in der Psychologie gut untersuchter Effekt, der sogenannte Actor-Observer-Bias. Diese Verzerrung der Wahrnehmung beruht darauf, dass die handelnde Person (= actor) grundsätzlich sich selbst besser kennt als jeder andere sonst. Die Person erlebt sich in unterschiedlichsten Situationen und weiß sehr gut, dass sie sich abhängig von Rahmenbedingungen mal so und mal anders verhält. Wenn es uns selbst betrifft, dann neigen wir daher zu Erklärungen, die die Situation verantwortlich machen. Zum Beispiel glauben wir, dass wir unsere Zusage nicht einhalten konnten, weil z. B. die wirtschaftliche Situation sich unerwartet verschlechtert hat. Andere Menschen (= observer) neigen hingegen dazu, die Ursache für ein Verhalten lieber den relativ stabilen Eigenschaften einer Person zuzuschreiben, weil nicht so viele Beobachtungen existieren, die ein komplexeres Erklärungsmuster notwendig machen würden. Die „Observer" würden das Verhalten dann vielleicht schlicht durch charakterliche Defizite erklären.

Im Resultat führt dieser Effekt häufig dazu, dass andere lieber uns und wir die Rahmenbedingungen verantwortlich machen. Da die Wahrheit bekanntlich häufig in der Mitte liegt, liegt die Lösung nicht selten in der Akzeptanz beider Sichtweisen.

Es ist eine mächtige menschliche Tendenz zu denken, dass wir besser sind als andere. Zum Beispiel geben in Studien rund 90 % der Befragten an, intelligenter zu sein als der Durchschnitt. Misserfolge werden von uns häufig mit teils absurden Ausreden gerechtfertigt. Wir reagieren so, um unseren Selbstwert zu schützen. Leider führt dieser Reflex auch dazu, dass wir aus unseren Fehlern nicht das Maximale lernen und uns entsprechend verbessern. Es gehört Mut dazu, sich der Realität zu stellen.

Um ein besseres Verständnis von sich selbst zu bekommen, muss man die ehrliche Meinung anderer kennen. Nicht selten gibt es viele unterschiedliche Perspektiven, weil jeder Mensch auch unterschiedliche Erwartungen an uns hat. Uns selbst durch die Augen anderer zu sehen, ist ein riesiges Geschenk. [...]

1 Erläutern Sie den Actor-Observer-Effekt unter Einbezug eigener Beispiele.

Beispiel:

Beispiel:

Beispiel:

2 *Lernarrangement*
a) Bilden Sie im Kurs nach einem Zufallsprinzip Zweiergruppen. Achten Sie darauf, dass Sie nicht gerade den besten Freund/die beste Freundin zugeordnet bekommen.
b) Gestalten Sie nun jeweils einen einfachen Entwurf für eine mögliche Profilseite Ihres Partners in einem sozialen Netzwerk. Sie sollten möglichst spontan arbeiten und zunächst nicht miteinander sprechen.
c) Tauschen Sie die Entwürfe aus und klären Sie ggf. Fragen. Besprechen Sie, welche Darstellung für Sie überraschend ist und ob Sie Teile des Entwurfs als „Geschenk" (Z. 28) ansehen können.

AUF DER SUCHE NACH DEM ICH – IDENTITÄTSPROBLEME WAHLPFLICHTMODUL 4

Erfahrungen von Identitätsdiebstahl in den digitalen Medien reflektieren

Im Herbst 2010 sendet ein 16-Jähriger eine E-Mail mit einer Amokdrohung an das Gymnasium in B. Um unentdeckt zu bleiben, stiehlt er dafür die Accountdaten seines Mitschülers Rolf und nutzt dessen Identität für die Amokdrohung. Die Polizei ermittelt sorgfältig und kann aufgrund technischer Möglichkeiten den echten Absender feststellen, bevor die Festnahme erfolgt. Fünf Jahre danach treffen wir Rolf und sprechen über seine Erlebnisse.

Interview mit Rolf aus B.

„Vermutlich passte ich ins Profil" (2014)

Wie hast du die Situation damals erlebt?
Erstmal habe ich davon gar nicht viel mitbekommen, nur dass an dem Vormittag plötzlich viel Polizei in der Schule war. Die Verhaftung des Täters habe ich im Klassenraum miterlebt. Die
5 Polizisten riefen nur den Namen des Täters. Als er sich meldete, packten sie seine Hände auf den Rücken und führten ihn nach draußen ab. Einige Schüler fingen an zu heulen. Später hat mich die Beratungslehrerin geholt und informiert, dass der Schüler die Amokdrohung als E-Mail in meinem Namen
10 geschrieben hatte.
Welche Gefühle hattest du in der Situation?
Erst total schockiert. Einfach nur entsetzt über den Mitschüler. Ich hätte ihm sowas nie zugetraut, da er vorher freundlich war. Ich war damals leider Angriffe durch meine Mitschüler gewohnt, was mir dann komischerweise in der Situation
15 auch geholfen hat. Klar, ich war froh, dass die Polizei den richtigen Täter herausgefunden hatte. Ich hatte sozusagen die Richtigen auf meiner Seite. Aber ich verstand, wenn dir einer deine E-Mail klaut, hat er die Macht über dich. Er hat den Schlüssel, dir einfach alles zu nehmen.
Wie erklärst du, dass gerade deine Identität für die E-Mail geklaut wurde?
20 Vermutlich passte ich ins Profil: Mein Name machte die Drohung glaubhafter. Zu der Zeit hatte ich wenige Freunde und habe sehr gerne PC-Spiele gespielt. Ich entsprach von außen stark dem stereotypen Bild eines möglichen Amokläufers, wie es damals durch die Medien geprägt wurde. Viele hatten Angst und ich war grundlos in dem Zusammenhang ein Thema unter den Mitschülern. Der Täter
25 kannte „Spaß" und Ausgrenzung auf meine Kosten und bediente sich da nur.
Wie beurteilst du das Erlebnis heute, wenn du zurückblickst?
Gelassener, da sich bis heute in meinem Leben sehr viel verändert hat und ich nun auch vorsichtiger bin. Mir halfen viele Gespräche mit Personen meines Vertrauens und das Wissen, dass der wahre Täter entlarvt wurde und sofort die Schule
30 verlassen musste.
Kannst du aufgrund deiner Erfahrungen Tipps an andere geben?
Geht auf Mitschüler zu und sucht das Gespräch, damit kein falsches Bild von euch entsteht. Ein gewisses Miteinander und Vertrauen schützt. Aber das hat Grenzen, man muss auf persönliche Daten aufpassen. Bleibt kritisch, ob und an wen ihr
35 Daten überhaupt weitergebt – und das gerade auch in der Schule.

> Alle Namen und Angaben wurden im Fallbeispiel zum Schutz der Betroffenen verändert. Der Fall und das Interview mit dem Betroffenen sind authentisch.

1 Recherchieren Sie die Begriffe *Identitätsdiebstahl im Netz* und *Nicknapping*. Bereiten Sie eine Präsentation vor, in der Sie die Folgen für die Identität der Betroffenen sowie Reaktionsmöglichkeiten erläutern und auf den obigen konkreten Fall eingehen.

2 Rolf meldet sich nach dem Interview 2014 beim Täter von 2010. Verfassen Sie die E-Mail/den Brief.

> **TIPP**
> Hilfe und Rat bei einem Identitätsdiebstahl und bei anderen Problemen in den neuen Medien sind u. a. erhältlich unter folgenden Links:
> http://www.polizeiberatung.de,
> www.juuuport.de,
> www.a-i3.org,
> www.klicksafe.de.

Phasen der Identitätsentwicklung
Ein Identitätsmodell auf literarische Texte übertragen

Entwicklungsstufen der Identität
[nach Jane Loevinger]

Ausgehend von den Vorstellungen des Entwicklungspsychologen Jean Piaget entwickelt Jane Loevinger ab Mitte der 1960er-Jahre ein Stufenmodell der Identitätsentwicklung. Identität ist hier keine Instanz, wie etwa das „Ich" bei Freuds Stufenmodell, sondern ein Prozess der zunehmend bewussteren Interaktion mit der Umwelt. Die Stufen bauen aufeinander auf, müssen aber nicht alle durchlaufen werden. Es verfestigt sich die im frühen Erwachsenenalter erreichte Stufe. Die Stufen 9 und 10 des Modells sind idealtypisch und daher in der Realiät kaum nachweisbar.

Bezeichnung	Merkmale der Entwicklungsstufe	Mein Beispiel
1. Vorsoziale Stufe	Keine Unterscheidung zwischen sich selbst und der Welt; Verhalten ist instinktiv und auf elementare Bedürfnisse hin ausgerichtet.	Baby schreit, weil es Durst hat.
2. Impulsive Stufe	Erstes Bewusstsein eines Selbst; streng egozentrisches Erleben; je nach Effekt Beurteilung als positiv oder negativ für das Selbst.	
3. Selbstorientierte Stufe	Beziehungen als Mittel der eigener Bedürfnisbefriedigung; Ausrichtung an Belohnung bzw. Bestrafung; Schuld außerhalb verortet.	
4. Gemeinschaftsbestimmte Stufe	Denken und Handeln an Regeln und Normen der jeweils relevanten Bezugsgruppen ausgerichtet; Konformität und Unterordnung; Identität durch die Gruppe; einfache Denkkategorien.	
5. Selbstbewusste Stufe	Erkennen variabler Verhaltensmöglichkeiten in Situationen; vernunftbestimmtes Denken zwischen Anpassung und Selbstbestimmung; beginnende Selbstreflexion und Multiperspektivität.	
6. Eigenbestimmte Stufe	Entwickelte eigene Werte, Vorstellungen und Ziele; einfache Reflexion des eigenen Verhaltens; Gegenseitigkeit in Beziehungen; Erkennen individueller Unterschiede; noch begrenzte Selbstkritik.	
7. Relativierende Stufe	Vollständige individuelle Persönlichkeit im Denken und Handeln; Bewusstsein der gegenseitigen Abhängigkeit (Interdependenz); Erkenntnis, dass Werte und Einstellungen die Wahrnehmung filtern; Hinterfragen eigener und fremder Perspektiven und Urteile; noch fehlende Integration von Konflikten und Widersprüchen.	
8. Systemische Stufe	Multiperspektivität der Wahrnehmung, Prozess- und Zielorientierung; Denken in komplexen Systemen; aktive Integration von Widersprüchen; gelebte Toleranz; offene, kreative Konfliktbewältigung; Aussöhnung mit eigenen negativ erlebten Anteilen.	
9. Integrierte Stufe	Sich selbst ständig aktualisierende Persönlichkeit bei Unabhängigkeit von Werten, Einstellungen und erlerntem Verhalten.	
10. Fließende Stufe	Keinerlei Bewertung von Dingen und Personen; Aufgehen und Verschmelzen mit der Welt in überzeitlichen, wechselnden Bewusstseinszuständen. Volle Akzeptanz des Seins im Fluss.	

1 Überlegen Sie sich für jede Stufe ein Beispiel und tragen Sie es oben ein.

2 Verfassen Sie eine kurze Erzählung in der Er-/Sie-Form, in der Sie die Entwicklung einer fiktiven Person beschreiben, die im Zeitraffer alle Entwicklungsstufen ab der Geburt durchläuft.

AUF DER SUCHE NACH DEM ICH – IDENTITÄTSPROBLEME WAHLPFLICHTMODUL 4

Sarah Kirsch

Trauriger Tag (1967)

1 Ich bin ein Tiger im Regen
Wasser scheitelt mir das Fell
Tropfen tropfen in die Augen

Ich schlurfe langsam, schleudre die Pfoten
5 Die Friedrichstraße entlang
Und bin im Regen abgebrannt

Ich hau mich durch Autos bei Rot
Geh ins Café um Magenbitter
Freß die Kapelle und schaukle fort

10 Ich brülle am Alex den Regen scharf
Das Hochhaus wird naß, verliert seinen Gürtel
(ich knurre: man tut was man kann)

Aber es regnet den siebten Tag
Da bin ich bös bis in die Wimpern

15 Ich fauche mir die Straße leer
Und setz mich unter ehrliche Möwen

Die sehen alle nach links in die Spree

Und wenn ich gewaltiger Tiger heule
Verstehn sie: ich meine es müßte hier
20 Noch andere Tiger geben
Originale Rechtschreibung

Sarah Kirsch

Wintermusik (1989)

1 Bin einmal eine rote Füchsin ge-
Wesen mit hohen Sprüngen
Holte ich mir was ich wollte.

Grau bin ich jetzt grauer Regen.
5 Ich kam bis nach Grönland
In meinem Herzen.

An der Küste leuchtet ein Stein
Darauf steht: Keiner kehrt wieder.
Der Stein verkürzt mir das Leben.

10 Die vier Enden der Welt
Sind voller Leid. Liebe
Ist wie das Brechen des Rückgrats.
Originale Rechtschreibung

Sarah Kirsch (1935–2013), deutsche Lyrikerin, gebürtig aus Thüringen; 1977 erhielt sie von der DDR die Erlaubnis zur Übersiedelung nach West-Berlin. Das Foto in der linken Spalte stammt von 1969, das in der rechten von 2006.

1 Sammeln Sie Ihre spontanen Bilder und Assoziationen zu diesen zwei Gedichten. Falten Sie dazu ein weißes Blatt in der Mitte und skizzieren Sie Ihre Eindrücke jeweils links für *Trauriger Tag* und rechts für *Wintermusik*. Präsentieren und erläutern Sie anschließend Ihre Darstellung im Kurs.

2 *Trauriger Tag* schreibt Sarah Kirsch im Alter von 32 Jahren, *Wintermusik* 22 Jahre später. Informieren Sie sich über die Biografie der Lyrikerin und interpretieren Sie die Gedichte vergleichend vor dem Hintergrund der jeweiligen Lebenssituation.

3 Ordnen Sie die Gedichte begründet den Entwicklungsphasen des Modells nach Jane Loevinger zu (vgl. S. 68). Überprüfen Sie, ob im zweiten Gedicht im Sinne des Modells eine höhere Identitätsstufe der Lyrikerin erkennbar wird.

4 Diskutieren Sie Chancen und Grenzen des Entwicklungsstufenmodells der Identität nach Jane Loevinger als Interpretationszugang zu den hier vorliegenden Gedichten.

TIPP
Können Sie z. B. vergleichend eine stärker systemische Wahrnehmung aus verschiedenen Perspektiven (Stufe 8) im zweiten Gedicht nachweisen?

Das Blütenstaubzimmer
Sich einem literarischen Werk über die Identität der Autorin annähern

Zoë Jenny kommt 1974 in Basel (Schweiz) auf die Welt und schreibt 1997 mit *Das Blütenstaubzimmer* einen Erfolgsroman, für den sie mit dem Aspekte-Literaturpreis und dem Literaturpreis der Jürgen Ponto-Stiftung ausgezeichnet wird. Sie arbeitet als Schriftstellerin und Kolumnistin und engagiert sich als Botschafterin von *Pro Juventute* für die Rechte von Kindern und Jugendlichen. Im Folgenden lernen Sie zunächst die Autorin durch einen Sendebeitrag aus dem Deutschlandfunk kennen und beschäftigen sich dann mit Auszügen aus *Das Blütenstaubzimmer*.

Zoë Jenny (*1974)
Das Blütenstaubzimmer (1997) war ihr erster Roman.

Brigitte Neumann (Deutschlandfunk)

Das Blütenstaubzimmer (Sendebeitrag vom 13.02.1998)

Eine karge, strenge, ältliche Frau kommt durch die Wandelhalle des First Class Hotels. Ordentliche Jeanshosen, braungesprenkeltes Jackett und eine praktische Beutel-Handtasche.

Diese Frau gilt vielen Rezensenten als die Rächerin der Technogeneration an
5 ihren Eltern. Die allmählich in Selbstfindungsritualen eingerosteten 68er. Eine Interpretation, über die Zoë Jenny sagt: „Es wurden auch andere Dinge über das Buch gesagt. Sehr viel interessantere. Das ist die denkbar langweiligste. Weil sie sehr plakativ ist und sehr medientauglich. Also, deshalb wird sie wahrscheinlich auch überall erwähnt. Ich denke nicht, dass es eine Abrechnung sein kann, denn
10 es ist nicht explizit gegen irgendjemanden gerichtet. Und das wäre eine Abrechnung ja. Dieser Text stellt nur dar. Er zeigt auf, und das ist alles. Das genügt als Erklärung."

„Das Blütenstaubzimmer" sei auch kein Roman über die heutige Jugend. Denn von „der" Jugend wisse sie nichts. Außerdem: Weder mag sie Technomusik noch
15 geht sie auf Raves. Sie hört Glenn Goulds klassische Klaviermusik. Und schreibt dazu an ihrem zweiten Roman. Zoë Jennys Arbeitsmotto: „Muse kommt von Müssen". „Ich mag diese Mystifizierungen des Schriftstellerberufes nicht", so Jenny. „Find ich furchtbar. Nein, es hat mit Arbeit zu tun und mit Disziplin. Der Idealtag ist eigentlich, wenn ich fünf bis acht Stunden am Schreibtisch sitzen kann."

20 Zoë Jennys ersten Roman „Das Blütenstaubzimmer": Ich hab ihn langsam gelesen. Ein paar Seiten zweimal. Das Gefühl, in dem Roman zu leben, war gut. Aber nach drei bis vier Stunden leider vorbei. Es ist ein Buch, das eine Last von den Schultern nimmt. Kampf, Bitterkeit, Illusionen, Euphorien. So was gibt's nicht. Zoë Jenny hat das „Ich" im „Blütenstaubzimmer" von kriegerischen und imperia-
25 len Gefühlen gereinigt. Ist-Zustände einer Scheidungswaisen penibel beschrieben. Und nie die Schuldfrage gestellt. Die Autorin erklärt: „Also, das erste Buch ist in keiner Weise spektakulär oder glamourös, sondern es ist ein sehr ernsthaftes, sehr stilles Buch, das sehr literarisch ist und überhaupt nichts mit dem Lärm zu tun hat, der jetzt um dieses Buch gemacht wird. Und auch das zweite Buch wird in
30 keiner Weise lärmig sein."

Die missverstandene Künstlerin. Öffentlichkeit mag sie nicht. Aber die Abneigung ist unglücklicherweise nicht gegenseitig. Über 300 Artikel haben dem „Blütenstaubzimmer" zur inzwischen 7. Auflage verholfen. In 30 Portraits sollte die Autorin persönlich werden. Zoë Jenny lässt keinen Zweifel aufkommen: Das
35 Interesse an ihrer Person findet sie daneben. „Ich gaube eher, dass ich mich davor zu schützen habe, im Allgemeinen. Also, weil doch die Grobheiten sehr groß sind, die von den Leuten eigentlich ausgehen. Auch die Medien eigentlich etwas sehr Grobes an sich haben. Also, da kann ich mich eigentlich schlecht zurechtfinden.

AUF DER SUCHE NACH DEM ICH – IDENTITÄTSPROBLEME — WAHLPFLICHTMODUL 4

Also, ich bin eigentlich nicht sehr glücklich jetzt in dieser Umgebung. Aber das macht nichts aus, ich hab ja meine innere Welt und kann mich dahin zurückziehen, also da, wo ich hingehöre."

Das Motiv, das in unserem Gespräch immer wieder auftaucht. Die innere, vertraute Welt. Und die lärmige, grobe, unübersichtliche draußen. „Der Lärm interessiert mich nicht. Sondern die Literatur, und die ist eigentlich in sich etwas eher Ruhiges. Die entsteht ja eigentlich auch in der Ruhe, in der Isolation. Es ist ein Innehalten, eine Gegenbewegung zu dem Lärm, der die Welt ja ist. Die sich immer schneller verändert und immer lärmiger wird. Da ist das Schreiben eigentlich das Gegenteil ... ich bin jemand, der schreibt und der versucht, am Leben zu bleiben, das ist eigentlich alles."

Erfolg für ihren zweiten Roman könne sie nicht erwarten. Sagt sie. Aber sie hat Zeit, ihn zu schreiben. Preisgelder, Honorare für die Lesereisen, gut bezahlte Printartikel erlauben es ihr, die Brotjobs Putzfrau, Kindermädchen, Verkäuferin an den Nagel zu hängen. Und zwar für mindestens drei Jahre. Davon hat sie geträumt, schon seit ihrer Kindheit, und das hat sie geschafft. „Das ist mein Zuhause, das ist der Ort, wo ich nicht fremd bin. Das Schreiben, und das hab ich sehr früh gemerkt, eigentlich schon als Kind. Das hat sich eigentlich natürlicherweise ergeben. Ich kann nicht den Tag sagen, wo das klar war, sondern es hat sich so ergeben."

Aufgewachsen beim Vater, dem damals noch recht erfolglosen Basler Kleinverleger Matthyas Jenny, durchforstete sie mit Vorliebe dessen Bücherregale. Nachgewirkt haben vor allem Rilke und Kafka. Von beiden findet man was wieder in ihr und ihrem Buch. Von Rilke die Zartheit und von Kafka die Angst. „Das Schreckliche an der Angst ist, dass sie namenlos ist, eigentlich. Die richtige Angst, von der ich jetzt spreche. Dass man sie nicht zuordnen kann. Dass sie etwas mit dem Tod zu tun hat, der in einem steckt, den man nicht begreifen kann."

Und von dort drinnen bezieht Zoë Jenny auch ihren Stoff für die nächste Geschichte. Sie hält nichts von dem Lehrsatz, das Leben sei der Steinbruch, aus dem ein Autor seine Literatur haut. „Es ist, wie Rilke gesagt hat, es sind innere Erfahrungen, die zählen beim Schreiben", erläutert Jenny. „Es kommt nicht auf die Äußerlichkeiten an. Ob man die ganze Welt gesehen hat. Ob man zum Nord- und Südpol gereist ist, sondern ob man diesen Nord- und Südpol in sich drin hat. Und ob man da Bescheid weiß und da herumwandern kann in sich selbst. Das ist nicht was Äußerliches, die Erfahrungen, die mich interessieren."

Zoë, der Vorname, kommt übrigens aus dem Griechischen, lass ich mir von ihr sagen. Auf Deutsch heißt das Leben. Zoë Jenny scheint sich schon für eines entschieden zu haben. Für das im Kopf.

1 Erarbeiten Sie aus dem Text die Aussagen, welche die Identität und Person der Autorin Zoë Jenny betreffen. Machen Sie kenntlich, welche Zuschreibungen von der Journalistin Brigitte Neumann vorgenommen werden und worin die Selbstzuschreibungen der Autorin bestehen.

2 Analysieren Sie den Sendebeitrag hinsichtlich Sprache und Form.

3 Entwickeln Sie ausgehend von Ihrer Beschäftigung mit dem Sendebeitrag drei eigene Leitfragen für die nun folgende Bearbeitung der Textauszüge aus dem Roman *Das Blütenstaubzimmer*.

1. _____

2. _____

3. _____

Einen literarischen Text unter dem Aspekt der Identitätsproblematik analysieren

Der Roman ist als Welterfolg in 27 Sprachen übersetzt worden.

Im Roman *Das Blütenstaubzimmer* erzählt Zoë Jenny mehrere Episoden aus dem Leben des Scheidungskindes Jo. Das junge Mädchen lebt nach der Trennung bis zum Abitur bei seinem Vater und vermisst die Mutter. Zu dieser kann es keine emotionale Bindung aufbauen, da sich die Mutter kaum um Jo kümmert. Ihr Vater bemüht sich sehr um die Erziehung, muss aber Tag und Nacht arbeiten, da er mit seinem eigenen Buchverlag nicht genügend Geld verdienen kann. Wenn der Vater nachts Zeitungen ausfährt und Jo alleine lässt, quälen das Mädchen Ängste und Wahnvorstellungen.

Zoë Jenny

Das Blütenstaubzimmer (1997, Auszug)

1 [...] Nach weiteren Sekunden, in denen ich den Atem anhielt, hörte ich den Motor des Lieferwagens, der laut ansprang, sich entfernend immer leiser wurde und schließlich ganz verstummte. Dann lauschte ich in die Dunkelheit, die langsam, ein ausgehungertes Tier, aus allen Ecken kroch. In der Küche knipste ich das
5 Licht an, setzte mich an den Tisch und umklammerte die noch warme Kaffeetasse. Suchte den Rand nach den braunen, eingetrockneten Flecken ab, das letzte Lebenszeichen, wenn er nicht mehr zurückkehrte. Allmählich erkaltete die Tasse in meinen Händen, unaufhaltsam drang die Nacht herein und breitete sich in der Wohnung aus. Sorgfältig stellte ich die Tasse hin und ging durch den schmalen
10 hohen Gang in mein Zimmer zurück.

Vor dem Fensterrechteck, aus dem ich zuvor meinen Vater beobachtet hatte, hockte jetzt das Insekt, das mich böse anglotzte. Ich setzte mich auf die äußerste Kante des Bettes und ließ es nicht aus den Augen. Jederzeit konnte es mir ins Gesicht springen und seine knotigen, pulsierenden Beine um meinen Körper
15 schlingen. In der Mitte des Zimmers tobten Fliegen um die Glühbirne. Ich starrte in das Licht und auf die Fliegen, und aus den Augenwinkeln beobachtete ich das Insekt, das schwarz und regungslos vor dem Fenster kauerte.

Nach und nach wickelte mich Müdigkeit ein wie warmes Fell. Ich strengte mich an, zwischen den nur noch halb geöffneten Augenlidern die einzelnen Fliegen
20 zu unterscheiden, doch sie schlossen sich mehr und mehr zu einem in der Luft schwirrenden Kreis. Das Insekt kicherte, und ich spürte seine Fühler langsam über den Boden auf meine vom Bett hängenden Füße zukriechen. Ich rannte in die Küche und hielt den Kopf unter das kalte Wasser. Meine Blase war angeschwollen und schmerzte. Ich traute mich nicht, auf die Toilette zu gehen, die auf dem
25 Zwischenstock lag, weil das Licht im Treppenhaus nach kurzer Zeit ausging. Ich spürte das Insekt, das sich in meinem Zimmer regte und nur darauf wartete, mich im dunklen Treppenhaus zu überfallen. In der Küche auf und ab gehend, begann ich die Lieder vor mich hin zu summen, die wir im Kindergarten gelernt hatten. Nur wenige Lieder konnte ich auswendig, weshalb ich sie immer wieder anders
30 zusammensetzte. Mit dem Anschwellen des Schmerzes in der Blase wurde auch meine Stimme lauter, von der ich inständig hoffte, sie trüge mich aus meinem Körper heraus. Schließlich blieb ich vor dem Küchenschrank stehen und pinkelte in ein Gefäß, das ich zwischen die Beine klemmte. Sobald das Morgenlicht durch das Küchenfenster schimmerte, zog sich das Insekt in seine ferne Welt zurück.
35 Die Dunkelheit wurde langsam verschluckt. Erschöpft ging ich in mein Zimmer zurück und wühlte mich in die Bettdecke. Um sieben Uhr läutete das Telefon. Es war Vater, der von unterwegs anrief, um mich zu wecken.

Manchmal blieb die Nacht draußen. Im Fensterrechteck spiegelten sich dann die Köpfe, die zur Stimme von Mick Jagger hin und her wackelten. Ich saß auf
40 den Knien einer Frau und half ihr, die Flasche mit den vier Rosen auf dem Etikett an den Mund zu setzen.

Wenn sie den Kopf lachend nach hinten warf, lief der Alkohol aus den Mundwinkeln und rann in feinen Linien über die gepuderten Wangen. Am meisten lachte sie, wenn Vater in seinem wilden Tanz, bei dem er sich mit fliegenden Armen um sich selbst drehte, über einen Stapel Papier oder Bücher stolperte; dann prustete sie den Alkohol aus ihren aufgeblasenen Backen angenehm kühl über mein Gesicht. „Willst du ein Geheimnis wissen?", fragte ich sie und nahm ihr die Flasche vom Mund.

„Ein Geheimnis?" Sie gluckste. Schob das Wort wie eine Süßigkeit im Mund herum.

„Geheimnisse mag ich", sagte sie und drückte dem jungen Mann neben ihr einen Kuss auf die Wange.

„Komm, ich zeig dir eines", sagte ich. Ihre Hand lag warm und willenlos in der meinen, als ich sie durch das von Büchern und Flaschen verbaute Arbeitszimmer meines Vaters führte. In meinem Zimmer ließ sie sich aufs Bett plumpsen und setzte die Flasche wieder an den Mund, während ich die Zeichnungen unter dem Kleiderschrank hervorholte.

„Was ist das?" Sie schaute mit großen wässrigen Augen auf die schwarzen Kleckse.

„Das Insekt. Es kommt immer nachts, wenn ich alleine bin, und frisst meinen Schlaf."

„Ahh ja?" Sie blickte mich mit gerunzelter Stirn an; ich nahm ihr die Zeichnungen aus den Händen und versteckte sie wieder unter dem Schrank.

„Glaubst du an Gott?", fragte ich.

Aber als ich mich umdrehte, war sie bereits auf den Boden gesunken, die leere Flasche im Arm. Ich beugte mich über sie und versuchte sie vorsichtig wach zu rütteln. Sie bewegte sich nicht mehr, nur ihre rosa Augendeckel zuckten aufgeregt im Schlaf. Aus dem Arbeitszimmer meines Vaters drang noch immer Musik und lautes Gelächter. Ich löschte das Licht. Heute würde sich das Insekt nicht trauen. Und falls es doch noch kommen sollte, lag neben meinem Bett ein Körper, felsig und schwer. [...]

In einem Interview mit Joerg Thadeusz (2008) wird Zoë Jenny gefragt: „Sie mochten die Schule nicht. Wie werden Sie sich dagegen wehren, dass ‚Das Blütenstaubzimmer' Pflichtlektüre im Deutschunterricht wird?" Sie antwortet: „Ich wäre ja unglaublich blöd mich dagegen zu wehren. Das ist doch fantastisch! Also, ich finde das super, ich muss ja nicht mehr zur Schule gehen!"

1 Nehmen Sie Rückbezug zu den von Ihnen formulierten Leitfragen an den Text (vgl. S. 71). Beantworten Sie diese oder benennen Sie ggf. mögliche Hinweise auf Antworten. Tauschen Sie sich im Kurs aus.

2 Im Sendebeitrag (vgl. S. 70 f.) wird Zoë Jenny zitiert: „Dieser Text stellt nur dar. Er zeigt auf, und das ist alles." (Z. 11) Überprüfen Sie diese Aussage anhand einer Analyse des Inhalts, des Erzählverhaltens und der Erzählweise.

3 Brigitte Neumann sagt in ihrem Sendebeitrag, es fänden sich im *Blütenstaubzimmer* textübergreifende Bezüge zu Franz Kafka. Vergleichen Sie die Darstellung der Vaterfigur und des Insekts im Textauszug aus *Das Blütenstaubzimmer* mit der in Kafkas *Die Verwandlung* und deuten Sie die Unterschiede.

	Vaterfigur	Insekt als Tiermotiv
Jenny: *Das Blütenstaubzimmer*		
Kafka: *Die Verwandlung*		
⇒		

| 36 Prozent aller Ehen werden laut Statistischem Bundesamt in Deutschland geschieden (Stand: Juli 2014). Allein im Jahr 2017 waren 124.000 Mädchen und Jungen in Deutschland von einer Scheidung der Eltern aktuell betroffen.

Nach ihrem Abitur verlässt Jo den Vater und reist zu ihrer Mutter Lucy, die Jo zwölf Jahre lang nicht mehr gesehen hat. Nach einiger Zeit, die Jo bei der Mutter in einem südlichen Urlaubsland verbringt, geschieht ein schwerer Autounfall. Ihre Mutter wird dabei verletzt. Alois, der Freund der Mutter, wird getötet. Aufgrund des Verlusts erleidet Lucy eine schwere Depression. Jo kümmert sich und übernimmt damit eine fürsorgliche Mutterrolle für die Frau, die diese Rolle ihrer leiblichen Tochter gegenüber selbst nie eingenommen hat. Einige Zeit später findet Lucy mit Vito einen neuen Partner und gewinnt wieder Lebensmut. Per Postkarte teilt Lucy ihrer Tochter mit, dass sie für längere Zeit mit Vito auf einer Reise sein werde. Jo wird somit ein zweites Mal von ihrer zu Pflicht und Verantwortung unfähigen Mutter verlassen. Der Wunsch nach Familie und Geborgenheit bleibt für Jo unerfüllt. Sie kehrt zu ihrem Vater zurück, der inzwischen eine eigene Familie gegründet hat. Neben der neuen Stiefmutter und der Stiefschwester findet Jo aber für sich keinen Platz mehr. Im nun folgenden Textauszug ist Jo noch bei Lucy. Diese erwartet den ersten Besuch von Vito.

Zoë Jenny

Das Blütenstaubzimmer (Fortsetzung)

1 [...] Obwohl erst früh am Morgen, ist es im Garten schon sehr warm. Lucy liest im Schatten der Palme eine Zeitung. Ihr Haar ist hochgesteckt, das Gesicht zugedeckt mit einer nach Gurke riechenden Schönheitsmaske. Sie lässt die Zeitung sinken, als ich mich zu ihr an den Tisch setze. Um die Augen ist die Maske ausgespart,
5 aus den hautfarbenen Kreisen blicken mich ihre blauen Augen an.
„Ich habe heute Abend einen Freund eingeladen. Vito; er wird dir gefallen."
Dann nimmt sie die Zeitung wieder auf.
„Möchte wissen, was du hier die ganze Zeit tust, wenn ich nicht da bin", sagt sie beiläufig, aber die Neugier in ihrer Stimme ist nicht zu überhören.
10 „Lesen. Ich habe einen ganzen Stapel Bücher in meinem Zimmer. Ich habe gestern bis spät in die Nacht hinein gelesen", sage ich, und es klingt wie eine Rechtfertigung.
Ich gehe hinein, um das Frühstück zu holen, und als ich mit einem Tablett mit Brot, Käse und Honig wieder in den Garten trete, höre ich in Giuseppes Keller die
15 Vögel kreischen. Bevor seine Frau an einem Schlaganfall starb, sah man abends ihre Schatten hinter den Fenstern, und man hörte, wie er seine Frau anschrie. Jetzt hört man nur noch die Vögel in seinem Keller kreischen, wenn er hinuntergeht, um sich einen zum Essen zu fangen. Lucy behauptet, er sei verrückt geworden. Ich stelle das Tablett auf den Tisch. Lucy blickt angestrengt, das Kinn auf die Hand
20 gestützt, zu dem Kloster hinüber.
„Hör mal, Jo, ich habe Vito gegenüber nichts von dir erwähnt, ich meine, er hat keine Ahnung, dass ich eine Tochter habe. Ich dachte, wir sagen der Einfachheit halber, du seist meine jüngere Schwester."
„Klar", sage ich trocken, so schnell und selbstverständlich, als hätte ich für
25 diesen Moment jahrelang geübt. Sie fährt sich mit der Hand schwungvoll und erleichtert durchs Haar. Die Maske auf ihrer Haut ist mittlerweile getrocknet und fest geworden. Sie redet mit einer hellen, unbekümmerten Stimme, aber ich höre ihr kaum zu, bewege mich kein Stück, nicke nur gelegentlich und fixiere die eingetrocknete Gurkenmaske, die langsam von ihrem Gesicht bröckelt. Immer
30 größere Stücke beginnen sich von der Haut zu lösen und abzufallen; sie presst die Hände aufs Gesicht, als wolle sie es zusammenhalten, damit es nicht vollständig auseinanderbricht, entschuldigt sich und eilt ins Bad. Sie verbringt fast den ganzen Tag dort. [...]
Lucy kommt in einem langen schwarzen Rock zurück, der unten glockig aus-
35 einanderschwingt. Dazu trägt sie eine hellblaue Bluse. Als sie hereinkommt und sich an den Tisch setzt, rieche ich den sauberen Duft ihres Parfüms. Aus den Augenwinkeln sehe ich ihr Profil. Die frisch gewaschenen Haare sind mädchenhaft

hinter die Ohren gelegt. Eine dunkle Ahnung steigt in mir hoch, und plötzlich drängt es mich, sie zu fragen, ob sie ganz sicher sei, dass sie damals meinen Vater verlassen habe und ins Flugzeug gestiegen sei. Oder ob nicht vielleicht alles ganz anders gewesen war; und ob sie denn wirklich ganz sicher sei, dass ich aus ihr herausgekommen bin. Denn das scheint mir in diesem Moment vollkommen unmöglich. Sie blickt zu mir herüber, und ich blättere schnell die Seite um.

„Was würdest du eigentlich tun, wenn das Haus plötzlich dir gehörte?", fragt sie neugierig, während sie vom Tisch aufsteht und auf mich zukommt.

„An eine Familie vermieten", sage ich, ohne zu überlegen. So, wie sie sich vor mir aufpflanzt, wirkt die Form ihres Rockes wie der schwarze Flügel eines großen Vogels. Eine Sekunde nur scheinen wir zu verharren. Ich im Stuhl sitzend, sie vor mir stehend, wie ein einziger großer Stein. Ihr Blick brennt auf meinem Kopf, aber ich wage nicht, ihr in die Augen zu sehen, die klein und hart über diesem Flügel sitzen.

Lucy ist in der Küche und bereitet das Abendessen für Vito vor. Wie festgefroren warte ich im Garten darauf, dass sie nach mir ruft, damit ich ihr beim Kochen helfe. Ich warte auf ihre Stimme, aber sie ruft mich nicht, ich vernehme nur ihre Schritte auf dem Steinboden und das Klappern von Pfannen. Mit offenen Augen versinke ich in einen Traum, in dem ich mir vorstelle, dass ich viel jünger bin und meine Mutter in der Küche steht und das Abendessen für uns zubereitet, während ich die Schulaufgaben mache. […]

1 Skizzieren Sie die Erwartungshaltungen von Mutter und Tochter an die jeweils andere.

Tochter ← Erwartungen → Mutter

2 Analysieren und interpretieren Sie anhand erzähltechnischer und stofflicher Elemente, wie hier die Beziehung von Mutter und Tochter gestaltet wird.

3 Erläutern Sie anhand beider Textauszüge und der Zusatzinformationen im Begleittext (vgl. S. 74), welche Folgen die Trennung der Eltern für die Persönlichkeitsentwicklung von Jo hat. Finden sich im Roman typische Elemente extremer Entwicklungsverläufe (vgl. Infokasten)?

4 Bewerten Sie das Verhalten von Jo als Scheidungskind gegenüber ihren Eltern.

Extreme Entwicklungsverläufe bei Jugendlichen in einer Scheidungssituation

(gemäß der Dt. Gesellschaft für Kinder- und Jugendpsychiatrie, Psychosomatik und Psychotherapie e. V.)

1. Emotionaler Rückzug: Die Jugendlichen meiden Sozialkontakte und ziehen sich in eine emotional reduzierte Beschäftigung mit sich selbst zurück. Sie wehren sich gegen Entwicklungsanforderungen des Erwachsenwerdens.

2. Beschleunigter Entwicklungsverlauf: Pseudoerwachsenes Verhalten und sexuelle Frühreife können aus einem Verlust äußerer Werte und mangelnder Kontrolle entstehen. Dabei vernachlässigen betroffene Jugendliche ihre eigenen Bedürfnisse. Einige müssen – sie überfordernde – Entscheidungen und Verantwortung für die in der Krise belasteten und mit sich selbst beschäftigten Eltern treffen.

TIPP

Stellen Sie sich vor, Sie seien selbst Scheidungskind in Jos Lage. Überlegen Sie sich auf dieser Grundlage eigene Handlungsalternativen.

Der Vater – (nur) der Geliebte der Mutter?
Mögliche Handlungsstrukturen eines Romans entwerfen und mit dem Original vergleichen

Urs Widmer

Der Geliebte der Mutter (2000, Auszug)

Urs Widmer (1938–2014), Schweizer Schriftsteller und Übersetzer

Requiem Musikkomposition zum Totengedenken; auch Liturgie der Totenfeier in der kath. Kirche

patrilinear Besitz, sozialer Stand und Familienname werden in der Vaterfolge vom Vater an den Sohn übergeben.

[...] DIE Geschichte ist erzählt. Diese Geschichte einer Leidenschaft, einer sturen Leidenschaft. Dieses Requiem. Diese Verneigung vor einem schwer zu lebenden Leben. Vielleicht noch dies: Kürzlich, vor kaum einer Woche, ging ich ins Museum für Völkerkunde [...]. Ich war allein in dem Museum. Stille, völlige Stille; ein mattes Licht aus hohen Fenstern. Erst als ich in den Saal mit dem Männerhaus kam – einer großen Anlage, die eine ganze Saalseite füllte –, sah ich einen weiteren Besucher, einen alten Mann, der einen Ksatyra anstaunte, einen überlebensgroßen schwarzen Stier aus so etwas wie Pappmaschee, der für die Begräbnisse von Großen verwendet wurde. Eine Art magischer Sarg. Der Mann war so klein unter dem Riesenstier, dass es aussah, als wolle das heilige Monster ihn verschlingen. Beide standen reglos, Dämon und Mann. Ein Zwiegespräch? Ein Gebet? Ein Kräftemessen? Plötzlich erkannte ich den Mann. Edwin. Edwin war alt geworden, uralt; aber alles andere als gebrechlich. Er hüpfte geradezu, als er sich aus dem Bannkreis des Ungetüms löste und zu einer Holzfratze hinüberging, die weniger gefährlich aussah. Ich wanderte von Objekt zu Objekt, bis ich neben Edwin stand. Er besah sich inzwischen einen Einbaum, der die Schnauze eines Krokodils hatte und in dem zwei Ruder und drei Wasserflaschen aus Kürbissen lagen. Noch nie hatte ich Edwin von so Nahem gesehen. Er hatte nicht nur die Nase eines Raubvogels, nein, auch seine Augen spähten scharf und aufmerksam. Natürlich hatte er mich längst bemerkt und sah mich jetzt, mit einem schnellen Blick, von der Seite her an. Sein Hals war voller Falten, um die ein makellos weißes Halstuch geschlungen war.

„Ich bin der Sohn von Clara", sagte ich.

„Von wem?" Er sah weiterhin das als Schiff verkleidete Krokodil an.

„Von Clara – ich nannte ihren Namen von damals – „Molinari."

Er wandte sich mir zu. „Clara Molinari?", sagte er. „Der Name ist mir im Augenblick nicht geläufig. Ich treffe so viele Menschen."

„Ich bitte Sie!", rief ich, jäh erregt. „Clara war das erste Ehrenmitglied Ihres Orchesters! Das werden Sie doch wohl noch wissen!"

Edwin schlug eine Hand gegen seine Stirn und rief: „Aber natürlich! Die gute alte Clara. Wie geht's ihr denn so?"

„Sie ist tot."

„Ja." Er nickte. „Das sind wir alle jetzt immer häufiger." Er wies mit einer großen, den ganzen Saal umfassenden Bewegung auf Männerhaus, Stier und Krokodileinbaum. „Hochinteressante Kultur. Sehr komplexes, äußerst effizientes Verwandtschaftsgeflecht. Patrilinear, aber mit einer starken Dominanz der Frauen." Er fasste nach seinem Halstuch und rückte es zurecht.

„Wieso haben Sie Clara keine Orchideen mehr geschickt?", sagte ich.

„Orchideen?"

„Ja. Mit einem Kärtchen. Violette Tinte. Alles Gute, E. Ich sehe sie noch vor mir, Ihre Schrift, wie heute."

„Diese Dinge laufen bei mir über das Sekretariat." Edwin hob bedauernd die Schultern. „Wahrscheinlich hat eine neue Sekretärin die Agenda ausgemistet." Ich nickte. Ja. Das war eine plausible Erklärung. Ich schwieg. Auch Edwin schien von dem Gespräch genug zu haben, denn er eilte quer durch den Saal zu einer Vitrine voller dämonischer Schweine- und Hundeköpfe.

„Noch etwas", rief ich, als er drüben angekommen war. „Warum haben Sie Clara gezwungen, ihr Kind abzutreiben? Ihr Kind?"

„Wer hat Ihnen denn das erzählt?" Zwischen ihm und mir lagen jetzt zwanzig oder auch dreißig Meter Parkett, und seine Stimme dröhnte. „Ich zwinge keine Frauen zu nichts. Nie. Ich habe vier Kinder. Und ich bin den Müttern gegenüber immer großzügig gewesen. Äußerst großzügig." Ich ging zu ihm hin, schnell, mit Schritten, die wie Gewehrschüsse knallten. Ich wollte ihn, kann sein, ohrfeigen oder zwischen die Beine treten oder wenigstens anschreien.

„Ich habe alle Ihre Konzerte gehört", sagte ich stattdessen, als ich bei ihm angelangt war. „All die Bartóks, oder den Idomeneo von damals. Liebermann! Hartmann! Zimmermann! Wunderbar." Allenfalls meine Stimme – sie war so laut und fast so hoch wie die meiner Mutter – verriet, dass meine rechte Hand, mein rechter Fuß immer noch zuckten und zitterten. – Nun lächelte er. Atmete ein, atmete aus. Ja, er strahlte regelrecht. „Übermorgen", sagte er, „habe ich ein Konzert. Ligeti, Bartók, Beck. Kommen Sie, kommen Sie doch!" Er gab mir einen freundschaftlichen Klaps auf die Wange, wandte sich ab und ging mit schnellen, sicheren Schritten zum Ausgang hin. Verschwand im Schwarz der Tür, und ich wollte mich eben den Schweine- und Hundemasken zuwenden, als er nochmals auftauchte, mit einem vor Vergnügen roten Gesicht. „Wenn Ihre Geschichte stimmen würde...", rief er kichernd. „Da wären Sie ja mein Sohn!" Er hob beide Arme und ließ sie wieder fallen. „Pech gehabt, junger Mann."

Er verschwand so schnell, dass er nicht sah, wie ich mit einem Zeigefinger gegen die Stirn tippte. „Sie meinen wohl, ohne Sie geht gar nichts?!", brüllte ich. Dann stand ich einfach nur so da und horchte seinen verhallenden Schritten nach. Seinem immer leiseren Gelächter. Eine Tür schlug zu, und es war wieder still. All die Dämonen schwiegen wie seit Jahrhunderten schon. Nur der Stier im Männerhaus, der Ksatyra, schien jetzt zu lachen, so lautlos, so dröhnend, dass auch ich das Museum verließ. [...]

Szene aus *Idomeneo*, Paris, Théâtre des Champs-Elysées 2011, Inszenierung: Stéphane Braunschweig

Idomeneo gleichnamige Oper von W. A. Mozart von 1781 nach klassischer Vorlage, in welcher der kretische König nach der Rückkehr aus dem trojanischen Krieg gezwungen ist, seinen Sohn Idamante zu opfern.

1 „DIE Geschichte ist erzählt..." (Z. 1). Die Begegnung zwischen dem Ich-Erzähler und seinem Vater in diesem Textauszug findet sich am Ende des Romans von Urs Widmer und ist das einzige reale Aufeinandertreffen von Vater und Sohn im Werk überhaupt. Analysieren Sie, mit welchen erzählerischen Mitteln hier die Absurdität der Situation – der Vater realisiert nicht, seinen Sohn vor sich zu haben – verdeutlicht wird.

2 *Lernarrangement*
a) Entwerfen Sie in Kleingruppen – als grobe Textskizze – einen eigenen Plot für den Roman *Der Geliebte der Mutter*, in den sich Ihrer Ansicht nach diese Schlussbegegnung sinnvoll einfügen ließe.
b) Informieren Sie sich über die tatsächliche Handlungsstruktur des Romans und vergleichen Sie diese mit Ihren eigenen Entwürfen.
c) Erläutern Sie im Plenum Ihre Idee der Handlungsskizze vor dem Hintergrund möglicher Gemeinsamkeiten und Unterschiede zum Original.

3 Stellen Sie Bezüge zwischen dem Roman und dem Thema *Identitätsprobleme* her.

Identität in der Migration und Fremde
Möglichkeiten der Identitätsbehauptung in einer fremden Kultur reflektieren

Bau der Brücke über die Hoover-Talsperre in Texas

Yoko Tawada (jap. 多和田葉子)

Ich wollte keine Brücke schlagen (1997)

Der Ausdruck ‚eine Brücke schlagen' erschreckt mich. Das Ufer, auf dem ich stehe, wird plötzlich zu einer Hand, die eine gegen das andere Ufer gerichtete Keule hält. Es wird dadurch zu einer Bindung gezwungen. Die Bindung erinnert mich an einen Bindestrich. Deutsch-Französisch. Er ist kein Zauberstab, mit dem man das erste und das zweite Wort in ein drittes verwandeln kann. Wenn ich mit mir selbst rede, tritt versehentlich ein Buchstabe an die Stelle eines anderen. Eine Brücke oder eine Blücke? Weil die Zunge zu weich ist, hört sich das Wort anders an als es aussieht. Wie sieht ein Wort überhaupt aus? Es gleicht einer Lücke unter einer Brücke. Unter der Brücke schläft der Fluss in Bewegung. Dort treffe ich Menschen und frage sie: Wollen wir uns ans Ufer setzen und eine Lücke ins Wörterbuch schlagen? Wollen wir eine Lücke aufschlagen wie ein Buch? Oder wollen wir einen schwimmenden Weg bauen?

Die Bilder, die wir von derselben Lücke malen, sind verschieden. Einer schwimmt im Wasser, ein zweiter baut ein Boot, und ein dritter sitzt am Ufer und wartet auf Regen. Wer kann einen Blick werfen, der die Form eines Bogens hat? Brücken aus Blickbögen erreichen vielleicht das andere Ufer. Die Finger des Wassers berühren alles, was in die Nähe kommt: Sommerluft, Zigarettenkippen, Fische und die Erde am Ufer. Die Erde hat keine Angst vor dem Wasser. In dieser Stille wird kein Element durch eine Berührung gelöscht. Das Wasser wird uns finden. Und die Sprache des Windes? Der Klang des Lichtes? Auch sie werden uns finden.

1 Erklären Sie mit eigenen Worten, welche Kritik Yoko Tawada ausdrücken möchte, wenn sie sagt: „Ich wollte keine Brücke schlagen." Welche alternative Vorstellung von Integration entwickelt sie?

2 Verfassen Sie, vom Text und Ihren eigenen Vorstellungen ausgehend, mögliche Hilfen für eine gelungene Integration, die sich sowohl an die Migranten als auch an die Menschen der aufnehmenden Kultur richten.

3 Sammeln Sie im Cluster Situationen, in denen Sie sich selbst – vielleicht wegen Ihrer Nationalität oder Kultur – unwohl gefühlt haben, etwa im Urlaub, bei Austauschfahrten, unter Fremden oder in einer unbekannten Umgebung. Ergänzen Sie dann Ihre Gefühle in der Situation.

Situationen des Unbehagens und Gefühle in der Fremde

AUF DER SUCHE NACH DEM ICH – IDENTITÄTSPROBLEME WAHLPFLICHTMODUL 4

Uwe Kolbe wird 1957 im Ostteil Berlins geboren und arbeitet ab 1979 als Autor für verschiedene Verlage in der DDR. Er erlebt die Öffnung der Grenze am 9. November 1989 während einer Auslandsreise in den USA nur am Fernseher. Im Jahr 1992 ist er Stipendiat in der Villa Massimo in Rom und verfasst dort Gedichte, die eine vielschichtige Entfremdung der eigenen personalen und nationalen Identität offenbaren: Als Neubürger der Bundesrepublik ist er mit den Veränderungen in der ehemaligen DDR und den daraus entstehenden psychosozialen Folgen für die Menschen unmittelbar konfrontiert. In Rom begegnet er als Deutscher zusätzlich der fremden Kultur der ewigen Stadt. Das Gedicht *Alleinsein* zeigt diese doppelte Isolation des Ich in der Auseinandersetzung mit sich selbst.

Uwe Kolbe

Alleinsein (1994)

1 Allein sein und deutsch sein
in Rom, ein Krieg in dir selbst.
Schleppst eines der Beine nach,
nichts, niemand hilft gegen den Krampf.
5 Das heiße gesund zu werden.
Hier bist du wirklich so deutsch
allein wie sonst nicht in Städten.
Keine steht ferner der Neugier.
In Rom ist alles gewesen,
10 wird nie mehr erfunden, gibt nichts
acht auf das neue Gesicht.
Nur du, heiliger Christoph,
und du, Grübchen im Rücken
der Venus vom Kapitol,
15 die Fremden sehen einander.

Der heilige Christoph, von Quentin Matsys, ca. 1490. Der christliche Märtyrer lebte im 3. oder 4. Jh. in Rom. Erst Soldat, wird er dann bis zu seiner Enthauptung Missionar. Er wird als Hüne mit Stab dargestellt, der das Jesuskind schützend über einen Fluss trägt. Heute gilt er als Schutzpatron der Autofahrer.

Kapitolinische Venus antike Statue einer jungen Frau, vermutlich der Göttin Aphrodite, im 17. Jh. in Rom gefunden und als Vorlage für viele neue Statuen genutzt.

1 Werten Sie das Gedicht aus, indem Sie in der linken Spalte die angesprochenen Eigenschaften und kulturellen Elemente der Stadt Rom sammeln und rechts die jeweilige Bedeutung für das Ich erläutern. Fassen Sie anschließend die deutlich werdende Isolation des Ichs zusammen.

Erleben der Stadt Rom	Bedeutung und Folgen für das Ich
– Krieg in der umkämpften Stadt Rom	– innerer Kampf mit der eigenen Identität
→ Im Gedicht deutlich werdende Isolation des ICHs:	

2 Überprüfen Sie, inwiefern Ihre Vorschläge zur Integration (vgl. S. 78, Aufgabe 2) für das lyrische Ich in Kolbes Gedicht eine Hilfe darstellen könnten, die eigene Isolation zu überwinden.

3 Gestalten Sie mithilfe der von Ihnen im Cluster (vgl. S. 78, Aufgabe 3) gesammelten Begriffe ein Parallelgedicht zu Kolbes *Alleinsein*.

Rahmenthema 6
Sprache und Sprachgebrauch reflektieren

Pflichtmodul:
Tendenzen in der deutschen Gegenwartssprache 81

Dieses Kapitel bezieht sich auf aktuelle Phänomene der deutschen Sprache. Sie setzen sich u. a. mit dem Wandel der deutschen Gegenwartssprache im Zusammenhang mit gesellschaftlich-kulturellen Entwicklungstendenzen auseinander. So lernen Sie verschiedene Sprachvarietäten kennen. Am Beispiel Kiezdeutsch beschäftigen Sie sich mit sprachlichen Innovationen und Stilebenen. Sie diskutieren ferner fremdsprachige Einflüsse auf die deutsche Sprache und Formen populärer Sprachkritik. Darüber hinaus können Sie das Phänomen des Sprachwandels beschreiben, reflektieren und bewerten.

Wahlpflichtmodul 1:
Sprachliche Vielfalt: Der multidimensionale Varietätenraum der deutschen Sprache 106

Das Wahlpflichtmodul beleuchtet den deutschen Sprachraum unter dem Aspekt seiner historisch gewachsenen Vielfalt. Diese zeigt sich in ihren geografisch ebenso wie in ihren sozial unterschiedlichen Ausprägungen und Erscheinungsformen.

Kompetenzen

In diesem Rahmenthema betrachten Sie die deutsche Sprache und Ihren eigenen Sprachgebrauch genauer. Dabei entwickeln Sie ein Bewusstsein für die Bedeutung von Sprache und lernen, Sprachverwendungen auch kritisch zu beurteilen.

Im Rahmen Ihrer Erarbeitungen erwerben Sie folgende Kompetenzen:

– Sie reflektieren Entwicklungen der Gegenwartssprache und berücksichtigen dabei auch den Einfluss der digitalen Medien.
– Sie beurteilen Phänomene des Sprachwandels und reflektieren die Bedeutung und Veränderbarkeit sprachlicher Normen.
– Sie kennen Positionen öffentlicher Sprachkritik sowie der Sprachwissenschaft und beziehen sie in Ihre Urteilsbildung über Entwicklungstendenzen der deutschen Gegenwartssprache ein.
– Sie untersuchen die Gliederung des deutschen Sprachraums in Dialektregionen sowie die soziale und gesellschaftspolitische Dimension des Dialektsprechens.
– Sie kennen einige Grundlagen der Soziolinguistik.
– Sie beurteilen und bewerten die Auseinandersetzung um ein jugendsprachliches Phänomen.

Als Schülerinnen und Schüler des erhöhten Anforderungsniveaus erlangen Sie zusätzlich folgende Kompetenz:

– Sie verfügen über vertiefte Kenntnisse sprachwissenschaftlicher Positionen zu Entwicklungstendenzen der deutschen Gegenwartssprache und zu Theorien des Sprachwandels und beziehen diese Kenntnisse in Ihre Urteilsbildung ein.

Pflichtmodul:
Tendenzen in der deutschen Gegenwartssprache

1 „19. Februar. Wie ich heute aus dem Bett steigen wollte, bin ich einfach zusammengeklappt. Es hat das einen sehr einfachen Grund, ich bin vollkommen überarbeitet. Nicht durch das Bureau, aber durch meine sonstige Arbeit. Das Bureau hat nur insofern einen unschuldigen Anteil daran, als ich, wenn ich nicht hinmüsste, ruhig für meine Arbeit leben könnte und nicht diese sechs Stunden täglich dort verbringen müsste, die mich besonders Freitag
5 und Samstag, weil ich voll meiner Sachen war, gequält haben, dass Sie es sich nicht ausdenken können. [...]"
Franz Kafka: Tagebücher 1910–1923

1 Beschreiben Sie die Bilder. Stellen Sie Bezüge zum Thema *Tendenzen in der deutschen Gegenwartssprache* her und begründen Sie Ihre Ideen.

2 Suchen Sie ähnliche Beispiele. Erläutern Sie Ihre Vorschläge.

3 Franz Kafka schreibt in seinem Tagebucheintrag von einem „Bureau" (Z. 2). Stellen Sie Vermutungen darüber an, warum er diese Schreibung gewählt hat. Nennen Sie Begriffe, die in ähnlicher Weise wie „Bureau" verwendet werden.

Deutsch heute
Gesellschaftliche Entwicklungen auf die Gegenwartssprache reflektieren
Neusprech – Beispiele des Gegenwartsdeutschen

„Chabos wissen, wer der Babo ist" Ein Lied des deutschen Rappers Haftbefehl.

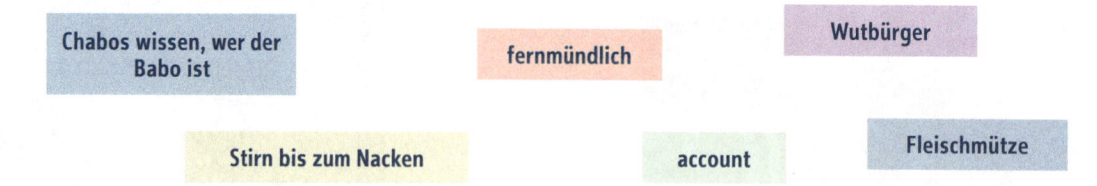

- Chabos wissen, wer der Babo ist
- fernmündlich
- Wutbürger
- Stirn bis zum Nacken
- account
- Fleischmütze

1 Beschreiben Sie die Tendenzen der deutschen Sprache anhand der oben stehenden Beispiele.

2 Lesen Sie den ersten Teil des hier abgedruckten wissenschaftlichen Aufsatzes von Jochen A. Bär und markieren Sie im Text Schlüsselwörter.

Jochen A. Bär

Deutsch im Jahr 2000 (2000, Auszüge)
Eine sprachhistorische Standortbestimmung

[…] Jede Sprache ist eine komplexe Interaktionsform einer bestimmten Gruppe von Menschen (der Sprachgemeinschaft), erfüllt verschiedene Funktionen (z. B. Verständigung, Manipulation, Darstellung von Gegenständen und Sachverhalten, kognitive Erfassung und Gliederung der Welt) und ändert sich mit wechselnden Aufgaben und Anforderungen. Als Gesamtheit von Sprechakten existiert sie überhaupt nur im permanenten Wandel – eine Tatsache, mit der sich jede Beschäftigung mit Sprache auseinanderzusetzen hat.

Laien bewerten Sprachwandel oft genau dann als negativ, wenn sie ihn bewusst erlebt haben. Dies führt zwangsläufig zu einer verzerrten Sicht, da es immer nur für wenige, meist zufällige Beispiele gilt. Am Bekannten, Vertrauten hängt man; dass auch dieses stets Ergebnis von Sprachwandelprozessen ist, bleibt gemeinhin unberücksichtigt.

[…] Die Geschichte einer Sprache wird hier betrachtet als eine Gesamtheit von letztlich immer zufälligen, nicht zielgerichteten konkreten Veränderungen in der Art und Weise, wie sie gesprochen und geschrieben wird. Jede konkrete Sprachverwendung, jeder einzelne Sprech- oder Schreibakt kann auf einer oder mehreren der folgenden Ebenen vom bislang Sprachüblichen partiell (d. h. im Rahmen des noch Verständlichen) abweichen; auf der Ebene der Laute bzw. ihrer graphischen Umsetzung, auf der Ebene der Morpheme (der bei Wortbildung und Flexion funktionalen Wortbestandteile, z. B. Ableitungs- und Kasusendungen), auf Wort-, Satz- und Textebene. Findet die Abweichung Nachahmer und setzt sie sich in der Sprachgemeinschaft durch, so wird Sprachwandel konstatierbar. In den wenigsten Fällen ist er im historiografischen Nachvollzug allerdings auf seinen konkreten Ursprung zurückzuverfolgen, sodass Kausalaussagen in der Sprachgeschichtsschreibung selten möglich sind. In der Regel kann nur das gemeinsame Vorliegen verschiedener historischer Fakten konstatiert, ursächliche Zusammenhänge können lediglich vermutet werden. […]

kognitiv das Denken betreffend

Sprechakt sprachliche Äußerung zum Vollzug einer Handlung; die Absicht (Intention) des Sprechers kann direkt oder indirekt sein (je nach Zusammenhang zu erschließen)

Historiografie Geschichtsschreibung

Morphem kleinste bedeutungstragende Einheit (z. B. Flexionsendung oder Adjektivendung wie *-ig*)

3 Nennen Sie die im Text beschriebenen Besonderheiten von Sprache.

4 Stellen Sie die genannten drei Ebenen anhand eigener Beispiele dar. Nehmen Sie eine Grammatik zu Hilfe. Welche Schwierigkeiten ergeben sich bei der Einordnung Ihrer Beispiele?

TENDENZEN IN DER DEUTSCHEN GEGENWARTSSPRACHE — PFLICHTMODUL

1 Markieren Sie auch im folgenden zweiten Teil des Textes wichtige Schlüsselwörter.

Die nach 1945 im Westen Deutschlands einsetzende Demokratisierung von oben schlug spätestens mit dem Generationenwechsel in den 60er-Jahren in eine Demokratisierung von unten um. Immer größere Teile der Bevölkerung beteiligten sich in Form verschiedener „Bewegungen" (Studentenbewegung, Frauenbewegung, Friedensbewegung, Ökologiebewegung, Bürgerrechtsbewegung usw.) aktiv an der Gestaltung des öffentlichen Geschehens. In Folge einer konsequenten Bildungspolitik vor allem in den 70er-Jahren mit Schul- und Hochschulgründungen, Ausbildungsförderungsgesetzen und systematischem Ausbau der Massenuniversität wurde für breite Kreise ein hoher Bildungsstandard möglich. Heute steht der Zugang zu politischer, wirtschaftlicher, kultureller Information zumindest prinzipiell ebenso allgemein offen wie der Weg in die Politik, an die Börse oder ins Internet. Alle können sich heutzutage über alle Gegenstände ihres Interesses umfassend eine Meinung bilden; alle haben prinzipiell die Möglichkeit, öffentlich mitzureden und mitzugestalten. [...]

Die Massenmedien haben durch ihre Breitenwirkung und ihre Omnipräsenz im Alltag einen großen Einfluss auf das allgemeine Bewusstsein und auch auf das sprachliche Verhalten. Vor allem durch die Medien Rundfunk und Fernsehen kommt seit einigen Jahrzehnten der gesprochenen Sprache gegenüber der geschriebenen ein immer größeres Gewicht zu. Dabei ist weniger an Textsorten wie Nachrichtenmeldungen, Rundfunkvorträge, Features usw. zu denken, die mehr oder weniger weitgehend der Schriftsprache verhaftet bleiben [...], eher schon an fiktionale Textsorten wie Spielfilme oder Daily Soaps, die um Nähe zur gesprochenen Sprache dezidiert bemüht sind, hauptsächlich aber an solche, die ungebrochen auf sprechsprachlicher Basis beruhen: an Livesendungen aller Art. Besonders hervorzuheben ist die Textsorte der Talkshow, weil hier – insbesondere im Zeitalter des Privatfernsehens – nicht nur wenige, unter Aspekten der Sprachkompetenz elitäre Personen zu Wort kommen, sondern ein breiter Querschnitt der Bevölkerung, der für eine ebenso große Bandbreite der deutschen Gegenwartssprache steht. [...]

[Die Globalisierung] ist nicht denkbar ohne eine gemeinsame sprachliche Basis. Die Funktion des weltweiten Verständigungsmittels hat im 20. Jahrhundert das Englische bzw. Angloamerikanische übernommen, wobei es in diesem Zusammenhang nicht mehr als nationale, sondern als multinationale Sprache zu sehen ist [...]. Im Unterschied zu anderen Weltsprachen wie Chinesisch, Russisch, Spanisch oder Französisch ist das Englische nicht auf eine mehr oder weniger große Region begrenzt; im Unterschied zu früheren Verkehrssprachen wie dem Latein der Gelehrten oder der Handelssprache der Hanse im hohen und späten Mittelalter ist es nicht an bestimmte Handlungszusammenhänge, soziale Gruppen oder Schichten gebunden, sondern wird – wie rudimentär oder bruchstückhaft auch immer – von Menschen unterschiedlicher Herkunft und Ausbildung verstanden. [...]

Studentenbewegung (die 68er-Generation) vielschichtige politische Bewegung, die gegen die herrschenden Verhältnisse bzw. gegen die Elterngeneration rebellierte

Massenmedien verschiedene elektronische (Internet) und gedruckte (Zeitung) Kommunikationsmittel zur Verbreitung von Informationen in der Öffentlichkeit

2 Die gesellschaftlichen Entwicklungen im 20. Jahrhundert zeichneten sich besonders durch die Verwischung des Unterschieds zwischen verschiedenen sozialen Schichten aus. Außerdem nahmen immer mehr soziale Gruppen am öffentlichen Leben teil. Benennen Sie die drei im Text genannten Einflüsse.

3 Setzen Sie sich anschließend kritisch mit den im Text vorgestellten Einflüssen auseinander.

Perspektiven auf Deutsch
Sprachliche Entwicklungen beschreiben und vergleichend einordnen

Sie haben sich bereits vor Augen geführt, dass die deutsche Sprache keine einheitliche, feste Größe ist, sondern aus Subsystemen, den sogenannten Varietäten, besteht. Diese unterscheiden sich durch Raum (**Dialekt**), Funktion (**Funktiolekt**), Gruppe oder soziale Schicht (**Soziolekt**) sowie durch die Person, die jeweils spricht (**Idiolekt**). Darüber hinaus ist auch eine Einteilung in Bezug auf den sprachlichen Wandel im Lauf der Zeit (historische Sprachstufen) üblich.

Dennis Strömsdörfer

Wie Sprache sich verändert (2014)

In der Forschung werden zahlreiche Einflussfaktoren genannt, die man als Tendenzen der deutschen Gegenwartssprache zusammenfassen kann. Seit der rasanten Entwicklung der audiovisuellen Massenmedien ist ein Rückgang der Dialekte aus der gesprochenen Sprache zu verzeichnen. Oftmals tauchen Dialektspreche-
5 rinnen und -sprecher nur noch als Comedy-Figuren oder in ironischen Kontexten auf. Aber auch die großen Wanderungsbewegungen nach dem Ende des Zweiten Weltkriegs, als mehr als 10 Millionen Menschen aus deutschsprachigen Gebieten vertrieben wurden, hatten großen Einfluss auf diese Entwicklung. So sprechen immer mehr Menschen Standardsprache und immer weniger beherrschen noch
10 den Dialekt, den es in ihrer Region gibt. Außerdem beeinflusst die gesprochene Sprache die geschriebene, z. B. in Bezug auf Phänomene wie der Verbzweitstellung im Nebensatz mit „weil". Ein weiterer Punkt ist darin zu sehen, dass einst als niedere stilistische Variante empfundener Sprachgebrauch aufgewertet wird und schließlich als nicht mehr abwertend gilt (oder umgekehrt).

1 Lesen Sie den Text. Hier ist die Rede von „Tendenzen der deutschen Gegenwartssprache" (Z. 1 f.). Ordnen Sie diese in historische, kulturelle und kommunikationstechnische Lebensbereiche ein.

2 Erläutern Sie die in Aufgabe 1 genannten Tendenzen mit eigenen Worten.

3 Erstellen Sie eine Mindmap zu den Tendenzen der deutschen Gegenwartssprache:

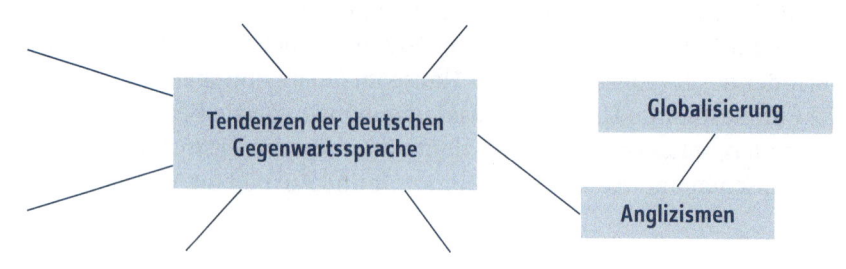

Die Bezeichnung „Gegenwartssprache" (Z. 2) eignet sich eigentlich nicht zur Bezeichnung der gegenwärtigen Epoche, weil sich der Begriff immer auf die je gegenwärtige Zeit bezieht. Vonseiten der Wissenschaft sind viele Vorschläge gemacht worden, bisher hat sich aber noch keiner durchgesetzt. In einem weiteren Textausschnitt bringt der Sprachwissenschaftler Jochen A. Bär den Begriff *E-Hochdeutsch* in die Diskussion ein.

Jochen A. Bär

Deutsch im Jahr 2000 (2000, Auszug)
Eine sprachhistorische Standortbestimmung

α) *E-Hochdeutsch* könnte für [...] Deutsch in einer in vielen Bereiche *egalitären, engagierten* und *emanzipierten* Gesellschaft stehen [...], wobei mit allen drei Adjektiven keine Zustände, sondern Prozesse und innergesellschaftliche Bestrebungen bezeichnet werden sollen. [...]

β) *E-Hochdeutsch* könnte ebenfalls für das Deutsch im Zeitalter der *elektronischen* Kommunikation, des Computers und der neuen Medien stehen, das in der zweiten Hälfte des 20. Jahrhunderts angebrochen ist.

γ) *E-Hochdeutsch* könnte drittens die deutsche Sprache unter dem Einfluss der Werbesprache *Englisch* charakterisieren. [...]

δ) *E-Hochdeutsch* könnte schließlich viertens für das Deutsche im Kontext der *europäischen Einigung* und des vereinten Europa verwendet werden.

1 *Lernarrangement*
Bilden Sie Kleingruppen und lesen Sie den Textabschnitt aufmerksam. Markieren Sie Schlüsselwörter.
a) Setzen Sie sich kritisch mit den Thesen zur Neubestimmung einer Epochenbezeichnung auseinander. Warum ist diese aus Sicht des Autors sinnvoll?
b) Entwerfen Sie in der Gruppe ein Konzept mit eigenen Beispielen für eine Beschreibung einer neuen Sprachperiode ab ca. 1950. Bedenken Sie, welche Merkmale aus Ihrer Sicht wichtig, welche unpassend sind und welche Merkmale vielleicht noch hinzukommen können.
c) Stellen Sie Ihr Konzept vor (Präsentation, Poster ...).
d) Diskutieren Sie Ihre Ergebnisse im Plenum.

2 Beschreiben Sie das Schaubild. Hier sind die „Subsysteme" des Deutschen schon verzeichnet. Finden Sie eigene Beispiele für die verschiedenen Varietäten des Deutschen und tragen Sie sie in dieses Schaubild ein. Diskutieren Sie Ihre Vorschläge.

3 Beurteilen Sie, inwiefern dieses Modell zur von Ihnen erarbeiteten Beschreibung der Sprachperiode *E-Hochdeutsch* passt.

4 Überprüfen Sie, wie die Kommunikation durch die digitalen Medien in das Modell passt. Erklären Sie, wo sich aus Ihrer Sicht Überschneidungen und / oder Gegensätze ergeben.

Sprachgeschichte
Althochdeutsch: ca. 750 – ca. 1050
Mittelhochdeutsch: ca. 1050 – ca. 1350
Frühneuhochdeutsch: ca. 1350 – ca. 1650
Neuhochdeutsch: ab ca. 1650

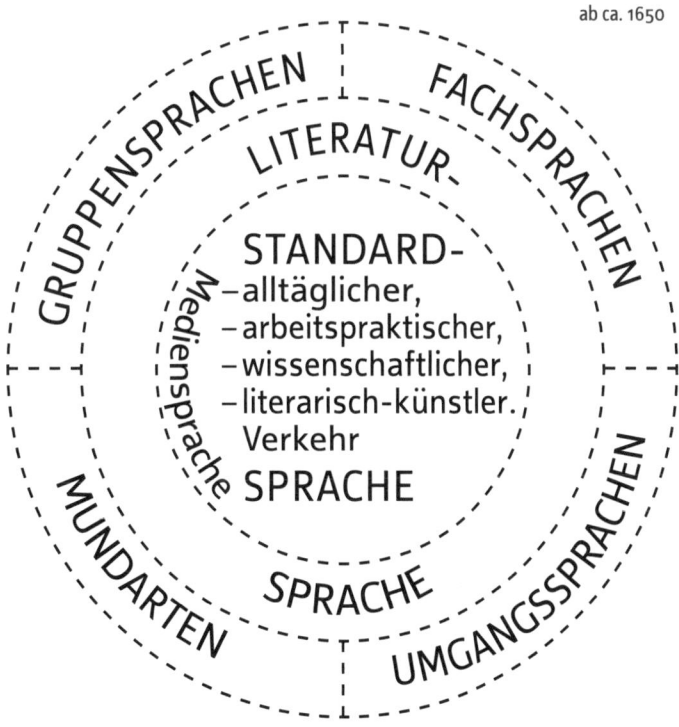

Innere Mehrsprachigkeit des Deutschen und Sprachvielfalt der deutschen Standardsprache (nach Helmut Henne, 1986)

„Lass ma so Kino gehen" – Kiezdeutsch
Die kommunikative Funktion von Varietäten des Deutschen erschließen

> Ich bin so gelaufen so, dann ich wollte so über Ampel gehen, und dann ist ein Auto so gegen Baum geknallt.

> So die ersten zwei Wochen wir haben uns mit denen verstanden.

> Ey, rockst du, Ian, Alter.

1 Beschreiben Sie die Besonderheiten von Kiezdeutsch.

2 Lesen Sie den folgenden Text und diskutieren Sie darüber, ob Kiezdeutsch als neuer Dialekt gelten kann.

Heike Wiese

Sprachliche Variation und Grammatikanalyse (2014, Auszug)
Fallbeispiel Kiezdeutsch

Kiez
Stadtteil
(oft ist damit
Berlin-Kreuzberg
gemeint)

1 [...] Kiezdeutsch ist eine Umgangssprache unter Jugendlichen in Wohngebieten, in denen viele Kinder und Jugendliche einen Migrationshintergrund haben und oft noch mit einer weiteren Sprache neben dem Deutschen aufwachsen [...].

Anders, als häufig in der öffentlichen Diskussion angenommen, ist Kiezdeutsch 5 nicht das Deutsch von „Türken", „Migranten" oder „Ausländern", sondern wird typischerweise von Inländern gesprochen: von Jugendlichen, die in Deutschland aufgewachsen sind. Deutsch kann dabei eine Zweitsprache neben einer Familiensprache wie Türkisch, Arabisch, Spanisch o. Ä. sein, es kann aber auch die einzige Herkunftssprache sein. Kiezdeutsch ist eine sprachliche „Ko-Produktion" von 10 mehrsprachigen ebenso wie von einsprachig deutschen Jugendlichen. Gemeinsam ist ihnen, dass sie in solchen ethnisch und sprachlich gemischten Wohngebieten schon früh in Kontakt mit ganz unterschiedlichen sprachlichen Möglichkeiten kommen und entsprechend besonders kreativ mit sprachlicher Vielfalt umgehen. [...] Durch die vielsprachigen Kompetenzen in der Sprechergemeinschaft ist mit 15 Kiezdeutsch eine Varietät des Deutschen entstanden, die besonders offen für sprachliche Neuerungen ist. Kiezdeutsch ist dabei strukturell keine Mischung aus Deutsch mit anderen Sprachen (etwa Türkisch), sondern ist im System der deutschen Grammatik verankert und kann als neuer, besonders dynamischer Dialekt des Deutschen erfasst werden. [...]

20 Vieles, was wir in Kiezdeutsch finden, kommt ebenso oder so ähnlich auch in anderen Varianten des Deutschen und in herkömmlichen Dialekten vor, ist dort aber z. T. nicht so ausgeprägt oder nicht so systematisch entwickelt.

[...] Kiezdeutsch wird als Umgangssprache in informellen Situationen gesprochen, d. h. es existiert neben dem formellen Standarddeutschen (einschließlich 25 der Schriftsprache), das in der Schule vermittelt wird, und unabhängig von diesem. Kiezdeutsch ist daher immer nur ein Teil des sprachlichen Repertoires von Schülerinnen und Schülern, eine Sprachform, die unter Freunden, aber nicht in formelleren Situationen genutzt wird.

3 Stellen Sie den Sprachgebrauch in „informellen Situationen" (Z. 23) aus eigener Erfahrung dar. Welche sprachlichen Merkmale fallen in diesen Situationen auf? Wann sprechen Sie Dialekt?

„Das literatische Quartett", 17.08.2001:

> Das mag originell sein und das mag irgendwie so einen Kieztouch haben, wenn man Kreuzberg liebt, dann liest man das nicht völlig ohne Amüsement.

Kolumne aus der ZEIT, 33/2008:

> Ich habe halt so ein romantisches Kindheitsideal, vielleicht ist das etwas altmodisch.

1 Charakterisieren Sie die Verwendung der Partikel „so" in den beiden oben stehenden Beispielen.

2 Lesen Sie nun den Text über „so" im Kiezdeutschen (s. u.). Vergleichen Sie die jeweiligen Verwendungsweisen. Auf welche Weise benutzen Sie die Partikel „so"?

(die) Partikel
nicht flektierbares Wort, das seine Bedeutung erst im Gebrauch entfaltet, keine lexikalische Bedeutung trägt und die Aussage von Sätzen modifiziert

Heike Wiese

Neue Möglichkeiten der Informationsstruktur (2014, Auszug)

Die Partikel *so* hat im Deutschen viele Funktionen. In ihrer zentralen Verwendung zeigt sie Vergleiche an (so schnell wie Judith) oder drückt Intensität aus (So hoch!). *So* antwortet hier auf *Wie* und könnte umschrieben werden mit „auf diese Art". Darüber hinaus kann *so* Unschärfe anzeigen, also kennzeichnen, dass
5 ein/e Sprecher/in nicht genau weiß, ob seine/ihre Aussage stimmt, oder dass er/sie signalisieren will, dass die Aussage nur ungefähr zutrifft. [...]. In Kiezdeutsch bildet sich darüber hinaus bei der Verwendung von *so* ein weiteres Muster heraus, bei dem der übliche Bedeutungsbeitrag von *so* entfällt. In den folgenden Beispielen gibt *so* keinen Vergleich o. Ä. an, sondern ist bedeutungsleer, d.h. die Sätze
10 hätten ohne *so* genau denselben Inhalt wie mit *so* [Die fettgedruckten Teile sind die, die besonders betont wurden].
– Er ist **Engländer** und er feiert **mit** uns. Er hat so **Türkei**trikot und Türkei**fahn**e um sich.
– Die **hübschesten** Fraun komm von den Schweden. Also ich mein so **blond** so.
15 – Da gibts so **Club** ... für **Jugendliche** so.
Stattdessen erhält *so* in diesen Fällen eine neue Funktion für die Organisation des Satzes: *So* steht jeweils vor dem Teil des Satzes, der die wichtige, besonders hervorzuhebende Information liefert (der sogenannte „Fokus" des Satzes). Neben der Markierung mit *so* trägt der Fokusausdruck eines Satzes auch die stärkste Be-
20 tonung; auf ihm liegt der Hauptakzent. Wie in den Beispielen zu sehen, kann *so* sowohl vor als auch hinter dem Fokusausdruck stehen, und es kann diesen auch wie eine Klammer einschließen.

Fokus
Hervorhebung

1 *Lernarrangement*
Bilden Sie Gruppen zu mindestens drei Personen. Stellen Sie sich vor, dass Sie einen Unfall beobachtet haben, den Sie nun noch einmal schildern sollen. Beachten Sie dabei, möglichst so zu sprechen und zu schreiben, wie es die Situation verlangen würde.
a) Jede Gruppe beschreibt das Unfallgeschehen aus einer anderen Perspektive: mündlich als Zeuge/Zeugin bei der Polizei, am Telefon mit einem Freund/einer Freundin, als WhatsApp-Nachricht an einen Freund/eine Freundin, als Zeuge/Zeugin in einem schriftlichen Bericht für die Polizei.
b) Alle Schilderungen werden in den Gruppen schriftlich festgehalten, alles Gesprochene wird also so genau wie möglich mitgeschrieben (Transkription).
c) Vergleichen Sie Ihre Ergebnisse im Plenum. Interpretieren Sie den jeweiligen Sprachgebrauch sowie die beobachteten Unterschiede.

TIPP
Weiterführende Materialien zu diesem Lernarrangement finden Sie unter www.deutsch-ist-vielseitig.de.

RAHMENTHEMA 6 SPRACHE UND SPRACHGEBRAUCH REFLEKTIEREN

Einflüsse anderer Sprachen
Zum Einfluss von Anglizismen im Deutschen begründet Stellung nehmen

1 Ordnen Sie die Herkunft der folgenden Wörter in die Tabelle ein. Begründen Sie Ihre Entscheidung und ergänzen Sie eigene Beispiele.

Niveau · Streik · Trottoir · Büro · Fenster · Vaterland · fair

Englisch (Anglizismus)	Französisch (Gallizismus)	Latein (Latinismus)
downloaden	Courage	Aktion

2 Lesen Sie nun den Informationstext und erklären Sie, zu welchen Bereichen die Wörter aus der Tabelle passen.

Fremde Wörter

Die Sprachwissenschaft unterscheidet unter dem Begriff „Entlehnung" verschiedene Gruppen fremder Wörter im Sprachgebrauch. Auf der einen Seite existieren lexikalische Entlehnungen, die entweder Lehn- oder Fremdwörter sind.

Ein **Fremdwort** ist ein in die Muttersprache (oft zusammen mit der bezeichneten Sache) übernommener Ausdruck aus einer fremden Sprache, der in Bezug auf Orthografie und Flexion (noch) keine Merkmale des Deutschen angenommen hat, z. B. „Flirt" (engl.).

Ein **Lehnwort** dagegen kommt häufiger vor, ist „üblicher" und hat diese Merkmale schon vollständig angenommen, z. B. „Wein" (lat.) oder „schreiben" (lat.).

Auf der anderen Seite stehen die semantischen Entlehnungen (Lehnprägungen), deren Bedeutung mit deutschen Wörtern übersetzt wird (Lehnbildungen wie „Mitlaut" aus „Konsonant" oder Lehnbedeutungen, die nur Teile des ursprünglichen Inhalts wiedergeben wie „schneiden", „jmd. absichtlich nicht beachten" von engl. „to cut").

Entlehnungen werden oft nach ihrer Herkunft benannt (Latinismus, Anglizismus, Gallizismus). Weil diese Unterscheidungen jedoch oft fließend sind, gibt es bei der konkreten Abgrenzung in manchen Bereichen auch Überlagerungen.

TENDENZEN IN DER DEUTSCHEN GEGENWARTSSPRACHE PFLICHTMODUL

Der *Verein für Deutsche Sprache* (VDS) setzt sich zum Ziel, Anglizismen aus der deutschen Sprache zu entfernen. Aus diesem Grund hat der Verein den Anglizismenindex erstellt, der eine Anleitung zur Vermeidung von Anglizismen darstellen soll. Es wird unterschieden zwischen

„ergänzend": eine Wortlücke schließend, neue Ausdrucksmöglichkeit bietend
(z. B. Sport, Interview)

„differenzierend": noch keine deutsche Entsprechung vorhanden, aber prinzipiell ersetzbar
(Prallkissen für Airbag)

„verdrängend": statt existierender deutscher Wörter verwendet, erschweren Verständigung
(z. B. shop für Laden)

Hier Kleinschreibung von shop, da das Wort vom VDS nicht als Bestandteil des Deutschen erachtet wird.

1 Suchen Sie auf der Website des Vereins für Deutsche Sprache (www.vds-ev.de, Anglizismenindex) die Einträge zu den Wörtern „Sandwich" und „candlelight" bzw. „candlelightdinner" und geben Sie die vorgeschlagenen Ersetzungen wieder.

Sandwich   ergänzend: Klappstulle
                         differenzierend: Mehrschichtbauteil

candlelight   verdrängend: Kerzenlicht, Kerzenschein

candlelightdinner   verdrängend: Mahl bei Kerzenschein

2 Beschreiben Sie, inwiefern sich ein „Mahl bei Kerzenschein" von einem „candlelightdinner" unterscheidet.

3 Nehmen Sie auf der Grundlage Ihrer Kenntnisse über fremde Wörter kritisch Stellung zu den Vorschlägen des VDS. Beachten Sie vor allem, in welchen Situationen diese Wörter verwendet oder ersetzt werden könnten.

4 Entwerfen Sie nun einen Kommentar in Form einer E-Mail an den Vorstand des VDS, in dem Sie begründet Stellung nehmen zu den Ersetzungsvorschlägen des Vereins. Informieren Sie sich hierzu auch auf der Internetseite *www.vds-ev.de*.

An: vorstand@vds-ev.de
Betreff: Anglizismenindex

Senden

Sehr geehrte Damen und Herren,

in Ihrem Angliszismenindex bin ich auf die Empfehlung gestoßen,
… durch … zu ersetzen. Aber …

Mit freundlichen Grüßen

---

5 Falls Sie eine Antwort des VDS erhalten: Beurteilen Sie sie auf der Grundlage Ihrer bisherigen Erarbeitungen. Achten Sie darauf, welche Argumente vorgebracht werden und inwiefern in der Antwort auch auf Ihre E-Mail eingegangen wird.

Vorschreiben oder Beschreiben?
Sich mit Tendenzen der Sprachpflege auseinandersetzen

1 Beschreiben Sie die sprachlichen Auffälligkeiten in den folgenden Sätzen. Benennen Sie diejenigen Regeln, die hier laut Duden-Grammatik befolgt werden müssten.

> Wegen dem Wetter fühle ich mich schlechter als wie gestern, hab ich den gesagt.

> Da steh ich nun, ich armer Tor!
> Und bin so klug als wie zuvor (Goethe: *Faust*)

> Ich ziehe die Rosa-Bordüren der Lebhaftigkeit wegen dem beiliegenden Muster vor.
> (Schiller an Goethe am 24.01.1796)

> Da werden Sie geholfen!

> Sie sind teils als Solo, Duett, Chor gesetzt und unglaublich original,
> ob man gleich sich erst einen Sinn dazu machen muß.

normativ
vorschreibend

deskriptiv
beschreibend

Bastian Sick

Bastian Sick, am 17. Juli 1965 geboren, ist Journalist und Sprachpfleger. Aus seiner Kolumne über sprachliche Auffälligkeiten namens „Zwiebelfisch" sind mehrere Bücher entstanden (*Der Dativ ist dem Genitiv sein Tod*). Auf Lesereisen präsentiert er vor großem Publikum sprachliche Phänomene, die er als Verstöße gegen die deutsche Sprache vorstellt. Er gehört damit zu den normativen Sprachkritikern (im Gegensatz zum deskriptiven Ansatz).

2 Lesen Sie den folgenden Text des Sprachwissenschaftlers André Meinunger. Geben Sie die zentralen Argumente für die „Deskriptive Linguistik" wieder.

André Meinunger

Sick of Sick? (2009, Auszug)

Woher die Vorschriften rühren und was sie uns verbauen

1 Der seriösen Sprachwissenschaft geht es in erster Linie darum herauszufinden, was Sprecher niemals bilden würden, was sie potenziell bilden (können) und wie dies zu beschreiben, zu charakterisieren und formal nachzuvollziehen ist. Es geht nicht darum, vorzuschreiben, was als richtig zu gelten habe und was nicht. In
5 der Linguistik spricht man auch von der präskriptiven oder normativen im Gegen-

satz zur deskriptiven Sprachwissenschaft. Bastian Sick ist das Paradebeispiel für einen normativen Grammatiker, und er hat seine Fans vor allem auch unter ähnlich orientierten Leuten. Diese Vertreter zielen auf Belehrung über den richtigen Sprachgebrauch, orientiert an historischen, manchmal fragwürdig logischen und vor allem ästhetischen Kriterien. In Anlehnung an das Vorbild anderer Sprachen und an den Sprachgebrauch von Dichtern, Gelehrten und Gebildeten versuchen einzelne Sprachwissenschaftler oder Institutionen (z. B. die *Académie Française* in Paris oder die DUDEN-Redaktion in Mannheim, vielleicht auch die Gesellschaft für Deutsche Sprache e. V., hervorgegangen aus dem Allgemeinen Deutschen Sprachverein) verbindlich zu kodifizieren, was im Sinne sprachpflegerischer Absicht als „guter Stil", aber eben auch als „richtig" oder „falsch" zu gelten hat. [...]

Als Reaktion auf diese Art der Grammatikschreibung versteht sich die nicht regulativ eingreifende, sondern die Vielfalt möglicher Sprachvarianten ohne Wertung kodifizierende Sicht der „Deskriptiven Linguistik". [...] Die Menschen – und das sieht man an Bastian Sicks Publikum – haben ein Bedürfnis nach Verbindlichkeit, nach konkreten Vorgaben, nach denen man sich richten können soll und muss, nach Klarheit. Aber klar ist eben auch, dass immer Zweifelsfälle bleiben. Die einen müssen Duden, Sick und Co. zugestehen, die anderen werden gegen jeglichen Blick für die Realität auszuräumen versucht. [...]

Es sollten Hinweise gegeben werden, was als angemessen anzusehen ist, wenn Sprache im öffentlichen Leben verwendet wird – also wie Nachrichten verlesen werden dürfen, wie Gesetzestexte zu formulieren sind, welches Deutsch in Schulbüchern verwendet werden sollte. Es darf aber keinesfalls das Sprachbewusstsein der Menschen dahingehend schärfen und zementieren, dass man jemanden mit Verachtung straft, wenn er oder sie bei Vergleichen *als wie* verwendet. Woher nimmt man das Recht und das Selbstbewusstsein, das zu tun? Wer und was ist hier der Maßstab? Immerhin hat auch Goethe so gesprochen, der doch wohl als größter deutscher Dichter eine Instanz für die Normierer ist. Welcher Verfall wäre also zu beklagen, wenn man so redete, wie Goethe schrieb?

1 Bastian Sick behauptet in seinen Büchern, dass der Genitiv aus der deutschen Sprache verschwinde bzw. durch den Dativ verdrängt werde. Schauen Sie sich die folgenden Grammatik-Regeln an und überprüfen Sie, inwiefern Sie der Behauptung zustimmen können. Beachten Sie dabei besonders den historischen Kontext.

Präposition *trotz*

- **Aus einem etymologischen Wörterbuch:** aus *Trotz* als Substantiv ‚Widerstand, Eigenwill' wie in „der Trotz eines Kindes"; *trotz* als Präposition im 17. Jh. mit Dativ, seit Mitte des 18. Jhs. in der Bedeutung ‚ungeachtet, ohne Rücksicht auf' mit Genitiv; auch als Verb ‚trotzen' in der Bedeutung ‚eigensinnig sein, schmollen'
- **Aus einem Wörterbuch für Deutsch als Fremdsprache:** Präposition mit Genitiv (gesprochensprachlich auch Dativ); tritt zu einem Substantiv ein Adjektiv (als Attribut) hinzu, wird (meist) der Genitiv gebraucht.
- **Aus dem DUDEN:** historisch bedingte Fügungen mit trotz: trotz allem, trotz alledem, trotzdem (Adverb)

Beispiele

Sie gingen *trotz* nassem Boden spazieren.

trotz Büchern, *trotz* Beweisen, aber *trotz* aller Bücher, *trotz* eindeutiger Beweise

Sie gingen *trotz des Regens* spazieren.

Sie gingen *trotz aller gegenteiligen Empfehlungen* spazieren.

Etymologie
Wissenschaft von der Geschichte und Herkunft der Wörter und ihrer Bedeutungen

2 Erörtern Sie anhand weiterer eigener Beispiele in Bezug auf die grammatischen Regeln oben, ob es eine begründete Furcht vor dem Sprachverfall gibt. Gehen Sie dazu auf das mögliche Verschwinden des Genitivs ein und recherchieren Sie weitere Phänomene.

TIPP
Denken Sie an andere Verwendungsweisen des Genitivs im Dt.

RAHMENTHEMA 6 SPRACHE UND SPRACHGEBRAUCH REFLEKTIEREN

Populäre Sprachkritik
Tabuwörter begründet in den aktuellen Sprachgebrauch einordnen

1 Ordnen Sie die folgenden, alphabetisch sortierten Wörter in einer Tabelle den Bereichen *Tod*, *Sexualität*, *Körperausscheidungen* und *Politik der Gegenwart* zu.

> abberufen, Abort, absetzen, Abtritt, Aktion, Allerwertester, anpassen, anschaffen, Appartement, austreten, Bedürfnis, beschneiden, beseitigen, betreuen, Bordell, Ehehygiene, einwickeln, entleiben, entschlafen, entsorgen, Entsorgungspark, erleichtern, erliegen, erlösen, Frontbegradigung, fummeln, Geburtenkontrolle, Geier, Gesäß, Gift, Gnadentod, hinübergehen, horizontales Gewerbe, Konzentrationslager, Kristallnacht, Latte, Lokus, Manipulation, Masseuse, Mastdarm, Meiler, mitgehen, Modell, Möse, Nektar, niederkommen, Professionelle, ruhen, säubern, Scham, schlafen, Schlitz, schlummern, Schniepel, Schwanz, Schwengel, Selektion, Seniorenheim, Seniorenresidenz, Storch, Störfall, Stuhl, Überrest, Unaussprechliche, verbleichen, wiederaufbereiten

2 Stellen Sie dar, in welchen Situationen diese Wörter benutzt werden könnten.

3 Lesen Sie den folgenden Text über Euphemismen und erklären Sie den Begriff anhand eigener Beispiele.

Duden

Euphemismen (2015)

Das Wort *Euphemismus* geht auf das griechische Wort *euphemein* in der Bedeutung *Worte von guter Vorbedeutung gebrauchen, Unangenehmes angenehm sagen* zurück.

Mit einem Euphemismus wird etwas, was eine möglicherweise anstößige oder unangenehm wirkende Bezeichnung hat, beschönigt, verhüllt oder sprachlich gemildert. In Trauertexten beispielsweise wird das Verb *sterben* oft durch verhüllende Wörter wie *entschlummern, heimgehen, entschlafen* oder *abberufen* ersetzt. Personen, die unter Übergewicht leiden, werden nur widerstrebend als *dick*, eher als *vollschlank, stark* oder allenfalls *beleibt* bezeichnet, alte Menschen werden gern *älter* genannt. Statt vom *Gesäß* wird verhüllend scherzhaft vom *Allerwertesten* gesprochen.

Auch im Umfeld wirtschaftsbezogener Themen finden sich Euphemismen: Wenn eine Firma Konkurs gemacht hat, heißt es auch, *sie hat die Zahlungen eingestellt*; statt Produkte als *teuer* zu klassifizieren, werden sie lieber als *hochpreisig* bezeichnet, eine Preiserhöhung wird zur *Preisanpassung*.

Ebenso finden sich Euphemismen in der Kriegsberichterstattung. Ist ein Mensch *im Krieg gefallen*, ist er als Soldat ums Leben gekommen, das beschönigende Wort *Kollateralschaden* bedeutet, dass bei einer militärischen Aktion ein schwerer Schaden, der nicht beabsichtigt ist und nicht in unmittelbarem Zusammenhang mit dem Ziel der Aktion steht, dennoch in Kauf genommen wird – etwa der Tod von Zivilisten.

Bei einem Wandel der öffentlichen Einschätzung eines Sachverhalts als Tabuthema kann eine Verhüllung mitunter auch überflüssig werden: Während früher von einer schwangeren Frau gesagt wurde, sie sei *in anderen Umständen*, gilt diese Formulierung heute als veraltend.

TENDENZEN IN DER DEUTSCHEN GEGENWARTSSPRACHE PFLICHTMODUL

Wörterbuchartikel zum Wort Zigeuner

Zigeuner m.: Angehöriger eines über viele Länder […] verstreuten, (nomadisierenden) indoeuropäischen Volkes: Z. zogen mit ihren Wagen durch das Land; im Café spielte ein Z. auf der Geige; /übertr./ umg. jmd., der ein Zigeunerleben führt: er ist ein (richtiger) Z.; (URL: https://www.dwds.de/wb/wdg/Zigeuner, Abruf: 19.7.2019)

zigeuner: […] in romantischer sicht erscheint ihre ungebundene lebensweise, ihre malerische kleidung, ihr musizieren nachahmenswert oder wenigstens unterhaltsam […] (Jacob Grimm Deutsches Wörterbuch (DWB), Leipzig: Hirzel, 1956 [Kleinschreibung im Original])

Zigeuner, der,- s, -; 1) abwertend für Angehörige der Sinti und Roma; 2) Schimpfwort: Person, die ein unstetes Leben führt (aus: Karl-Heinz Göttert, Neues Deutsches Wörterbuch, Lingen: Lingen Verlag 2012)

Alexandra, bekannt für ihren Hit *Zigeunerjunge* aus dem Jahr 1967

Heute im Angebot: Zigeunerschnitzel mit Pommes frites und Salatgarnitur — 12 Euro

Auch wenn viele die Bezeichnung „Zigeuner" nicht böswillig meinen, stellt es eine Unhöflichkeit dar, Menschen anders zu bezeichnen, als ihnen selbst recht ist. Wer sein Schnitzel „Zigeunerschnitzel" nennen möchte, soll es tun, jedoch Menschen bitte so nennen, wie es ihr Eigenname ist: „Sinti", „Roma" und „Jenische".
(URL: *http://www.zigeuner.de/zigeuner_begriff.htm*)

1 Nehmen Sie in Bezug auf die Beispiele kritisch Stellung zum Wort *Zigeuner*.

2 Überprüfen Sie, inwiefern ein Euphemismus – als Ersatz für ein Wort oder sogar als Tilgung – ein hilfreiches sprachwissenschaftliches Instrument sein kann, den aktuellen Sprachgebrauch zu verbessern. Beachten Sie dabei auch, inwiefern Änderungen am Sprachgebrauch oder an literarischen Texten in Bezug auf den aktuellen Zeitgeist sinnvoll sind.

3 *Lernarrangement*
Bilden Sie Gruppen und suchen Sie für das Thema „Politik der Gegenwart" Tabuwörter.
a) Recherchieren Sie die Bedeutung der von Ihnen gefunden Wörter in aktuellen und historischen Wörterbüchern. Vergleichen Sie die unterschiedlichen Bedeutungen.
b) Suchen Sie nach Zeitungsartikeln, Pressemitteilungen oder politischen Webseiten, die die von Ihnen untersuchten Tabuwörter benutzen, und im Gegensatz dazu andere Quellen, die sie nicht benutzen. Präsentieren Sie Ihre Ergebnisse im Plenum.
c) Verfassen Sie ein Plädoyer für die passende Verwendung eines Tabuwortes in einer bestimmten Situation und erörtern Sie anhand Ihrer Beispiele Ihre Position.

TIPP
Achten Sie auf solche Wortpaare wie *Störfall* vs. *Super-GAU* in der Atompolitik.

Das Unwort des Jahres
Tendenzen der Sprachkritik unterscheiden

Aktion Unwort des Jahres www.unwort desjahres.net

Die „Sprachkritische Aktion Unwort des Jahres" wählt immer im Januar des Folgejahres das Unwort des Jahres aus. Die Aktion „möchte auf öffentliche Formen des Sprachgebrauchs aufmerksam machen und dadurch das Sprachbewusstsein und die Sprachsensibilität in der Bevölkerung fördern. Sie lenkt daher den sprachkritischen Blick auf Wörter und Formulierungen in allen Feldern der öffentlichen Kommunikation, die gegen sachliche Angemessenheit oder Humanität verstoßen." Seit 1991 gibt es diese Wahlen. Zum „Sieger" 2018 wurde gekürt: Anti-Abschiebe-Industrie.

1 Lernarrangement

a) Verständigen Sie sich mit Ihrem Partner darüber, was „Abschiebung" bedeutet. Sammeln Sie alle Aspekte, die mit dem Vorgang des Abschiebens verbunden sind, und sortieren Sie diese nach „positiv" und „negativ".

Positive Aspekte des Abschiebens	Negative Aspekte des Abschiebens

industria lateinisch: Betriebsamkeit, Fleiß

b) Die Benutzung des Begriffes „Industrie" mag verstörend wirken, weil in dem vorliegenden Zusammenhang nicht etwas auf klassische Art und Weise hergestellt wird. Sammeln Sie in Partnerarbeit alle Aspekte, die mit dem Begriff „Industrie" zusammenhängen, und untersuchen Sie, ob und wie sie im Zusammenhang mit der vorliegenden Wortschöpfung zur Geltung kommen.

c) Präsentieren Sie Ihre Ergebnisse im Plenum und klären Sie ggf. Unklarheiten.

dpa-Meldung

Das „Unwort des Jahres 2018" heißt „Anti-Abschiebe-Industrie"
(2019)

*Alexander Dobrindt *1970 Peißenberg Vorsitzender der CSU-Landesgruppe im Bundestag*

1 [...] CSU-Politiker Alexander Dobrindt hatte den Begriff in einem Interview verwendet. [Er] hatte im Mai die Klagen gegen die Abschiebung abgelehnter Asylbewerber als Sabotage des Rechtsstaats bezeichnet und von einer „Anti-Abschiebe-Industrie" gesprochen.

5 Nina Janich, die Sprecherin der Jury, sagte, eine solche Äußerung von einem wichtigen Politiker einer Regierungspartei zeige, „wie sich der politische Diskurs sprachlich und in der Sache nach rechts verschoben hat und sich damit auch die Sagbarkeitsregeln in unserer Demokratie auf bedenkliche Weise verändern". Die Diskussion rund um das Thema Migration lade offensichtlich besonders zur
10 Verwendung politischer Kampfbegriffe oder polemischer Formulierungen ein. Dobrindt selbst sagte am Dienstag in Berlin, in der Debatte, die 2018 (über die Flüchtlingspolitik) geführt wurde, sei es um die Beschreibung eines Sachverhaltes gegangen. Debatten brauchten zugespitzte Begriffe. [...]

Die Präsidentin des PEN-Zentrums Deutschland, Regula Venske, begrüßte die
15 Entscheidung: Mit dem „Unwort des Jahres" halte die unabhängige Jury der Gesellschaft alljährlich einen Spiegel vor. „Auch dieses Jahr müssen wir erschrecken, wenn wir hineinblicken", erklärte sie [...]. Es gehe nicht nur um die Verschiebung des Diskurses nach rechts. „Einer Verrohung der Sprache folgen allzu oft rohe Taten", fügte die Schriftstellerin hinzu. [...]
20 508 verschiedene Begriffe waren als Vorschläge für das „Unwort" eingegangen. [...]

TENDENZEN IN DER DEUTSCHEN GEGENWARTSSPRACHE PFLICHTMODUL

1 Erläutern Sie, was mit dem Begriff „Sagbarkeitsregeln" (Z. 8) gemeint ist. Suchen Sie Beispiele, anhand derer der Begriff deutlich gemacht werden kann.

2 Alexander Dobrindt sagt einerseits, es sei ihm um die „Beschreibung eines Sachverhalts" (Z. 12) gegangen. Andererseits reklamiert er, dass Debatten „zugespitzte Begriffe" bräuchten (Z. 13). Überprüfen Sie, ob es sich dabei um einen Widerspruch handelt.

3 Regula Venske behauptet, dass es sich bei dem Begriff „Anti-Abschiebe-Industrie" um eine „Verrohung der Sprache" handele (Z. 18). Beurteilen Sie, ob diese Charakterisierung zutrifft. Beachten Sie dabei, ob es sich um Verrohung der Sprache (Form) oder um Verrohung des Denkens (Inhalt) handelt.

Weitere Unworte und Unwort-Kandidaten aus den letzten Jahren

kollektiver Freizeitpark	Begrüßungszentren	Sozialhygiene
Sozialleichen	Luftverschmutzungsrechte	Altenplage
Genderwahn	Ausreisezentrum	biologischer Abbau
Verschwulung	Zellhaufen	Opfer-Abo
erweiterte Verhörmethoden	therapeutisches Klonen	Dunkeldeutschland
Pleite-Griechen	Gewinnwarnung	Buschzulage
Lebensleistungsrente	überkapazitäre Mitarbeiter	Lügenpresse
Schlecker-Frauen	Belegschaftsaltlasten	weiche Ziele
Gutmensch	Humankapital	Beileidstourismus
marktkonforme Demokratie	Moralkeule	durchrasste Gesellschaft
Integrationsverweigerer	Organspende	intelligente Waffensysteme
Flüchtlingsbekämpfung	neue Beelterung	Personalentsorgung
Rentnerdemokratie	Bombenholocaust	Warteschleife
klimaneutral	Langlebigkeitsrisiko	Konsumopfer
entarten	Gesundheitsreform	Ehrenmord

4 *Lernarrangement*
a) Lesen Sie die oben aufgelisteten Begriffe und analysieren Sie in Partnerarbeit deren Bedeutung. Klären Sie auch, in welchem gesellschaftlichen Zusammenhang sie eine Rolle spielen.
b) Klären Sie im Plenum alle Begriffe, über deren Sinnzusammenhang Sie keine Klarheit gewinnen können.
c) Erfassen Sie alle Begriffe in einer Liste, die Beispiele für verrohte Sprache sind, und in einer anderen Liste alle, die verrohtes Denken zum Ausdruck bringen. Auf einer dritten Liste sammeln sie alle Worte, für die Ihrer Meinung nach beides nicht zutrifft.
d) Präsentieren Sie Ihre Ergebnisse im Plenum und problematisieren Sie die Abhängigkeit der „Unworte" von den jeweils aktuellen Zusammenhängen, in denen sie geprägt wurden.

5 Analysieren und interpretieren Sie die Karikatur rechts. Arbeiten Sie heraus, welche Rolle hier die verrohte Sprache bzw. das verrohte Denken spielen.

Karikatur aus dem Jahr 2018

RAHMENTHEMA 6 **SPRACHE UND SPRACHGEBRAUCH REFLEKTIEREN**

Wie vergesslich ist das Internet?
Kritisch zu aktuellen Diskussionen über Mediennutzung Stellung nehmen

1 Nennen Sie Medien, die Sie in bestimmten Situationen nutzen.

2 Stellen Sie in einem Cluster dar, was Ihnen zum Thema *Internetnutzung* einfällt. Denken Sie dabei sowohl an das Medium Internet selbst als auch daran, wozu Sie es benutzen.

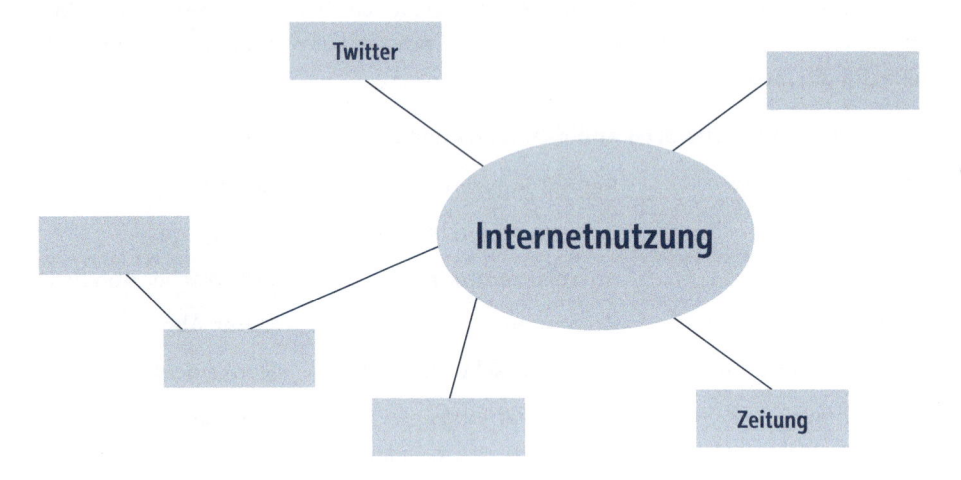

3 Beschreiben Sie nun die folgende Grafik und fassen Sie die wesentlichen Aussagen zusammen.

Aktivitäten im Internet – Schwerpunkt: Kommunikation 2018
- täglich/mehrmals pro Woche -

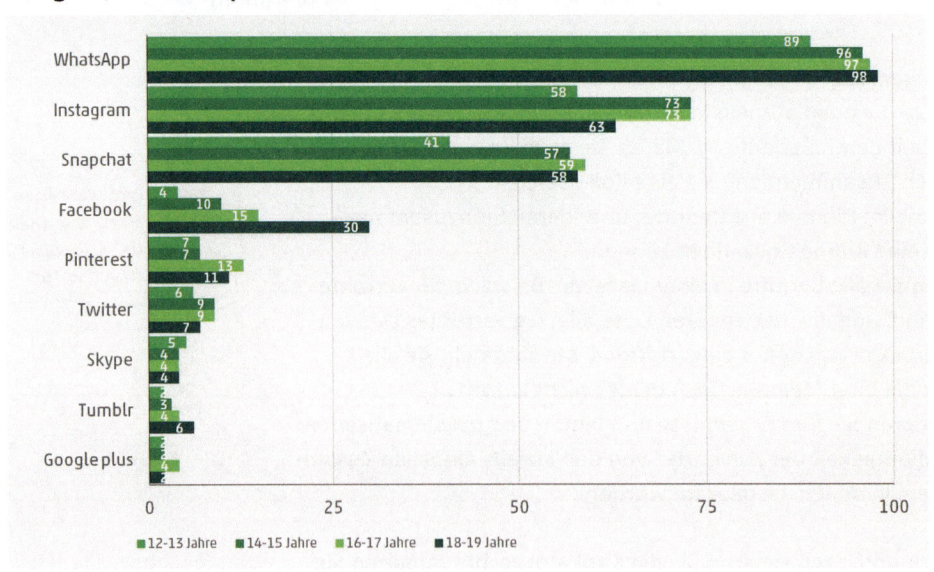

Dienst	12-13 Jahre	14-15 Jahre	16-17 Jahre	18-19 Jahre
WhatsApp	89	96	97	98
Instagram	58	73	73	63
Snapchat	41	57	59	58
Facebook	4	10	15	30
Pinterest	7	7	13	11
Twitter	6	9	9	7
Skype	5	4	4	4
Tumblr	2	3	4	6
Google plus	2	3	4	4

Quelle: JIM 2018, Angaben in Prozent, Basis: alle Befragten, n=1.200

Aufgrund einer Datenpanne wurde der Dienst Google Plus 2019 eingestellt.

TENDENZEN IN DER DEUTSCHEN GEGENWARTSSPRACHE PFLICHTMODUL

1 Organisieren Sie eine kurze Umfrage im Kurs zu der Frage „Welche Medien nutze ich bewusst mindestens einmal wöchentlich?". Jede Person hat dabei die Möglichkeit, drei der im Cluster oder in der Grafik benannten Tätigkeiten zu nennen. Zählen Sie danach die Häufigkeit (in Prozenten) aus und vergleichen Sie.

2 Interpretieren Sie die Ergebnisse Ihres Kurses in Bezug auf die Grafik.

3 Machen Sie sich bewusst, an welchen Stellen Sie bei Ihren Aktivitäten im Internet welche Spuren hinterlassen. Reflektieren Sie, inwieweit Sie dies jeweils beabsichtigen.

4 Erarbeiten Sie den folgenden Text und geben Sie die wesentlichen Aussagen wieder.

Wie kann das Internet wieder vergessen?
(2013)

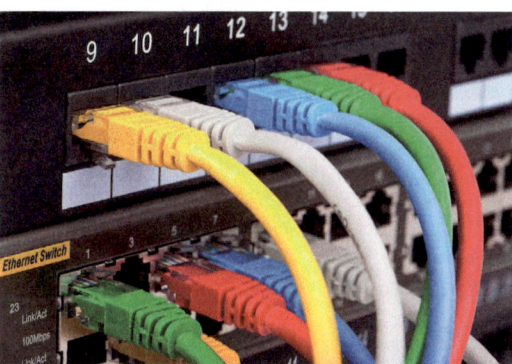

Sicherheit und Vertrauen im Internet

„Das Netz vergisst nichts!", mahnen aufgeklärte Internetnutzer. Denn die Informationen, die wir im Netz hinterlassen, bleiben gespeichert – oft zum Nachteil der User. Mit welchen
5 Methoden kann das Internet dazu gebracht werden, zu vergessen – und wer kann das tun? […]

„Jede Person hat das Recht auf Schutz der sie betreffenden personenbezogenen Daten." – heißt es in Artikel 8 der EU-Charta, und weiter: „Jede Person hat das Recht, Auskunft über die sie betreffenden erhobenen Daten
10 zu erhalten und die Berichtigung der Daten zu erwirken." Wie weit greifen diese Grundsätze, wenn Facebook am Polarkreis das größte Rechenzentrum Europas baut und der amerikanische Militärnachrichtendienst NSA eines in Utah, mit einer Speicherkapazität von einem Yottabyte (10^{24})? Das fragt in seinem Vortrag Johannes Buchmann, Professor für Informatik und Mathematik an der TU Darm-
15 stadt und Kryptografie-Experte.

Geheimdienste speicherten heute auch verschlüsselte Daten, denn in ca. 30 Jahren würden die Verschlüsselungen unsicher und damit entschlüsselbar. Abhilfe gegen die Sammelwut könnten Nutzer nur in sehr begrenztem Maße schaffen, z. B. dadurch, dass sie unter Pseudonym auftreten (aber auch das birgt neue Risi-
20 ken) oder regelmäßig ihre Profileinstellungen anpassen und Daten selbstständig löschen.

Prof. Johannes Buchmann erforscht Wege der Kryptografie. Sicherheit im Internet hängt heute z. B. von Primzahlen ab, mit denen Daten für die sichere Kommunikation im Internet verschlüsselt werden. So nutzt das sogenannte RSA-
25 Verfahren etwa beim Online-Banking aus, dass eine große Zahl nur mit extrem hohem Rechenaufwand und Zeit in ihre Primfaktoren zerlegt werden kann. Weil Computer aber immer leistungsstärker werden, müssen immer größere Primzahlen eingesetzt werden. Nur mit technologischen Mitteln werde die Sicherheit also nicht auf Dauer gewährleistet werden können, so Prof. Buchmann, der Faktor
30 Mensch bleibt.

EU-Charta
Übereinkunft zu den Grundrechten der Europäischen Union

1 Yottabyte
sind 10^{24} Byte

Kryptografie
Wissenschaft über die Verschlüsselung von Informationen

RSA-Verfahren
spezielles Verfahren zur Verschlüsselung und zur Verwendung von digitalen Signaturen

5 Erläutern Sie, warum es so wichtig sein kann, dass das Internet Dinge „vergisst".

6 Entwerfen Sie eine E-Mail an die Autorin des Textes, in der Sie für oder gegen „das Vergessen im Internet" argumentieren.

„Die Bedeutung eines Wortes ist sein Gebrauch in der Sprache"
Sprachwandel theoretisch erklären, reflektieren und kritisch einordnen

1 Schauen Sie sich die folgenden Wörterbuchartikel an und beschreiben Sie, was sie mit dem Thema *Sprachwandel* zu tun haben könnten.

Wörterbuchartikel zum Wort *Weib*

Weib, das: 1) (umgangssprachlich abwertend) *Frau;* 2) (veraltet) *Frau oder Ehefrau* (aus: *Großwörterbuch Deutsch als Fremdsprache,* München: Langenscheidt 2002)

Weib, n.: 1) „Eine Person weiblichen Geschlechts ohne Rücksicht auf Alter, Stand, Heirath" [Adelung, ca. 1800], zumeist auf Erwachsene beschränkt; konkurrierende Bezeichnung Frau [...]; 2) Gegensatz zu maget <Jungfrau>; im Verhältnis zum Mann <Ehefrau>, [...] früher häufig für verheiratete oder bejahrte Frauen niederen Standes.
(aus: *Deutsches Wörterbuch.* Mannheim u. a.: Dudenverlag 1992)

Weib, das; -(e)s, -er /vgl. Weibchen/
1. erwachsene Person weiblichen Geschlechts
a) oft im Pl.: salopp abwertend die Frauen [...] die Weiber sind verrückt nach ihm [...] b) [...] salopp: ein tolles W. (eine attraktive, interessante Frau); [...]
gehoben, veraltend: ein kräftiges, gesundes, blühendes, schönes, üppiges, begehrenswertes, anmutiges, zartes W. [...]
2. Ehefrau: umgangssprachlich: W. und Kind (eine Familie) haben [...]
(aus: *Digitales Wörterbuch d. dt. Sprache,* Berlin. Berlin-Brandenburgische Akademie der Wissenschaften
URL: https://www.dwds.de/wb/wdg/Weib, Zugriff: 19.7.2019)

2 Fassen Sie den folgenden Text in eigenen Worten zusammen.

Hilke Elsen

Die unsichtbare Hand (2013, Auszug)

Rudi Keller (*1942) war Professor für Linguistik in Düsseldorf.

Rudi Keller geht in seinem Modell der unsichtbaren Hand davon aus, dass Wandel ein Phänomen der dritten Art ist, weder ein Naturphänomen noch von Menschen gemacht, in dem sich das Wirken der „unsichtbaren Hand" zeigt. Er entsteht durch viele Einzelhandlungen der Sprecher/innen, die ungewollt und ungeplant
5 sind, zusammengenommen aber neue Strukturen ergeben. So wie bei einem Trampelpfad. Er bildet sich aus, wenn viele Menschen eine Abkürzung zwischen gepflasterten Wegen gehen, ohne Absprache und ohne Intention, einen solchen Pfad herstellen zu wollen.

Intention Absicht

Bei diesem Konzept beginnt Sprachwandel bei den einzelnen Sprecher/-innen
10 und Hörer/-innen, die Inhalte entsprechend ihrer kommunikativen Ziele versprachlichen. Dadurch, dass es zu jedem aktuellen Zustand eine Verbesserung zu geben scheint und eine Optimierung für unterschiedliche Sprechergruppen unterschiedlich gesehen wird, kommt es permanent zu Wandel [...].

Die Sprachteilnehmer/-innen richten sich dabei nach verschiedenen Maximen,
15 etwa „Rede so, dass du möglichst nicht missverstanden wirst", „Rede so, wie du denkst, dass der andere reden würde, wenn er an deiner Statt wäre", „Rede so, dass du als Gruppenzugehöriger zu erkennen bist", „Rede so, dass es dich nicht unnötige Anstrengung kostet" und schließlich die Hypermaxime „Rede so, dass du sozial erfolgreich bist, bei möglichst geringen Kosten" [...].

20 Das führt dann dazu, dass der eine oder die andere ein Wort, das zu einem Missverständnis führen könnte, mehr oder weniger bewusst meidet. Weil den Menschen (einer Sprachgemeinschaft) aber vergleichbare Maximen und verschiedene nicht-sprachliche Bedingungen gemeinsam sind und sie darum wiederholt

gleich entscheiden, wirken die eigentlich individuellen Handlungen zusammen und führen zu einem „Invisible-Hand-Prozess" und möglicherweise zu einem Wandel, der so nicht intendiert war. [...]

Letztendlich kann ein vermiedenes Wort aus dem Sprachsystem verschwinden. Auf diese Weise werden für die Sprachbenutzer/-innen in irgendeiner Weise unpraktische sprachliche Situationen abgeschafft. Da die Maximen aber teilweise konfligieren, kann wie auch bei der Natürlichkeit kein einheitlicher Weg zu einer optimalen Sprache aufgezeigt werden. Und weil in diesem Ansatz keine Sortierung nach natürlich und unnatürlich vorgenommen wird, ist die Auswahl der jeweiligen Lösungsmöglichkeiten weniger leicht nachvollziehbar [...].

Der Invisible-Hand-Ansatz berücksichtigt auch Ökonomieprinzipien, versteht aber als ultimativen Motor für Wandel das Bedürfnis nach sozialem Erfolg – bei so wenig Aufwand wie möglich.

konfligieren widerstreiten, in Widerspruch stehen

1 Geben Sie die im Text genannten Maximen wieder und erläutern Sie diese mit je einem Sprachbeispiel.

2 Rudi Keller spricht in seiner Theorie von der „unsichtbaren Hand" (Z. 1). Erklären Sie dieses Phänomen.

3 Erläutern Sie, was mit der Hypermaxime „Rede so, dass du sozial erfolgreich bist, bei möglichst geringen Kosten" (Z. 18f.) gemeint sein könnte. Klären Sie in diesem Zusammenhang, was im Text unter „Kosten" (Z. 19) zu verstehen ist.

4 Interpretieren Sie das folgende Zitat von Rudi Keller vor dem Hintergrund des Textes zur „unsichtbaren Hand" (Überschrift). Gehen Sie hierzu auf die Metapher des „Trampelpfad[s]" (Z. 6) ein: Ein Phänomen der dritten Art ist die kausale Konsequenz einer Vielzahl intentionaler Handlungen, die mindestens partiell ähnlichen Intentionen dienen (Vgl. Z. 1ff.).

5 Stellen Sie an einem selbst gewählten Beispiel aus dem täglichen Sprachgebrauch den „Prozess der ‚unsichtbaren Hand'" (Z. 1) dar.

6 Nachdem Sie sich nun ausgiebig mit dem Phänomen des Sprachwandels nach Rudi Keller beschäftigt haben, sollen Sie kritisch zu seinem Konzept Stellung nehmen. Überlegen Sie dabei, welche andere Herangehensweise es geben könnte, um die Veränderung von Sprache zu erklären. Denken Sie dabei an die Funktion von Sprache, an das Medium der Kommunikation und an die Globalisierung.

Ein Trampelpfad

Klausurtraining
Aufgabenart: einen pragmatischen Text adressatenbezogen verfassen

1 Analysieren Sie den Sachtext von Heike Wiese (S. 100 f.) und stellen Sie die Argumentation der Autorin in Bezug auf den Begriff „doppelte Halbsprachigkeit" (Z. 13) dar.

2 Verfassen Sie einen Brief an Ihr Kultusministerium, in dem Sie auf der Grundlage Ihrer Analyse Stellung gegen die These des Sprachverfalls beziehen. Berücksichtigen Sie dabei auch den Artikel aus dem *Migazin* – insbesondere die Aussagen der ehemaligen baden-württembergischen Integrationsministerin – sowie die Grafik.

Heike Wiese

Führt Mehrsprachigkeit zum Sprachverfall? (2011, Auszug)

multiethnisch
aus mehreren Volksgruppen stammend

urban
auf eine Stadt bezogen

Topoi
(grch., Sg. Topos): Ort, Thema, Gemeinplatz

Mythen
(gr., Sg. Mythos, der): Geschichte, Erzählung, Legende

Populäre Mythen zum ‚Sprachverfall' in multiethnischen Wohngebieten
Der Sprachgebrauch Jugendlicher in multiethnischen urbanen Wohngebieten Deutschlands ist seit längerer Zeit Gegenstand öffentlicher Diskussion. Die Wahrnehmung sprachlicher Praktiken und sprachlicher Kompetenzen ist hierbei überwiegend negativ geprägt und stützt ein Bedrohungsszenario des „Sprachverfalls".
Zentrale Aspekte sind zum einen eine Defizit-Sicht in Abgrenzung (a) zum Standarddeutschen und (b) zu muttersprachlichen Deutschkompetenzen, die sich in Topoi des „gebrochenen Deutsch" und der „mangelnden Sprachbeherrschung" widerspiegeln, und zum anderen eine Exotisierung dieses Sprachgebrauchs, die ihn aus dem Bereich des Deutschen ausgrenzt. [...]

Die Quellen sprachlicher Mythen
Vor diesem Hintergrund kann die Entwicklung populärer Mythen wie der vom „gebrochenen Deutsch" und der „doppelten Halbsprachigkeit" in generelle Befunde zur Dialektwahrnehmung und zu Einstellungen gegenüber sprachlicher Variation eingeordnet werden. Für das Verständnis dieser Mythen sind insbesondere zwei Phänomene relevant: [...] (1) die ideologische Verbundenheit mit dem Standard und (2) die negative Einstufung des Sprachgebrauchs sozial Schwächerer.

Der erste Punkt, die ideologische Verbundenheit *(ideological alliance)* mit dem Standard, führt dazu, dass Standardsprache nicht als das angesehen wird, was sie ist, nämlich als eine von vielen sprachlichen Varietäten (wenn auch mit einem besonderen überregionalen und schriftsprachlichen Status), sondern als eine grammatisch „bessere" Sprachform [...].

Hieraus ergibt sich dann oft eine Bewertung sprachlicher Varianten, die vom Standard abweichen, als „falsch". Die Allianz mit dem Standard führt dazu, dass sprachliche Neuerungen in Nicht-Standardvarietäten als Fehler verkannt werden, und verhindert, dass die sprachliche Systematik erkannt wird, auf der sie beruhen. Hiermit einher geht dann eine Abwertung von Nicht-Standardsprecher/inne/n. Im Fall von Kiezdeutsch oder auch von neuen türkischen Varietäten in Deutschland kann dies dann zu einer Fehleinschätzung des Sprachgebrauchs als „gebrochenes Deutsch" bzw. „falsches Türkisch" und seiner Sprecher/innen als sprachlich weniger kompetent führen.

Wie soziolinguistische Studien gezeigt haben, weisen Sprecher/innen von Nicht-Standardvarietäten hiermit zusammenhängend oft eine höhere „linguistic insecurity" auf, eine verringerte Selbstsicherheit zum eigenen Sprachgebrauch, bei der die Außensicht der sprachlichen Charakteristika als „Fehler" übernommen wird. [...] Kiezdeutsch-Sprecher/innen verhalten sich hier also so, wie man es aus der Dialektwahrnehmung schon länger kennt: Sie übernehmen ein negatives Außenbild ihres Sprachgebrauchs, das ihn sozial abwertet, ohne dabei den grammatischen Tatsachen zu entsprechen. Eine solche Übernahme lässt sich insbesondere bei Sprecher/inne/n von Varietäten mit einem niedrigen Sozialprestige beobachten – was uns zum zweiten Punkt führt, der negativen Einstufung des Sprachgebrauchs sozial Schwächerer.

Wenn Mitglieder niedriger sozialer Schichten eine besondere sprachliche Variante sprechen, z. B. einen Arbeiterklassedialekt (etwa das Londoner Cockney), dann wird diese Variante eher negativ, als „falsch" oder als Hinweis auf mangelnde Sprachkompetenz u. Ä. bewertet als ein Dialekt, der sich in bestimmten höheren sozialen Schichten ausgebildet hat (etwa im englischen Königshaus). Wenn man sich die sozioökonomische Verteilung in Deutschland ansieht, sieht man, dass die negative Bewertung von Kiezdeutsch in dieses Bild passt. Multiethnische Wohngebiete, wie sie für Kiezdeutsch charakteristisch sind, sind in Deutschland heute typischerweise auch sozial benachteiligte Wohngebiete mit niedrigem Einkommen, hoher Arbeitslosenquote, hoher Abhängigkeit von staatlichen Transferleistungen und entsprechend niedrigem Sozialprestige. Kiezdeutsch wird als Sprechweise sozial Schwächerer wahrgenommen, und eine solche soziale Wahrnehmung führt typischerweise zu einer Abwertung des Sprachgebrauchs als „schlechtes Deutsch".

Das Sozialprestige von Sprecher/inne/n und der soziale Marktwert von Sprachen ist auch ein relevanter Faktor in der Entstehung des Mythos von der „doppelten Halbsprachigkeit". [...]

Dieses geringere Prestige wird auch auf die Sprache übertragen, mit dem Effekt, dass der Erwerb des Türkischen nicht als zusätzliche sprachliche Kompetenz wahrgenommen wird, sondern als regelrechtes Handicap – und hier taucht dann der Mythos der „doppelten Halbsprachigkeit" regelmäßig auf: Mehrsprachige Kinder sprechen nach dieser Auffassung dann keine Sprache mehr „richtig", sondern beide nur noch halb. Typische Charakteristika mehrsprachigen Spracherwerbs (etwa Transfers, „Code Switching", sprachliche Innovationen etc.) werden nicht mehr als solche erkannt, sondern als Hinweis auf mangelnde Sprachkompetenzen angesehen. [...]

Aus: Şeyda Ozil, Michael Hofmann und Yasemin Dayıoğlu-Yücel (Hrsg.): Türkischdeutscher Kulturkontakt und Kulturtransfer. Kontroversen und Lernprozesse. Göttingen: V&R unipress 2011. S. 73–84

sozioökonomisch
die soziale und finanzielle Situation betreffend

Sozialprestige
Ansehen, Wert einer Sache, eines Verhaltens innerhalb einer Gesellschaft

Transfer
Übertragung von Merkmalen in eine andere Sprache

Code Switching
Wechsel (je nach Situation) von einer Varietät zu einer anderen

Migazin

Bilkay Öney: „Kinder sollten ihre Muttersprache sprechen dürfen, ohne sich rechtfertigen zu müssen" (2012)

[...]
Baden-Württembergs [ehemalige] Integrationsministerin Bilkay Öney [heute: Kadem] (SPD) erinnert an den Internationalen Tag der Muttersprache (21. Februar): „Der Tag mahnt uns, sprachliche und kulturelle Vielfalt sowie Mehrsprachigkeit zu fördern." [...]

„Wir sollten Sprachen nicht gegeneinander ausspielen. Kinder aus Migrantenfamilien müssen Deutsch lernen, um bessere Bildungserfolge zu erzielen", sagt die Sozialdemokratin. „Sie sollten aber auch ihre Muttersprache sprechen dürfen, ohne sich rechtfertigen zu müssen." Mehrsprachigkeit sei bei vielen Menschen rund um den Globus mittlerweile die Regel und nicht die Ausnahme. Zudem sei Mehrsprachigkeit in einer globalisierten Welt ein Wettbewerbsvorteil und damit eine wichtige Ressource für Wirtschaft und Gesellschaft.

„Leider erkennen wir die Sprachkompetenz von Migranten immer noch nicht ausreichend an", mahnt Öney. Für die Persönlichkeitsentwicklung und das Selbst-

Bilkay Kadem, geb. **Öney,** türkischstämmige Politikerin, war 2011–2016 Ministerin für Integration in Baden-Württemberg

wertgefühl von Kindern und Jugendlichen mit ausländischen Wurzeln sei es wichtig, das Sprechen und Schreiben der Muttersprache wertzuschätzen. „Unser Umgang mit Zweisprachigkeit hängt zu stark vom Prestige der Sprache und der Sprechergruppe ab. Das muss sich ändern."

Doppelte Halbsprachigkeit verhindern

Die grün-rote Landesregierung stellt für den Ausbau der Sprachförderung im Kindesalter 2012 zusätzlich elf Millionen Euro bereit. „Um unvollständige Kenntnisse in der Erst- und Zweitsprache zu verhindern – sogenannte doppelte Halbsprachigkeit – müssen wir Kinder aus Migrantenfamilien möglichst früh unterstützen und auf den Erwerb der mündlichen und schriftlichen Sprache achten", erklärt Öney abschließend.

http://www.migazin.de/2012/02/21/kinder-sollten-ihre-muttersprache-sprechen-duerfen-ohne-sich-rechtfertigen-zu-mussen/ (Abruf: 1.10.2019)

Migrationshintergrund
Mit diesem Begriff werden statistisch alle Bürger erfasst, die nach 1949 in die heutige Bundesrepublik Deutschland eingewandert sind, sowie alle hier geborenen Ausländer. Auch Eingebürgerte gehören dazu, ebenso wie alle Deutschen mit mindestens einem zugewanderten oder ausländischen Elternteil.

Bevölkerung mit und ohne Migrationshintergrund 2017

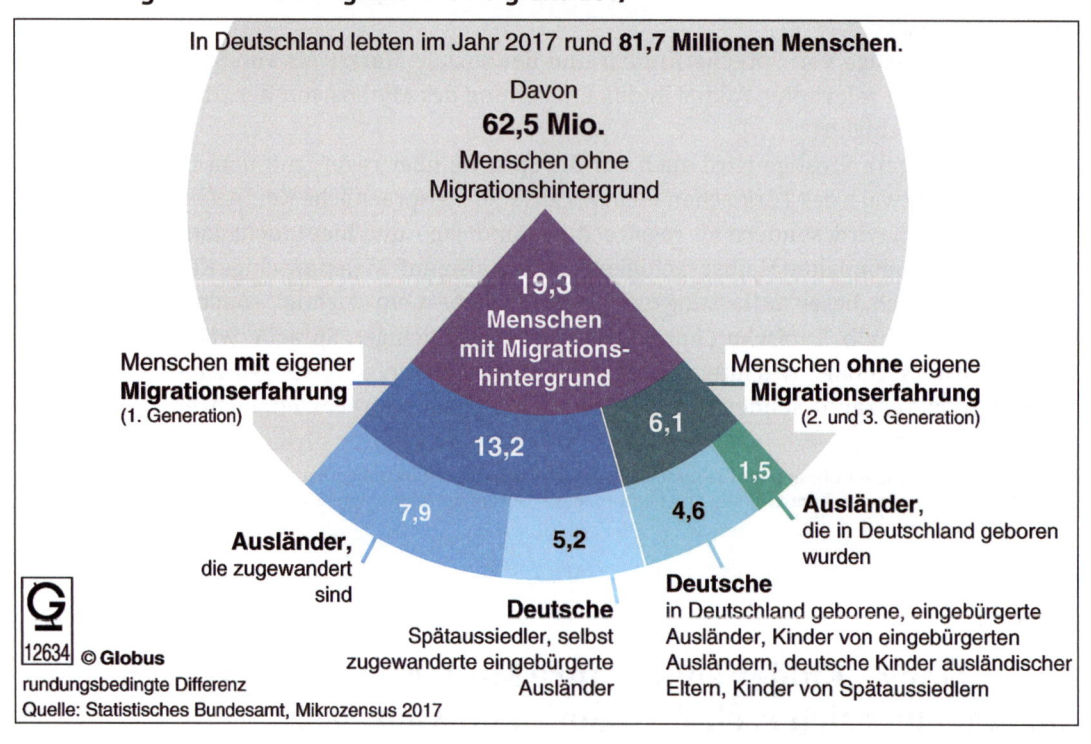

In Deutschland lebten im Jahr 2017 rund **81,7 Millionen Menschen**.
Davon **62,5 Mio.** Menschen ohne Migrationshintergrund

19,3 Menschen mit Migrationshintergrund

Menschen **mit** eigener **Migrationserfahrung** (1. Generation): 13,2
Menschen **ohne** eigene **Migrationserfahrung** (2. und 3. Generation): 6,1

7,9 **Ausländer**, die zugewandert sind
5,2 **Deutsche** Spätaussiedler, selbst zugewanderte eingebürgerte Ausländer
4,6 **Deutsche** in Deutschland geborene, eingebürgerte Ausländer, Kinder von eingebürgerten Ausländern, deutsche Kinder ausländischer Eltern, Kinder von Spätaussiedlern
1,5 **Ausländer**, die in Deutschland geboren wurden

12634 © Globus
rundungsbedingte Differenz
Quelle: Statistisches Bundesamt, Mikrozensus 2017

Zu Aufgabe 1:

Vorarbeit

Wenn Sie einen analysierenden Text verfassen, ist die Vorbereitung darauf von großer Bedeutung. Nachdem Sie die Aufgabenstellung gelesen und verstanden haben, können Sie mit der Bearbeitung des Textes beginnen. Greifen Sie hierzu auf die Ihnen bekannten Arbeitstechniken zu-rück und stellen Sie sicher, dass Sie alle Stellen des Textes verstanden haben.

paraphrasieren
fremde Äußerungen in eigenen Worten wiedergeben

1. Markieren Sie nach dem ersten Lesen wichtige Aussagen im Text und klären Sie durch wiederholendes Lesen schwierige Passagen.
2. Paraphrasieren Sie die von Ihnen markierten Stellen.

TENDENZEN IN DER DEUTSCHEN GEGENWARTSSPRACHE PFLICHTMODUL

> Schritt 1: Aufgabenbezogene Einleitung
> Schritt 2: Knappe Inhaltsangabe in eigenen Worten (u. a. Position der Autorin)
> Schritt 3: Betrachtung der Argumentation der Autorin (Was sagt sie? Wie sagt sie es? Was möchte sie damit bewirken? An wen richtet sie sich?)
> Schritt 4: Zusammenfassender Schlussteil

Schritt 1

Beginnen Sie, wie gewohnt, nach den Vorarbeiten mit der Formulierung einer aufgabenbezogenen Einleitung. Sie können sich dabei an den folgenden Formulierungsvorschlägen orientieren:

In ihrem Sachtext „Führt Mehrsprachigkeit zum Sprachverfall?", erschienen 2014, setzt sich Heike Wiese mit dem Thema „Halbsprachigkeit" auseinander. Sie …

Der Frage nach einem möglicherweise drohenden Sprachverfall in Deutschland geht Heike Wiese in ihrem 2014 erschienenen Sachtext „Führt Mehrsprachigkeit zum Sprachverfall?" nach.

Schritt 2

Fassen Sie anhand Ihrer Vorarbeiten (Markierungen und Paraphrasierungen) den Inhalt des Textes kurz zusammen und stellen Sie dabei die Position der Autorin heraus.
Beispiel:
Die Autorin stellt fest, dass die Sprache Jugendlicher in städtischen Wohnsiedlungen von der Gesellschaft kritisch betrachtet und als bedrohlich wahrgenommen werde.

Schritt 3

Analysieren Sie nach dieser Inhaltsangabe die Argumentation der Autorin, indem Sie ihre Argumente sowohl inhaltlich als auch sprachlich beleuchten. Belegen Sie Ihre Ergebnisse mit geeigneten Textstellen. Hilfreich ist eine Tabelle wie im folgenden Muster, in der Sie diese Textbelege zunächst sammeln und mit eigenen Worten erklären.

Textstelle	Eigene Erklärung
„Die Wahrnehmung […] überwiegend negativ" (Z. 3–5)	– in der Öffentlichkeit herrscht eine kritische Sicht vor, die häufig zur Annahme eines drohenden „Sprachverfalls" führt
„Defizit-Sicht"	…
…	…

Formulierungsbeispiel:

Dass die Autorin von der kritischen Sicht auf die Mehrsprachigkeit Jugendlicher (mit Migrationshintergrund) nicht überzeugt ist, zeigt sich schon zu Beginn des Textes: Sie bemerkt, dass die „Wahrnehmung sprachlicher Praktiken und sprachlicher Kompetenzen […] überwiegend negativ geprägt" (Z. 3–5) sei, und spricht in diesem Zusammenhang von einem „Bedrohungsszenario des ‚Sprachverfalls'" (Z. 5). Nicht nur der Begriff „Bedrohungsszenario" zeigt dabei eine ironische Sicht Wieses auf.
[…]
Darüber hinaus ist die Rede von „Mythen" (Z. 12), was wiederum die Position der Autorin stützt, denn …

Schritt 4

Fassen Sie nun kurz und knapp Ihre Analyseergebnisse zusammen. Sie können hier auch Ihre eigene Meinung anführen.

RAHMENTHEMA 6   SPRACHE UND SPRACHGEBRAUCH REFLEKTIEREN

Zu Aufgabe 2:

Vorarbeit

Für die Bearbeitung der zweiten Klausuraufgabe müssen Sie einen Überblick über die Zusatzmaterialien gewinnen. Auf dieser Grundlage sollen Sie eine Stellungnahme an das Ministerium verfassen.

1. Lesen Sie zur Lösung der zweiten Klausuraufgabe den Auszug aus dem „Migazin" vom 21.2.2012 und sichten Sie die Grafik sowie die Begriffserklärung in der Randspalte. Markieren Sie wichtige Aussagen im Text und fassen Sie sie stichwortartig zusammen. Notieren Sie ebenfalls in eigenen Worten, welche Personen und Personengruppen mit der Bezeichnung *Mensch mit Migrationshintergrund* gemeint sind. Setzen Sie anschließend diese Information mit der Grafik in Beziehung.
2. Stellen Sie Überlegungen in Bezug auf die Textsorte *Stellungnahme* an. Hierzu müssen Sie vor dem Schreiben entscheiden, welche Zielgruppe Sie ansprechen wollen (Ministerium bzw. Berufspolitiker) und wie eine Stellungnahme typischerweise verfasst ist (schriftlich, offiziell, klar strukturierte Argumente).

Nun haben Sie alle Vorarbeiten erledigt, um Ihre schriftliche Stellungnahme anzufertigen. Greifen Sie auf alle vorher gesammelten Informationen zurück und beachten Sie auch, dass Sie eine eigene Auswahl an Argumenten treffen und ggf. neue Perspektiven in Ihren Text integrieren sollten.

> Schritt 1: Anrede
> Schritt 2: Einleitung
> Schritt 3: Argumentativer Hauptteil
> Schritt 4: Abschließender Appell für Mehrsprachigkeit

Schritt 1

Bedenken Sie bei Ihrer Stellungnahme, dass es sich hier um die Aufgabenart des adressatenbezogenen Schreibens handelt. Sie versetzen sich also in die Lage, sich mit Ihrem Anliegen direkt an das niedersächsische Ministerium zu wenden, um Ihre Position zur Mehrsprachigkeit und zum Sprachverfall zu verdeutlichen. Formulieren Sie also höflich und sachlich. Schon die Anrede sollte entsprechend ausfallen:

Sehr geehrte Damen und Herren, …

Schritt 2

Erklären Sie einleitend, warum Sie sich überhaupt an das Ministerium wenden. Stellen Sie dazu den Bezug zum Zeitungsartikel her. Formulierungsbeispiel:

… aufgrund der Aussage der ehemaligen baden-württembergischen Ministerin für Integration vom Februar 2012 möchte ich eine Stellungnahme zu der aus meiner Sicht falschen Annahme abgeben, dass durch die sogenannte „doppelte Halbsprachigkeit" der Bildungserfolg von zweisprachig aufwachsenden Kindern und Jugendlichen gefährdet sei. …
Oft liest man von …

Schritt 3

Im Hauptteil greifen Sie nun auf Ihre Analyse der einzelnen Materialien, vor allem des Sachtextes von Heike Wiese, zurück. Aber auch die Informationen aus der Grafik und der Begriffserklärung sollten hier einfließen. Stellen Sie hier Ihre eigene Position klar heraus und denken Sie daran, Ihre Argumente mit Beispielen zu stützen. Gehen Sie folglich so vor, wie Sie es vom Verfassen einer Argumentation gewohnt sind.

Vergessen Sie nicht, dass Ihre Position gegen die These des Sprachverfalls durch die Aufgabenstellung bereits vorgegeben ist.

Ich vertrete die Position, dass …

Mehrsprachigkeit bietet nämlich auch Chancen, vor allem für Jugendliche, die …

Die Ursachen der Entwicklung von Fehleinschätzungen liegen hier zum Beispiel in …

Darüber hinaus ist der Begriff „Migrationshintergrund" rein statistisch gemeint …

Schritt 4

Am Ende fassen Sie Ihre Argumente noch einmal zusammen und betonen – als Konsequenz Ihrer Darlegungen – Ihren Appell für die Mehrsprachigkeit in Deutschland.

Abschließend ist festzuhalten, dass …

Meine Argumente zeigen deutlich, dass …

Sie können erkennen, dass …

Wahlpflichtmodul 1:
Sprachliche Vielfalt: Der multidimensionale Varietätenraum der deutschen Sprache

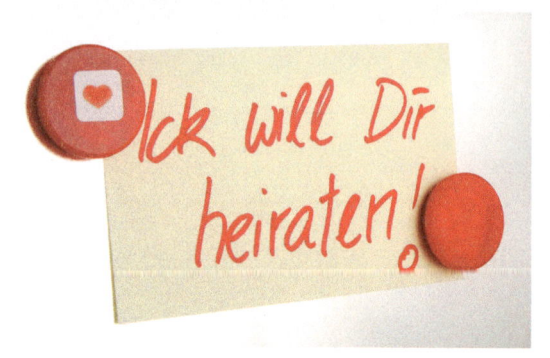

Bi uns het dat MOIN

HAN MIR GRAD A WELD VORGSCHDELLD, WO ÄLLE DEPPA A GLÖGGLE OM DA HALS DRAGAD...

... 'S WAR BRUDDAL LAUT!

SCHWOBA.DE

Ick will Dir heiraten!

ET HATT NOCH IMMER JOT JEJANGE

Migga is do zua
Orginalton Norb:
Mittwoch geschlossen

1 *Lernarrangement*
a) Klären Sie in Partnerarbeit, aus welchen Dialekten die aufgeführten fünf Beispiele stammen. Übertragen Sie die Aussagen in die hochdeutsche Standardsprache.
b) Tragen Sie Ihre Ergebnisse im Plenum vor und klären sie mögliche Unstimmigkeiten.

2 Interpretieren Sie den unten stehenden Comic und geben Sie ihm eine passende Überschrift. Klären Sie, um welche zwei Dialekte es sich handelt.

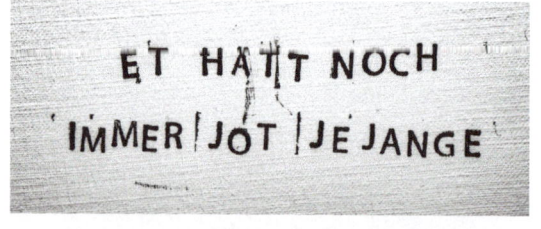

Tach, Tex! On, wie es et?

Moin moin, Herr Reinlich! Prima!

Sao maol, Tex, dau bes awer net hei aus Trier? Wu kömms dau dann her?

Ick bün vun de Woderkant. Buen tom Studeern na Trier komen. Brukte ma ne Affwesslung.

On, has de deich hei aon dao Muusel schon e bissie e geleft?

Jau, ook wenn die Lüüd hier man bannig sünnerlich snacken, nech?

Sao, dat glaaf eich dir gäären. Awer schien, dat et dir hei bei uns su gut gefaalen duut.

Oh, dat deit't.

Gut dat mai driewer geschwätzt hann.

Text: Lars Eggers Zeichnung: Michael Roos

106

„Es sind in der deutschen Sprache viel Dialecti"
Die Geschichte der Dialekte in Deutschland nachvollziehen

Sabine Kaufmann

Deutsche Geschichte – Dialekte (2017)

In Deutschland sprechen noch heute viele Menschen so, wie ihnen der Schnabel gewachsen ist, in ihrer eigentlichen Muttersprache, dem Dialekt. Das Hochdeutsche lernen die meisten erst in der Schule. Die Unterschiede von Nord nach Süd sind zuweilen so groß, dass Außenstehende außer Zischlauten und Gemurmel
5 nichts mehr verstehen. [...]

Dialekt ist ein eigenes „sprachliches System", das eigene Regeln hat und parallel zur Standardsprache funktioniert. Es gibt Ortsdialekte, wie in der Westeifel, die nur in einem Radius von 30 Kilometern gesprochen und verstanden werden. Andere Dialekte, wie das Brandenburgische, funktionieren in größeren Sprach-
10 räumen. [...]

Bis zum Ende des Mittelalters war die Sprache der Professoren, Kleriker und Humanisten das Lateinische. Das Volk sprach Dialekt, je nach Ort und Region verschieden. Die Unterschiede zwischen den Dialektsprechern traten erst seit Luther und seiner einheitlichen Bibelübersetzung zu Tage. Die Frage war, in welcher
15 Sprache die Bibel übersetzt werden sollte, sodass sie von der Nordsee bis nach Württemberg zu verstehen sei. Auch die Buchdrucker hatten aus finanziellen Erwägungen ein reges Interesse daran, die Bibel in einem einheitlichen, überall verständlichen Deutsch zu drucken und in hoher Auflage zu verkaufen. In einer Tischrede von 1538 brachte es der Reformator auf den Punkt: „Es sind aber in der
20 deutschen Sprache viel Dialecti, unterschiedliche Arten zu reden, dass oft einer den Anderen nicht wohl versteht..." [...]

Sprachgeschichtlich hat es im germanischen Sprachraum immer schon Dialekte gegeben. Die einzelnen germanischen Stämme bildeten schon sehr früh lokale Unterschiede heraus. In der Ersten Lautverschiebung trennten sich die frühen
25 germanischen Sprachen, also das Altsächsische, Altenglische, Altnordische und das Gotische von den indogermanischen Sprachen.

Da es aus der Zeit zwischen Christi Geburt und dem 6. nachchristlichen Jahrhundert nur wenige schriftliche Dokumente gibt, lassen sich die einzelnen dialektalen Unterschiede in diesem Zeitraum nur schwer rekonstruieren. Seit dem
30 frühen Mittelalter wurden vor allem religiöse Texte in den frühen germanischen Sprachen verfasst. Die normale Schreibsprache blieb das Lateinische.

Zwischen 600 und 800 kam es zur sogenannten „Zweiten" oder „Hochdeutschen Lautverschiebung". Sie trennte die Regionalsprachen im deutschen Sprachraum in hochdeutsche und niederdeutsche Sprechergruppen. Im Süden und in der Mit-
35 te wurden die mittel- und oberdeutschen Dialekte von der Lautverschiebung beeinflusst und galten fortan als hochdeutsche Dialekte.

Die Regionalsprachen im Norden, die die Lautverschiebung nicht vollzogen, wurden mit dem Begriff „Niederdeutsch" zusammengefasst. Von der Lautverschiebung waren vor allem die Konsonanten „p", „t", „k" betroffen. Durch die
40 Lautverschiebung wurde „p" zu „pf" oder „f". Das Wort „Appel" veränderte sich durch die zweite Lautverschiebung zu „Apfel". Der Konsonant „t" wandelte sich zu „s" und „z".

Die Sprecher im Norden sagen bis heute weiterhin „dat", „wat" und „Water, die im Süden und in der Mitte sagen „was", „das" und „Wasser". Und der Buchstabe
45 „k" wandelte sich zu „ch". Vor allem in der Schweiz vollzog man diese Lautveränderung. Das Wort „Kind" spricht man dort als „Chind" aus.

Sabine Kaufmann
*1978
Historikerin, Buch- und Drehbuch-Autorin

Der Begriff **Varietät** bezeichnet in der Sprachwissenschaft eine bestimmte Ausprägung einer Einzelsprache, die diese Einzelsprache ergänzt, erweitert oder modifiziert, jedoch nicht unabhängig von dieser existieren kann.

Mit **Lautverschiebung** werden bestimmte systematische Lautwandelphänomene bezeichnet, welche im Laufe der Entwicklung einer Sprache auftreten können. Dabei verwandeln sich Konsonanten und Vokale nach gewissen Regeln in andere.

Die Zweite Lautverschiebung schuf also eine dialektale Grenze und gliederte den germanischen Sprachraum in Nord und Süd, in Niederdeutsch und Hochdeutsch. Die hochdeutschen Sprachsysteme unterteilen sich nun wiederum in mitteldeutsche und oberdeutsche Dialekte. Mitteldeutsche Dialekte sind zum Beispiel das Obersächsische, das Ostfränkische, das Rheinfränkische oder das Moselfränkische. [...]

Die **sächsische Kanzleisprache** (auch: **Meißner Kanzleideutsch**) ist eine Ausgleichssprache auf der Grundlage spätmittelalterlicher ostmitteldeutscher und ostoberdeutscher Dialekte. Sie bildet sich im 15. und 16. Jahrhundert heraus.

Die Standardsprache entwickelt sich in der frühen Neuzeit zunächst als eine reine Schriftsprache, an deren Ausformung der sächsische und der pfälzische Dialekt, also die Sprachregion Ostmitteldeutschland, stark beteiligt waren.
Gerade in Meißen am sächsischen Hof gab es viele Schreiber und Schriftsteller, die die neue Schriftsprache nutzten und ausformten. Bei diesem Vorgang wurden Dialektformen aus der Schriftsprache verbannt. Einzelne Dialektwörter konnten sich innerhalb der Standardsprache als spezialisierte Ausdrücke halten, wie die Wörter Schornstein, Kamin, Schlot, Esse, die zunächst alle nur den „Rauchabzug im Haus" bezeichneten. Heute ist die Standardsprache die hochdeutsche Schriftsprache mit einer einheitlichen Grammatik und Aussprache.
Bis zur Rechtschreibreform im Jahr 2006 waren die Regeln, die der Duden vorgab, verbindlich. Heute gibt der Rat für deutsche Rechtschreibung ein verbindliches Regelwerk sowie ein Wörterverzeichnis, das regelmäßig aktualisiert und angepasst wird, heraus. Die Alltagssprache dagegen ist im Grunde alles das, was die Menschen sprechen. Und das kann je nach Situation sehr verschieden sein, also: Als Zeuge vor Gericht drückt man sich anders aus als zu Hause oder im

Freundeskreis. [...] Die Menschen auf dem Land sprechen häufiger Dialekt als in der Stadt. Wiederum sind Dialektsprecher in allen sozialen Schichten zu finden, oder anders ausgedrückt: Dialekt sprechen ist an kein Bildungsniveau geknüpft. Zwar verlieren die Dialekte im Alltag an Bedeutung, da der Einfluss der gesprochenen und nicht mehr dialektal gefärbten Standardsprache seit Einführung des Rundfunks erheblich zunimmt. Es wäre jedoch falsch, pauschal anzunehmen, dass Dialekte vom „Aussterben" bedroht sind.

1 Im Text wird der Fachterminus „indogermanisch" (vgl. Z. 26) verwendet. Recherchieren Sie, was dieser Begriff umfasst, und präsentieren Sie dem Kurs Ihre Erkenntnisse.

2 An verschiedenen Stellen im Text werden die Termini „Hochdeutsch[]" (Z. 2 f.) und „Niederdeutsch" (Z. 38) verwendet. Ursprünglich sind damit geografische Räume im Sinne von „Nord" und „Süd" gemeint. Gleichzeitig wird heute der Begriff „Hochdeutsch" für die Standardsprache verwendet, um diese so von „niederen" Sprachformen abzugrenzen, was dann eine qualifizierende Unterscheidung wäre. Formulieren Sie einen kurzen Text, der diese Unterscheidung deutlich macht. Verwenden Sie hierfür auch die Aussagen des Schaubildes auf der folgenden Seite.

3 Verfassen Sie einen kompakten informativen Text, der die deutsche Sprachgeschichte im Zeitraum 600 bis 2000 charakterisiert.

4 Die mehrfach im Text erwähnte dialektale Grenze zwischen Nieder- und Hochdeutsch heißt auch Benrather Linie. Recherchieren Sie, wie es zu dieser Bezeichnung kommt, und präsentieren Sie Ihre Ergebnisse.

5 Recherchieren Sie Details der „Meißner Kanzleisprache" und präsentieren Sie Ihre Ergebnisse dem Kursplenum.

Meißen liegt in Sachsen. Benutzen Sie Ihre Kenntnisse auch für den Text über den sächsischen Dialekt auf S. 118 ff.

Universität Oldenburg

Der Terminus „Dialekt" in der Sprachwissenschaft (Auszug, 2016)

„Dialekt" [...] steht in der Sprachwissenschaft für regional abgrenzbare, durch starke strukturelle Ähnlichkeit mit benachbarten Systemen gekennzeichnete, wenig kodifizierte und verschriftlichte Sprachsysteme. [...] Die Dialekte des Deutschen stehen in einem Spannungsverhältnis zur deutschen Standardsprache, das durch [...] Distanz und Nähe charakterisiert ist. Mit den Dialekten beschäftigt sich die sprachwissenschaftliche Teildisziplin der Dialektologie, wobei deren Themenfelder in alle Kernbereiche der Sprachsystemlinguistik (Phonetik/Phonologie, Morphologie, Lexik, Syntax etc.) sowie der Sprachgebrauchsforschung (Soziolinguistik, Pragmatik, Gesprächslinguistik etc.) hineinreichen [...]. Dialekte haben neben der landschaftlich determinierten [...] regionalen Färbung eine deutlich markierte soziale und situative Komponente. [...] Trotz einer für einzelne Dialektlandschaften sehr reich vorhandenen Mundartliteratur (z. B. Fritz Reuter für das Niederdeutsche) sind Dialekte determiniert durch genuine Mündlichkeit. Dialekte sind ferner an spezifische Verwendungssituationen gebunden, die sich auszeichnen durch die Faktoren Lokalität und soziale (Sprech-)Situation. Sprecher, denen ein voll ausgebautes Sprachsystem zur Verfügung steht [...], können je nach kommunikativer Situation und ihrer Reichweite zwischen verschiedenen Sprechweisen (dialektal, regional, großregional, standardsprachlich) wechseln. [...] Die Funktionen von Dialekt sind ferner im städtischen Raum andere als in ländlich-dörflichen Sprechergemeinschaften, da in Letzteren die überdachende

kodifiziert in einem Regelsystem erfasst

Morphologie Wortbildungs- und Formenlehre
Lexik Wortschatz
Syntax Satzbau
Phonetik Lautlehre

RAHMENTHEMA 6 SPRACHE UND SPRACHGEBRAUCH REFLEKTIEREN

Standardsprache oft eine geringere Rolle spielt. [...] Zuletzt hat Dialekt – immer im Gegensatz zur Standardsprache – eine immanente Komponente des sozialen Status und Prestiges und spielt im Deutschen selbst in die Verwendung der Standardsprache mit hinein, da Sprecher in der Regel stets areale Merkmale mit artikulieren, die auf die regionale Herkunft hinweisen, selbst bei Sprechern, die Deutsch im deutschen Sprachraum als Zweitsprache erlernt haben. [...]. Diese Besonderheit des Deutschen macht sich auch die forensische Linguistik zunutze.

areal
geographisch fassbar; auf eine bestimmte Örtlichkeit bezogen

1 *Lernarrangement*

Verwenden Sie für Ihre Arbeit an dieser Aufgabe auch die Grafik zur inneren Mehrsprachigkeit auf Seite 115.

a) Im Text heißt es, dass die Sprecher, denen ein vollausgebautes Sprachsystem zur Verfügung steht, zwischen verschiedenen Sprechweisen wechseln können: dialektal, regional, großregional und standardsprachlich (vgl. Z. 18). Verständigen Sie sich in Arbeitsgruppen über die Definitionen dieser vier Varietäten und versuchen Sie, diese als Sprecher zu realisieren.
b) Weiter heißt es im Text, dass dieser vollausgebildete Sprecher diese vier Varietäten je nach kommunikativer Situation wechsele (vgl Z. 16ff.). Versuchen Sie, für die vier Sprechweisen angemessene kommunikative Situationen zu finden. Formulieren Sie Begründungen für Ihre Auswahl.
c) Tragen Sie im Plenum die Ergebnisse aus Ihren Arbeitsgruppen zusammen und überprüfen Sie deren Qualität und Plausibilität.

Ihre Ergebnisse zu Aufgabe 2 brauchen Sie auch bei Aufgabe 1 auf Seite 115.

2 Verfassen Sie einen kontinuierlichen Text, in dem Sie Form und Inhalt des Schaubildes erläutern. Beginnen Sie mit dem Thema und der Darstellung des formalen Aufbaus des nicht-linearen Textes. Erläutern Sie dann den Inhalt. Beschränken Sie sich dabei auf die großen Zusammenhänge und Tendenzen. Gehen Sie nur ins Detail, wenn es um interessante Extreme geht.

Antwort auf die Frage: Was ist die normale Umgangssprache an Ihrem Ort? (2014)

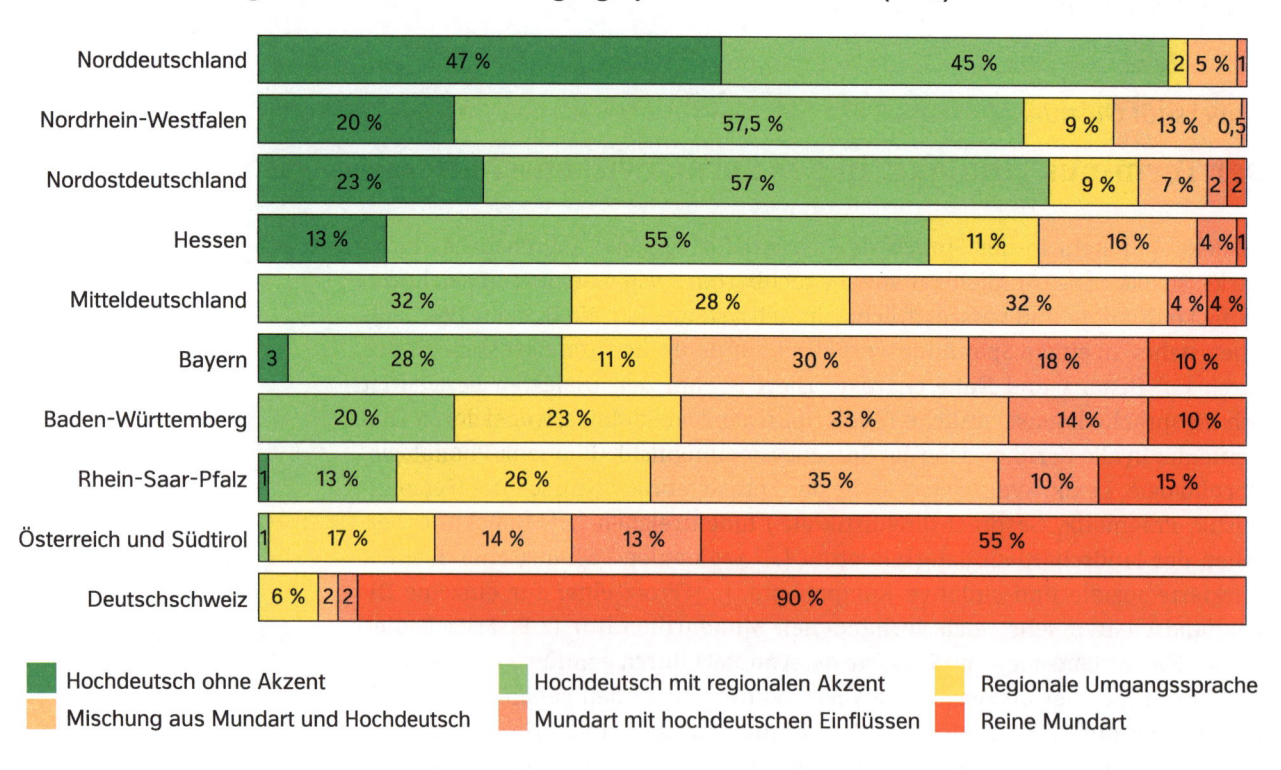

Region	Hochdeutsch ohne Akzent	Hochdeutsch mit regionalen Akzent	Regionale Umgangssprache	Mischung aus Mundart und Hochdeutsch	Mundart mit hochdeutschen Einflüssen	Reine Mundart
Norddeutschland	47 %	45 %	2	5 %	1	
Nordrhein-Westfalen	20 %	57,5 %	9 %	13 %	0,5	
Nordostdeutschland	23 %	57 %	9 %	7 %	2	2
Hessen	13 %	55 %	11 %	16 %	4 %	1
Mitteldeutschland		32 %	28 %	32 %	4 %	4 %
Bayern	3	28 %	11 %	30 %	18 %	10 %
Baden-Württemberg		20 %	23 %	33 %	14 %	10 %
Rhein-Saar-Pfalz	1	13 %	26 %	35 %	10 %	15 %
Österreich und Südtirol	1		17 %	14 %	13 %	55 %
Deutschschweiz		6 %	2	2		90 %

Vor- und Nachteile des Dialektsprechens untersuchen

Daniela Martens

Daniela Martens
Journalistin
*1977

Dialekte: Wie bitte? (Auszug, 2011)

1 Wer den Alkohol nicht vom Allgäu unterscheiden kann, muss nicht unbedingt betrunken sein. Wenn ein Sachse die beiden Wörter ausspricht, mag der Unterschied für ihn selbst klar sein – nicht aber für einen Zuhörer in Berlin oder Hamburg. Zu sehr verändert eine sächsische Zunge
5 die Laute.

Im Berufsalltag kann so ein Dialekt zum Hindernis werden. Wie bei jener Sächsin, die zwar im Vorstellungsgespräch bei einer Firma in Berlin hochdeutsch gesprochen hatte. Als sie dann an ihrem neuen Schreibtisch saß, fing sie aber immer wieder an zu sächseln – auch im Gespräch
10 mit Kunden. „Das haben wir dann thematisiert", sagt ihr Vorgesetzter, „hätte sie im Vorstellungsgespräch gesächselt, hätten wir es uns intensiver überlegt, ob wir sie tatsächlich einstellen." Seinen Namen und den seiner Firma möchte der Vorgesetzte in diesem Zusammenhang nicht in der Zeitung lesen. Schließlich will man niemanden wegen seiner Herkunft diskrimi-
15 nieren.

Aber die Klischees und Vorurteile, die mit Dialekten verbunden sind, existieren nach wie vor. „Vorbehalte gegen bestimmte Dialekte sind größer als gegen andere. Vor allem Sächsisch und Bayrisch kommen bei vielen nicht gut an", sagt die Sprachheilpädagogin Uta Feuerstein, die in Köln Einzelcoaching zur Dialektberei-
20 nigung anbietet. „Bayrisch weckt zum Beispiel Assoziationen mit Heimatfilmen. Wenn eine junge Frau so spricht, glauben viele, sie sei ein Mädel vom Lande und mit Kühen groß geworden. Da kommt man dann nicht darauf, dass sie eine ernst zu nehmende IT-Spezialistin sein könnte." Schwäbisch hingegen sei positiv besetzt: „Das finden viele niedlich und sympathisch." [...]

25 Regional ist die Wahrnehmung der Dialekte sehr unterschiedlich: „Zu mir kommen außer Sachsen vor allem Schwaben, die ihren Dialekt loswerden wollen", sagt die Diplom-Sprecherzieherin Grit Hollack, die Coachings in Berlin anbietet. [...] Gerade nimmt eine Österreicherin Stunden bei ihr, die in der Medienbranche arbeitet und demnächst Schulungen abhalten soll – und zwar möglichst verständ-
30 lich. [...] Hinter jedem der Klienten von Hollack und Feuerstein steckt eine Geschichte: Etwa die sächsische Studentin, die bei einem Referat in Berlin ausgelacht wurde oder der bayrische Pferderennkommentator, den niemand außerhalb Bayerns buchen wollte wegen seines Dialekts.

Vor allem in der Beratungs- und Vertriebsbranche sei es wichtig, hochdeutsch
35 zu sprechen, sagt Matthias Schleuthner, Geschäftsführer der Personalberatung HRM Consulting in Berlin: „In Berufen mit viel Kundenkontakt ist es nicht gut, wenn man jemanden aus Hamburg so stark anschwäbelt, dass der kaum noch etwas versteht. Und es gibt immer die Gefahr, dass der andere ausgerechnet diesen Dialekt unsympathisch findet."

40 Ganz müsse aber niemand seinen Dialekt ablegen, findet der Personalexperte: „Es kann sympathisch und nett wirken, wenn man es ein bisschen durchhört." Ähnlich formuliert es auch Hollack: „Manche wollen auch noch die feinste Feinheit weghaben, aber das ist eigentlich nicht notwendig." Ein leichter Akzent könne die Persönlichkeit unterstreichen. „Wenn es aber ein bestimmtes Maß übersteigt,
45 lenkt der Dialekt zu sehr vom Inhalt ab."

Auch viele Urberliner, deren Herkunft man an der Aussprache zu schnell erkenne, würden vor allem von Firmen zu ihr geschickt, sagt Hollack. „Ein Arzt, der berlinert und ‚Mülsch' statt Milch sagt, wird leicht für ungebildet gehalten." [...]

RAHMENTHEMA 6 SPRACHE UND SPRACHGEBRAUCH REFLEKTIEREN

Sieht man vom Berlinerischen ab, entsteht das Dialektproblem meist durch einen Umzug. Mathias Mester (Name geändert) etwa sprach in seinem ersten Job nur Aachener Platt. Dann entschloss er sich für eine Fortbildung und ging zum Studium nach Bayern. „Da ist mir zum ersten Mal aufgefallen, dass mein Dialekt sehr stark war. Und dass es Verständigungsschwierigkeiten gab." Die hielten auch an, als er nach dem Studium wieder einen Job in der Nähe von Aachen fand – in einer höheren Position. „Da haben die meisten Kollegen nur hochdeutsch gesprochen und oft mehrmals nachgefragt, wenn ich etwas gesagt habe." Inzwischen hat er ein intensives Sprechtraining bei Uta Feuerstein hinter sich und spricht ein klares Deutsch. Nur an Kleinigkeiten merkt man, woher er stammt. Statt „Wörter" sagt er etwa „Wöchter".

„Wenn man in seiner eigenen Region bleibt, macht ein Dialekt meistens gar nichts aus", sagt Grit Hollack, „ein Arzt in Sachsen, der sächselt, hat gar kein Problem." Der kann deshalb vielleicht sogar besser auf seine Patienten eingehen. Auch Personalberater Schleuthner sagt, es könne sogar von Vorteil sein, wenn man etwa im Gespräch mit einem Kunden, der denselben Dialekt hat, umschalten könne. Dazu muss man aber erst mal Hochdeutsch beherrschen.

Die Länge des Trainings hänge vom Sprachtalent ab, sagt Hollack. „Viele, die von anderen, etwa ihrem Chef, hergeschickt werden, hören den Unterschied zwischen Dialekt und Hochdeutsch erstmal gar nicht." Bei anderen geht es erstaunlich schnell. So dauere ein Training manchmal nur zwei Monate, manchmal ein ganzes Jahr. „Es ist eine Umprogrammierung fürs Gehirn. Es muss neuronal neu vernetzt werden." Bei Älteren dauere das zwar ein bisschen länger. Es funktioniere aber ein Leben lang. Zuerst müssen ihre Klienten einen Test machen und dann die Laute und Lautverbindungen aufschreiben, die ihnen nicht gelingen. Die summen und sprechen sie dann immer wieder vor sich hin. „Tönen" nennt man das. Dann geht es der Reihe nach an Silben, Wörter und Wortgruppen. „Sachsen sagen etwa statt Papiertonne ‚Babierdonne'", erklärt Hollack. Sie übe dann zum Beispiel die Unterschiede der Silben „pa" und „ba" und „do" und „to". Später müssen dann Zungenbrecher richtig ausgesprochen werden: „Sensitive Selektionssimulatoren sondieren sogar sensitive Selektionssimulatoren." Gritt Hollack lacht. Und für Sachsen seien Sätze wie „Im Hottentottenlande gibt's bekanntlich Beutelratten" eine echte Herausforderung. „Dann kommen Texte, die mit Betonung gelesen werden sollen. Und ich erhebe immer wieder den Zeigefinger und sage: Noch mal." Zum Schluss steht das spontane Sprechen auf dem Stundenplan – mit Stegreifreden und Rollenspielen. Schließlich haben die Hochdeutschazubis es geschafft: „Irgendwann ist es im Langzeitgedächtnis gespeichert."

1 Verfassen Sie einen informativen Text, der den Beruf des Sprachheilpädagogen für eine Werbebroschüre der Agentur für Arbeit vorstellt.

2 Üben Sie, die beiden Zungenbrecher fehlerfrei auszusprechen.

3 *Lernarrangement*

Für die verschiedenen **deutschen Dialekte** gibt es im Internet zahlreiche einprägsame Hörbeispiele.

a) Sammeln Sie in Partnerarbeit Ihre Erfahrungen mit Dialekten: Welche(n) sprechen Sie? Welche(n) können Sie imitieren? Welche (er)kennen Sie?
b) Notieren Sie ein persönliches Ranking Ihrer Vorliebe bzw. Ablehnung von Dialekten. Vergeben Sie drei, zwei und einen Punkt für die Dialekte, die Ihnen sympathisch sind, und umgekehrt für die, die Ihnen nicht gefallen. Verständigen Sie sich mit Ihrem Partner im Falle von unterschiedlichen Rangzuweisungen und begründen Sie Ihre Beurteilungen.
c) Diskutieren Sie, wovon die Sympathiezuweisung für Dialekte abhängt.

Sprache ist ein soziales Phänomen
Grundlagen der Soziolinguistik kennenlernen

Christa Dürscheid

Soziolekt (2013)

Unter dem Begriff versteht man den Sprachgebrauch einer gesellschaftlichen abgrenzbaren Gruppe. Dahinter steht die Annahme, dass Sprache ein soziales Phänomen ist, das durch außersprachliche Faktoren (wie z. B. das Alter oder das Geschlecht) bestimmt wird. Diese Annahme ist kennzeichnend für die Soziolinguistik, die das Verhältnis von Sprache und Gesellschaft untersucht. Dabei wird keineswegs angenommen, dass ein Faktor allein, wie z. B. die Zugehörigkeit zu einer sozialen Schicht, den Ausschlag für einen bestimmten Sprachgebrauch gibt. Weiter ist zu betonen, dass nicht nur der Sprachgebrauch sozialer Schichten (wie z. B. der Unterschicht) als Soziolekt bezeichnet wird, sondern auch der anderer sozialer Gruppierungen. So kann der Sprachgebrauch, wie er beim Militär oder unter Jugendlichen verwendet wird, ebenfalls als Soziolekt bezeichnet werden. Gelegentlich findet man hierfür auch die Bezeichnung Sondersprache oder die Bezeichnung Varietät. Auch Fachsprachen können darunter fallen. Diese sind durch einen bestimmten Stil gekennzeichnet, der für das jeweilige Tätigkeitsfeld (z. B. im Bereich der Technik) charakteristisch ist. Grundsätzlich gilt also, dass unter Soziolekt die sprachlichen Eigenheiten jeder Gruppe gefasst werden, die durch gemeinsame außersprachliche Merkmale konstituiert ist (z. B. das Alter, die berufliche Tätigkeit, das Geschlecht).

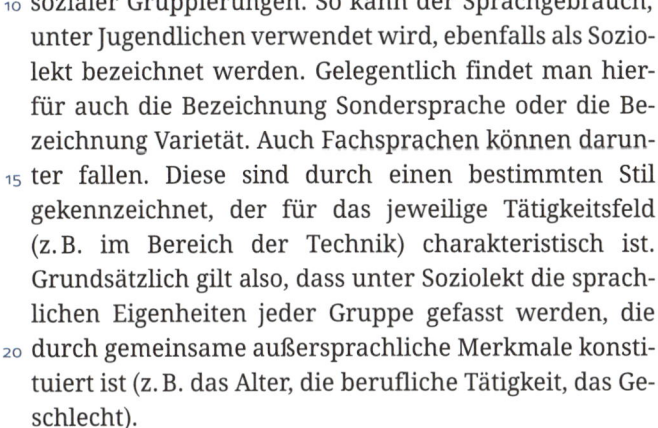

Legt man in der Soziolinguistik eine solch weite Begriffsfassung von Soziolekt zugrunde, dann geht man davon aus, dass es sprachliche Eigenheiten gibt, die kennzeichnend für Gruppen von Individuen sind, die diesen also gewissermaßen anhaften. Dabei handelt es sich aber keineswegs um exklusive Merkmale dieser Gruppen; oft liegt der Unterschied zwischen verschiedenen Soziolekten nur in der Frequenz bestimmter Wörter und die Übergänge sind fließend.

Daneben gibt es aber auch eine engere Auffassung von Soziolekt, die den Geltungsbereich dieses Begriffs auf solche sprachlichen Eigenheiten einschränkt, die das soziale Ansehen einer Gruppe betreffen. Im Zentrum steht hier die Frage, welches Prestige mit dem Vorkommen bestimmter sprachlicher Merkmale verbunden ist und welche Statusmerkmale die Gruppe hat, die diese sprachlichen Eigenheiten aufweist. In den Anfängen der Soziolinguistik, d. h. in den 1960er-Jahren, wurden solche Werturteile an den Unterschieden zwischen dem Sprachgebrauch der Unterschicht und dem der Mittel- und Oberschicht festgemacht. Danach galt der Unterschichtsoziolekt als defizitär; er stelle, so die Annahme des britischen Linguisten Basil Bernstein, einen restringierten Kode dar, der die unteren Schichten daran hindere, sozial erfolgreich zu sein. Ziel müsse es folglich sein, diese Defizite auszugleichen, die Sprachbarrieren zu überwinden und die Unterschichtkinder an den Sprachgebrauch der Mittel- und Oberschicht heranzuführen. Folgt man

Christa Dürscheid
*1959 in Kehl, Linguistin

Basil Bernstein
(1924–2000) britischer Soziologe und Linguist

dieser politisch brisanten (und in der Folge heftig kritisierten) Auffassung, dann ist die Bewertung des jeweiligen Sprachgebrauchs das wichtigste Kriterium zur Unterscheidung von Soziolekten. Weiter wird dann auch deutlich, worin der Un-
50 terschied zwischen den Bezeichnungen Soziolekt und Dialekt besteht. Denn auch die Sprecher einer Dialektregion bilden eine Gruppe, doch steht in diesem Fall ihre regionale Herkunft im
55 Zentrum der sprachwissenschaftlichen Forschung (z. B. in der Dialektologie) und nicht die Eigen- und Fremdeinschätzung dieser Gruppe
60 und die damit verbundenen Statusurteile. Das gilt auch für die Abgrenzung von Soziolekt und Umgangssprache: So heterogen der Begriff
65 Umgangssprache auch ist, lässt sich doch generell sagen, dass dieser Ausdruck den Sprachgebrauch zwischen den lokalen Dialekten und der überregionalen Standardsprache (= Hochsprache) meint und, anders als der Terminus Soziolekt (im engeren Sinne), nicht mit Werturteilen verbunden ist.
70 In der neueren Sprachwissenschaft spielt der Terminus Soziolekt nur noch eine nachgeordnete Rolle, heute verwendet man anstelle von Soziolekt eher den Terminus Varietät oder spricht von sprachlicher Variation.

1 *Lernarrangement*
Die Autorin verwendet im Text die Formulierung, die „unteren Schichten" (Z. 43) würden durch ihre defizitäre Sprache daran gehindert, „sozial erfolgreich" (Z. 44) zu sein.
a) Verständigen Sie sich in Partnerarbeit darüber, was es bedeutet, „sozial erfolgreich" zu sein. Halten Sie Ihre Ergebnisse thesenartig fest.
b) Tragen Sie im Plenum Ihre Thesen zusammen und diskutieren Sie mögliche Unterschiede oder Widersprüche.

2 Stellen Sie die drei im Text erwähnten Varietäten gegenüber. Formulieren Sie kurze Definitionen und nennen Sie die entscheidenden Unterschiede.

Dialekt	Soziolekt	Umgangssprache
Definition	Definition	Definition
Abgrenzung	Abgrenzung	Abgrenzung

SPRACHLICHE VIELFALT WAHLPFLICHTMODUL 1

Innere Mehrsprachigkeit verstehen

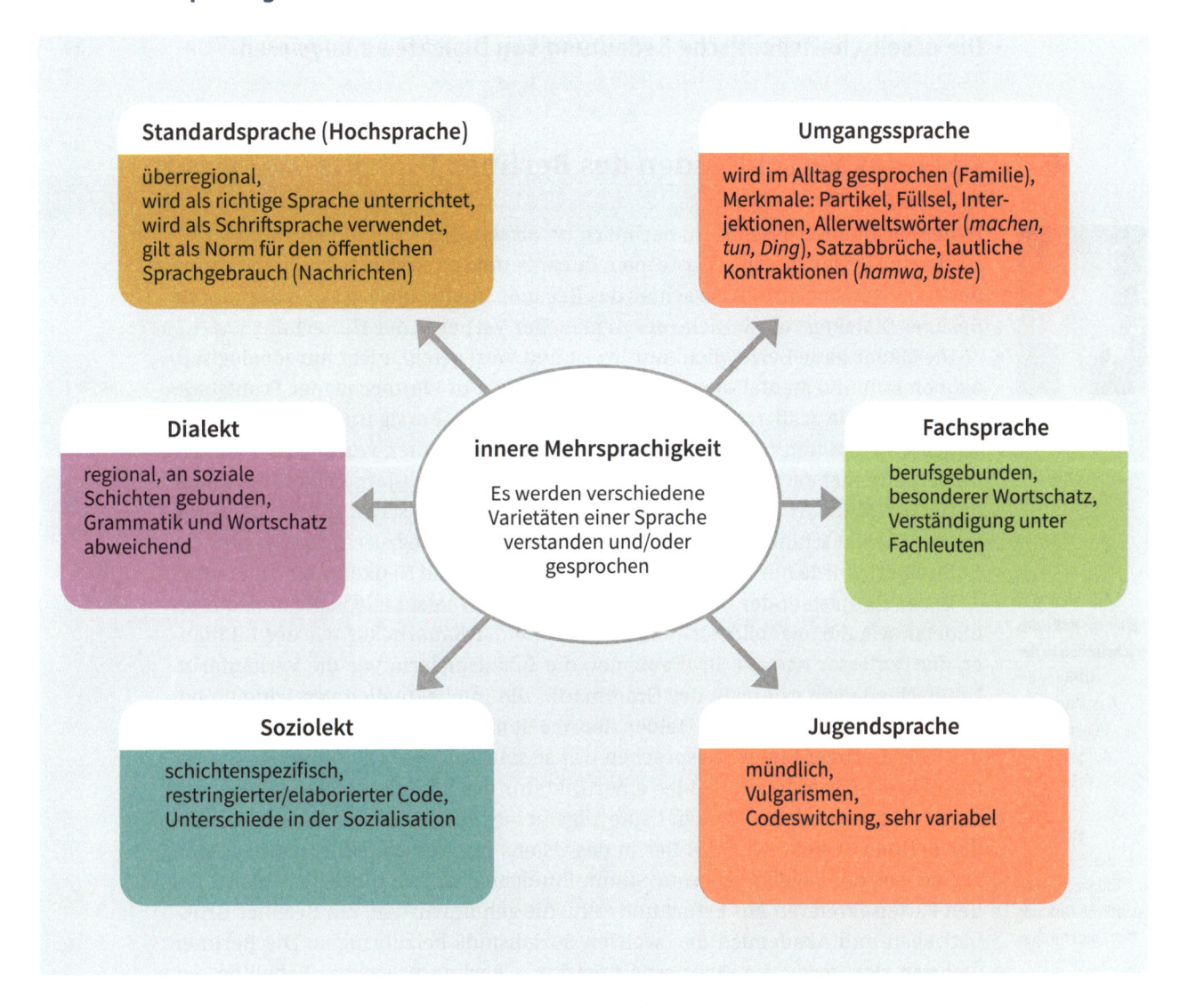

Standardsprache (Hochsprache)
überregional,
wird als richtige Sprache unterrichtet,
wird als Schriftsprache verwendet,
gilt als Norm für den öffentlichen Sprachgebrauch (Nachrichten)

Umgangssprache
wird im Alltag gesprochen (Familie),
Merkmale: Partikel, Füllsel, Interjektionen, Allerweltswörter (*machen, tun, Ding*), Satzabbrüche, lautliche Kontraktionen (*hamwa, biste*)

Dialekt
regional, an soziale Schichten gebunden, Grammatik und Wortschatz abweichend

innere Mehrsprachigkeit
Es werden verschiedene Varietäten einer Sprache verstanden und/oder gesprochen

Fachsprache
berufsgebunden,
besonderer Wortschatz,
Verständigung unter Fachleuten

Soziolekt
schichtenspezifisch,
restringierter/elaborierter Code,
Unterschiede in der Sozialisation

Jugendsprache
mündlich,
Vulgarismen,
Codeswitching, sehr variabel

1 Verfassen Sie einen prägnanten informativen Text, in dem Sie erläutern, was *innere Mehrsprachigkeit* ist. Verarbeiten Sie dabei alle Informationen des oben stehenden Schaubilds.

2 Analysieren und interpretieren Sie die beiden Karikaturen unten auf der Seite. Erläutern Sie die Aussageabsichten der Karikaturisten und erklären Sie den Zusammenhang zum Thema *innere Mehrsprachigkeit*.

115

Politikum: Berlinerisch – Politikum: Sächsisch
Die gesellschaftspolitische Bedeutung von Dialekten analysieren

Jutta Voigt

Über das Verschwinden des Berliner Dialekts (Auszug, 2012)

Jutta Voigt
*1941 in Berlin
Journalistin und
Autorin

Nutzen Sie die Ausführungen über die **Rolle des Sächsischen in der DDR** für die Gestaltung des Punktes 5 der Aufgabe 4 auf Seite 119.

subversiv
durch geheime Tätigkeiten eine staatliche Ordnung untergraben

1 In der Berliner Gesellschaft zu berlinern ist, als würde man mit dem Hummerbesteck seine Frisur richten. „Haste ma'n Euro?" – mit der allseits bekannten Losung der Loser scheint für die Verächter des Berliner Idioms alles gesagt zu sein: Der Berliner Dialekt ist die Sprache der Armen, der Verlierer, der Hinterhöfe. [...]
5 Die Mauer hatte Berlin nicht nur in Ost und West geteilt, nicht nur ideologisch, ökonomisch und mental, sondern auch sprachlich: In Westberlin, der Frontstadt, aus der sich die großen Industrie-Unternehmen AEG, Borsig und Siemens verabschiedet hatten und mit ihnen die dazugehörigen Arbeiter, wurde am Ende der Mauerjahre mehr geschwäbelt als berlinert. Der Großstadt-Jargon hatte entweder
10 dörflicher Mundart Platz gemacht oder einem Hochdeutsch, durch das der heimische Dialekt schimmerte wie ein Dreckrand, den es wegzuschrubben galt [...].
Berlinert wurde nur noch ganz unten, in Wedding und Neukölln. Und im Osten.
In der Hauptstadt der DDR erfasste der Berliner Dialekt alle Schichten, die gebildeten wie die ungebildeten – hier berlinerte der Bauarbeiter wie der Bildhau-
15 er, der Professor wie der Straßenbauer, die Schauspielerin wie die Verkäuferin. Unterschiede gab es nur in der Grammatik. Die Intellektuellen verzichteten bei aller Solidarisierung mit den Helden der Arbeit nicht auf die richtige Anwendung der Fälle. Berliner Dialekt zu sprechen war so staatstragend wie subversiv. Staatstragend, weil es sich um die Idee einer Diktatur des Proletariats handelte. Somit
20 war das Mundwerk der kleinen Leute allgemeiner Konsens. [...] Subversiv wirkte der Berliner Dialekt, weil das Berlin des Ostens fast ausschließlich von Sachsen regiert wurde, angefangen vom Stimm-Eunuchen Walter Ulbricht, endend bei den Parteisekretären aus Erfurt und Suhl, die geholt wurden, um Berliner Großbetrieben und Akademien den wahren Sozialismus beizubringen. Die Berliner
25 wehrten sich gegen die sächsische Invasion – Berlinern war die Rebellion der Nüchternheit gegen die Phrase, der Triumph der Realität über die Schönfärberei, ein linguistischer Protest gegen die Bonzen aus Sachsen. Das angeborene Bedürfnis des Berliners, Bedeutungsblasen zu schrumpfen, die Dinge zu erden und auf ihr wahres Maß zurechtzustutzen, konnte pseudo-sozialistische Propagandisten
30 in arge Verlegenheit bringen. Auch heute ist das Berlinische bestens geeignet, die Mehr-Schein-als-Sein-Welt ohne Fisematenten vom Kopf auf die Füße zu stellen. Hamse's nich ne Nummer kleiner?, fragt der Berliner, wenn ihm was allzu aufgepustet daherkommt, wenn eine Politiker-Pose vor Pathos zu platzen droht. [...]
Der Hang zum Konkreten war schon immer eine Eigenart der Bewohner dieser
35 Stadt. Als die Nazis kamen, tat der Maler Max Liebermann, Präsident der Preußischen Akademie der Künste, seinen bekannten Ausspruch: „Ick kann janich so viel fressen, wie ick kotzen möchte" – genauer geht's nicht.
Als die Mauer fiel, strömten Hunderttausende Ostberliner mit dem Ruf „Wahnsinn, Mann!" nach Westberlin. Wäre dort mehr berlinert worden, hätte sich das
40 Zusammenwachsen der beiden Stadthälften einfacher gestaltet. Die Teilung der Sprache enttäuschte, man wähnte sich nah und wurde sich fremd. Man wunderte sich im Westteil der Stadt, „dass sogar gutgekleidete, also der sozialen Oberschicht zugehörige Ostberliner deutlich Mundart sprechen". Im Ostteil wunderte man sich, dass in Schöneberg „keen Aas berlinert". Und so ist das Berlinische in Prenz-
45 lauer Berg, Mitte oder Weißensee zu einem Refugium der Erinnerung, zu einer Identitätsfrage geworden, zu einem Test auf das eigene Selbstbewusstsein, einem

Spiel mit den Konventionen. Der Erfolg Ostberliner Politiker und Künstler war eng verbunden mit dem Bekenntnis zu ihrer berlinischen Herkunft [...]. Berliner Dialekt zu sprechen signalisiert Unangepasstheit und Treue zu sich selber. Bei Gregor Gysi reichte ein „Wissense" oder „Sehnse mal", um seine intellektuellen Gedankengänge realitätsnah und seine Gegner trocken erscheinen zu lassen. [...] Heutzutage zu berlinern bedeutet, sich gegen ein monotones Sitten-Design zur Wehr zu setzen – das kann sich nicht jeder leisten.

Der Berliner Dialekt wird verschwinden. Wie die großen Industriebetriebe nun auch aus Ostberlin verschwinden und mit ihnen die übrig gebliebenen Arbeiter [...]. Er wird verschwinden in dem Maße, wie die Uniformierung der Mitte fortschreitet, deren Vertreter reden wie die Zeitung, die sie gerade lesen, also wie gedruckt. Der Berliner Dialekt kapituliert vor dem Reinheitsgebot einer Gesellschaft, die Angst vor der Authentizität hat. Doch wehe einem Berlin, in dem keiner mehr nüchtern feststellt: *Allet Mache.*

1 Erläutern Sie, warum und in welcher Weise nach Ansicht der Autorin der Berliner Dialekt in der ehemaligen DDR zum einen „staatstragend" (Z. 18) und zum anderen „subversiv" (Z. 18) war.

2 Die Autorin spricht von einem „angeborenen Bedürfnis des Berliners, Bedeutungsblasen zu schrumpfen" (Z. 28) und von der „Eigenart der Bewohner Berlins": dem „Hang zu Konkreten" (Z. 34). Beschreiben Sie dieses *Bedürfnis* und diese *Eigenart*. Beurteilen Sie, ob es sich eher um charakterlich-psychische oder eher um sprachliche Phänomene handelt.

3 Erläutern Sie, warum laut Text der Berliner Dialekt „verschwinden" (Z. 54) wird.

4 Erläutern Sie, was „Allet Mache" (Z. 60) bedeutet. Begründen Sie, warum die Autorin sich um das Wohl der Stadt sorgt („wehe", Z. 59), wenn keiner mehr diesen Satz verwendet.

> Es gibt zwei Verfilmungen des Theaterstücks **„Der Hauptmann von Köpenick"**: eine mit Heinz Rühmann (1956) und eine mit Harald Juhnke (1997). Auch empfiehlt es sich, die Rede des Diktators Anton Hynkel aus dem Film **„Der große Diktator"** von Charlie Chaplin anzuschauen.

Der preußische Offizierston (Peter von Polenz)

[Es] entwickelte sich in der wilhelminischen Zeit ein literarisch und kabarettistisch oft parodierter [...] *preußischer Leutnantston* oder *Casinojargon*: Er war kein vollgültiger Soziolekt, bestand kaum aus spezifischem Wortschatz, hatte aber typische prosodische, phonetische und morphologische Merkmale, die damals als *näselnd, schnarrend, hochtönend, abgehackt, flott, forsch, schneidig, schrill, schnoddrig* bezeichnet, auch im Offizierskorps der preußisch dominierten Bundesländer des Deutschen Reiches [...] nachgeahmt wurden. Aus der verknappenden militärischen Redeweise stammten beliebte syntaktische Sparformen des Leutnantstons, z. B. die Weglassung von Verben und des Personalpronomens *ich* (*Jestan Kasino jewesn. Tolle Fraun. Kolossal amüsiert*). In Deutschland beeinflusste dieser Elitärjargon über die Reserveoffiziere [...] auch den autoritären Sprachstil in staatstragenden und einflussreichen beruflichen Positionen (Beamte, Gymnasialprofessoren, Firmenchefs). Dazu gehörten vor allem berlinisch-märkische Merkmale wie *j* für *g*, *e* für *ei* (*Beene* ‚Beine'), *det* für ‚das', *ham se* für ‚haben Sie', *oller* für ‚alter', *nischt* für ‚nichts', *nee* für ‚nein', *'ne* für ‚eine', *is* für ‚ist', die zwar z. T. im allgemeinen deutschländischen Substandard üblich waren, aber zusammen mit der arrogant wirkenden Prosodie und den saloppen Berolinismen bewirkten, dass 74 Jahre Reichshauptstadt Berlin keinen nennenswerten Einfluss auf die seriöse Standardsprachnorm in Deutschland haben konnten.

> **Prosodie** sprachlich-artikulatorische Erscheinungen wie Akzent, Intonation, Pausen
>
> **Morphologie** Wortbildungs- und Formenlehre

5 Verschaffen Sie sich eine akustische Vorstellung vom „preußischen Offizierston", indem Sie entsprechende Passagen der Verfilmungen des „Hauptmanns von Köpenick" anschauen.

6 Erklären Sie die Behauptung im letzten Satz des grünen Kastens, „dass 74 Jahre Reichshauptstadt Berlin keinen nennenswerten Einfluss auf die seriöse Standardsprachnorm in Deutschland haben konnten".

Doreen Reinhard

Das Sächsisch verschwindet! (Auszug, 2017)

Doreen Reinhard
*1974 in Dresden; Überland-Reporterin und freie Autorin

Dialekte verblassen, manche verschwinden. Fragt man Sprachwissenschaftler, zählen sie diese Gründe auf: veränderte Mediennutzung, bei der Dialekte eine geringere Rolle spielen, und wachsende Mobilität, die mit der demografischen Entwicklung zusammenhängt. Beat Siebenhaar, Dialektforscher an der Leipziger Universität, geht noch weiter in die Vergangenheit. „Schon seit dem 17. Jahrhundert, seit die Menschen begonnen haben, nach der Schriftsprache zu sprechen, gibt es große Stadt-Land-Unterschiede. In Städten wird weniger Dialekt gesprochen, weil sich dort Menschen aus allen Ecken treffen. Der ländliche Raum ist bei der Mobilität konservativer, aber auch das verändert sich zunehmend."

Siebenhaar, der aus der Schweiz stammt, hat einen Forschungsschwerpunkt: Sächsisch, der Außenseiter unter den deutschen Dialekten. „Der obersächsische Dialekt ist eigentlich ausgestorben. Den ursprünglichen Dialekt gibt es gar nicht mehr", sagt der Linguist. Zwar spreche man auf dem Land zum Teil noch sehr spezielle Mundarten, aber auch solche Sonderformen gingen hörbar zurück. Was man heute unter Sächsisch verstehe, sei eine Sprachfärbung, die sich hauptsächlich auf die Großstädte Leipzig, Dresden und Chemnitz und das Umland konzentriere. Dort werde ein Sächsisch-Mischmasch gesprochen, aber mit anderer Haltung als anderswo.

Warum Sächsisch so einen schlechten Ruf hat? Das kann auch der Experte nicht endgültig erklären. „Eine Rolle spielt sicher, dass die Vokale nicht sehr deutlich ausgesprochen werden. Aber es ist schwierig, das allein an den Lauten festzumachen. Die gesellschaftliche Stellung spielt eine größere Rolle. Es fängt in der Historie damit an, dass die Sachsen lange geglaubt haben, sie sprechen die beste und schönste Sprache im ganzen Land, und alle anderen das irgendwann nicht mehr hören konnten. Und es geht bei aktuellen Diskursen weiter."

An dieser Stelle können Sie Ihre Kenntnisse über die **Meißner Kanzleisprache** verwenden.

Auch künftig wird das Sächsische wohl keine Beliebtheitswettbewerbe gewinnen, denn Sächsisch gehört nun mal zu Sachsen, und aktuell liest man über dieses Bundesland vor allem negative Schlagzeilen. Der Freistaat gilt als fremdenfeindlicher Krisenherd. Über zig Krawalle und Demonstrationen wurde in den vergangenen Jahren berichtet, nicht nur schriftlich. Unzählige sächsische O-Töne haben sich verbreitet. Nur eines von vielen Beispielen: Als Angela Merkel im Sommer 2015 eine Heidenauer Flüchtlingsunterkuft besuchte, hatte sich auch dort Protest formiert. Eine Frau beleidigte die Kanzlerin in einem Dialektschwall: „Merkel, du Fotze! ... 's glatscht glei, arbor keen Beifall." Die Aufnahme tauchte im Netz auf und wurde tausendfach geklickt. Der Rest der Republik hat Sächsisch zuletzt aus den Mündern pöbelnder Wutbürger gehört. Der Dialekt steht mehr denn je für engstirnige Provinzler. [...]

Ein weiterer Grund für die Sachsen, sich als etwas Besonderes zu fühlen, ist ihre Namenspatenschaft für das ganze Deutschland: In der finnischen Sprache heißt Deutschland **Saksa** und in der estnischen Sprache **Saksamaa**.

Tom Pauls, 53 Jahre, gebürtiger Leipziger, inzwischen schon lange in Dresden zu Hause, hat mit Sächsisch Karriere gemacht. Mit Ilse Bährnert, die jahrelang auf Bühnen und in regionalen Radio- und TV-Programmen hoch und runter lief. Und mit Büchern und Shows, sogar mit einem Wettbewerb, in dem Jahr für Jahr das beliebteste sächsische Wort gekürt wird. Man könnte glauben, Pauls und das Sächsische leben in ungetrübter Harmonie. Trifft man ihn, erlebt man jedoch einen nachdenklichen Sachsen. [...]

Missverständnisse hat der Kabarettist auch mit Ilse Bährnert erlebt. Ursprünglich war sie als Spiegelbild der Sachsen angelegt – eine Figur, die zur Reflexion einlädt. „Sie sollte den bösen Sachsen zeigen, der nach vorne freundlich, aber nach hinten heimtückisch ist", erzählt Pauls. „Das funktioniert in Sachsen aber komischerwei-

Tom Pauls

se nicht überall. Man hält den Leuten einen Spiegel vor, sie erkennen die Figur, wollen aber selbst nicht so sein."

Tom und Ilse hatten viele erfolgreiche Jahre. Auch deswegen gilt Pauls als Sachsen-Versteher. Seit sich ganz Deutschland fragt, was denn bloß mit diesen Sachsen los sei, hört man wenig von ihm. Er weiß, dass so eine Type wie die gern mal keifende Sachsen-Oma Bähnert eventuell auch keifende Sachsen anzieht. Also Leute, die man nicht nur im Publikum von Ilse Bähnert, sondern auch bei Pegida sieht. Pauls lehnt übertriebenen Provinzstolz und Wutbürgertum ab. Er hat sich „fischelant" positioniert und mischt sich in öffentliche Deutungen über sächsische Widrigkeiten nicht ein. Stattdessen hat er die Ilse verändert.

Sie tritt kaum noch auf, aus TV und Radio ist sie verschwunden. „Ich bin vorsichtiger mit ihr geworden", sagt Pauls. „Früher waren die Zeiten anders. Wenn ich das jetzt noch machen würde, die Oma, die auf Sächsisch rummeckert, wäre das nur noch rückschrittlich und eine Projektionsfläche für die, die ich nicht unterstützen will in ihrer Intoleranz und Unhöflichkeit."

Immerhin, ab und zu kann man Ilse Bähnert auch heute noch sehen. Und feststellen, dass sie ein bisschen freundlicher und altersmilder geworden ist und von den Weltreisen erzählt, die sie inzwischen unternimmt. Stolzes Sächsisch spricht sie aber immer noch. […]

fischelant
vom französischen „vigilant": wachsam

Tom Pauls als Ilse Bähnert

1 Erläutern Sie, warum laut Text die sächsische Sprache ein „Außenseiter unter den deutschen Dialekten" (Z. 11) ist bzw. einen „schlechten Ruf" (Z. 19) hat.

2 Erläutern Sie, welche Veränderungen die Bühnenfigur Ilse Bähnert erfahren hat, und geben Sie die Gründe dafür an.

3 Recherchieren Sie die Aktivitäten und die Bedeutung der Ilse-Bähnert-Stiftung für die sächsische Sprache und halten Sie darüber ein Kurzreferat.

4 Konzipieren und erstellen Sie gemeinsam ein Poster, auf dem die Entwicklung des Ansehens Sachsens und seiner Sprache mit Bildern und Texten als Zeitleiste dargestellt wird. Als Kristallisationspunkte dieser Entwicklung dokumentieren Sie folgende Punkte:
1. Meißener Kanzleisprache
2. Christian Pudor
3. G.E. Lessing
4. Karl Liebknecht, Clara Zetkin, Aufstand 1923: Das rote Sachsen
5. Walter Ulbricht (Dominanz des Sächsischen in der DDR)
6. Politische Auseinandersetzung in Sachsen nach der Wende 1990
7. Ereignisse in Sachsen 2015 bis 2017 (Wahlergebnisse, Chemnitz)

Nutzen Sie den oben stehenden Text von Doreen Reinhard, um Punkt 7 zu gestalten.

Die Informationen zu den Punkten vier, fünf und sechs müssen selbstständig recherchiert werden

---

Der Philologe Christian Pudor schreibt 1672
in seinem Werk „Der Teutschen Sprache Grundrichtigkeit":
„Die Meisner haben vor anderen Nationen den Preiß wegen der zierlichen Mundart, dahero man ihre Worte, weil sie rein und deutlich, sicherlich gebrauchen darff. Hergegen muss man der Schweitzer, der Schlesier, der Pommern und anderer Nationen Mundart meiden."

Dieses Zitat erklärt, warum die Sachsen der Meinung waren, „die beste und schönste Sprache im ganzen Land" zu sprechen. (Vgl. S. 118, Z. 22 ff.)

RAHMENTHEMA 6   SPRACHE UND SPRACHGEBRAUCH REFLEKTIEREN

„Da fressen Se eenen Besen druff!"
Die Verwendung des Berliner Dialekts in einer Romanpassage analysieren und beurteilen

Der Roman „Wolf unter Wölfen" von Hans Fallada spielt im Sommer 1923 u. a. in Berlin zur Zeit der Hochinflation, einer wirtschaftlich und politisch extrem krisenhaften Zeit. Der Protagonist Wolfgang Pagel hat die problematische Beziehung zu seiner Mutter beendet und angekündigt, dass er seine restlichen persönlichen Sachen aus dem Familienwohnsitz abholen will. Die alte Mutter hat alle seine Sachen zusammengetragen und sie transportfähig verpackt; unter anderem in einem großen Schrankkoffer. Wolfgang ist tagsüber zu dem verabredeten Termin nicht erschienen. Am Ende einer turbulenten Nacht, gegen zwei Uhr, überredet er einen Taxifahrer, ihn in den Norden der Stadt (Tannenstraße) zu fahren und ihm zu helfen, sein Gepäck heimlich aus der Wohnung seiner Mutter zu holen. Anschließend will Pagel zum Schlesischen Bahnhof (heute Ostbahnhof) gebracht werden.

Hans Fallada

Wolf unter Wölfen (Auszug, 1937)

Pagel holt sein Gepäck

Hans Fallada
(1893–1947)
eigentlich
Rudolf Wilhelm
Friedrich Ditzen,
Deutscher
Schriftsteller
Jummi = Gummi
Autoreifen

1 Die Autotaxe hielt in der Tannenstraße. Nur schwer lässt sich der Chauffeur überreden, mit hinaufzukommen und die Sachen anzufassen …

„Det saren Se so, Jüngling, det jetzt noch keener unterwejens is. Die Diebe hier in Ballin, die sind immer unterwejens. Jetzt zumal. Und wer kooft mir eenen neuen
5 Jummi, der ooch jar nich zu haben is?! Sie doch bestimmt nich!"

„Na, meinswejen, weil's noch bis zum Schlesischen jeht, für 'ne Molle und 'en Korn, wie man so sacht, aber een Kaffee is mir lieba! – Leise soll ick sein –? Ick bin so leise, wie 'ne Rejierung, wenn se Jeld klauen jeht! Die Brüda hören Se ooch nich, aber Ihr Jeld sind Se los, da fressen Se eenen Besen druff!"

Jas = (Stadt)Gas,
giftiger
Energieträger
sich französisch verdrücken = ohne Verabschiedung, heimlich fortgehen

10 „Hübschet Haus – een bisschen düster … Zentralheizung is wohl nich? Aba Jas, Jas hamm Se doch? Det Jas im Haus erspart die Presskohle und den Strick zum Uffbammeln … Ja, ick bin ja schon leise, so leise wie ick sind Sie noch lange nich! – Mit det Schloss nun zum Beispiel, det hätte ick leiser befummelt … Sie drücken sich woll französisch, Jüngling, kleena Mietrückstand, was – ?"

15 „Na, pusten Se sich bloß nich uff, ick war ooch im Felde; wenn Se mir anpusten, schrei ick so laut, dat de Bilder von de Wand rutschen. Sehen Se – jleich sind Se friedlich … So – und det ist nu Ihre sojenannte Bude, was? Knorke […], so ha 'ck dat nich bei Muttern … Und sojar 'n Schrankkoffer – da wer'n wa wohl zweimal jehn müssen, junger Mann …"

Schlafbosten =
Schlafgast für eine
Nacht

20 „Jotte doch! Wer liecht denn da auf die Chaiselongue – ?! Ha ick mir erschreckt! 'ne olle Frau – und pennt janz friedlich. Na, nu sare ick ooch keenen Ton mehr, die lassen wa schlafen; die hat sich ihren Schlaf vadient, die hat de janze Nacht jepackt, die olle Frau! – Det is aber keene Schlafbosten, det ist Ihre jnädije Frau Mutta, was?! Na ja, ha ick mir jleich jedacht! Na, der würd ick aber doch ‚atjeh'
25 und ‚juten Weech' saren, wo se de janze Nacht uff Ihnen jewartet hat … Scherbeln jewesen, was – ? Na ja, Jugend hat keene Tugend, ick bin ooch nich anders jewesen in Ihren Jahren … Jetzt tut's mir manchmal leid, jetzt, wo se tot is und uff'm Matthäikirchhof liecht … Na ja, jeder Mensch macht wieda dieselben Dusslichkeiten, dafür is jesorcht, dat die nich alle wer'n …

30 Na nu man los, jeben Sie mir den Schrankkoffa man ruhich uff 'en Rücken, ick schaff det Dings alleene, ick bin jleich wieda da ... Nee? Sie wollen jleich mit runta – ? Na, meinshalben, jeder, wie er will, jeder so doof, wie er kann, sa ick!"

„Na ja, det is wenichstens wat! Schreiben Se der ollen Frau een paar Zeilen auf, en bisskn was Nettes, verstehn Se! – Wenn's ooch Schwindel is – 'ne Mutta freut
35 sich imma, weiß, det det Kind se beschwindelt, freut sich doch. Will mir doch nich weh tun, denkt se ..."

„Na also, hauen wir ab ... Sachte, junger Mann, vorsichtig bei die Türe ... Wenn wir se jetzt aufwecken, is es freilich Scheibe ... so beim Türmen erwischt werden, det is jemein! Vorsicht doch! Achtung, Sie Dussel! Se wecken se ja! – Jott sei Dank, det
40 wäre jeschafft ... Nu leise de Flurtür zu ... leise, sare ick, Jüngling! [...] Jotte doch, bubbert Ihr Herz ooch so? Ick habe eene Angst jehabt, wir wecken die olle Frau noch uff. Darin bin ick komisch. Eenen Mann, so wie Ihnen, kann ick glatt in die Schnauze schlagen, da denk ick mir jar nischt bei, aber so 'ne olle Frau ..."

1 *Lernarrangement*
  a) Markieren Sie alle Textstellen, die Ihnen unverständlich sind.
  b) Versuchen Sie in Arbeitsgruppen, möglichst viele Unklarheiten zu beseitigen.
  c) Nutzen Sie das Kursplenum, um alle unverständlichen Textstellen zu klären.
  d) Verteilen Sie die einzelnen Absätze des Textes auf Arbeitsgruppen. Fertigen Sie in Ihrer Arbeitsgruppe eine Übertragung des Textes in hochdeutsche Standardsprache an. Einigen Sie sich vorher über das Sprachregister, das sie verwenden wollen. (z. B.: Soll der Begriff „Schnauze" (Z. 43) übernommen werden oder soll es *Gesicht* heißen?)
  e) Tragen Sie der Reihe nach im Plenum Ihre Übertragungen vor. Diskutieren Sie unterschiedliche Herangehensweisen und mögliche Veränderungen in der Aussage.

2 Charakterisieren Sie die Figur des Taxifahrers anhand ihrer Äußerungen. Entscheiden Sie, ob Sie diese Figur sympathisch finden oder nicht. Begründen Sie Ihre Entscheidung.

Der gesamte Roman „Wolf unter Wölfen" umfasst mehr als 1300 Seiten. Im ganzen Roman gibt es kein Kapitel, welches dem wiedergegebenen gleicht. Abgesehen von den ersten beiden Sätzen besteht es nur aus der wörtlichen Rede einer völlig unwichtigen Nebenfigur, einem Taxifahrer, der nur an dieser Stelle auftaucht. Es gibt keinen verbindenden Fließtext und zwischen den einzelnen Blöcken der wörtlichen Rede verstreicht mehr oder weniger lange Zeit. Handlung und vor allem Figurenrede des eigentlichen Protagonisten werden vollständig ausgespart. Damit greift Fallada ein Stilmittel des Expressionismus auf.

3 *Lernarrangement*
  a) Verfassen Sie in Ihrer Arbeitsgruppe einen stichwortartigen Text, der die vollständige Handlung dieser Szene wiedergibt. Beginnen Sie mit dem Gespräch im Taxi. Beachten Sie vor allem die Handlungen, Verhaltensweisen und Denkvorgänge der *beiden* Figuren.
  b) Tauschen Sie im Plenum Ihre Arbeitsergebnisse aus und ergänzen Sie sie ggf.
  c) Diskutieren Sie in Ihrer Arbeitsgruppe, ob Sie diese Variante des epischen Erzählens eher als *angenehm, interessant und ansprechend* empfinden oder als *unangenehm, anstrengend und die Leselust hemmend*. Konzentrieren Sie sich dabei auf die Rolle des Dialekts.
  d) Tragen Sie im Plenum die Ergebnisse Ihrer Diskussion vor und setzen Sie sich mit den Ergebnissen der anderen Gruppen auseinander. Ziehen Sie ein Fazit.

Register
funktionsspezifische sprachliche Ausdrucksweise. Angehörige unterschiedlicher gesellschaftlicher Schichten verfügen über eine Reihe von sprachlichen Codes, die in konkreten Sprechsituationen stilistisch eingesetzt werden.

„Neuer Dialekt!" – „Rassistisch!"
Die Auseinandersetzung um Kiezdeutsch analysieren und bewerten

Heike Wiese

Kiezdeutsch – ein neuer Dialekt (2010)

Heike Wiese
*1966
deutsche Germanistin; Professorin für Deutsche Sprache der Gegenwart an der Universität Potsdam

[1] Vgl. Feridun Zaimoglu, Kanak Sprak. 24 Mißtöne vom Rande der Gesellschaft, Berlin 1995.

[2] Vgl. Jannis Androutsopoulos, Ethnolekte in der Mediengesellschaft, in: Christian Fandrych/Reinier Salverda (Hrsg.), Standard, Variation und Sprachwandel in germanischen Sprachen, Tübingen 2007.

[...] Etwa seit Mitte der 1990er-Jahre ist mit „Kiezdeutsch" eine Jugendsprache in den Blick der Öffentlichkeit getreten, die sich in Wohngebieten mit hohem Migrantenanteil ausgebildet hat. Hier einige Beispiele aus diesem Sprachgebrauch: „Lassma Viktoriapark gehen, Lan." / „Ich höre Alpa Gun, weil der so aus Schöneberg kommt." /
5 „Ich hab meiner Mutter so Zunge rausgestreckt, so aus Spaß. Wallah." Wie diese Sätze illustrieren, weicht Kiezdeutsch in verschiedenen Bereichen vom Standarddeutschen ab. Entgegen einer verbreiteten öffentlichen Wahrnehmung ist es jedoch kein gebrochenes Deutsch, sondern begründet einen neuen, urbanen Dialekt des Deutschen, der – ebenso wie andere deutsche Dialekte auch – systematische sprachliche
10 Besonderheiten in Bereichen wie Aussprache, Wortwahl und Grammatik aufweist. [...] In der öffentlichen Diskussion werden zum Teil auch andere Bezeichnungen verwendet, etwa „Kanak Sprak", ein Begriff der besonders in den Comedybereich Eingang gefunden hat. „Kiezdeutsch", die Bezeichnung, die hier benutzt wird, ist aus mehreren Gründen besonders passend für diese Jugendsprache. Zum einen macht
15 sie deutlich, dass wir es mit einer Varietät des Deutschen zu tun haben. Zum anderen weist sie darauf hin, dass diese Jugendsprache im Kiez beheimatet ist, der im Berlinerischen ein alltägliches Wohnumfeld identifiziert, dass es sich also um eine informelle, alltagssprachliche Form des Deutschen handelt. Schließlich beinhaltet der Begriff keine ethnische Eingrenzung und kann so erfassen, dass Kiezdeutsch nicht
20 nur von Sprecherinnen und Sprechern einer bestimmten Herkunft gesprochen wird. [...] Demgegenüber fasst eine Bezeichnung wie „Kanak Sprak" zunächst nur Jugendliche nicht-deutscher Herkunft in den Blick und tut dies auf eine stark herabsetzende Weise. Der Gebrauch des Ausdrucks „Kanak Sprak" war zwar ursprünglich als Rückeroberung eines negativ besetzten Begriffs im Rahmen politischer
25 Migrantenbewegungen motiviert.[1] Wie sprachideologische Untersuchungen betonen, sind die herabsetzenden Assoziationen zu „Kanak" aber erhalten geblieben.[2] Ich verwende daher ausschließlich den Begriff „Kiezdeutsch", der solche negativen Vorabbewertungen vermeidet und mittlerweile auch in der politischen Diskussion gut eingeführt ist. [...]

1 Verfassen Sie einen kurzen lexikalischen Text, der den Begriff *Kiezdeutsch* definiert.

2 Beziehen Sie sich auf die Erarbeitung des Textes *Der Terminus Dialekt in der Sprachwissenschaft* (S. 109) und erörtern Sie anhand des oben stehenden Textes, ob Kiezdeutsch als Dialekt gelten kann.

3 Beschreiben Sie die sprachlichen Besonderheiten dieser Beispiele für Kiezdeutsch:

> *Ich bin so gelaufen so, dann ich wollte so über Ampel gehen,*
> *und dann ist ein Auto so gegen Baum geknallt.*
> *So die ersten zwei Wochen wir haben uns mit denen verstanden.*
> *Ey, rockst, lan, Alter!*
> *Musstu Lampe reinmachen.*
> *Ich werde zweiter Mai fünfzehn.*

Matthias Heine

In Wahrheit ist Kiezdeutsch rassistisch (2014)

Die Potsdamer Germanistin Heike Wiese hat Menschen, die Kiezdeutsch für eine defizitäre Sprache halten, als Rassisten bezeichnet. „Kiezdeutsch" ist ein Begriff, den Frau Wiese erfunden hat, um den die deutsche Standardgrammatik ignorierenden Jargon von Migrantenkindern aufzuwerten. Für die Wissenschaftlerin ist diese Sprechweise ein akzeptables Deutsch unter vielen möglichen Varianten. Seitdem die Professorin vor zwei Jahren in einem Buch für die Anerkennung von Kiezdeutsch plädiert hat, wird sie teilweise heftig kritisiert. Jetzt hat sie ihre Fassungslosigkeit darüber zu Protokoll gegeben: „Sprache ist wohl einer der wenigen Bereiche, in dem man noch offen rassistisch sein kann."

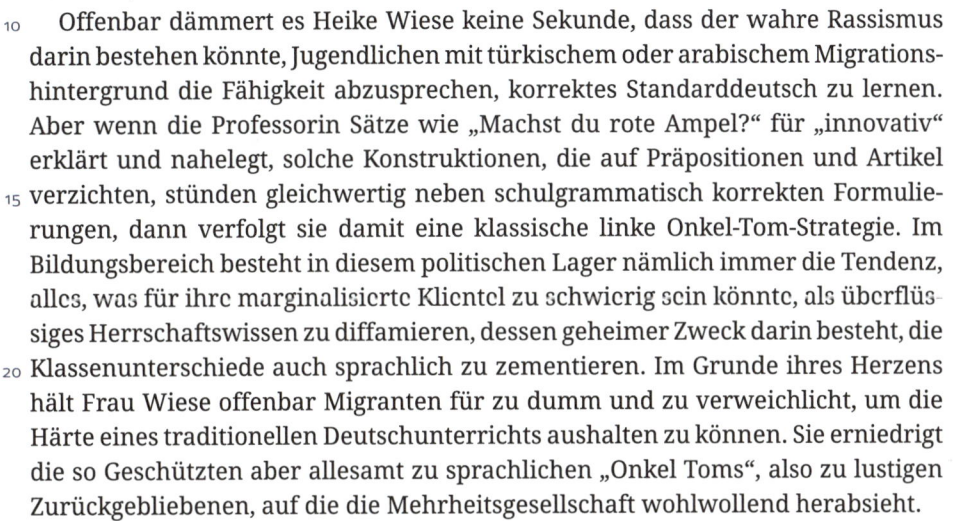

Offenbar dämmert es Heike Wiese keine Sekunde, dass der wahre Rassismus darin bestehen könnte, Jugendlichen mit türkischem oder arabischem Migrationshintergrund die Fähigkeit abzusprechen, korrektes Standarddeutsch zu lernen. Aber wenn die Professorin Sätze wie „Machst du rote Ampel?" für „innovativ" erklärt und nahelegt, solche Konstruktionen, die auf Präpositionen und Artikel verzichten, stünden gleichwertig neben schulgrammatisch korrekten Formulierungen, dann verfolgt sie damit eine klassische linke Onkel-Tom-Strategie. Im Bildungsbereich besteht in diesem politischen Lager nämlich immer die Tendenz, alles, was für ihre marginalisierte Klientel zu schwierig sein könnte, als überflüssiges Herrschaftswissen zu diffamieren, dessen geheimer Zweck darin besteht, die Klassenunterschiede auch sprachlich zu zementieren. Im Grunde ihres Herzens hält Frau Wiese offenbar Migranten für zu dumm und zu verweichlicht, um die Härte eines traditionellen Deutschunterrichts aushalten zu können. Sie erniedrigt die so Geschützten aber allesamt zu sprachlichen „Onkel Toms", also zu lustigen Zurückgebliebenen, auf die die Mehrheitsgesellschaft wohlwollend herabsieht.

Frau Wieses ursprüngliche Theorie, Kiezdeutsch sei ein neuer Dialekt, ist durchaus plausibel. Denn auch viele alte Dialekte sind entstanden, als im Mittelalter massenhaft Zuwanderer in die vorher von Slawen besiedelten Gebiete des späteren Mittel- und Ostdeutschland zogen und sich dort ihre aus der Heimat mitgebrachten Sprachen zu etwas ganz Neuem mischten.

Fatal ist nur, wenn dieser theoretische Ansatz zu einer zwanghaften Nivellierung führt. Weil Kiezdeutsch in Wirklichkeit kein Dialekt ist, sondern ein Soziolekt, die Sprache einer bestimmten Schicht. Kreativ an ihr ist allenfalls, wie diese Schicht mit ihren grammatischen Defiziten spielerisch umgeht. Bundestagsabgeordnete, Professoren oder Architekten mit Migrationshintergrund kämen aber nie auf die Idee, ein breites Publikum in Kiezdeutsch anzusprechen. In diesen Kreisen ist man sich bewusst, dass man sich damit zu einer Witzfigur machen und sich dem Verdacht aussetzen würde, genauso restringiert zu denken, wie man spricht.

Denn darin besteht das Missverständnis von Professor Wiese und anderen Sprachwissenschaftlern, die sich der Kampagne für die Emanzipation des Kiezdeutschs angeschlossen haben: Nur weil es mittlerweile auch deutsch-stämmige Deutsche gibt, die Kiezdeutsch sprechen, heißt das noch lange nicht, dass wir in einigen Jahrzehnten alle so reden. Die Beispiele, die Frau Wiese und ihre ähnlich argumentierende Linguistenkollegin Diana Marossek belauscht haben, teilen sich ganz offensichtlich in zwei Gruppen: Einerseits gibt es Deutsche aus bildungsfernen Schichten, die sich sprachlich den Migrantenkindern, die auf ihrer Schule die Mehrheit bilden, angepasst haben und tatsächlich gar nicht anders reden können.

Andererseits sind da diejenigen, die die Standardsprache durchaus beherrschen, aber gelegentlich aus Laune in den Kiez-Code wechseln, so wie sich der Bürger ja gelegentlich mal aus Jux und für den Nervenkitzel in eine Proletarier-

Matthias Heine
*1961
Journalist und Buchautor. Seit 2010 Redakteur bei der Zeitung DIE WELT

kneipe begibt. Frau Wiese glaubt, bei diesen Jugendlichen stünde Kiezdeutsch für das entspannte Plaudern unter Freunden und manchmal auch für Provokation – denn die Jugendlichen wissen, dass keine Nazi-CD und keine Gesichtstätowierung ihre Eltern zuverlässiger
55 in Panik geraten lässt als Kiezdeutsch.

Beide Motive spielen bestimmt tatsächlich eine Rolle. Aber zuallererst imitieren deutsche Gymnasiasten oder Studenten doch den (echten oder vermeintlichen) Jargon türkischer Altersgenossen, um sich darüber zu belustigen.
60 Je höher die Bildung, desto eher besteht der paradoxe Trick darin, Kiezdeutsch zu sprechen und sich gleichzeitig von dessen originären Sprechern zu distanzieren. Im Grunde ist das wie „Blackfacing". So nennt man in Amerika die lange von Weißen verübte rassistische Humorpraxis, sich
65 das Gesicht schwarz anzumalen, um über die Schwarzen und ihre kulturellen Besonderheiten zu spotten. Wenn Deutsche, die es besser können, Kiezdeutsch reden, ist das oft „Turkfacing" – man schminkt sich sprachlich als Türke, um unter den biodeutschen Freunden ein paar leichte
70 Humorpunkte zu machen.

Blackface
schwarz geschminkter Weißer

1 Sammeln Sie die Vorwürfe, die Matthias Heine gegenüber Heike Wiese formuliert:

Zeile	Kritikpunkt
2 ff.	*Jargon, der die dt. Standardgrammatik ignoriert, soll aufgewertet werden*
11 f.	*Wiese spricht Migrantenkindern Fähigkeit ab, korrektes Standarddeutsch zu lernen*

2 Erläutern Sie, was der Autor mit „linke[r] Onkel-Tom-Strategie" (Z. 16) meint.

3 Der Autor differenziert zwischen zwei unterschiedlichen Gruppen von Jugendlichen, die Kiezdeutsch verwenden. Charakterisieren Sie diese beiden Gruppen. Arbeiten Sie dabei klar heraus, welche Motive es für das Sprechen von Kiezdeutsch gibt.

4 Im Text wird der Begriff „Blackfacing" (Z. 63) und der Neologismus „Turkfacing" (Z. 68) verwendet. Recherchieren Sie die Bedeutung des „Blackfacings", um die im Text gegebene Definition zu ergänzen. Präsentieren Sie Ihre Erkenntnisse in einem Kurzreferat.

5 *Lernarrangement*
a) Verständigen Sie sich zu zweit darüber, was Rassismus ist. Formulieren Sie eine Definition.
b) Diskutieren Sie miteinander, ob Sie die gegenseitigen Rassismus-Vorwürfe in den wiedergegebenen Texten für berechtigt halten.
c) Formulieren Sie gemeinsam zutreffende Definitionen der Begriffe „Rasse" und „Rassismus".
d) Führen Sie im Plenum die Diskussion, die Sie in Aufgabe b) vorbereitet haben.

Ergebnisse der Soziolinguistik: elaborierter und restringierter Code

Die Definition der Codes kennenlernen

Ilse und Ernst Leisi

Wie „einfache Leute" reden (Auszug, 1993)

Bekanntlich gibt es unter den Menschen viele Unterschiede. Es gibt reiche, arme, gebildete, ungebildete, angesehene, weniger angesehene Menschen. [...]

Wenn man von sozialen Unterschieden spricht, die sich auf die Sprache auswirken, dann redet man lieber von „gebildet" und „ungebildet" als von „reich" und „arm". [...] In den letzten zwanzig Jahren, seit den Forschungen von Basil Bernstein und anderen, hat sich eine zwar immer noch zweiteilige, aber neutralere Bezeichnung durchgesetzt, nämlich das Begriffspaar „restringiert" und „elaboriert".

„Restringiert" (nach englisch „restricted") nennt man eine, wie der Name sagt, ‚eingeschränkte' Sprachform, welche für diejenigen charakteristisch ist, welche eine geringe Schulbildung und damit eine nur rudimentäre sprachliche Ausbildung genossen haben.

„Elaboriert" (nach englisch „elaborated") heißt die ‚ausgearbeitete' oder ‚reichhaltige' Sprachform, die denjenigen zur Verfügung steht, welche eine umfassendere Schulbildung, im Besonderen einen gründlichen Unterricht in der Muttersprache, genossen haben.

Einige Merkmale der restringierten Sprache sind:
- weniger deutliche Aussprache
- stark vereinfachter Satzbau: nur kurze Hauptsätze, wenig Nebensätze [...]
- Hierzu gehört: Kaum indirekte Rede. Der Sprecher sagt normalerweise: „Da sag ich zu ihm: ‚Hören Sie, sowas lass ich mir nicht bieten'", wogegen dem „elaborierten" Sprecher neben der direkten auch die indirekte Rede („ ... dass ich mir so etwas nicht bieten lasse") und andere, zusammenfassende Ausdrucksweisen („da habe ich mich beschwert") zur Verfügung stehen.
- Geringer Vorrat von Adjektiven (die für Maximales und Minimales stehen, Mittelwerte und Nuancierungen dagegen vermissen lassen). Ein „restringierter" Sprecher würde also etwa sagen: „Die Kellner waren prima", oder: „Die Kellner waren lausig", wo einem „elaborierten" eine ganze Palette zur Verfügung stände, von „Die Kellner waren eifrig / beflissen" etc. bis zu „Die Kellner waren herablassend / hochnäsig / nachlässig / gnädig" etc.
- Um der Sprache mehr „Kraft" zu geben, wird die Aussage mit festen Wendungen durchsetzt, also etwa: „kannst mir glauben", „also ich sage dir", „ehrlich", „verstehst du" etc. Zu diesen kommen allenfalls noch Kraftwörter. Das heißt, die Äußerungen bestehen weitgehend aus „vorfabrizierten" Bestandteilen.
- Dadurch ergibt sich ein hoher Grad von Voraussagbarkeit oder „Prädiktabilität": Wenn der Sprecher seine Aussage begonnen hat, kann der Hörer mit einiger Sicherheit voraussagen, wie der Satz weitergehen wird.
- Charakteristisch ist ferner die „vage Deixis", die Undeutlichkeit der Hinweise. Der Sprecher sagt zum Beispiel „und dann sagten sie" oder „die sind doch alle Gauner", und der Hörer wird im unklaren gelassen, wer diese „sie" eigentlich sind. Dies mag daher kommen, dass sich solche Sprecher viel in Situationen bewegen, wo auch eine „vage Deixis" durch die konkrete Umgebung eindeutig wird.
- Hierzu kommen meistens noch Abweichungen von den Regeln der Schriftsprache: *lautliche Verstöße* wie „grihn" für „grün"; *grammatische Verstöße*, wie

---

Ilse Leisi
(1913–1999)
Übersetzerin

Ernst Leisi
(1918–2001)
schweizerischer Anglist

Deixis
Bezugnahme auf Personen, Orte, Gegenstände und Zeiten im Kontext; altgriechisch δείκνυμι = ich zeige

die Verwechslung von Dativ und Akkusativ, z. B. „ich liebe dir", was zum Beispiel daher kommen kann, dass der Dialekt, den der Sprecher normalerweise
spricht, den Unterschied dieser Fälle nicht hat. *Verstöße im Wortgebrauch:* Besonders der falsche Gebrauch von (hochtrabenden) Fremdwörtern ist eine nie
versiegende Quelle der Belustigung (bei den besser Informierten) [...]. *Falscher
Gebrauch von Idiomen* (festen Redewendungen). In Thomas Manns Novelle
„Unordnung und frühes Leid" sagt das Kindermädchen Anna: „Es verhält sich
an dem, dass bei dem Kind die weiblichen Triebe ganz uhngemein lepphaft in
Vorschein treten." Also „es verhält sich an dem", statt: „es verhält sich so" oder
„es ist an dem", und „in Vorschein treten" statt „zum Vorschein kommen" oder
„in Erscheinung treten".

[...] Was immer die Ursachen, Tatsache ist, dass einer Person, die nur über die
restringierte Sprache verfügt, im Leben zahlreiche Nachteile erwachsen, dann
nämlich, wenn sie aus ihrem eigenen Milieu hinaustritt und sich in ein Milieu
von „elaborierten" Sprechern und Hörern begibt. Sie wird auffallen, klassiert und
abgeschätzt werden, und zahlreiche Möglichkeiten werden ihr aus sprachlichen
Gründen verschlossen bleiben.

Es ist bezeichnend, dass das Musical „My Fair Lady" [...] ein Riesenerfolg war,
nicht nur im englischen Sprachgebiet, wo es zur Weltsensation wurde, sondern
auch im deutschen Raum. Natürlich ist daran maßgeblich die spritzige Musik
beteiligt. Aber nicht minder das Thema: Das Stück, welches auf der geistreichen
Komödie „Pygmalion" von Bernard Shaw beruht, ist die Geschichte vom Londoner
Blumenmädchen, dem zuerst alle Aufstiegsmöglichkeiten verschlossen sind, bis
es einen Sprachunterricht bekommt, der sein Defizit ausgleicht; danach findet es
Eingang in die „höchsten Kreise".

Wahrscheinlich funktionieren beide Sprachformen, die restringierte und die
elaborierte, in ihrem Milieu recht gut. Probleme gibt es dann, wenn die beiden
Milieus zusammenstoßen. Dann wird jeweils die milieufremde Sprachform als
„falsch" empfunden.

Das gilt übrigens in beiden Richtungen. Es gibt eine ganze Menge literarischer
Zeugnisse für die „Verachtung von unten". Zuckmayer schreibt in seinem Erinne-
rungsbuch „Als wär's ein Stück von mir", dass die „feineren" Mainzer Jungen, die
sich in Sprache und Manieren von den anderen abhoben, von diesen mit dem Ruf
„Juddebub" verfolgt und, wenn eingeholt, verprügelt wurden. „Erst als ich ebenso
vulgär fluchen konnte wie sie, ließen sie von mir ab." [...] Dies muss gesagt sein,
weil die Dinge von vielen Sprachsoziologen so dargestellt werden, als geschehe
die Ablehnung der fremden Sprachform nur „oben".

„My Fair Lady", Bad Hersfelder Festspiele, 2016

1 Entnehmen Sie dem Text alle Angaben, die den restringierten Sprach-Code charakterisieren, und tragen Sie diese in die Tabelle ein. Die Angaben für den elaborierten Code rekonstruieren Sie als Pendant.

restringierter Code	elaborierter Code
undeutliche Aussprache	deutliche Aussprache
falscher Gebrauch von Idiomen	

2 Informieren Sie sich über das Musical „My Fair Lady". Konzipieren und halten Sie ein Referat über Thema, Musik und Erfolg des Musicals.

3 *Lernarrangement*
Im Text wird darauf hingewiesen, dass es zu gegenseitiger Verachtung kommen kann, wenn elaborierte und restringierte Sprecher einander begegnen und miteinander kommunizieren. Es könne dann sowohl zu einer *Verachtung von oben* (vgl. Z. 80) wie auch zu „Verachtung von unten" (Z. 75) kommen.
a) Teilen Sie Ihren Kurs in zwei Hälften. Die Kursteilnehmer der einen Hälfte durchsuchen in Partnerarbeit alle Texte dieser Unterrichtseinheit, in denen der Aspekt „Verachtung von oben" thematisiert wird. Die andere Hälfte verfährt ebenso mit dem Aspekt „Verachtung von unten".
b) Tragen Sie im Kursplenum Ihre Ergebnisse zusammen.
c) Tauschen Sie sich im Plenum darüber aus, ob und in welcher Situation Sie selber Erfahrungen mit (sprachlicher) *Verachtung von oben* bzw. (sprachlicher) *Verachtung von unten* gemacht haben.

Gunter Dueck

Der Oberschicht-Code (Auszug, 2012)

1 Die Chancen eines Kindes hängen sehr stark vom Elternhaus ab. Das zeigen alle Statistiken, die danach fragen. Oberschichtkinder schaffen fast alle das Abitur und sehr viele von ihnen studieren. Selbst wenn man vergleicht, wie sich junge Leute nach einem mit gleicher Note bestandenen Studium entwickeln, schneiden
5 Oberschichtkinder viel besser ab. Pfui, schimpfen alle! Gebt den anderen eine Chance! Dazu müsste man aber doch einmal nachdenken, was jeweils richtig oder falsch läuft, oder?
Die Oberschichtkinder haben angeblich ach so irrwitzig viele Verbindungen, sie sind in gegenseitig unterstützenden Zirkeln organisiert, sie kennen Einfluss-
10 reiche, benehmen sich gewandter, können schön daher reden. Die Eltern vermitteln ihnen gute Arbeitsstellen und kungeln für ihre Kids. Es muss bestimmt einen Oberschicht-Code geben, so könnte man meinen. Dieser Code gibt Zugang,

Gunter Dueck
*1951 Hildesheim
deutscher Mathematiker und Buchautor

der den anderen verwehrt wird. In meiner Jugend gab es wilde Gerüchte, worauf Personalmanager bei Einstellungen achten würden. Man dürfe keinen Bart tragen (zeigt linke Gesinnung, wenigstens Nonkonformismus) und man werde gefragt, welchen Wein man gerne trinke: „Lieber St. Julien oder St. Estèphe? Wie beurteilen Sie die Unterschiede?" An solchen kleinen Zeichen wittere man, ob wir für eine Einstellung geeignet wären. Und dann geistert natürlich auch noch eine These aus der Soziolinguistik herum, die schon fünfzig Jahre auf dem Buckel hat, nämlich die Bernsteinhypothese. […]

Bernsteinhypothese vgl. dazu den vorangehenden Text von Ilse und Ernst Leisi

Die Oberschichtkinder bekommen bestimmt eine andere Geheimsprache eingerichtet, mit der man besser denken und arbeiten kann – und die bei der Einstellung ausschlaggebendes Kriterium ist!

Huh, da schüttele ich mich! […] Bei Einstellungen schaut man hauptsächlich, ob der Bewerber den Eindruck vermittelt, dass er seinen Job eigenverantwortlich locker hinbekommt, ohne dass man als Chef dauernd eingreifen und helfen muss. Und die neuen Mitarbeiter sollen bitte nicht herumzicken und Probleme bei der Arbeit und im Team vernünftig selbst regeln, am besten so, dass gar keine Probleme entstehen oder gar auftreten. Die Arbeit soll einfach wie von selbst laufen! Ja, liebe Leute, wonach stellen Sie denn ein?

Können wir auf dieser Basis einmal nachdenken, warum Oberschichtkinder bevorzugt werden? Der Schlüssel muss doch mehr im Bereich „Teamarbeit, Eigenverantwortlichkeit, Herumzicken, Im-Ganzen-Denken und -Arbeiten, Zum-Gelingen-Beitragen" liegen – oder? Wer in solchen Rubriken im Elternhaus die richtige Haltung beigebracht bekommt, wird bevorzugt – und irgendwo zu Recht, weil diese Arbeitshaltungen zu wesentlich besseren Arbeitsergebnissen führen. Wer aber im Elternhaus nicht diese positive Grundhaltung des Beitragens und Gelingens mitbekam, hat schlechte Karten – zu Recht irgendwie. Das Problem ist doch, wie wir es schaffen, allen Kindern bis zum Schulabschluss diese professionelle Grundhaltung als Prägung mitzugeben. Nichts wäre den Einstellenden lieber, als wenn alle jungen Leute konzentriert am Gelingen interessiert wären, sich selbst verantwortlich kümmern und mit allen Mitmenschen auskommen.

Die positive Einstellung und Haltung zum Leben haben sicher alle „da oben" und sie fehlt eher „da unten". Also ist DORT die Baustelle. Das Problem liegt nicht in einem mysteriösen Geheimcode, schon gar nicht in der Kenntnis bester Bordeaux-Lagen. Nein, es geht einfach um gutes Arbeiten in Berufen der Zukunft. Wer kann an dieser Baustelle arbeiten? Man kann diejenigen Eltern aktivieren und wachrütteln, die sich bisher nicht so stark um ihre Kinder gekümmert haben. Die sagen leider oft: „Dafür ist die Schule da." Und dann fühlen sie sich nicht verantwortlich. Die Schule kann im Prinzip zu einer vernünftigen Arbeitseinstellung erziehen, sie sieht aber generell die Eltern in der Pflicht. „Wir erwarten Lernbereitschaft, Neugier, Interesse und Fleiß von unseren Schülern. Diese Grundvoraussetzungen müssen fertig mitgebracht werden."

Die benachteiligten Schüler aber kommen oft ohne einen Sinn für „Neugier, Interesse und brennendem Lernwunsch" in den Klassenraum. Genauso werden sie später genau diese Haltungen auch nicht zum ersten Arbeitgeber mitbringen. DAS ist das Problem.

1 Fassen Sie prägnant zusammen, welche Kriterien nach Auffassung des Autors bei Einstellungsgesprächen entscheidend sind.

2 *Lernarrangement*
Der Autor behauptet, viele Eltern von benachteiligten Schülern seien der Meinung, die Schule sei verantwortlich für die Vermittlung einer vernünftigen Arbeitseinstellung. Weiterhin schreibt er, die Schule sei prinzipiell dazu in der Lage, erwarte aber, dass die Grundvoraussetzungen aus den Familien mitgebracht werden.
a) Diskutieren Sie in Arbeitsgruppen, welche von beiden Positionen Ihrer Meinung nach zutreffend ist. Schließen Sie die Diskussion mit einer klaren Entscheidung ab.
b) Stellen Sie im Plenum das Ergebnis Ihrer Gruppenarbeit vor und halten Sie an der Tafel fest, wie viele Kursteilnehmer die Eltern in der Pflicht sehen und wie viele die Schule.
c) Bilden Sie nun Gruppen, die ausschließlich aus Befürwortern einer Position bestehen. Führen Sie in diesen Gruppen eine Auseinandersetzung über notwendige und mögliche Maßnahmen, um entweder die Eltern oder die Schule als verantwortliche Instanz für die Herausbildung von Lernbereitschaft, Neugier, Interesse und Fleiß zu qualifizieren.
d) Formulieren Sie das Ergebnis Ihrer Diskussion in kurzen Thesen.
e) Tragen Sie reihum im Plenum Ihre Thesen vor und verständigen Sie sich über deren Notwendigkeit, Plausibilität und Durchsetzbarkeit.

Peter von Polenz

Das gutbürgerliche Bildungsdeutsch (Auszug, 1999)

1 Das gutbürgerliche Bildungsdeutsch war durch allgemeine Prinzipien gekennzeichnet: Maximal verbale Kommunikation [...], Korrekt- und Deutlichsprechen, bestimmte Anredeformen, literarisches Zitieren, Vermeidung von Dialekt und vulgären Wörtern, unverbindliche Themenvielfalt der gesellschaftlichen Konver-
5 sation [...], der perfekt gespielten gesellschaftlichen Harmonie. Dabei spielten bestimmte lexikalische Repertoires eine Rolle:
– Entzückungswörter wie *vorzüglich, köstlich, prächtig, kolossal, sich amüsieren*;
– Einleitungsfloskeln wie *Ich bin so frei, gestatten Sie, darf ich mir erlauben, Ich habe das Vergnügen, verzeihen Sie*;
10 – indirekter Ausdruck bestimmter Sprachhandlungen wie *Sie sind gewiss so freundlich, Ich würde meinen, dass; Sie können mir sicher verraten, ob*;
– gehobene Wortvarianten wie *sich befinden* für *sein*, *erhalten* für *bekommen*, *benötigen* für *brauchen*, *lediglich* für *nur*, *zahlreiche* für *viele*, *vermag* für *kann*; viel werden-Futur, Klammersätze, erweiterte Attributgruppen, vorangestellter
15 Genitiv, usw.
Wer all diese Prestigevarianten nicht beherrschte oder falsch verwendete, war – ohne es zu merken – in besserer Gesellschaft rasch bloßgestellt als *ungebildet* oder *einfache Leute*. Dieses soziolektale Bildungsdeutsch wirkte in bestimmten Kreisen weit ins 20. Jh. weiter.

Peter von Polenz (1928–2011) deutscher Sprachwissenschaftler und germanistischer Mediävist

1 Gestalten Sie einen Dialog, in dem alle genannten Merkmale des gutbürgerlichen Bildungsdeutschs vorkommen. Teilnehmer dieses Dialogs sind zwei erwachsene und gutsituierte Männer, die sich über ihren letzten Urlaub austauschen. Tragen Sie Ihre Ergebnisse vor.

2 Beurteilen Sie die Ergebnisse nach vorher festgelegten Kriterien.

RAHMENTHEMA
Medienwelten

7

Pflichtmodul:
Medien im Wandel 131

Im Wesentlichen richtet sich der Blick auf den Medienbegriff und die Mediengeschichte. Als Teilnehmer an einer sich immer mehr beschleunigenden Medienentwicklung erwerben Sie Überblickswissen und ziehen dieses zur Reflexion der eigenen Mediennutzung heran. Im Zentrum der Betrachtung digitaler Medien stehen u.a. auch die Auswirkungen auf die Kommunikation, sowohl im persönlichen Alltag als auch in der Gesellschaft. Für Kurse auf erhöhtem Anforderungsniveau bietet der Aspekt Medienkritik eine Vertiefung der gewonnenen Einsichten.

Wahlpflichtmodul:
Der Film als eigene Kunstform 158

Der Film als narratives Medium mit den ihm eigenen ästetischen Mitteln bildet – in Analogie zum literarischen Erzählen – den Schwerpunkt dieses Wahlpflichtmoduls. Anhand eines Spielflims wird erarbeitet, welche narrativen Konventionen Filmbüchern zugrunde liegen, wie diese in Erzählmustern verankert sind und wie sie filmisch umgesetzt werden.

Kompetenzen

In diesem Rahmenthema betrachten Sie die vielfältigen und unterschiedlichen Erscheinungsformen der Medienwelt. Dabei entwickeln Sie die Fähigkeit der Reflexion von Medienerfahrungen einerseits und erlernen andererseits das begriffliche Instrumentarium zur analytischen und interpretierenden Auseinandersetzung mit konkreten Medienprodukten.

Im Rahmen Ihrer Erarbeitungen erwerben Sie folgende Kompetenzen:

- Sie definieren den Medienbegriff und können unterschiedliche Medien sicher klassifizieren und in ihrer Funktion bzw. Wirksamkeit beurteilen.
- Sie reflektieren Medienerfahrungen unterschiedlicher Erscheinungsform und Qualität.
- Sie beurteilen die Qualität journalistischer Arbeit und analysieren deren gesellschaftliche Wirkung.
- Sie kennen die Geschichte der Medien und setzen sich mit dem beschleunigten Wandel zur Digitalität auseinander.
- Sie kennen medienkritische Positionen und können sie auf Ihre eigene Mediennutzung beziehen.
- Sie kennen wesentliche filmsprachliche Mittel und können erschließen, wie diese in aktuellen Spielfilmen oder Werken der Filmgeschichte für spezielle narrative Ziele verwendet werden.
- Sie kennen grundlegende Merkmale der filmischen Dramaturgie (z. B. Figurenzeichnung etc.).

Als Schülerinnen und Schüler des erhöhten Anforderungsniveaus erlangen Sie zusätzlich folgende Kompetenz:

- Sie verfügen über vertiefte Kenntnisse zur „Medienkritik" und können diese gewonnenen Einsichten in einer kritischen Auseinandersetzung mit verschiedenen Positionen anwenden.

Pflichtmodul:
Medien im Wandel

Geschichte der schwarzen Kunst

um 1450: Johannes Gutenberg erfindet den Buchdruck mit beweglichen Lettern.
15. Jh.: in Europa werden ca. 12.000.000 Bücher gedruckt.
1521: Das Wormser Edikt verbietet Vervielfältigung, Kauf und Besitz von Luthers Schriften.
1559: Die katholische Kirche veröffentlicht den ersten Index verbotener Bücher.
1609: In Straßburg und Wolfenbüttel erscheinen die ersten Wochenzeitungen.
1650: In Leipzig erscheint die erste Tageszeitung.
1722: Die *Berlinische privilegierte Zeitung*, später *Vossische Zeitung* genannt, wird gegründet.
18. Jh.: In Europa werden _____ Bücher gedruckt.
1848: Die Pressefreiheit wird in zahlreichen Landesverfassungen festgelegt.
1860: Die Rotationsmaschine wird erfunden.
1904: Ullstein gründet die erste deutsche Boulevardzeitung, die *BZ am Mittag*.

1 Vervollständigen Sie den Text über die Geschichte der schwarzen Kunst bis in die Gegenwart.

2 Verfassen Sie in Partnerarbeit ähnliche Aufstellungen über die Geschichte des Fernsehens und des Rundfunks in Deutschland.

3 Vergleichen Sie anschließend Ihre Ergebnisse im Plenum.

4 Analysieren Sie in Partnerarbeit die Karikatur aus dem Jahre 2015 unten links. Formulieren Sie eine Hypothese, warum diese Karikatur auf der ersten Seite des Pflichtmoduls „Medien im Wandel" erscheint.

5 Vergleichen Sie anschließend die Ergebnisse Ihrer Analyse und Ihre Hypothesen in einem Plenumsgespräch.

6 Wählen Sie sich ein Thema aus dem Kasten unten aus, recherchieren Sie zu den Namen und Begriffen und halten Sie ein kurzes Referat. Fokussieren Sie sich dabei auf den Wandel der Medienwelt.

Stein von Rosette · Lascaux · Johann Carolus · Laterna Magica · Emil Berliner · Orbis sensualium pictus · Donat · Daguerreotypie · Konrad Zuse · „What hath God wrought?"· ICQ · pneumatischer Brief · Telstar 1 · Elisha Grey · Phonograph · Nipkow-Scheibe · Jack Kilby · Cinématograph · Epidiaskop · Guglielmo Marconi · ARPANET · The Jazz Singer · Claude Chappe · Edwin Herbert Land · The War of the Worlds · Ray Tomlinson · Douglas C. Engelbart · Lou Ottens· Magnavox Odyssey · ABBA: The Visitors · C 64 · Dynatac 8000x · Die kleine Lampe · Tamagotchi · Telegraphon · Louis Le Prince · Buch Kemit

„Das Medium ist die Botschaft!"
Medienwissenschaftliche Begriffe lernen und anwenden können

Jochen Hörisch

Mediendefinitionen (Auszug, 2001)

Jochen Hörisch
*1951
Bad Oldesloe
deutscher
Literatur- und
Medienwissenschaftler

Marshall McLuhan
(1911–1980) war
ein kanadischer
Philosoph, Geisteswissenschaftler
und Professor für
englische Literatur.
Sein Werk ist
grundlegend für
die Medientheorie.

Die Überschrift
dieses Kapitels:
**Das Medium ist
die Botschaft** ist
die richtige Übersetzung des Buchtitels von 1967:
**The Medium is the
Message:
An Inventory of
Effects.** Aufgrund
eines Setzfehlers
kursierte auch der
Titel: **The Medium
is the Massage.**
Der Autor McLuhan
spielte mit dieser
Pointe: *Das
Medium ist eine
Berührung.*

[...] **Medien sind Körperextensionen.** [...] „Das Leitmotiv dieses Buches", so heißt es in dem 1964 erschienenen Band *Understanding Media* [des Autors Marshall McLuhan], [...] „ist der Gedanke, dass alle Techniken Ausweitungen unserer Körperorgane und unseres Nervensystems sind, die dazu neigen, Macht und Geschwindigkeit zu vergrößern." [...]

McLuhans Mediendefinition hat einen Nachteil – sie bewährt sich fast zu gut und in zu vielen Kontexten. [...] Wer einen Brief schreibt, der seinen Bestimmungsort erreicht, ist auch an dem Ort und zu der Zeit präsent, wo und da er nicht (mehr) ist. Und die meisten unter den modernen Medien verraten ja schon durch ihre Bezeichnungen, dass sie als Körperextensions-Apparate unsere Nahsinne und unseren Sinnhorizont erweitern wollen: „Tele" ist ihr Lieblingspräfix. Wer mit Teleskopen den Himmel absucht [...], wer ein Telegramm schreibt, wer telephoniert, wer ein Telefax losschickt, wer vom Teleprompter abliest oder wer sich televisionär die Zeit vertreibt, sieht, hört und kommuniziert weit über die Grenzen hinaus, die die Reichweite seiner fünf Sinne und seine körperlichen Hier-und-Jetzt-Koordinaten vorgeben. [...]

Medien sind Interaktionskoordinatoren. Sie bringen zusammen, was zusammengehört oder zusammengehören will. Wir schreiben, telefonieren, buchen per Fax oder E-Mail und sehen Stauprognosen im Fernsehen, damit wir zusammen mit anderen zum rechten Zeitpunkt am rechten Ort sein können. [...]

Dass ich durch Geld- und Aktienbesitz in Regionen präsent bin, in denen ich nicht bin; dass ich „live" erfahre, was in Washington los ist; dass ich mit Freunden sprechen kann, die zehntausend Kilometer von mir entfernt sind; dass mir jemand kampflos seine wertvollen Güter überlässt; dass ich wissen kann, was Leute formuliert haben, die vor mehreren hundert Jahren gestorben sind; dass junge Soldaten an der Front aus dem Schützengraben heraus in den Tod stürmen, weil ein alter Generalstab im sicheren Hinterland das über Kabel befiehlt: All das und vieles andere mehr ist uns selbstverständlich geworden. [...]

Medien sind Unwahrscheinlichkeitsverstärker. An Beispielen aus unterschiedlichsten Kontexten, die diese Mediendefinition als besonders attraktiv erscheinen lassen, mangelt es nicht. Dass der zuvor hochangesehene Ex-Bundeskanzler ein in vielfacher Hinsicht zweifelhaftes Ehrenwort über Gesetze stellt, die er selbst mit beschlossen hat, ist unwahrscheinlich. Tägliche breite Berichterstattung „aller" Medienorgane lässt uns diese Unwahrscheinlichkeit langsam glauben. Dass Menschen auf dem Mond gelandet sind, ist hochgradig unwahrscheinlich. Aber die von Millionen Menschen am TV-Bildschirm verfolgte Direktübertragung des kleinen Menschenschrittes auf dem anderen Stern macht es einigermaßen plausibel – und das Übertragungsereignis zu einem neomythischen Ereignis der TV-Mediengeschichte. Dass ich einem geliebten und seit langer Zeit vermissten Menschen im Café wiederbegegne, ist unwahrscheinlich. Wenn ich mich mit ihm telefonisch verabredet habe, ist das Ereignis wiederum so erstaunlich nicht. [...]

Wunder werden üblich. Wir haben uns in dem Maße, wie Gesellschaften Mediengesellschaften werden, an Wunder aller Art gewöhnt. Dass wir Direktübertragungen von Sport- und Politikereignissen beiwohnen können, die zehntausend Kilometer (oder wie im Fall der Mondlandung kosmisch weit) von uns entfernt sind, wundert uns nicht mehr.

[…] Sinn macht ein Medium nicht so sehr im Hinblick auf die Botschaft, die es transportiert, sondern als das Transport-Medium, das es selbst ist. Was schlicht heißt: Die Welt des Analphabeten ist eine andere als die des Bewohners der Gutenberg-Galaxis als die des Televisionärs als die des Internet-Surfers. Und zwar weitgehend unabhängig davon, was der Bewohner der Gutenberg-Galaxis liest oder der Fern-Seher sieht und hört. […] McLuhans Grundeinsicht gilt schlicht deshalb, weil die jeweils diensthabenden Medien für gänzlich unterschiedliche Raum-Zeit-Strukturen, Aufmerksamkeitsfokussierungen und Sinn-Sinne-Konstellationen sorgen.

Nun gibt es aber bekanntlich nicht das Medium, sondern viele Medien, Multimedien. Und also ist es sinnvoll, weitere Unterscheidungen einzuführen. Die Medientheorie hat das getan und etwa zwischen **Speicher- und Übertragungsmedien** unterschieden. Vergleichsweise spät erst rückte die dritte Funktion von Medien in den Fokus der Aufmerksamkeit: **die Datenverarbeitung**. Speichermedien konterkarieren bevorzugt Zeitprobleme, Übertragungsmedien sind hingegen auf die Überwindung von Distanzproblemen geeicht. Speichermedien wollen Informationen und Mitteilungen der „reißenden Zeit" (Hölderlin) entreißen und auf Dauer stellen. Und also gibt es neben vielem anderen mehr Schriften, Bücher, Schallplatten, Fotos, Videotechnik und CDs. Der Inbegriff von Speichermedien ist das Testament. […] Übertragungsmedien wollen hingegen der Misslichkeit abhelfen, dass es weite Räume gibt, die schwer zu überwinden sind. Und also gibt es neben vielem anderen mehr Kuriere, Post, Telegrafie, Telefon und E-Mail. Der Inbegriff von Übertragungsmedien ist die Botschaft, die Sendung, das Geschick. „Frohe Botschaft", „Kaiserliche Botschaft", „Emser Depesche", „Führerbefehl", „Anweisung" sind bekannte Titel im Reich der Übertragungsmedien. Dass man auch zustellen kann, was gespeichert ist, versteht sich von selbst. Bücher, Platten und Disketten können per Post beziehungsweise per E-Mail versendet werden. […]

Von den „einfachsten" zu den „vollkommensten und höchst entwickelten" Medien geht die Entwicklung der Medientechnik. In dieser Hinsicht hat sich bis heute eine Dreifachdefinition bewährt […]. Es ist die [Unterscheidung] in **primäre, sekundäre und tertiäre Medien**. Primäre Medien sind danach in Kommunikationsprozessen zu finden, die technischer Innovationen nicht bedürfen. Ein neugeborenes Kind, ein *infans*, ein noch sprachloses Wesen, schreit, weint, riecht, blinzelt, lacht und saugt. Es kommuniziert, es macht Mitteilungen, wie sie wichtiger kaum sein könnten: Ich bin da, ich lebe, ich bin gesund, ich habe Hunger, ich brauche dich. Phylo- und ontogenetisch kommen menschliche Lebewesen über vergleichsweise lange Zeiten ohne technische Medien aus. Auch wenn das Kind sprachfähig wird, kann es ohne Einschaltung medialer Hilfsapparaturen mit seinesgleichen mehr oder weniger erfolgreich kommunizieren […]. Es ist ein medial begabtes Wesen, ein Menschmedium, ein primäres Medium. […]

Sekundär sollen die Medien heißen, die bei der Abfassung und Sendung von Botschaften, Nachrichten und Mitteilungen eingesetzt werden. Wer ein Buch liest, weiß, dass dessen Abfassung den Einsatz von Technik voraussetzt. Man braucht Papier, Federkiele und Tinte, später dann Drucktypen, Setzkästen und Druckmaschinen und noch später Hard- und Software, um Schriften zu verfassen. Nicht aber, um sie zu lesen. Sekundärmedien lassen in aller Regel das Primärmedium Mensch, sofern es nur als Rezipient auftritt, technisch unbehelligt. […] Frühe Formen sekundärer Medien sind Rauchzeichen, stimmverstärkende Schalltrichter oder eben auch das Hörrohr. Die Fotografie ist wohl die wirkungsmächtigste unter den sekundären Medien der Epoche nach dem Monopol der Gutenberg-Medientechnik – erfordert doch die Aufnahme eines Bildes, nicht aber seine Betrachtung, einen erheblichen Technikeinsatz. […]

Die wenige Jahrzehnte nach der Fotografie entwickelte Phonographie ist ein Musterbeispiel für ein frühes Tertiärmedium. Aufnahme wie Abhören einer

Schallplatte, einer Radiosendung, einer Kassette oder einer CD sind an Apparaturen gebunden. Tertiär sollen also die Medien genannt werden, die sowohl auf der Sender- wie auch der Empfängerseite die Mobilisierung von Technik erfordern, auf dass Kommunikation gelinge. Neben der Phonographie sind Telegraphie und Telefonie in historischer Perspektive die ersten großen Tertiärmedien. Heute stehen sie im Schatten der massenmedialen Tertiärmedien Radio und Fernsehen, die das Primärmedium Mensch prägen, noch bevor es Sprachwesen geworden ist. [...]

1 Im Text stehen neun kompakte Definitionen für Medien. Untersuchen Sie, ob es jeweils heißen könnte: „*Alle* Medien sind ..." oder ob es einschränkend heißen müsste: „*Einige* Medien sind ...". Tragen Sie Ihre Entscheidung in die unten stehende Tabelle ein und finden Sie für den Fall, dass die Einschränkung „einige" gilt, ein passendes Gegenbeispiel. Formulieren Sie dann eine kurze Erläuterung für jede kompakte Kennzeichnung.

Körperextensionen	alle / einige	ggf. Gegenbeispiel:
Erläuterung		
Interaktionskoordinatoren	alle / einige	ggf. Gegenbeispiel:
Erläuterung		
Unwahrscheinlichkeitsverst.	alle / einige	ggf. Gegenbeispiel:
Erläuterung		
Speicherung	alle / einige	ggf. Gegenbeispiel:
Erläuterung		
Übertragung	alle / einige	ggf. Gegenbeispiel:
Erläuterung		
Datenverarbeitung	alle / einige	ggf. Gegenbeispiel:
Erläuterung		
primär	alle / einige	ggf. Gegenbeispiel:
Erläuterung		
sekundär	alle / einige	ggf. Gegenbeispiel:
Erläuterung		
tertiär	alle / einige	ggf. Gegenbeispiel:
Erläuterung		

2 Erläutern Sie die Aussage: *Die massenmedialen Tertiärmedien Radio und Fernsehen prägen das Primärmedium Mensch, noch bevor es Sprachwesen geworden ist* (vgl. Z. 105 ff.). Beachten Sie dabei, dass der Text aus dem Jahre 2001 stammt.

3 *Lernarrangement*
a) Suchen Sie in Partnerarbeit nach einer Bezeichnung, die klar(er) zum Ausdruck bringt, was ein „Medium" ist.
b) Formulieren Sie mit Ihrem Partner in wenigen Sätzen, was mit der zentralen These des Kommunikationswissenschaftlers Marshall McLuhan „Das Medium ist die Botschaft" gemeint ist.
c) Tragen Sie im Plenum Ihre Arbeitsergebnisse vor und verständigen Sie sich auf eine taugliche Variante.

MEDIEN IM WANDEL PFLICHTMODUL

Gerhard Maletzke

Massenkommunikation (Auszug, 1998)

Gerhard Maletzke
(1922–2010)
deutscher Kommunikationswissenschaftler und Psychologe

„Mass communication" war in den angloamerikanischen Sozialwissenschaften bereits ein bekannter und geläufiger Terminus, als er – etwa in den Fünfzigerjahren – in direkter Übersetzung „Massenkommunikation" ins Deutsche übernommen wurde – freilich mit ausdrücklichen Bedenken und Vorbehalten. Man war sich damals durchaus der Tatsache bewusst, dass der Wortbestandteil „Masse" leicht zu Missverständnissen führen kann, denn dieses Wort hat für viele einen negativen Wertakzent; man denke an „Massengesellschaft" oder „Massenware" oder „Vermassung". Wenn man sich dennoch für „Massenkommunikation" entschied, dann vor allem wegen der einfachen internationalen sprachlichen Verständigung und außerdem mit dem ausdrücklichen Hinweis, „Masse" sei in diesem Kontext als ein „disperses Publikum" zu verstehen.

Aus dem Jahre 1963 stammt eine Definition, die im deutschen Sprachraum weithin akzeptiert wurde und auch heute noch oft benutzt wird. Sie lautet: „Unter Massenkommunikation verstehen wir jene Form der Kommunikation, bei der Aussagen öffentlich (also ohne begrenzte und personell definierte Empfängerschaft) durch technische Verbreitungsmittel (Medien) indirekt (also bei räumlicher oder zeitlicher oder raumzeitlicher Distanz zwischen den Kommunikationspartnern) und einseitig (also ohne Rollenwechsel zwischen Aussagendem und Aufnehmendem) an ein disperses Publikum vermittelt werden."

dispers
breit verteilt, verstreut

Die neuen technologischen Entwicklungen, angedeutet mit Stichwörtern wie Multimedia, Datenautobahn, interaktive Dienste u. Ä., machen es unumgänglich, den Medienbegriff neu zu überdenken. Haben wir es – so wäre etwa zu fragen – dabei mit ganz neuen Medien zu tun? Oder nur mit neuen Varianten der herkömmlichen Medien? Oder greift da der Begriff „Medium" überhaupt nicht mehr? Brauchen wir hier – und keineswegs nur hier – eine neue kommunikationswissenschaftliche Terminologie?

1 Stellen Sie dar, wie im Text der Begriff „Masse" (Z. 4 ff.) problematisiert wird.

2 Sammeln Sie möglichst viele Wörter mit dem Bestandteil *masse* und untersuchen Sie, inwieweit ihnen ein negativer Wertakzent anhaftet. Tragen Sie diejenigen Wörter zusammen, die eine abwertende Sicht auf die Masse ausdrücken.

3 Diskutieren Sie mit Rückgriff auf Ihre Ergebnisse zu Aufgabe 3 auf Seite 134, ob ein Medium immer in einem Zusammenhang mit Kommunikation steht.

4 Die letzten Zeilen des Textes (ab Zeile 20 ff.) werfen die Frage auf, ob es sich bei der Kennzeichnung „neue" Medien um eine quantitative (zeitliche) oder um eine qualitative (wesensmäßige) Kategorie handelt. Klären Sie, was unter „Web 2.0" bzw. unter „Mitmachnetz" verstanden wird, und versuchen Sie, eine Beantwortung der im Text aufgeworfenen Frage zu finden. Beziehen Sie bei Ihren Überlegungen die Aussageabsicht der Karikatur auf dieser Seite mit ein.

"Wer viel studiert, wird ein Phantast"
Mediengeschichte als Kulturgeschichte nachvollziehen und kritisch bewerten

Werner Faulstich

„Jetzt geht die Welt zugrunde …" (Auszug, 2000)

Werner Faulstich (1946–2019) deutscher Medienwissenschaftler

1 [...] Eng verbunden mit den grandiosen Visionen der neuen Medienwelt ist das genaue Gegenteil – jene Ängste und Befürchtungen vieler Menschen, die in der neuen Technologie nur die Reiter der Apokalypse sehen, des Weltuntergangs. Der Medieneuphorie steht die Kulturkritik als „Kulturschock" kontradiktorisch gegenüber. Man kann hier bei drei Strukturmomenten des modernen Endzeitbewusstseins ansetzen: Totalität, Entropie und Irreversibilität. Totalität meint den universalen Charakter des Untergangs; keiner kann sich mehr entziehen. Entropie die Auflösung aller Herrschafts- und Ordnungssysteme; schlechthin alles zerfällt, alles verliert seine Geltung. Und Irreversibilität die Unaufhaltsamkeit; die Vernichtung hat sich verselbstständigt, die einmal angestellte Maschine ist nicht mehr zu stoppen.

Gebhard Fugel: Apokalyptische Reiter (1933)

[...] Subjektiv wird ein Kulturschock erlebt, wenn einem der Boden unter den Füßen weggezogen wird, wenn die vertrauten, traditionellen Maßstäbe, Weltperspektiven und Handlungsregeln auf einmal nicht mehr gelten. Solche Kulturschocks haben sehr viel mit Mediengeschichte zu tun. Unterteilt man die Mediengeschichte im Gesamtüberblick grob in drei große Entwicklungsphasen: die Phase der Dominanz der Menschmedien, der Druck-Medien und der elektronischen Medien, so lässt sich an je wenigen Beispielen erkennen, dass es jeweils Medienrevolutionen waren, die Kulturkritik im Sinne von „Kulturschocks" ausgelöst haben: Solche Kulturschocks waren im Kern Medienschocks. Diese Auffassung hat als Hintergrund die Überzeugung, dass Kulturgeschichte zu einem zentralen Teil Mediengeschichte war (und ist), dass man also eigentlich von Medienkulturgeschichte sprechen muss. [...]

Das Medium Buch, noch heute von manchen nostalgisch als Kulturmedium par excellence gefeiert, hat zunächst [...] Kritik und Abwehr erfahren [...].

„Das Narrenschiff" von **Sebastian Brant** (1457–1521) wurde 1494 gedruckt und war das erfolgreichste deutschsprachige Buch vor der Reformation.

30 Beginnen ließe sich mit Sebastian Brant und dem „Narrenschiff" des Jahres 1494. Überdeutlich wird hier „von unnutze buchern", von der Nutzlosigkeit gedruckter Bücher gesprochen: „Wer viel studiert, wird ein Phantast", heißt es unter anderem. Was nützen mir die vielen Bücher, wenn ich sie gar nicht lesen kann? Und was nützt mir das Lesen, wenn ich gar nichts verstehe? Auch die Schrift findet nur Verachtung [...]: „Der ist ein Narr, der nicht der Schrift glauben will, die das Heil betrifft", heißt es da, nämlich der Heiligen Schrift, der Bibel, die freilich nicht im Buchdruck vermittelt wird. Der ist ein Narr, der Predigt und mündliche Belehrung verachtet, als ob er nicht sehen und hören könnte, und sich stattdessen auf Gedrucktes bezieht.

40 [...] Das gedruckte Buch wurde, als es total, entropisch und irreversibel die Dominanz der Menschmedien gebrochen hatte, als ein „trojanisches Pferd" erkannt. Das meint zunächst einmal die Gefahr, dass die technische Multiplikation von Büchern auch zur Multiplikation von Sinnentstellungen und Satzfehlern im Ausgangsmanuskript führen müsse, wie man, geschult durch Erfahrungen beim Abschreiben von Büchern, von Anfang an befürchtete. Sodann heißt es auch:

„Sehr großen Schaden vermöge der Buchdruck dadurch anzurichten, dass das Gift von Irrtümern erfüllter Schriften sich leicht in der ganzen Kirche ausbreiten könne." Neben die formale Verfälschung des Originaltextes tritt also die Gefahr der inhaltlichen Verfälschung, die Verbreitung häretischer Anschauungen. Und noch eine dritte Gefahr wurde erkannt, die erst eigentlich die Kritik zur Kulturkritik steigerte und ihren wahren Kern erkennen lässt: Selbst die Vervielfältigung der Bibel, sogar wenn ohne Fehler und in deutscher Sprache, also an sich verständlich, schaffe Verwirrung in der Gemeinschaft der Gläubigen und führe zu ihrer Spaltung, weil nun nicht nur der reiche Pfarrer in der Gemeinde sich eine ganze geschriebene Bibel leisten könne, sondern jeder arme ungelehrte Laie, und dieser dann mit Notwendigkeit zur falschen Auslegung der Heilslehre gelange. [...]

Die Konkurrenz von mündlicher Predigt und gedrucktem Buch rekurriert hier deutlich auf die Gefahr einer Destabilisierung der bestehenden Ordnung. Es geht um das Monopol im Buchbesitz, im Lesenkönnen, im Auslegen der Texte, im Selberschreiben von Büchern – mithin um ideologische Macht und Herrschaft. [...] Die Auflösung der ständischen Ordnung macht sich auch auf dem Felde der Informations- und Kommunikationspolitik bemerkbar. Der Zugang zu den Speichern des Wissens bleibt nicht länger bestimmten Schichten vorbehalten. ‚Selbst-schreiben' und ‚selbst-lesen' wird von einer ständischen zu einer ‚gemeinen' Tätigkeit. Letztlich ist es diese Entwicklung, die Ängste erzeugt und den Boden bereitet für ein Misstrauen nicht nur gegen die Vielschreiberei, sondern erst recht gegen das neue typografische Medium. In einem zeitgenössischen Nürnberger Gutachten heißt es: „Achtet darauf, dass ihr diesem Übel des Druckes von Büchern, die aus den heiligen Schriften in die Volkssprache übersetzt sind, vorsorglich entgegentretet, denn diese Übersetzung zielt, wie gesagt wurde, auf die Schwächung der kirchlichen Hierarchie, auf die schwere Gefährdung des orthodoxen Glaubens, auf die Verwirrung der heiligen Kirche, auf die Verdammnis der Seelen und endlich auf die Vernichtung gleicher Weise der weltlichen wie der geistlichen Ordnungen." [...]

Der knappe, skizzenhafte Abriss einer Geschichte von „Kulturschocks" als Medienschocks erlaubt [diese] Arbeitsthesen:

[...] Die Frage darf ganz offensichtlich nicht lauten: Wogegen richtet sich Kulturkritik, Medienkulturkritik? Denn die Medien sind nur der Popanz, ein Ablenkungsmanöver. [...] Die Frage muss vielmehr lauten: Wofür kämpft Kulturkritik, Medienkulturkritik? Welche Verluste werden beklagt? [...]

Denn es gibt [...] so etwas wie eine Konstante, die sich durch die Geschichte der Kulturschocks zieht [...] Kulturkritik, soweit sie durch die Trias von Totalität, Entropie und Irreversibilität gekennzeichnet ist, verrät letztlich nichts anderes als ein theologisches Bewusstsein, eine Sehnsucht nach Transzendenz, ein ganz und gar religiöses Bedürfnis. Jeweils im Anschluss an eine vollzogene Medienrevolution, einen durchgesetzten kulturellen Paradigmenwechsel wird verzweifelt Ausschau gehalten nach einem weltanschaulichen Halt außerhalb des neuen Medien- und Kultursystems, außerhalb des neuen Paradigmas, um die brüchig gewordene Identität doch noch zu retten. [...]

Häresie
Aussage oder Lehre, die im Widerspruch zu kirchlich-religiösen Glaubensgrundsätzen steht

1 Im Text ist von drei großen Entwicklungsphasen die Rede. Stellen Sie diese drei Phasen in wenigen, prägnanten Sätzen dar. Weisen Sie diesen drei Phasen eine zeitliche Dimension zu.

2 Der Autor spricht von Kulturschocks, die diese Hauptphasen unterteilen. Erläutern Sie unter Bezugnahme auf den Text (vgl. Zeile 28 ff.), wie der Kulturschock zwischen der ersten und der zweiten Hauptphase erlebt wurde.

3 Am Ende des Textes (vgl. Zeile 76 ff.) werden Arbeitsthesen formuliert. Versuchen Sie, mithilfe dieser Arbeitsthesen den Kulturschock zu beschreiben, der die dritte Hauptphase von der zweiten trennt.

Albert Kümmel-Schnur, Leander Scholz, Eckhard Schumacher

Einführung in die Geschichte der Medien (Auszug, 2004)

Albert Kümmel-Schnur
*1969 deutscher Kultur-, Medien- und Literaturwissenschaftler

Leander Scholz
*1969 Philosoph und Schriftsteller

Eckhard Schumacher
*1966 deutscher Germanist

Die Geschichte der Medien wird häufig am Leitfaden technischer Erfindungen erzählt. [...] Im Diskurs, nicht in der Technik lösen Medien einander ab. [...] Mediengeschichte ist insofern ein Ergebnis von Mediendiskursen, die technische Innovationen anhand von wiederkehrenden Mustern als kulturell folgen- und erfolgreiche Ereignisse etablieren. [...] Die Fokussierung auf [das folgende] Muster behauptet damit die Möglichkeit, Mediendiskurse aufeinander abbilden zu können. [...]

1. Selektion: Die Fähigkeit zur Organisation von Daten, die man älteren Medien nicht mehr zutraut, wird dem neuen Medium zugeschrieben. Was auf der einen Seite als Zugewinn der Materialerschließung und Kanalisierung von Datenströmen erscheint, produziert zugleich neue Formen von Unübersichtlichkeit, die mit Metaphern der Überflutung und der Überschwemmung beschrieben werden. Jedes neue Medium behebt demnach eine alte Fülle und produziert eine neue.

2. Partizipation: Jedes neue Medium soll den Kreis möglicher Nutzer erweitern. Sowohl in technischer als auch in sozialer Hinsicht erhöhen sich die Möglichkeiten der Partizipation. Unter politischen Gesichtspunkten wird der erleichterte Zugang häufig als Demokratisierungspotenzial betrachtet. Dieser utopischen Perspektive stehen Befürchtungen zunehmender Kontrollierung des Zugangs gegenüber. Neue Formen der Zensur und des Ausschlusses von Nutzern stehen insofern der Erweiterung des Nutzerkreises entgegen.

3. Externalisierung: Jedes neue Medium wird als eine technische Umsetzung der Fähigkeiten menschlicher Sinnesorgane und Gehirnfunktionen dargestellt. Die Schrift lagert das Gedächtnis aus, das Telegrafenkabel wird als Nervenstrang metaphorisiert, der Film erweitert das optische Vorstellungsvermögen, der Computer simuliert die Gehirnströme. Diese Externalisierung wird zugleich als Erleichterung des Alltags und als Überbietung menschlicher Fähigkeiten verstanden und kann deshalb auch als Bedrohung von Humanität schlechthin erscheinen.

4. Wissensordnung: Aus den ersten drei Punkten ergibt sich eine Problematisierung überkommener Wissensordnungen durch neue Medien. Jedem neuen Medium wird das Potenzial zur Revolutionierung – oder zumindest zur Umstrukturierung – der Wissensordnung zugeschrieben. Diese Veränderung wird gleichermaßen als Anfang einer neuen Epoche gefeiert wie als apokalyptisches Szenario gefürchtet. Fast durchgängig orientieren sich Mediendiskurse dabei an den Parametern des Buchdrucks – jedes neue Medium wird zu einem Konkurrenten des Mastermediums Buch.

5. Speicherung: Jedes neue Medium erweitert und begrenzt zugleich die Möglichkeiten des kulturellen Gedächtnisses. Es ist in der Lage zu speichern, was zuvor nicht gespeichert werden konnte, und es speichert anders als jedes Medium vor ihm. Zeitungen können die Flüchtigkeit des Tagesgesprächs erfassen, Filme speichern

Hollerith-Tabelliermaschine dient zur Auswertung von vorsortierten oder vorgemischten Lochkarten.

Visuelles in Bewegung, Computer ermöglichen es, auf kleinstem Raum größte Datenmengen zu speichern. Zugleich werden die neuen Medien als flüchtigere Speicher problematisiert, da ihre Materialität unbeständiger ist als die der vorangegangenen Medien: Pergament hält länger als Papier, Papier länger als Zelluloid und Magnetbänder und alles zusammen länger als jeder elektronische Speicher.

6. Präsenz und Aktualität: Jedes neue Medium erhebt den Anspruch, näher an der Gegenwart seiner Nutzer zu sein als vorangegangene Medien – sei es im Sinne der Live-Übertragung im Radio oder der Geschwindigkeit elektronischer Mails. Dieses Versprechen von Gegenwärtigkeit betrifft sowohl die räumliche Präsenz (Unabhängigkeit vom Standort) als auch die zeitliche Aktualität (Gleichzeitigkeit von Ereignis und Übertragung). Dem Ideal einer Kommunikation in Echtzeit steht das Bild von der Furie des Verschwindens entgegen. So zeigt sich auch hier wieder eine Verschränkung von technikoptimistischen und kulturpessimistischen Lesarten: Je schneller die Medien, desto höher wird der Wert langsamer Erlebnisformen angesehen.

1 *Lernarrangement*
Im Text werden sechs Aspekte aufgeführt, die bei allen großen Ereignissen im Zusammenhang mit dem Wandel der Medien erkennbar sind. Dementsprechend stehen nicht technische Innovationen im Vordergrund, sondern der Diskurs über das Wesen und die Wirkung eines neuen Mediums.
a) Bilden Sie in Ihrem Kurs sechs Arbeitsgruppen. Jede Gruppe erarbeitet einen der sechs Aspekte. Präsentieren Sie Ihre Ergebnisse reihum dem Kursplenum.
b) Einigen Sie sich dann auf ein wichtiges Ereignis in der Geschichte der Medien. Nehmen Sie dabei praktischerweise Bezug auf Ihre Ergebnisse zu Aufgabe 2 auf Seite 131.
c) Erarbeiten Sie nun in Ihrer Arbeitsgruppe Ihren Aspekt auf der Folie des gewählten Ereignisses.
d) Stellen Sie Ihre Ergebnisse dem Kursplenum vor.

2 Analysieren Sie die nebenstehende Karikatur und erläutern Sie ihre Aussage.
Inwiefern besteht ein Zusammenhang zwischen dieser Aussageabsicht und den Aspekten drei und vier des oben stehenden Textes?

Wahlfreiheit und Wahlzwang durchdringen sich
Aktuelle Mediennutzung untersuchen und beurteilen

Waldemar Vogelgesang / Nadine Tournier
Identitätsbildung in der Multioptionsgesellschaft (Auszug, 2014)

Waldemar Vogelgesang
*1952
deutscher Soziologe

Nadine Tournier
*1983
Mediensoziologin und Medienpädagogin

1 Zu den geläufigen soziologischen Gesellschaftsdiagnosen gehört die Beobachtung der Auflösung von überlieferten Wertmaßstäben und Gemeinschaftsformen. Ursprünglich gesellschaftlich vorgeprägte Rollen und Lebenspläne werden individuell verfügbar, geraten zunehmend in die Hoheit des Einzelnen. Er kann – zu-
5 mindest prinzipiell – seine Arbeit, seinen Beruf, seine Vereins-, Partei-, Kirchen- oder Sektenmitgliedschaft sowie seinen kulturellen oder subkulturellen Stil frei wählen und wechseln. [...]

  Diese Entwicklung hat mittlerweile auch die Jugendlichen und ihre Lebensformen voll erfasst, gewissermaßen als Fortsetzung der langen Entwicklungsphase
10 der Individualisierung des Lebens in der modernen Gesellschaft. Das Jugendalter, das der Vorbereitung auf individuelle Lebensführung dient, wird selbst individualisiert. Wenn aber Individualität zunehmend gesellschaftlich institutionalisiert wird, impliziert dies immer auch, dass eine eigenständige Lebensplanung nicht nur möglich ist, sondern dem Einzelnen auch abverlangt wird. Wahlfreiheit und
15 Wahlzwang durchdringen einander. Das bedeutet, im Zuge der Individualisierung werden die Grundlagen und die Zukunftsversprechen, die mit dem traditionalen Konzept von Jugend verknüpft worden waren, ambivalenter, brüchiger, ungewisser. Das betrifft das Verhältnis der Generationen in Familie und Gesellschaft ebenso wie die Verlängerung von Schul- und Ausbildungszeiten bei gleichzeitig
20 zurückgehenden beruflichen Chancen, die Pluralisierung von Wertmustern ebenso wie die steigenden Anforderungen an Selbstständigkeit, Mobilität und Anpassungsfähigkeit. [...] Heutigen jungen Menschen fehlt die institutionelle Stütze der religiös fundierten [...] geordneten Lebenswelt früherer Zeiten. Lebenserfahrungen werden temporaler, pluraler und relativer, womit ihre Lebensläufe selbst
25 zu einem Problem werden, mit dem sie konstruktiv umgehen müssen. Als Konsequenz sieht die neuere Identitätsforschung das Ende der Normalbiografie für gekommen. [...] Identitätsmanagement lautet entsprechend das Gebot der Stunde. [...] Statt danach zu fragen, was Identität ist und wie sie bewahrt werden kann, interessiert nun, wie Identität als nie abzuschließendes Projekt stetig hergestellt
30 und verändert werden kann. Wie offen die Identitäten entworfen werden und wie eigenwillig die Selbstkreationen sich gestalten, hängt dabei von den gesellschaftlichen Rahmenbedingungen und individuellen Ressourcen und – gerade bei Jugendlichen – den stilistischen Vorlieben und szenischen Bindungen ab. [...]

  In der aktuellen Handlungssituation muss dann Teilen der eigenen Identität
35 Priorität eingeräumt werden und zwar je nachdem, was die Situation verlangt, welche Gruppenidentitäten dort gefragt sind oder welche biografischen Erfahrungen die Position des Individuums stärken oder festigen können. Zugleich müssen immer mehr widersprüchliche Aspekte in die persönliche Identität integriert werden. Identität wird vor diesem Hintergrund zu einem permanenten Prozess
40 der Selbstentfaltung durch spielerische und experimentelle Selbstinszenierung.

  [...] Dass unter Bedingungen wachsender Wahlmöglichkeiten das Leben allerdings nicht einfacher, auch nicht einfach glücklicher wird, sei nur am Rande vermerkt. [...] Was angesichts der Herausforderungen zunehmender Wahlfreiheiten jedoch überrascht, ist der Zukunftsoptimismus und die Selbstverständlichkeit,
45 mit der sich die junge Generation dem Wagnis Multioptionsgesellschaft stellt. Sie fühlt sich keineswegs durch die Gespenster bedroht, die in den öffentlichen Debat-

ten an die Wand gemalt werden: Werteverfall, Ich-Sucht und Ellenbogenmentalität. Im Gegenteil, die große Mehrheit der Jugendlichen nimmt die Unsicherheiten und Risiken der vielgestaltigen Lebens- und Handlungssituationen produktiv an
50 und versucht, sich in dem neuen Optionsraum möglichst originär – und vielfach auch originell – einzurichten.

1 *Lernarrangement*
Diese Aufgabenstellung soll Ihnen helfen, die Erarbeitung dieses sprachlich anspruchsvollen Textes erfolgreich zu bewältigen.
a) Im Text sind bereits 25 sprachliche Herausforderungen durch Unterstreichungen gekennzeichnet. Achten Sie beim ersten Lesen darauf, ob es noch weitere Textstellen gibt, für die eine Recherche notwendig ist.
b) Überprüfen Sie dann, welche der 25 unterstrichenen Begriffe Ihnen bereits bekannt und geläufig sind und welche nicht. Notieren Sie dieses Zahlenverhältnis und errechnen Sie daraus Ihre persönliche Prozentzahl.
c) Notieren Sie für alle 25 markierten Wörter kurze Erklärungen, entweder mithilfe deutscher Wörter (*ambivalent* = in sich widersprüchlich; zwiespältig) oder unter Zuhilfenahme kurzer Erläuterungen (*Subkultur* = kleiner Bereich in einem großen kulturellen Zusammenhang).
d) Gleichen Sie im Unterricht in Partnerarbeit Ihre 25 Erläuterungen ab. Klären Sie mögliche Ungenauigkeiten oder Unklarheiten.

2 Charakterisieren Sie den Vorher- und den Nachher-Zustand des in Zeile 2 ff. beschriebenen Auflösungsprozesses. Sammeln Sie als Grundlage dafür zentrale Kennzeichnungen aus dem Text.

Vorher-Zustand	Nachher-Zustand
überlieferte Wertmaßstäbe vorgeprägte Rollen	Lebenspläne individuell verfügbar

3 *Lernarrangement*
Im Text ist an keiner Stelle von „Medien" die Rede. Aber Identitätsbildung Jugendlicher ist eingebettet in einen kulturellen Rahmen und es besteht ein enger Zusammenhang zwischen kulturellem Wandel und Medienwandel (vgl. den Text: „Jetzt geht die Welt zugrunde ..." auf Seite 136 f.). Teilen Sie den Kurs in zwei Gruppen.
a) Die eine Gruppe untersucht die Rolle der „neuen Medien" bei der Herausbildung der Multioptionsgesellschaft und formuliert Thesen dazu.
b) Die andere Gruppe untersucht die Rolle der „neuen Medien" für den Prozess der Identitätsbildung Jugendlicher und formuliert Thesen dazu.
d) Beide Gruppen stellen dem Kurs die Thesen vor und eine leitet jeweils die Diskussion darüber.

4 Im Text heißt es, die junge Generation stelle sich dem Wagnis Multioptionsgesellschaft mit Zukunftsoptimismus (vgl. Z. 44) Untersuchen Sie anhand Ihrer eigenen Erfahrung in Kindergarten, Grundschule und weiterführender Schule, inwieweit man pauschal von der (ganzen?) jungen Generation sprechen kann und ob Zukunftsoptimismus tatsächlich vorherrscht. Problematisieren Sie dann die Textpassage, in der es heißt, die (ganze?) junge Generation fühle sich keineswegs durch „Gespenster" (Z. 46) wie „Werteverfall, Ich-Sucht und Ellenbogenmentalität" (Z. 47) bedroht.

Waldemar Vogelgesang

Selbstdarstellungen und soziale Beziehungen auf Facebook
(Auszug 2014)

> Dieser Text stammt aus dem Jahre 2014 und bezieht sich auf Daten aus dem Jahre 2012. Er mag Ihnen heute ein wenig antiquiert erscheinen, insofern sich z. B. die Bedeutung von **Facebook** spürbar verändert hat. Desungeachtet sind die Ausführungen über **Selbstdarstellung** und **soziale Beziehungen** (im Netz) weiterhin aktuell. Beachten Sie auch das obere Schaubild auf der folgenden Seite.

1 [...] Der persönliche Steckbrief und die eigene Lebensgeschichte, die einer virtuellen Öffentlichkeit facettenreich präsen-
5 tiert werden, sind das inszenatorische und kommunikative Herzstück von Facebook und anderen Online-Netzwerken. Durch das Feedback der Netz-
10 Akteure werden sie zu Anknüpfungspunkten, sich selbst sowie die Beziehungen und das Verhalten zu anderen zu reflektieren. „Damit werden durch Kommu-
15 nikation", so konstatieren Bianca Meise und Dorothee Meister, „Austauschprozesse sowohl mit anderen als auch mit sich selbst ermöglicht, die als Differenzerfahrung erst die Basis für eine individuelle Identität bilden. Communitys mit ihren Möglichkeiten zur Selbstdarstellung und zur Reflexion mit sich selbst und über die anderen Teilnehmer des Netzwerkes bieten damit insbesondere Jugendlichen
20 die Chance zu einem *Self*, also einer bewussten Identität im Sinne einer Reflexion von Selbst- und Fremdeinschätzung, zu gelangen." Diese Form personaler und sozialer Identitätsarbeit ist im Vergleich zu den Selbstinszenierungen der Online-Rollenspieler weit weniger fiktional und experimentierfreudig. Identitätsverhüllungen und Identitätswechsel sind in sozialen Netzwerken eher selten an-
25 zutreffen. Die jungen Nutzer stellen sich, bis auf kleine ästhetische Aufwertungen und thematische Akzentsetzungen, möglichst aufrichtig und authentisch in ihren Profilen dar, weil u. a. ein Teil ihres sozialen Offline-Umfelds ebenfalls bei Facebook vertreten ist. Dementsprechend ist eine soziale Kontrollfunktion der Netzwerkkontakte bei zu hoher Abweichung in der Selbstinszenierung zu erwarten.
30 Es verwundert daher auch nicht, dass fast alle Nutzer mit ihrem echten Vor- und Zunamen im Netzwerk angemeldet sind. Auf diese Weise können sie zwar auch besser von anderen gefunden und kontaktiert werden – bei 272 Freunden, die als Durchschnittswert in onlinebasierten Netzwerken in der JIM-Studie aus dem Jahr 2012 ermittelt wurden, ist der Klarname eine notwendige Identifizierungshilfe.
35 Aber die Glaubwürdigkeit und der Bestand von Kontakten und Freundschaften sowie das individuelle Erleben von sozialer Einbettung und Anerkennung sind von Anfang an durch biografische Nähe und persönliche Kongruenz in den Selbstbeschreibungen geprägt.
Einzigartigkeit, Zugehörigkeit und Authentizität bilden somit in sozialen Netz-
40 werkplattformen die zentralen Orientierungsdimensionen für die Identitätsdarstellung und die Entwicklung und Pflege von Peer-Beziehungen. [...] Hier können sich [die Jugendlichen] ausprobieren und in Erfahrung bringen, wie sie auf andere wirken. Im Unterschied zu Begegnungen in der realen Lebenswelt kann die Darstellung der eigenen Person in Online-Netzwerken sehr viel stärker organi-
45 siert, kontrolliert und gesteuert werden, wobei die Identitätsinszenierungen aber an einen Glaubwürdigkeitsrahmen rückgebunden bleiben. Trotz dieser ‚Wirklichkeitsspiegelung' verweisen die sprachlichen und bildlichen Darstellungen in einem sozialen Online-Portal wie Facebook auf ein schier unerschöpfliches Reservoir an selbst kreierten Identitäts-Requisiten [...].

> **Peer**
> Person gleichen Alters und mit gleichem Status

MEDIEN IM WANDEL PFLICHTMODUL

1 Formulieren Sie die Aussage von Bianca Meise und Dorothee Meister in verständlicher Sprache, dass die „Differenzerfahrung" (Z. 16 f.) zwischen Eigen- und Außenwahrnehmung überhaupt erst die „Basis für eine individuelle Identität" bildet (Z. 17 f.). Diskutieren Sie, welche weiteren Faktoren es außer der Kommunikation mit Peers gibt, die für die Herausbildung einer individuellen Identität prägend sein können.

2 *Lernarrangement*
Der Text betont die große Wahrscheinlichkeit, dass sich Facebook-Nutzer „authentisch" präsentieren, weil ein Teil ihres sozialen Offline-Umfelds ebenfalls bei Facebook vertreten ist.
a) Diskutieren Sie in Gruppen, ob diese Behauptung zutrifft und was es mit den „kleine[n] ästhetische[n] Aufwertung[en] und thematischen Akzentsetzungen" (Zeile 25 f.) auf sich hat.
b) Problematisieren Sie den Begriff der *Authentizität* und verfassen Sie einen Satz, der möglichst präzise definiert, was Authentizität ist.
c) Präsentieren Sie Ihre Ergebnisse im Plenum.

3 Beurteilen Sie, ob die Angaben der nebenstehenden Statistik für Ihren Kurs repräsentativ sind.

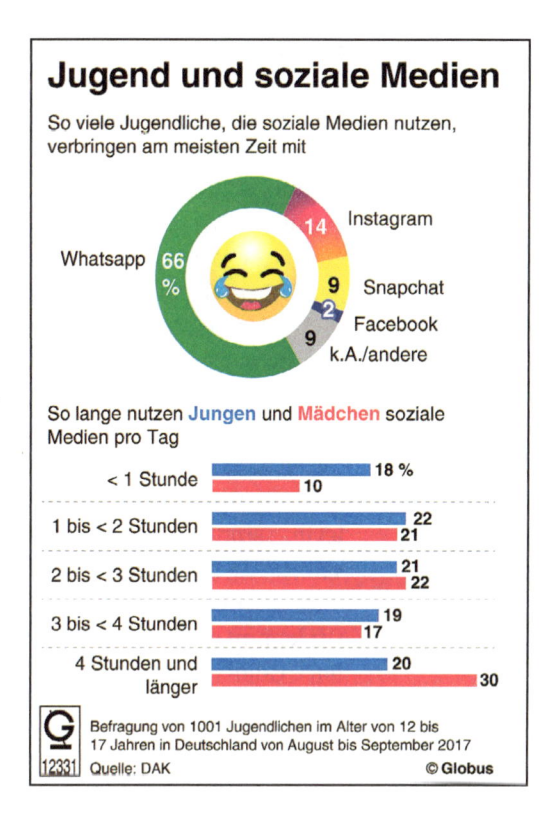

Jugend und soziale Medien

So viele Jugendliche, die soziale Medien nutzen, verbringen am meisten Zeit mit

- Whatsapp 66 %
- Instagram 14
- Snapchat 9
- Facebook 2
- k.A./andere 9

So lange nutzen Jungen und Mädchen soziale Medien pro Tag

	Jungen	Mädchen
< 1 Stunde	18 %	10
1 bis < 2 Stunden	22	21
2 bis < 3 Stunden	21	22
3 bis < 4 Stunden	19	17
4 Stunden und länger	20	30

Befragung von 1001 Jugendlichen im Alter von 12 bis 17 Jahren in Deutschland von August bis September 2017
Quelle: DAK © Globus 12331

Waldemar Vogelgesang / Nadine Tournier

Online-Rollenspieler (2014)

Die Nutzer von Online-Rollenspielen können als idealtypische Repräsentanten einer neuen Form von virtueller Kultur und Community angesehen werden, die einzigartige Spielräume für Identitätsexperimente darstellen. […] Das im Jahr 2004 vom Hersteller ‚Blizzard' entwickelte Spiel ‚World of Warcraft' […] gilt als
5 Prototyp der zweiten Generation von Online-Rollenspielen, die aufgrund ihrer weltweit mehrere Millionen umfassenden Fangemeinde zu Recht als ‚Massively Multiplayer Online Role-Playing Games' (abgekürzt: MMORPG) bezeichnet werden. […]
   Sie eignen sich vortrefflich als Medium der Selbsterfahrung und des Selbst-
10 experiments. Netz- und Spielwelt generieren einen offenen Handlungsraum, in dem sich Identitätsverhüllungen und Identitätswechsel spielerisch inszenieren lassen. […] Durch die netz- und spielimmanente totale
15 Ausschaltung von personalen Prüfkriterien treten Subjektivität und präsentiertes Selbst so weit auseinander, werden so radikal entkontextualisiert, dass den wechselseitigen
20 Identitäts-Inszenierungen und Identitäts-Unterstellungen gleichermaßen ein tendenziell unbegrenzter Spielraum eröffnet wird. Dies zeigt sich besonders anschaulich beim
25 ‚doing gender' und hier bei Praktiken des ‚gender swapping': Im Schutz

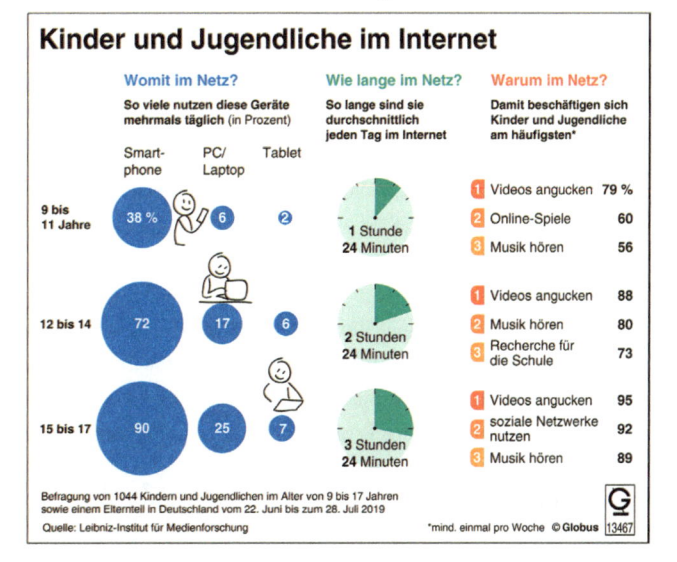

Kinder und Jugendliche im Internet

Womit im Netz? So viele nutzen diese Geräte mehrmals täglich (in Prozent)

Alter	Smartphone	PC/Laptop	Tablet
9 bis 11 Jahre	38 %	6	2
12 bis 14	72	17	6
15 bis 17	90	25	7

Wie lange im Netz? So lange sind sie durchschnittlich jeden Tag im Internet

- 9–11 Jahre: 1 Stunde 24 Minuten
- 12–14 Jahre: 2 Stunden 24 Minuten
- 15–17 Jahre: 3 Stunden 24 Minuten

Warum im Netz? Damit beschäftigen sich Kinder und Jugendliche am häufigsten*

9 bis 11 Jahre:
1. Videos angucken 79 %
2. Online-Spiele 60
3. Musik hören 56

12 bis 14:
1. Videos angucken 88
2. Musik hören 80
3. Recherche für die Schule 73

15 bis 17:
1. Videos angucken 95
2. soziale Netzwerke nutzen 92
3. Musik hören 89

Befragung von 1044 Kindern und Jugendlichen im Alter von 9 bis 17 Jahren sowie einem Elternteil in Deutschland vom 22. Juni bis zum 28. Juli 2019
Quelle: Leibniz-Institut für Medienforschung
*mind. einmal pro Woche © Globus 13467

kontextualisieren
jemanden oder etwas durch Einbindung in einen zeitlichen oder soziokulturellen Zusammenhang interpretieren

143

der Netze können die Rollenspieler eine andere Geschlechtsidentität annehmen, die es ihnen gefahrlos ermöglicht, bestimmte Formen der Kontaktaufnahme und Annäherungen an den heiklen Bereich sexueller Beziehung auszuprobieren, aber auch um sich ganz generell aus dem Blick der anderen Geschlechtsrolle der Bedeutungs- und Wahrnehmungsspezifik der eigenen zu vergewissern.

„Im MUD", so berichtete uns Stefan, ein 19-jähriger Rollenspieler, „da bin ich eine Frau. Weil das ganze Spiel anonym ist, merken die andern ja nicht, dass ich eigentlich ‚male' bin. Nicht wie im Rollenspiel am Tisch, wo man sich gegenübersitzt und jeder weiß, der spielt jetzt eine weibliche Rolle. Im Netz sieht dich dagegen keiner. Da bist du wirklich frei und kannst mit ‚male' und ‚female' richtig rumexperimentieren". Die Anonymität des Rollenspiels wird als kreative Chance erkannt und genutzt, um sich selbst einen Spiegel vorzuhalten. Man stellt gleichsam die eigene Persönlichkeit auf den virtuellen Prüfstand. „Die Rollen, die man spielt, oder die Charaktere, in die man schlüpft," sagte uns eine 20-jährige Rollenspielerin, „sind Teile von einem selbst. Aber das muss einem vorher nicht bewusst sein. Oft kommt das erst beim Spielen". Oder wie es ein anderer Rollenspieler formuliert hat: „Man sieht sich im Spiel in einer Maske. Aber durch das Spiel sieht man auch hinter die Maske auf sich selbst". […] Diese Äußerungen machen deutlich, wie im Code des Spiels die eigene Persönlichkeit zugänglich wird. In diesem Sinne sind Online-Rollenspiele eine Art von ‚reflexivem Alltagsbegleiter', verbunden mit einer qualitativ neuen Wahrnehmung des Selbst. Sie sind Mittel der Selbstvergewisserung und Selbstthematisierung, die symbolisch zum Lebensspiegel – und vielfach auch zum Lebenselixier – werden. Dabei ermöglicht die Selbstinszenierung im Fiktiven nicht nur die Befreiung von den Begrenztheiten der sozialen und körperlichen Bedingungen, in denen man lebt, sondern es ist stets auch ein Blick auf das Unverfügbare, Unbetret- und Unerreichbare, der hier riskiert wird. Selbstinszenierung gerät zu einer Auffächerung von Alternativen individueller Selbstentwürfe, wird zu einer fiktiven Erkundung des Möglichen, des Anders-sein-Könnens.

MUD
Multi User Dungeon = textbasiertes Spielprogramm

1 Überprüfen Sie, ob die Angaben der Statistik auf Seite 143 unten auf Ihren Kurs zutreffen. Formulieren Sie Thesen, die das unterschiedliche Verhalten von Mädchen und Jungen thematisieren. Diskutieren Sie diese Thesen im Kursplenum.

2 Geben Sie mit eigenen Worten wieder, wie sich laut Text die vollständige Anonymität auf die Gestaltung der Identität eines Rollenspielers auswirkt.

3 *Lernarrangement*
a) Recherchieren Sie in Partnerarbeit, was „Hikikomori" bedeutet und was „Lebenselixier" ist.
c) Diskutieren Sie mit Ihrem Partner, ob oder inwieweit intensives MMORPG-Spielen schädlich oder gefährlich sein könnte. Verorten Sie Ihren Standpunkt auf der abgebildeten Skala.
d) Diskutieren Sie Ihre Ergebnisse im Kursplenum.

gefährlich　　−5　−4　−3　−2　−1　0　+1　+2　+3　+4　+5　　spannend
schädlich　　　　　　　　　　　　　　　　　　　　　　　　　　　　lehrreich

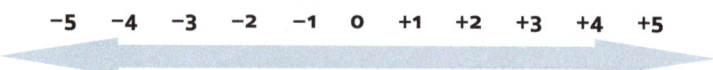

Johannes Laubmeier

Ich mach mir das Game, bis es mir gefällt (Auszug, 2015)

Gleich muss er über den Bergfried kommen. Fauchend, mit tiefer Stimme, schuppig und schlecht gelaunt wird sich der Drache Alduin auf den Turm fallen lassen und den Helden verfolgen. Dann endet die Szene am Anfang des Computer-Rollenspiels „Skyrim" und besagter Held kann sich auf seine Abenteuerreise durch
5 das fantastisch-mittelalterliche Land Himmelsrand begeben, wo er – große Überraschung – in mehr als 100 Spielstunden zum Drachentöter wird. So weit so gut. Alles geskriptet, alles Routine.

Doch diesmal kommt das markerschütternde Dröhnen, mit dem sich der Drache normalerweise ankündigt, nicht. Stattdessen tutet es durch die Luft und an-
10 statt eines überdimensionierten Reptils landet dann einer auf dem Turm, mit dem man [...] nicht rechnen würde: Thomas, die kleine Lokomotive. Auch ein Held, aber aus der gleichnamigen Kinderserie.

Grund für diesen unerwarteten Auftritt ist eine Modifikation des Computerspiels, oder kurz Mod. Als Mods werden von Nutzern programmierte Verände-
15 rungen von Computerspielen bezeichnet. Sie sind der Grundstock einer Gemeinschaft von Amateuren, die im Internet vernetzt ist und dort ihre Projekte mit anderen Nutzern teilt – in rauen Mengen: Auf der
20 Modding-Plattform Nexus gibt es heute mehr als 117000 Mods für 185 Spiele.

Die Geschichte der Mods begann mit einem Witz. Jemand
25 baute im Jahr 1983 eine der ersten Mods für den Shooter „Castle Wolfenstein" der Firma ID Software, in der man gegen Nazisoldaten kämpfte. Er ersetzte die Nazis
30 durch Schlümpfe und wurde – naheliegenderweise – unter dem Namen Castle Smurfenstein bekannt.

Software-Entwickler

Mehr als zehn Jahre später begann die Zusammenarbeit zwischen Spieleentwicklern und der Modding-Gemeinschaft. ID-Software beschloss 1994, Nutzer, die
35 ihr Spiel „Doom" bearbeiten wollten, nicht mehr juristisch zu verfolgen, erlaubte Mods sogar ausdrücklich und erleichterte den Zugang zum Spielcode.

Im Jahr 1999 wurde mit „Counter Strike" eine der wohl bekanntesten Mods veröffentlicht. Diese machte aus dem Spiel „Half Life", in dem sich ein Spieler auf rabiate Weise mit einer Alien-Plage auseinandersetzt, ein waffenstarrendes
40 Räuber-und-Gendarm-Spiel, in dem sich mehrere Spieler wahlweise als Terroristen oder Sondereinsatzkommandos bekämpfen. [...] Heute werden Modder von Spieleentwicklern aktiv unterstützt. Bethesda, der Entwickler des Computerspiels „Skyrim", legt beispielsweise heute vielen seiner Spiele Programme bei, die das Bauen von Mods ermöglichen. Außerdem geben viele Entwickler heute Möglich-
45 keiten zur Personalisierung schon in den Originalspielen ein, ganz ohne Modding. „Man gibt dem Spieler mehr Handlungsmacht", sagt Pablo Abend, der an der Universität Köln zu partizipativen digitalen Phänomenen forscht. Während manche Modding nur als die Demokratisierung der Spieleentwicklung sehen, hat es für die Firmen auch einen klaren materiellen Vorteil. Ältere Spiele bleiben länger aktuell,
50 wenn Nutzer sie kontinuierlich weiterentwickeln, sagt Abend.

Johannes Laubmeier
*1987 Regensburg
Journalist, Autor und Übersetzer

„Skyrim" ist so ein Spiel. Vor vier Jahren veröffentlicht, hat es mit mehr als 41000 Dateien auf Nexus heute eine der aktivsten Modding-Szenen. Die Bandbreite ist riesig: Manche Mods fügen nur einzelne Gegenstände zum Spiel hinzu. So kann man sich zum Beispiel Jon Snows Schwert Longclaw aus der Fernsehserie „Game of Thrones" herunterladen [...]. Doch es sind nicht nur kosmetische Veränderungen, mit denen sich die Modder auseinandersetzen. Manche Mods verändern das gesamte Spielprinzip. Ein Beispiel dafür ist „Frostfall" des amerikanischen Modders Chesko. Diese sorgt dafür, dass es nicht nur Drachen und andere Monster sind, die dem Spieler ans Leben wollen, sondern auch das Land selbst. Während man in der Originalversion als Zauberer oder Ritter noch unbeschadet durch wüste Eislandschaften laufen konnte, erfriert man mit dem Mod in manchen Gebieten schon nach kurzer Zeit, wenn man kein Feuer zum Aufwärmen findet. Mehr als 2000 Stunden habe er in die Entwicklung des Mods gesteckt, sagt Chesko. [...] Bezahlt wird Chesko für seine Zeit nicht. Anders als bei von Spieleentwicklern entwickelten Erweiterungen sind Mods umsonst. Jeder, der das Spiel besitzt, kann sie herunterladen und installieren, die Modder programmieren in ihrer Freizeit. [...]

Für Mods, die gefallen, gibt es auf Nexus Empfehlungen. So wurde Cheskos „Frostfall" beispielsweise über 69000 Mal von anderen Spielern gelobt. Aufmerksamkeitsökonomie nennt das Pablo Abend. „In der Modding-Szene ist nicht Geld, sondern Anerkennung die Belohnung für Leistung", sagt er. [...]

Wie empfindlich diese auf Kommerzialisierung reagiert, mussten vor einigen Wochen auch die Spieleplattform Steam und Skyrims-Entwickler Bethesda feststellen. Im April führten die beiden Firmen ein Bezahlsystem ein. Bestimmte „Skyrim"-Mods sollten in Zukunft nur noch gegen Geld erhältlich sein, den Moddern damit die Möglichkeit geboten werden, mit ihrem Hobby Geld zu verdienen. Die Reaktion? „The internet exploded", sagt Chesko. Er war von Bethesda eingeladen worden, einen der ersten bezahlten Mods zu programmieren, nahm diesen jedoch bald wieder offline. Die Foren und Kommentarspalten quollen über, eine Onlinepetition gegen die Entscheidung erreichte über 130000 Unterschriften. Auch im Spiel wurde protestiert. Für eine Woche, berichtet Paolo Abend, führte ein Mod die Download-Statistiken an, mit dem Spieler ihren Helden mit Protestplakaten ausrüsten konnten, auf denen „Free the Mods" zu lesen war. Die Unternehmen zogen die Konsequenz. Nach weniger als einer Woche brachen sie das Projekt ab. [...]

Und so bleibt die Modding-Szene vorerst eine Enklave für digitale Amateure im wahrsten Sinne des Wortes: Liebhaber, denen „ihr" Spiel so wichtig ist, dass sie es kontinuierlich verbessern und an ihre Bedürfnisse anpassen. Ob sie nun dafür bezahlt werden oder nicht. [...]

1 Erläutern Sie, was mit „Demokratisierung der Spieleentwicklung" (Zeile 48) und mit „Aufmerksamkeitsökonomie" (Zeile 69f.) gemeint ist.

2 In diesem Artikel werden die Online-Spieler und die Spielszene positiv und wohlwollend dargestellt: Chesko wirkt fast heldenhaft sympathisch und nicht zuletzt empfindet der Leser die Nicht-Geschäftemacherei der Szene als netten Wesenszug. Stellen Sie sich vor, die Spieler und speziell die Modder wären in großen Teilen der Gesellschaft sehr schlecht angesehen. Man empfände ihr Tun als nutzlos, verdummend und ungehörig. Absicht eines Artikelschreibers wäre es demzufolge, sein Lesepublikum in dieser Einstellung zu bestätigen.
a) Verständigen Sie sich mit Ihrem Partner allgemein über diese neue Sichtweise und verändern Sie den vorliegenden Text. Gehen Sie dabei Satz für Satz und Absatz für Absatz vor. Unbrauchbare Passagen können Sie streichen.
b) Tragen Sie im Plenum Ihren modifizierten Text vor und berichten Sie auch über möglicherweise aufgetretene Schwierigkeiten.

MEDIEN IM WANDEL PFLICHTMODUL

Felicitas Kock

1,4 Millionen Schülerinnen und Schüler von Cybermobbing betroffen (Auszug, 2017)

Es ist schon ein paar Jahre her, dass Cybermobbing unter Schülern zum ersten Mal Schlagzeilen machte. 2011 wurde ein 17-jähriger Berliner von einer Gruppe Gleichaltriger bewusstlos geprügelt, weil er seine Freundin vor Anfeindungen im Netz verteidigt hatte. Das Mädchen war auf der vor allem von Jugendlichen genutzten Internetseite Isharegossip.com verleumdet worden. Auch sonst ging es dort nicht eben freundlich zu: Nutzer suchten anonym nach den hässlichsten Schülerinnen ihrer Klasse, verbreiteten Gerüchte und forderten zu regelrechten Hetzjagden auf.

Die Seite gibt es heute nicht mehr – die Problematik ist nach wie vor aktuell, wie eine Studie zeigt, die die Organisation „Bündnis gegen Cybermobbing" gemeinsam mit der Telekom [...] vorgelegt hat. Das Papier erhebt keinen Anspruch auf Repräsentativität, gewährt aber dennoch interessante Einblicke. 13 Prozent der befragten Schüler zwischen zehn und 21 Jahren geben demnach an, schon über das Internet gemobbt worden zu sein. Noch mehr, nämlich 13,4 Prozent, bezichtigen sich selbst, schon online gemobbt zu haben.

Die Übergänge zwischen Täter- und Opferschaft sind dabei zum Teil fließend: Jeder fünfte Täter war den Angaben zufolge selbst schon Opfer von Cybermobbing. Das Motiv ist entsprechend oft Rache (28 Prozent), weil man selbst gemobbt wurde. Am häufigsten (45 Prozent) wird schlicht als Grund genannt, dass „die Person die Attacke verdient hat". Weitere gängige Motive sind schlechte Laune (12 Prozent) und Langeweile (11 Prozent).

Wer jetzt an kleine Hänseleien im Schulalltag denkt, liegt falsch. Die Experten definieren Mobbing als „Form offener und/oder subtiler Gewalt gegen Personen über längere Zeit mit dem Ziel der sozialen Ausgrenzung". Am häufigsten berichten Mobbingopfer demnach über andauernde Beschimpfungen und Beleidigungen, knapp die Hälfte beklagt die Verbreitung von Lügen und Gerüchten.

Die erfreuliche Nachricht ist: Cybermobbing scheint etwas weniger verbreitet zu sein als bei der ersten und bis dahin größten Umfrage zum Thema im Jahr 2013 – und das, obwohl Kinder und Jugendliche heute deutlich mehr Zeit im Internet verbringen. Damals bezeichneten sich noch knapp 17 Prozent der Befragten als Opfer und 19 Prozent als Täter. Den Rückgang führen die Experten unter anderem auf die gesteigerte Sensibilität bei Eltern und Lehrern zurück.

Trotzdem warnen die Autoren der Studie davor, das Problem als erledigt zu betrachten. Cybermobbing habe sich zu einem gesellschaftlichen Phänomen entwickelt, insgesamt seien noch immer etwa 1,4 Millionen Schülerinnen und Schüler betroffen. Und die Bekämpfung sei heute schwieriger als früher, weil die Online-Aktivitäten von Kindern und Jugendlichen schlechter kontrollierbar seien.

Zum einen, weil sich der virtuelle Ort des Geschehens geändert hat: Vor wenigen Jahren tauschten sich Kinder und Jugendliche hauptsächlich über soziale Netzwerke wie Facebook aus. Diese sind aus ihrem Alltag heute weitestgehend verschwunden. Die Kommunikation – und damit auch das Mobbing – hat sich auf Messaging-Dienste verschoben. Etwa 90 Prozent der befragten Schüler nutzen demnach Instant-Messager wie Whatsapp. Was dort besprochen wird, können Eltern in der Regel schlechter überprüfen als früher in den sozialen Netzwerken.

Felicitas Kock
*1986 Regensburg
Journalistin

Verstärkt wird dieser Effekt noch durch den Wechsel auf mobile Endgeräte. Gerade die jüngere Generation geht fast ausschließlich über Smartphones ins Internet und nicht – wie vor ein paar Jahren noch – über fest installierte PCs. Eltern mit Kindern im entsprechenden Alter dürften bestätigen, dass es dadurch fast unmöglich wird, die Netz-Aktivitäten des Nachwuchses nachzuvollziehen. Dazu passen die Aussagen der befragten Schüler: 76 Prozent von ihnen gaben an, vollkommen ohne Kontrolle der Eltern im Netz aktiv zu sein. Ein Internetverbot werde von Eltern deutlich seltener verhängt als früher: Während 2013 noch 25 Prozent der Schüler angaben, gelegentlich entsprechend bestraft zu werden, waren es bei der aktuellen Befragung nur noch 15 Prozent.

Man könnte jetzt anführen, Mobbing habe es schon immer gegeben, auch vor dem Internet. Doch während analoges Mobbing unter Schülern in den meisten Fällen mit dem Verlassen des Schulgeländes endete, sind Opfer von Cybermobbing ihren Peinigern heute permanent ausgesetzt. Außerdem ist das Publikum im Netz in der Regel größer. Wie schwerwiegend das Problem ist, zeigt sich dann auch in den Folgen, die von den Opfern beschrieben werden: Etwa 30 Prozent der Betroffenen geben an, dass die Mobbingerfahrung sie nachhaltig stark belaste. Ein Viertel spricht gar von Suizidgedanken.

Im Kampf gegen das Cybermobbing sehen die Experten vor allem Eltern und Lehrer in der Pflicht. Beide Gruppen wurden für die Studie ebenfalls befragt. Dabei zeigte sich eine deutlich höhere Sensibilisierung gegenüber den Gefahrenpotenzialen als noch 2013. Schulen gehen demnach auch aktiver gegen Cybermobbing vor. Präventionsprogramme gebe es allerdings noch immer in den wenigsten Bildungseinrichtungen.

1 Verfassen Sie einen kurzen informativen Text (ca. 150 Wörter), in dem Sie die wesentlichen Aussagen des Textes wiedergeben.

2 In Zeile 28 f. wird eine Definition von Mobbing zitiert. Diskutieren Sie, ob diese Definition zutreffend und ausreichend ist. Problematisieren Sie, ob bei einer Definition von Mobbing auch beachtet werden sollte, welcher Art die Motive der Täter sind.

3 Recherchieren Sie, ob an Ihrer Schule Cybermobbing-Prävention betrieben wird. Überprüfen Sie, ob es einen Täter-Opfer-Ausgleich gibt. Informieren Sie sich ausgehend von dem Info-Kasten, was Täter-Opfer-Ausgleich strafrechtlich bedeutet, und diskutieren Sie im Kursplenum, ob die Idee vom Täter-Opfer-Ausgleich auch bei Cybermobbing erfolgreich sein kann.

Der **Täter-Opfer-Ausgleich** ist ein Angebot an Beschuldigte und Geschädigte, die Straftat und ihre Folgen mithilfe eines neutralen Vermittlers eigenverantwortlich zu bearbeiten. Bemühungen um einen Ausgleich mit dem Opfer durch Entschädigung und Wiedergutmachung, die auf Täterseite mit erheblichen persönlichen Leistungen oder Verzicht verbunden sind, stellen dabei ein wesentliches Merkmal dar. Den Konfliktbeteiligten wird so die Möglichkeit gegeben, in der persönlichen Begegnung die zugrunde liegenden und/oder entstandenen Konflikte zu bereinigen und den Schaden zu regulieren. Die Teilnahme ist freiwillig. Folgende Aspekte sind wichtig: einvernehmliche Regelung zwischen Beschuldigten und Geschädigten; beide Seiten sehen ihre Anliegen berücksichtigt; Reduzierung von Konfliktfolgen und Folgekonflikten; Erfüllung der vereinbarten Regelung. Der Täter-Opfer-Ausgleich verdeutlicht, dass Normen nicht ohne Folgen verletzt werden dürfen, und verhindert gleichzeitig eine Stigmatisierung und Kriminalisierung.
Möglichkeiten der Regelung bei Täter-Opfer-Ausgleich in der Schule können z. B. sein: Anhörung des Opfers durch Täter; Anhörung eines Opferberichts auf Tonband; Gegenlesen des schriftlichen Opferberichts; Formulierung eines Täter-Opfer-Briefs durch Täter.

"Die politischen Folgen sind unabsehbar"
Medienkritik analysieren und kritisch bewerten

Hans Magnus Enzensberger

Das digitale Evangelium (Auszug, 2000)

[...] Die wirtschaftlichen Verteilungskonflikte werden seit geraumer Zeit von neuartigen kulturellen Ausschlussmechanismen überlagert. Bisher war das kulturelle Kapital immer analog zur ökonomischen Klassenschichtung verteilt. Die Bourgeoisie verfügte über die Hochkultur und jenes Bildungswissen, das ihre
5 Hegemonie befestigte; das Kleinbürgertum investierte in die Ausbildung seiner Nachkommen, um ihre Aufstiegschancen zu verbessern; die Facharbeiter erwarben Qualifikationen, die ihre Arbeitsplätze sicherten, und die Ungelernten mussten sich mit dem kulturellen Existenzminimum begnügen.

Mit dieser schichtenspezifischen Verteilung ist es vorbei. Jeder kennt den an-
10 alphabetischen Geschäftsmann und den habilitierten Taxifahrer. Bildung, oder was dafür gehalten wird, folgt keineswegs der Einkommensstruktur oder dem Lebensstandard. Man könnte sagen, dass sich quer zu den ökonomischen Schichten Informationsklassen gebildet haben, deren Zukunftsaussichten auf keinen einfachen Nenner mehr zu bringen sind. Außerdem operiert das herrschende
15 Regime mit einem ganz neuen Tugendkatalog, der alle früheren ethischen Codes außer Kraft setzt. Prämiert werden Eigenschaften und Verhaltensweisen, die früher eher als verdächtig galten. Als wichtigste Kardinaltugend gilt die Flexibilität. Daneben werden Durchsetzungsvermögen, Mobilität und die Bereitschaft zu raschem, lebenslänglichem Lernen gefordert. Wer da nicht mithalten kann, wird
20 ausgeschieden.

Der Zusammenhang mit dem Stand der Medientechnologien liegt auf der Hand. Hypothetisch lässt sich aus diesen Andeutungen eine neue soziologische Struktur ableiten. [...] Es handelt sich eher um funktionelle Differenzierungen. Ich behelfe mich deshalb mit Typisierungen, die der Fabel nahestehen.
25 Dabei ergibt sich das folgende Bild: Ganz oben in digitalen Gesellschaften rangieren die Chamäleons. [Bei ihnen handelt es sich] um äußerst dynamische Workaholics. Eine wesentliche Bedingung ihres Erfolgs ist es, dass sie mit der materiellen Produktion nichts zu tun haben. Sie sind Agenten, Makler, Vermittler, Anwälte, Consultants, Medienleute, Entertainer, Wissenschafts-, Geld- und Infor-
30 mations-Manager. Ihr Geschäft ist nicht die Hard-, sondern die reine Software. Ihren abstraktesten Ausdruck findet diese Existenzform in den Finanzkonzernen, weil dort das Produkt rein virtuell ist. Auch in der Computerindustrie, in der Telekommunikation und in verwandten Branchen zählt längst nicht mehr das handgreifliche Gerät, sondern das Know-how. [...]
35 Gemeinsam ist all diesen Tätigkeiten, dass sie jener Sphäre angehören, die einst Überbau hieß. Hier fallen inzwischen Gewinne an, von denen die traditionellen Industrien nur träumen können. Die aufsteigende Klasse der Chamäleons hat inzwischen ihre eigenen Rekrutierungsmechanismen entwickelt. [...]

Eine zweite Klasse, der man erhebliche Überlebenschancen einräumen kann,
40 ist die der Igel. Was sie auszeichnet, ist gerade ihr Mangel an Flexibilität. Ihre Heimat ist das Gehäuse der Institutionen, das nach wie vor den Sesshaften eine sichere Zuflucht bietet. Das Funktionärswesen in lokalen, nationalen und internationalen Behörden, Verwaltungen, Parteien, Verbänden, Kammern und Kassen aller Art, kurzum: die viel geschmähte Bürokratie hat sich bisher allen Verände-
45 rungen der Arbeitsgesellschaft gegenüber als resistent erwiesen. Die Nachfrage nach Regelungen steigt unvermeidlich mit wachsender Komplexität. Über die

Hans Magnus Enzensberger
*1929 Kaufbeuren
Dichter, Schriftsteller, Herausgeber, Übersetzer, Redakteur

Überbau
Gesamtheit der politischen, juristischen, religiösen, weltanschaulichen Vorstellungen und die ihnen entsprechenden Institutionen

RAHMENTHEMA 7   **MEDIENWELTEN**

Zukunft der Millionenheere, die sich solchen Aufgaben widmen, braucht man sich also keine Sorgen zu machen.

50 Dagegen wird die Zahl aller anderen Arbeitsplatzbesitzer voraussichtlich weiter schwinden. Man könnte sie unter dem Emblem des Bibers fassen. Die klassischen Produktivitätssektoren schrumpfen durch Automatisierung, Rationalisierung, Auslagerung in Niedriglohngebiete. In der Landwirtschaft ist dieser Prozess bereits so weit fortgeschritten, dass der ganze Sektor nur noch durch massive Subventionen am Leben erhalten werden kann.

55 Die vierte Klasse könnte man als Unterklasse definieren, wäre dieser Begriff nicht allzu pauschal. Ein Totemtier für diese Klasse lässt sich nicht angeben, aus dem einfachen Grund, weil die Natur keine entbehrlichen Arten kennt. Es handelt sich nämlich um Leute, die nicht in den Tugendkatalog des digitalen Kapitalismus passen und die daher aus seiner Perspektive mehr oder weniger überflüssig sind.
60 Sie machen zweifellos auch in reichen Ländern einen stetig zunehmenden Teil der Bevölkerung aus. Im Weltmaßstab sind sie ohnehin in der überwältigenden Mehrheit. [...]

Normalerweise ist das Los der für überflüssig Erklärten alles andere als beneidenswert. Arbeitslose, Asylbewerber, Leute ohne Berufsausbildung, alleinerziehende Frauen – die Aufzählung ließe sich fortsetzen – finden bestenfalls unterbezahlte Teilzeitjobs, schlagen sich mit Schwarzarbeit oder Prostitution durch oder landen in kriminellen Karrieren.

Der digitale Kapitalismus – um bei diesem Terminus zu bleiben – kann diese Tendenzen nur verschärfen. Den Anforderungen, die er stellt, ist ein großer Teil
70 der Bevölkerung schlechterdings nicht gewachsen. Das ergibt sich nicht nur aus den Zugangsbarrieren – nicht jeder dringt schließlich bis zur Harvard Business School oder zum MIT vor –, sondern es folgt ganz einfach aus der Gauß'schen Normalverteilung. In den Ländern der sogenannten Dritten Welt [...] ist an die Integration der Mehrheit in den trivialen Wirtschaftskreislauf nicht zu denken.
75 Die politischen Folgen dieser Entwicklung sind unabsehbar.

MIT Massachusetts Institute of Technology weltweit führende Eliteuniversität

1 Erläutern Sie die folgende Aussage des Textes: „Bisher war das kulturelle Kapital immer analog zur ökonomischen Klassenschichtung verteilt." (Zeile 2 f.)

2 Tragen Sie in Stichworten die Erkennungsmerkmale der vier Gruppen in die Tabelle ein:

Chamäleon	Igel	Biber	ohne Totem

3 Dieser Text wurde vor fast 20 Jahren verfasst. In Zeile 9 wird davon gesprochen, dass bereits im Jahre 2000 die neue gesellschaftliche Schichtung zu erkennen gewesen sei, die der Autor dann mithilfe von vier Kategorien erklärt. Diskutieren Sie, ob Sie bei der Betrachtung der aktuellen gesellschaftlichen Formation diese Grobstrukturen immer noch erkennen können oder ob sich etwas Gravierendes verändert hat.

4 Der letzte Satz lautet: „Die politischen Folgen dieser Entwicklung sind unabsehbar." (Zeile 75) Diskutieren Sie, ob seit dem Jahr 2000 politische Ereignisse stattgefunden haben, die zu dieser Aussage passen.

Kathrin Passig

Standardsituationen der Technologiekritik (Auszug, 2013)

[...] Die Reaktion auf technische Neuerungen folgt in Medien und Privatleben vorgezeichneten Bahnen. Das erste, noch ganz reflexhafte Zusammenzucken ist das „What the hell is it good for?" (Argument eins), mit dem der IBM-Ingenieur Robert Lloyd 1968 den Mikroprozessor willkommen hieß. Schon Praktiken und
5 Techniken, die nur eine Variante des Bekannten darstellen [...], stoßen in der Kulturkritikbranche auf Widerwillen. Noch schwerer haben es Neuerungen, die wie das Telefon oder das Internet ein weitgehend neues Feld eröffnen. [...] Weil das Neue eingespielte Prozesse durcheinanderbringt, wird es oft nicht nur als nutzlos, sondern als geradezu lästig empfunden. [...]

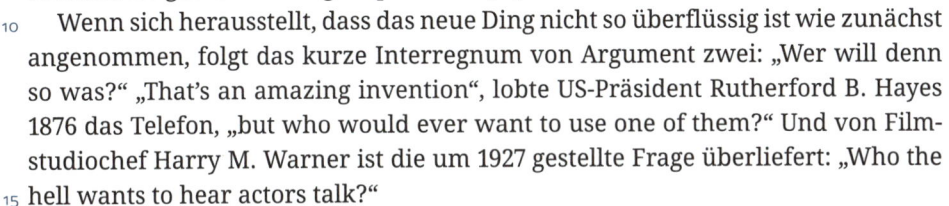

10 Wenn sich herausstellt, dass das neue Ding nicht so überflüssig ist wie zunächst angenommen, folgt das kurze Interregnum von Argument zwei: „Wer will denn so was?" „That's an amazing invention", lobte US-Präsident Rutherford B. Hayes 1876 das Telefon, „but who would ever want to use one of them?" Und von Filmstudiochef Harry M. Warner ist die um 1927 gestellte Frage überliefert: „Who the
15 hell wants to hear actors talk?"

Im Angesicht der Faktenlage – irgendwer will das Telefon dann ja doch benutzen – einigt man sich schließlich auf Argument drei: „Die Einzigen, die das Neue wollen, sind zweifelhafte oder privilegierte Minderheiten." In den Neunzigerjahren hieß es vom Internet, es werde ausschließlich von weißen, überdurch-
20 schnittlich gebildeten Männern zwischen 18 und 45 genutzt. Mehr noch, es habe auch keine Chance, breitere Bevölkerungsschichten zu erreichen, denn „Frauen interessieren sich weniger für Computer und scheuen die unpersönliche Öde des Netzes. Im realen, nichtvirtuellen Leben sind Frauen aber die wichtigeren Käufer als Männer. Dem Internet fehlt daher eine maßgebende Käuferschicht."

25 [...] Ines Uusmann, die ehemalige schwedische Ministerin für Verkehr und Kommunikation, hoffte noch 1996: „Das Internet ist eine Mode, die vielleicht wieder vorbeigeht." So weit das seinerseits nicht sehr langlebige Argument vier.

Statt der Existenz des Neuen kann man danach noch eine Weile (Argument fünf) dessen Auswirkungen leugnen: „Täuschen Sie sich nicht, durch (das Maschi-
30 nengewehr) wird sich absolut nichts ändern", wie der französische Generalstabschef im Jahr 1920 vor dem Parlament versicherte. Oder: „Das Internet wird die Politik nicht verändern" (so Fiete Stegers in der taz vom 13. November 2000). Es handelt sich höchstwahrscheinlich nur um ein schönes Spielzeug [...] ohne praktische Konsequenzen: „a pretty mechanical toy", wie Lord Kitchener um 1917 über
35 die ersten Panzer urteilte. [...]

2007 mutmaßte Henryk M. Broder im Tagesspiegel unter der Überschrift „Das Internet macht doof", das WWW sei „maßgeblich für die Infantilisierung und Idiotisierung der Öffentlichkeit verantwortlich". [...] Etwas später ist nicht mehr zu leugnen, dass das Neue sich weiter Verbreitung erfreut, keine Anstalten macht,
40 wieder zu verschwinden, und sogar kommerziell einigermaßen erfolgreich ist. Es ist also im Prinzip ganz gut, aber, so Vorwurf Nummer sechs, nicht gut genug. [...] Kühnert beklagte 1996: „Eine dieser (Such-)Maschinen antwortete auf die Frage nach dem Wort ‚Internet' mit 1881 Antworten. Bei der 120. Auskunft mochte ich nicht mehr herumklicken." Zwei Jahre später sorgten Larry Page und Sergey Brin
45 für Abhilfe in Form des Google-Suchalgorithmus. Man brauchte jetzt nicht mehr alle 1,5 Milliarden (Stand: Oktober 2009) Suchergebnisse für das Wort ‚Internet' anzuklicken, sondern nur noch die ersten paar, was den Spiegel nicht daran hinderte, 2008 zu erklären:

„Das größte Problem des Internet ist die Kehrseite seines größten Vorteils – das
50 Überangebot an Informationen. Suchmaschinen liefern zwar Millionen Treffer

Kathrin Passig
*1970 Deggendorf
Journalistin
Schriftstellerin

auf alle möglichen Fragen und sortieren sie hierarchisch quasi nach ihrer Beliebtheit im Netz – sozusagen Relevanz durch Plebiszit. Kritische Vernunft jedoch hat Google in seinen Algorithmen noch nicht eingeführt." Irgendwas ist ja immer. [...]

Spätestens zu diesem Zeitpunkt muss man sich Gedanken darüber machen, was das Neue in den Köpfen von Kindern, Jugendlichen, Frauen, der Unterschicht und anderen leicht zu beeindruckenden Mitbürgern anrichtet. „Schwächere als ich können damit nicht umgehen!", lautet Argument sieben. Der damals 82-jährige Computerpionier Joseph Weizenbaum erklärte 2005: „Computer für Kinder – das macht Apfelmus aus Gehirnen." Medizinische oder psychologische Studien werden ins Feld geführt, die einen bestimmten Niedergang belegen und einen Zusammenhang mit der gerade die Gemüter erregenden Technologie postulieren. So fand die Psychologin Jean Twenge an der San Diego State University durch eine Studie an 16000 Collegestudenten heraus: „Die jungen, nach 1982 geborenen Menschen sind die narzisstischste Generation der jüngsten Geschichte und weit entfernt von einer sozialen Orientierung." Mitverantwortlich seien Websites wie [Facebook] und YouTube, die „eine Selbstdarstellung zulassen, die weit über das hinausgeht, was in den traditionellen Medien möglich war". [...]

Der [...] Spiegel [beklagt] im August 2008: „Der Kommunikationswahn im Netz hat verhaltensauffällige und hochnervöse Individuen hervorgebracht, die immer mehr erfahren und immer weniger wissen."

Im Zusammenhang mit der Erziehung anderer zur richtigen Nutzung des Neuen stehen die jetzt auftauchenden Etikettefragen (Argument acht), bei denen es sich streng genommen nicht um Fragen handelt, denn sie werden weniger gestellt als ungefragt beantwortet. In der Frühzeit des Buchdrucks galt es als unfein, ein gedrucktes Buch zu verschenken; getippten Privatbriefen haftete bis in die Achtzigerjahre ein Beigeschmack des Unhöflichen an. Die Kritik des Handygebrauchs in der Öffentlichkeit erklärt das Sprechen mit einem unsichtbaren Gesprächspartner [...] zu einer Zumutung für die Umgebung. [...] Unausgesprochen geht es letztlich darum, dass Gegner einer Neuerung nicht ungefragt mit ihr konfrontiert werden wollen.

Hat die neue Technik mit Denken, Schreiben oder Lesen zu tun, dann verändert sie, Argument neun, ganz sicher unsere Denk-, Schreib- und Lesetechniken zum Schlechteren. [...]

An der University of Delaware entstand 1990 eine im Journal Academic Computing veröffentlichte Studie, der zufolge Studenten am Apple Macintosh wegen dessen graphischer Benutzeroberfläche im Vergleich zu Studenten am PC mehr Rechtschreibfehler machen, nachlässiger schreiben, einfachere Satzstrukturen und ein kindliches Vokabular benutzen. Aktuellere Varianten sind die Klage über die „leicht verdaulichen Texthäppchen und Schaubilder" der Präsentationssoftware Powerpoint, die zu einer „Verflachung des Denkens" führen (Spiegel 2004), sowie die angeblich nachlassende Fähigkeit, längeren Texten überhaupt noch zu folgen. [...] Während die Kritik am 1994 aufgetauchten World Wide Web in ihren Endphasen angelangt ist, bewegen sich diverse internetbedingte Neuerungen gerade durch die ersten Stufen. [...]

---

die Etikette
Gesamtheit der herkömmlichen Regeln, die gesellschaftliche Umgangsformen vorschreiben

Man weiß zwar derzeit mangels verlässlicher Erhebungen noch gar nicht so genau, wer Twitter nutzt und wer nicht. Dass es aber wahrscheinlich kein repräsentativer Bevölkerungsquerschnitt ist, gibt Anlass zu Kritik wie dieser 2008 von Christian Stöcker im Spiegel geübten: „Twitter wird allerdings eher von Präsidentschaftskandidaten, pummeligen Silicon-Valley-Nerds Ende dreißig und um Hipness bemühten Technikjournalisten benutzt als von der Jugend".

Das iPhone (Jahrgang 2007) hat die schon aus der Handyeinführung in den Neunzigerjahren bekannten Kritikstufen „Braucht kein Mensch" – „Brauch ich nicht" – „Ist nur was für Angeber" durchlaufen und ist bei „Ich hab mir jetzt auch so ein iPhone geholt – aber der teure Vertrag!" angekommen. Sowohl beim Handy als auch beim Smartphone zeigte sich, wie zum Zeitpunkt der Anschaffung noch die vom Vorläufer abgeleiteten Nutzungsabsichten dominieren: „Wir wollen nur im Urlaub erreichbar sein! Nicht selbst telefonieren!", versicherte man dem Verkäufer ungefragt beziehungsweise im Falle des Smartphones: „Wir wollen gar nicht ins Internet! Nur telefonieren!" Es kann dann noch einige Zeit dauern, bis die eigentlich innovativen Fähigkeiten des Geräts tatsächlich genutzt werden. [...] Wer darauf besteht, zeitlebens an der in jungen Jahren gebildeten Vorstellung von der Welt festzuhalten, entwickelt das geistige Äquivalent zu einer Drüberkämmer-Frisur: Was für einen selbst noch fast genau wie früher aussieht, sind für die Umstehenden drei über die Glatze gelegte Haare. Solange wir uns nicht wie im Film *Men in Black* blitzdingsen lassen können, müssen wir uns immer wieder der mühsamen Aufgabe des Verlernens stellen. Mit etwas Glück hat der Staat ein Einsehen und bietet in Zukunft Erwachsenenbildungsmaßnahmen an, in denen man hinderlich gewordenes Wissen – sagen wir: über Bibliotheken, Schreibmaschinen, Verlage oder das Fernsehen – ablegen kann.

1 Finden Sie treffende Formulierungen, um die im Text aufgeführten Argumente gegen technologische Neuerungen in funktionaler Anbindung zu erläutern.

| Argument 1 |
| Argument 2 |
| Argument 3 |
| Argument 4 |
| Argument 5 |
| Argument 6 |
| Argument 7 |
| Argument 8 |
| Argument 9 |

2 Im Text wird der Eindruck erweckt, als sei die Kritik an technologischen Neuerungen gekennzeichnet von Unwissenheit, Kurzsichtigkeit und Ignoranz. Diskutieren Sie, ob dies zwingend immer so ist oder ob es auch eine gerechtfertigte, durchdachte und notwendige Kritik geben kann.

3 Im letzten Absatz befasst sich die Autorin humorvoll und ironisch mit der Notwendigkeit des Vergessens. Recherchieren Sie das Szenario des Romans *1984* von George Orwell und problematisieren Sie die Vorstellung von der Machbarkeit des Vergessens.

Klausurtraining
Aufgabenart: Analyse eines pragmatischen Textes mit Stellungnahme

1 Analysieren Sie den Text, indem Sie seine gedankliche Struktur erarbeiten, und erläutern Sie, wo laut Text die Grenze zwischen Medienkritik und Verschwörungstheorie verläuft.

2 Nehmen Sie dazu Stellung, was die Journalisten professioneller Medien angesichts wachsender Wahlerfolge rechtspopulistischer Parteien wie der AfD leisten müssen, damit sie tatsächlich ein „Garant für Demokratie" sind (Z. 56).

Armin Scholl
*1962 in Mainz
Kommunikationswissenschaftler und Journalismusforscher

Armin Scholl

Zwischen Kritik und Paranoia: Wo hört Medienkritik auf und wo fangen Verschwörungstheorien an? (Auszug, 2016)

AfD
Abkürzung für „Alternative für Deutschland"

PEGIDA
Abkürzung für „Patriotische Europäer gegen die Islamisierung des Abendlandes"

Querfront
Bündnis mit antiemanzipatorischer Ausrichtung wie Antisemitismus, Rassismus, Homophobie, Islamismus und Antifeminismus

empirisch
durch Wahrnehmung bestätigt

1 Hinter Kritik steckt immer auch eine Emotion. Sonst gäbe es keinen Anlass, sich zu Wort zu melden. Es ist deshalb normal, dass Kritik auch mal harsch, polemisch, fundamental ausfällt. Vielmehr sollte deshalb auf die Qualität der Kritik geachtet werden. Und genau hier setzt das Unbehagen vieler an der Medienkritik von AfD,
5 PEGIDA, Querfront und weiteren Gruppierungen am rechten Rand an. In der Forschung wird deren Einstellung zu den Medien als „Hostile Media Effekt" bezeichnet, also als feindselige Haltung gegenüber den (Mainstream-)Medien überhaupt. Dieser pauschale Vertrauensentzug kann als paranoid oder verschwörungstheoretisch bezeichnet werden.
10 Verschwörungstheorien sind allerdings nicht immer leicht zu identifizieren oder nachzuweisen. Typisch für sie ist, dass sie eine gesellschaftliche Entwicklung thematisieren, die *sie* als negativ empfinden und hinter der sie eine strippenziehende Macht vermuten, die nur von den Verschwörungstheoretikern selbst als solche erkannt wird. Sie lassen Fakten, die ihrer Theorie widersprechen, erst
15 gar nicht zu oder deuten sie um in Fakten, die ihre Theorie bestätigen. So hat die Verschwörungstheorie am Ende immer Recht. Im Gegensatz dazu überprüft ernst zu nehmende Wissenschaft – oder auch guter Journalismus – die Richtigkeit einer aufgestellten Theorie mit empirischen Daten, mit konkurrierenden Theorien oder mit argumentativen Einwänden. Wenn folglich die geäußerte Kritik an den
20 (Mainstream-)Medien nicht substanziell und argumentativ fundiert ist, sich nicht auf konkrete, faktenbezogene Begründungen einlässt, sondern unsachgemäß und undifferenziert ist, liegt der Verdacht verschwörungstheoretischer Abkapselung und Feindseligkeit nahe. Insbesondere die unbelegte und pauschale Kritik an „den" Medien ist ein Indiz dafür, dass das Urteil bereits gesprochen ist und entlas-
25 tende Argumente erst gar nicht in den Blick geraten.

Dass es nicht um eine profunde und differenzierte Medienkritik geht, zeigt auch die Motivation, die hinter dieser Kritik hervorscheint: In dem Vorwurf, dass man nicht sagen dürfe, was man will, was aber doch eigentlich alle denken, könnte man durchaus die Einforderung von Vielfalt, Beteiligung, Repräsentanz,
30 Toleranz erkennen.

Aber genau hier wird deutlich, dass solche Ansprüche und Forderungen oft rein instrumentell vorgetragen werden: Es geht diesen Akteuren, Gruppierungen und Bewegungen gerade nicht um die Liberalisierung der Öffentlichkeit (und folglich auch nicht der Politik), die eigentlich mit den genannten Werten einher-
35 geht. Im Gegenteil: Es geht schlicht um die Propaganda der eigenen Ziele, also um

den Versuch, die vermeintlich liberale Hegemonie durch die eigene autoritäre Ideologie zu ersetzen.

Ist diese erst einmal durchgesetzt – wie Entwicklungen in Ungarn, Polen oder der Türkei befürchten lassen – ist Schluss mit Toleranz und Meinungsvielfalt, mit der Repräsentanz von Minderheiten und gleichen Beteiligungschancen für alle politischen Richtungen. Denn diese Werte gelten nicht mehr für den politischen Gegner, sondern nur für die eigene Klientel – solange man sich in der Opposition zu einer illegitimen Regierung und als unterdrückte Mehrheit wähnt. „Die Medien", die derzeit zum Beispiel in Deutschland vonseiten der AfD, PEGIDA oder der Querfront als Steigbügelhalter der Macht identifiziert werden, hätten dann ausgedient, weil sie gleichgeschaltet würden und den mehrheitlichen Volkswillen zu verkünden hätten. Der Anspruch auf Repräsentation des Volkes ist aber irreführend und rein rhetorisch, weil jede Partei nur partielle Interessen vertreten kann. Sonst bräuchte man keine Wahlen, in denen es um die Gewinnung von Mehrheiten geht und nicht um den einen völlig illusorischen Volkswillen.

Sicher: Es gibt vieles an den professionellen Medien zu kritisieren. Insbesondere in der Berichterstattung über Kriege lassen sie sich oft vorschnell hinreißen, für eine Kriegspartei Stellung zu nehmen. Sie sind auch oft blind gegenüber den Verbrechen der Verbündeten, etwa wenn die USA Menschenrechte verletzen. Im Gegensatz zu den Medien, die den autoritären Rechten vorschweben, sind sie aber geradezu ein Garant für Demokratie. Ein Beispiel dafür ist das Querfront Magazin Compact, das den „Mut zur Wahrheit" beansprucht und damit die (eine) richtige Meinung im Sinn hat. Das ist typisch für Propaganda, die durchaus auch in den Qualitätsmedien vorkommen kann, hier aber zum Programm gemacht wird. Die rechte Medienkritik ist im günstigsten Fall inhaltlich unbrauchbar und rhetorisch nebulös, im schlimmsten Fall jedoch üble Hetze oder gar Gewaltandrohung gegen Journalisten [...]. Eine solche destruktive und hasserfüllte Medienkritik ist der Steigbügel zur Selbstermächtigung und eine Einschränkung von Rechten und von Vielfalt.

https://www.bpb.de/dialog/netzdebatte/235319/zwischen-kritik-und-paranoia-wo-hoert-medienkritik-auf-und-wo-fangen-verschwoerungstheorien-an (Abruf 26.9.2019)

Hegemonie
Vorherrschaft

Klientel
Gefolgschaft

Qualitätsmedium
Medium mit hoher journalistischer Qualität

Vorarbeit

Es empfiehlt sich, einen (pragmatischen) Text zunächst unter den folgenden Gesichtspunkten zu betrachten, da dies für weitere Überlegungen von Bedeutung sein kann:
- Wer ist der Autor? (Hier: ein Kommunikationswissenschaftler)
- In welchem Medium wurde der Text veröffentlicht? (Handelt es sich zum Beispiel um ein „seriöses" Medium?)
- Wann und in welchem Kontext wurde der Text geschrieben bzw. veröffentlicht?
- Für welche Zielgruppe und mit welcher Intention?
- Was kann man aus dem Titel schließen; welche Rolle spielt er? (Hier: Klären Sie die Begriffe „Paranoia" und „Verschwörungstheorie")

Markieren Sie beim ersten Lesen im Text die einzelnen Schritte der Gedankenführung oder schreiben Sie sie als Stichwörter heraus:

Kritik häufig emotional: auf den Inhalt der Kritik (Qualität) achten
Medienkritik rechter Gruppen: prinzipielle Ablehnung der Mainstream-Medien
Pauschaler Vertrauensentzug: paranoid und verschwörungstheoretisch
Verschwörungstheorie: Nur sie kann das Unheil erkennen, anderes gilt nicht
...

Zu Aufgabe 1:

Folgende Vorgehensweise bietet sich an:

RAHMENTHEMA 7 MEDIENWELTEN

Schritt 1: Abfassen einer aufgabenbezogenen Einleitung
Schritt 2: Darstellung der Analyse des gedanklichen Aufbaus des Textes
Schritt 3: Erläuterung der Grenze zwischen Medienkritik und Verschwörungstheorie

Schritt 1

Nennen Sie Titel, Autor, Erscheinungsjahr und Textsorte. Die Thematik des Textes geben Sie auf einer angemessenen Abstraktionsebene an, etwa:

Der Text beschäftigt sich mit der Vorgehensweise rechter politischer Kräfte, die gesamte Medienlandschaft zu verdammen und zu behaupten, selber im Besitz der wahren Erkenntnis zu sein.

Schritt 2

Die gedankliche *Struktur* entspricht nicht automatisch der *Abfolge* in der Darstellung. Sie müssen jetzt Ihre Markierungen bzw. Notizen aus der Vorbereitungsphase in eine logische Reihenfolge überführen. Wie bei Schritt 1 bereits ausgeführt, handelt es sich um eine komplexe Thematik: Zum einen geht es um die Sicht rechter politischer Gruppen auf die Medien und die daraus für sie entstehenden Vorstellungen und zum anderen um die tatsächlichen Wirkungszusammenhänge zwischen Medien und demokratischer Gesellschaft. Der Autor behandelt beide Gedankenstränge gewissermaßen im Reißverschlussverfahren: Er konfrontiert jeweils eine ideologische Verzerrung mit den tatsächlichen Verhältnissen.

An dieser Stelle bietet sich an, dass Sie darüber reflektieren, wie Sie damit umgehen wollen. Die beiden gedanklichen Strukturen sollten getrennt voneinander dargestellt werden. Damit leisten Sie auch eine sinnvolle Vorbereitung für den zweiten Teil der Aufgabe. Notieren sie in Stichworten, welche Auffassungen rechte politische Gruppen über die Situation der Gesellschaft im Allgemeinen und über Medien im Besonderen haben:

Gesellschaftliche Entwicklung wird als negativ empfunden.
Dahinter wird eine strippenziehende Macht vermutet.
Diese kann nur von den rechten politischen Gruppen als solche erkannt werden.
Fakten, die dieser „Erkenntnis" widersprechen, werden nicht zugelassen.
Vorwurf wird erhoben: Man dürfe nicht sagen, was man sagen will, alle denken so.
Die „liberale Hegemonie" (Z. 36) soll durch die eigene (autoritäre) Weltanschauung ersetzt werden.

Notieren Sie nun, was laut Text der Wirklichkeit entspricht:

Es herrscht Unbehagen angesichts der Medienkritik rechter Gruppen.
Der „Hostile Media Effekt" (Z. 6) wird als paranoid und verschwörungstheoretisch bezeichnet.
Aufgestellte Thesen (Kritik) müssen mit empirischen Daten abgeglichen werden.
Kritik muss substanziell und argumentativ fundiert sein.
Es geht rechten Gruppierungen um die Durchsetzung einer autoritären Ideologie.
Nach deren Installation ist „Schluss mit Toleranz und Meinungsvielfalt" (Z. 39).

Abschließend formulieren Sie die gedankliche Struktur des Textes mit eigenen Worten.

Schritt 3

Der zweite Teil der Aufgabe verlangt die Erläuterung der Grenze zwischen Medienkritik und Verschwörungstheorie:

Im Text wird als ausschlaggebendes Kriterium für ernsthafte Kritik zum einen die öffentliche Diskursbereitschaft der Kritiker (vgl. Z. 23–25) gewertet. Ist diese nicht gegeben, kann von verschwörungstheoretischen Vorstellungen und entsprechenden Handlungen ausgegangen werden. Zum anderen wird dargelegt, dass „ernst zu nehmende Wissenschaft" (Z. 16 f.) und „guter Journalis-

mus" (Z. 17) sich dadurch auszeichnen, dass sie sich mit Theorien und Meinungen anhand von „empirischen Daten, mit konkurrierenden Theorien oder mit argumentativen Einwänden" (Z. 18 f.) auseinandersetzen.

Zu Aufgabe 2:

Die Aufgabenstellung erwartet von Ihnen, dass Sie Stellung dazu beziehen, was die Journalisten der Qualitätsmedien leisten müssen, damit diese Medien wirklich Garanten für eine demokratische Gesellschaft sind. Im Text wird ja die Rolle der Medien als Garanten der Demokratie ein wenig ironisch-provokativ verwendet. Sie sollen also positiv benennen, was nötig ist, damit sie es *wirklich* sind.

> Schritt 1: Formulierung einer aufgabenbezogenen Einleitung
> Schritt 2: Herleitung von Aufgaben für die Medien aus dem Text
> Schritt 3: Abfassung einer Stellungnahme mit eigenständig entwickelten und begründeten Vorschlägen
> Schritt 4: Formulierung einer abschließenden Betrachtung mit persönlicher Positionierung

Schritt 1

In Ihrer Einleitung sollten Sie Ihre Vorgehensweise erläutern. Sie beziehen sich am Anfang Ihrer Stellungnahme auf den Text und suchen dort nach Ansatzpunkten für die Formulierung von Aufgaben für die Qualitätsmedien, um daraus eigenständige Vorstellungen zu entwickeln.

Schritt 2

Sammeln Sie im Text Ansatzpunkte, um ggf. durch deren Umkehrung die Aufgaben der Qualitätsmedien zur Sicherung und Festigung der Demokratie benennen zu können:

Medien sollen nicht Steigbügelhalter der Macht sein.
Bei der Berichterstattung über Kriege soll nicht vorschnell Partei ergriffen werden.
Verbrechen von Verbündeten sollen nicht unter den Tisch gekehrt werden.
Selbstermächtigung und autokratisches Gebaren soll kritisiert werden.
Die Einschränkung von Rechten und von Vielfalt soll angeprangert werden.

Schritt 3

Jetzt sollten Sie durch eigene Überlegung die in Schritt 2 bereits gefundenen Aufgaben der Qualitätsmedien noch erweitern bzw. abrunden. Je nach Unterrichtsverlauf und persönlicher Erfahrung können noch folgende Gedanken hinzugefügt werden:
Argumentative Auseinandersetzung über die Folgen der Flüchtlingskrise
Bedrohung der Demokratie, z. B. durch Rechtspopulismus

Um Ihre Stellungnahme überzeugend zu formulieren, müssen Sie Ihre Aspekte in eine logische Abfolge bringen bzw. sie hierarchisieren.

Hinweis: Achten Sie auf richtiges Zitieren, die Verwendung des Präsens und korrekte Schreibung.

Schritt 4

In Ihre abschließende Betrachtung können Sie folgende Überlegungen einbeziehen:
- Welche Rolle spielen die Medien überhaupt bei politischen Prozessen?
- Ist die Haltung bestimmter politischer Kreise, die es unmöglich macht, mit rationalem Diskurs zu ihnen vorzudringen, wirklich paranoid? (Überschrift, Zeile 8 f. und Zeile 14 ff.)

Wahlpflichtmodul 3:
Der Film als eigene Kunstform
Motive filmischen Erzählens

Die hier abgedruckten Filmstills entstammen Filmen unterschiedlicher Genres.

Ikonografie
(von griech. *Bild* und *schreiben*) ist eine Methode der Kunstgeschichte, die sich mit der Deutung von Motiven in Werken der bildenden Kunst beschäftigt. Auch Filmbilder können hinsichtlich ihrer Aussage und Wirkungsabsicht ikonografisch untersucht werden. Bilder mit hoher Aussagekraft werden auch als ikonisch bezeichnet.

1 Beschreiben Sie die hier abgebildeten Filmbilder und bestimmen Sie, aus welchen Filmen sie stammen.

2 Erläutern Sie die Ikonografie eines der hier abgebildeten Filmbilder unter Berücksichtigung von Merkmalen wie Gestik/Mimik, Requisiten, Ort, Licht/Farbe und schlussfolgern Sie, welche Wirkungsabsicht dieser visuellen Gestaltung zugrunde liegt.

3 Diskutieren Sie, ob man den Film jeweils gesehen haben muss, um das Filmbild zu kennen.

4 *Lernarrangement*
  a) Sammeln Sie in Kleingruppen weitere ikonische Filmbilder.
  b) Wählen Sie eines dieser Filmbilder aus und stellen Sie es in einem ersten Schritt möglichst originalgetreu mit der Fotokamera (z. B. Smartphone) nach. Ändern Sie in einer Fotoserie das Originalbild kreativ ab, indem wichtige Bildelemente wie Requisiten, Mimik/Gestik, Ort, Geschlecht ausgetauscht werden.
  c) Präsentieren Sie Ihre Ergebnisse im Kurs und lassen Sie Ihre Mitschülerinnen und Mitschüler bestimmen, welches Filmbild hier nachgestellt wurde.
  d) Diskutieren Sie vor dem Hintergrund der kreativen Fotoserie, welche Bildelemente für die Wiedererkennung des Originals essenziell sind.

Filmisches Erzählen: Einstellungsgrößen
Filmische Bildgestaltung und ihre expressive Funktion untersuchen

Filme erzählen eine Geschichte mithilfe bewegter Bilder, und im Gegensatz zum Theater – wo der Zuschauer selbst bestimmen kann, worauf er seinen Blick richtet – bestimmen im Film Regisseur und Kameramann, was der Zuschauer sieht. So lenkt der Bildrahmen unsere Wahrnehmung auf das darin gezeigte Geschehen. Filmemacher legen deshalb zumeist großen Wert auf die sorgfältige Gestaltung ihrer Aufnahmen – und dies beginnt mit der Entscheidung für die gewählte Einstellungsgröße.

Zentral für die Bildgestaltung ist das Verhältnis von Figur / Objekt und Raum. Dieses Verhältnis variiert bei den verschiedenen Einstellungsgrößen stark, wodurch sich unterschiedliche Wirkungen erzielen lassen.

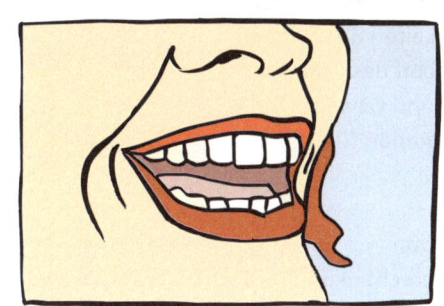

James Monaco (*1943), Filmwissenschaftler, zu den kreativen Möglichkeiten der Einstellungsgrößen: „Ein Film, der hauptsächlich aus Nahaufnahmen besteht […], beraubt uns des umgebenden Raumes und ist daher verwirrend, klaustrophobisch. Die Wirkung kann äußerst ungewöhnlich sein. Andererseits betont ein Film, der hauptsächlich aus Totalen besteht […], den Kontext vor dem Drama und die Dialektik vor der Persönlichkeit."

1 Ordnen Sie den hier dargestellten Einstellungsgrößen die Bezeichnungen *Detail*, *Amerikanisch*, *Halbtotale*, *Nahe*, *Panorama/Totale* sowie *Groß* zu und halten Sie zu jeder Einstellungsgröße stichwortartig fest, worauf der narrative Fokus einer solchen Kameraeinstellung liegt.

2 *Lernarrangement*
   a) Planen und erstellen Sie in Kleingruppen eine filmische „Fotogeschichte" zu folgender kurzer Szene: Ein Schüler schreibt allein eine Klausur nach und wird dabei von einem Lehrer beaufsichtigt. Während der Lehrer vorn in einem Buch liest, versucht der Schüler, einen Spickzettel aus seiner Tasche zu ziehen. Plötzlich blickt der Lehrer auf. Es gelingt dem Schüler knapp, den Zettel unter seinem Klausurbogen zu verbergen. Der Schüler schaut unschuldig zum Lehrer, während dieser ihn skeptisch mustert. Dann liest der Lehrer weiter.
   b) Erzählen Sie die Bildgeschichte in maximal zehn Bildern. Entscheiden Sie zuerst, welche Einstellungsgrößen und Perspektiven Sie hierzu verwenden wollen. Es müssen alle Handlungselemente der Geschichte in Ihrer Umsetzung vorkommen.
   c) Setzen Sie die Szene fotografisch um und vergleichen Sie Ihre Ergebnisse im Kurs.

Die große Liebe? Filmthemen in Spielfilmen
Die thematischen Grundlagen eines Films erkennen und analysieren

Jeder Film braucht ein Thema, das einer Geschichte zugrunde liegt, dies ist die gängige Auffassung der klassischen Filmdramaturgie, wie sie sich in zahlreichen Drehbuchhandbüchern (s. u.) wiederfindet. Filme ohne genau identifizierbares Thema gelten häufig (auch aus kommerziellen Gründen) als problematisch.

Linda Seger

Filmthemen und Figurenentwicklung (2003, Auszug)

„Das Beste, was einem in Sachen Thema passieren kann, ist, dass es [in einem Film] von Anfang an sonnenklar ist."
Paddy Chayefsky
(1923–1981), US-Drehbuchautor

[Themen und Figuren] entwickeln sich im Verlauf des gesamten Drehbuchs. Eine Figur findet sich selbst, Figuren überwinden Rassismus, Sexismus oder Klassenschranken. Sie finden Liebe. Triumphieren. Erobern. Verlieren ihre Unschuld und werden weise. Bekämpfen Korruption. Zeigen, dass Habgier nicht der höchste
5 Wert ist. Kreativität siegt über Konformität. Fremde in einem fremden Land finden entweder Aufnahme in einer Gemeinschaft und neue Beziehungen, oder sie stellen fest, dass es nirgends so ist wie zu Hause. Sie können die thematische Entwicklung eines Films nachzeichnen, indem Sie sich ansehen, wo die Hauptfigur am Anfang der Geschichte steht und wo am Ende. Macht die Figur eine Entwicklung
10 durch? Wie sehen die einzelnen Phasen dieser Entwicklung aus?

„Die beste Methode, ein Stück zu ruinieren, besteht darin, dass man es dazu zwingt, etwas [ein Thema] zu beweisen."
Walter Kerr
(1913–1996), US-Autor und Filmkritiker

Filmthema	Film
Der Underdog triumphiert	*500 Days of Summer*
Fremder in fremdem Land	*Der Club der toten Dichter*
Widrigkeiten überwinden	*Forrest Gump*
Überleben des Stärkeren	*The Wolf of Wall Street*
Macht und Gewalt	*Erin Brockovich*
Manipulation	*Rocky*
Habgier	*Die Tribute von Panem*
Verrat	*Der mit dem Wolf tanzt*
Korruption	*Matrix*
(Un-)Gerechtigkeit	*Departed – Unter Feinden*
Selbstfindung	*Das Schweigen der Lämmer*
Liebe	*Training Day*

1 Nehmen Sie zu Segers Ausführungen zur Bedeutung des Themas Stellung.

2 Erläutern Sie Segers Aussagen zur Figurenentwicklung innerhalb der Filmhandlung anhand von Filmbeispielen.

3 Ordnen Sie die hier aufgeführten Filme jeweils einem der genannten Themen zu. Entscheiden Sie, ob eine eindeutige Zuordnung in jedem Fall möglich ist.

4 Suchen Sie im Filmportal *www.moviepilot.de/filme/beste* mithilfe der dortigen Handlungs- und Genre-Schlagwortsuche nach weiteren Filmthemen und entsprechenden Filmbeispielen.

5 Erläutern Sie die den Zitaten Chayefskys und Kerrs (rechts) zugrundeliegende Auffassung zur Bedeutung des Themas für eine Filmhandlung. Positionieren Sie sich selbst zu dieser Frage.

Filmische Dramaturgie
Konventionen von Filmdrehbüchern kennenlernen

David Howard/Edward Mabley
Hinweise für Drehbuchautoren (1998, Auszug)

I. Merkmale des klassischen Drehbuchs
1. Die Geschichte handelt von *jemandem*, mit dem wir ein gewisses Mitgefühl empfinden.
2. Jemand will unbedingt *etwas Bestimmtes* erreichen.
3. Dieses Etwas zu erreichen, ist zwar möglich, aber *schwierig*.
4. Die Geschichte wird so erzählt, dass die *emotionale Wirkung* für das Publikum und seine Anteilnahme so groß wie möglich sind.
5. Die Geschichte muss ein *zufriedenstellendes* Ende haben (aber nicht notwendig ein Happy-End).

II. Die Einteilung in drei Akte
Der erste Akt führt das Publikum in die Welt der Geschichte ein und macht es mit ihren Hauptfiguren bekannt. Außerdem wird der zentrale Konflikt offengelegt, um den herum die Geschichte aufgebaut wird. In den meisten Geschichten gibt es eine einzelne Hauptfigur, deren Leben und spezifische Situation im Mittelpunkt stehen […], ihr Ziel ist definiert und die im Wege liegenden Hindernisse sind zumindest angedeutet worden.
Der zweite Akt behandelt diese Schwierigkeiten im Detail und mit Nachdruck […]. Gleichzeitig entwickelt und verändert sich diese Figur während des zweiten Akts, oder die Figur sieht sich wenigstens ungeheurem Druck ausgesetzt, unter dem sie sich ändern muss, und diese Änderung manifestiert sich dann im dritten Akt. Nebenhandlungen (Subplots) zu der Geschichte werden vorwiegend im zweiten Akt entwickelt.
Im dritten werden die Haupthandlung (die Geschichte der Hauptfigur) und die Subplots auf verschiedene Weise aufgelöst, aber alle mit einer gewissen Endgültigkeit – dem Gefühl, dass der Konflikt vorüber ist.

III. Protagonist, Antagonist und Konflikt
Die meisten Filmgeschichten werden um eine einzelne Hauptfigur herum erzählt, den Protagonisten. […] Der Antagonist einer Geschichte ist die entgegengesetzte Kraft, die „Schwierigkeit", die den Bemühungen des Protagonisten, sein Ziel zu erreichen, aktiv Widerstand leistet. Diese beiden gegeneinander gerichteten Kräfte bilden den Konflikt der Geschichte. […] Aber in sehr vielen Filmen ist der Protagonist auch sein eigener Antagonist: die zentrale Auseinandersetzung findet innerhalb der Hauptfigur statt. Zwischen zwei unterschiedlichen Aspekten, Triebkräften oder Wünschen derselben Person.

IV. Das Innere sichtbar machen
[Gute Drehbuchautoren versuchen] dem Publikum durch die Aktionen einer Figur Einblick in ihr Innenleben zu gewähren. Eine dieser Aktionen ist Reden, aber der Dialog ist und kann nicht alles. Wenn eine Figur sagt: „Ich bin sehr zornig auf dich", ist das ziemlich schwach und stimmt möglicherweise noch nicht einmal.

David Howards und **Edward Mableys** *Drehbuch Handwerk* (US-Original 1993) gilt als ein Standardwerk für das Verfassen von Drehbüchern. Die darin formulierten Hinweise für eine gelungene Filmstruktur im Stil populärer Hollywoodfilme erläutern die Autoren an vielen Filmbeispielen (z. B. *Der Pate, E. T., Der unsichtbare Dritte*).

„Das entscheidende Wort für mich ist immer: Konflikt. Was ist der Konflikt der Geschichte?"
Walter Bernstein (*1919), US-Drehbuchautor

> „Der Unterschied zwischen Aktion und Handlung: Wenn in einer Geschichte eine Menge passiert, ohne dass zur gleichen Zeit Figuren miteinander in Konflikt geraten, gibt es keine dramatische Handlung."
> **Frank Daniel** (1926–1996), tschechischer Drehbuchautor und Regisseur

Wenn die Figur sich die andere beim Kragen schnappt und gegen die Wand knallt, können wir uns für gewöhnlich auch ohne Dialog ausmalen, was in der ersten Figur vorgeht. Aktionen zu finden, die komplexe Gefühle zum Ausdruck bringen, ist eines der schwierigsten Unterfangen, mit denen sich ein Drehbuchautor konfrontiert sieht.

V. Thema
Der erfahrene Drehbuchautor wird seinen Figuren nie Verlautbarungen in den Mund legen, die das Thema verkünden. Figuren, die Ansprachen dieser Art halten, klingen wie Volksredner und schaffen eine deutliche Distanz zwischen Publikum und dem emotionalen Kern der Geschichte.

VI. Subplots
Ein anderer Aspekt des Themas [...], den man nicht aus den Augen verlieren darf, besteht darin, dass es das gesamte Drehbuch betrifft und nicht nur den Protagonisten. Jeder einzelne Subplot ist eine Variation des Themas der Geschichte, jeweils mit einem unterschiedlichen Konflikt und einer anderen Auflösung. Auch wenn die Subplots verschiedene Konflikte und Auflösungen haben, ist der jeweils zugrundeliegende „Gegenstand" mit dem Thema der Hauptgeschichte identisch.

VII. Szenen im Gesamtzusammenhang

> „Jede kleine Szene, die du rausschneiden kannst, schneidest du einfach raus."
> **William Goldman** (1931–2018), US-Drehbuchautor

Wenn die Streichung einer bestimmten Szene Spannungsbogen, Höhepunkt oder Auflösung beschädigt oder verändert, dann gehört diese Szene wesentlich zum Film und sollte beibehalten werden. Wenn es andererseits an keinem dieser entscheidenden Punkte einen Unterschied macht, ob man diese Szene weglässt oder nicht, sollte der Autor des Drehbuchs sie lieber mit großer Skepsis betrachten.

VIII. Platzieren und ernten
Unter „Platzieren" verstehen wir eine Technik, die hilft, die Textur eines Drehbuchs dichter zu machen. Das kann eine Dialogzeile betreffen, die Geste einer Figur, eine Marotte, eine Requisite, ein Kostüm oder eine Kombination dieser Dinge. Während die Geschichte sich entfaltet, wird das, was da platziert worden ist, wiederholt, um es in den Köpfen der Zuschauer lebendig zu halten. Normalerweise wird dieses Element gegen Ende der Geschichte [...] „geerntet", wobei die Geste oder das Requisit oder was auch immer eine neue Bedeutung bekommt. Insofern ähnelt die Platzierung einer poetischen Metapher [...].

1 Stellen Sie die hier zusammengestellten Informationen zum Drehbuchhandwerk in Form einer Concept-Map (s. Infokasten) übersichtlich dar.

2 Nehmen Sie zu den normativen Aussagen von David Howard und Edward Mabley Stellung. Sind überzeugende Filme denkbar, die auf die hier vorgestellten Merkmale verzichten?

Concept-Map
Eine Concept-Map dient der Darstellung mehrerer zentraler und miteinander in Bezug stehender Begriffe und Unterbegriffe. Querverbindungen können mit Pfeilen und anderen Symbolen visualisiert werden. Während eine Mindmap stammbaumartig von einem zentralen Begriff ausgeht und somit von innen nach außen gelesen wird, basiert die Concept-Map auf hierarchisch gleichwertigen Begriffen, zu denen jedoch je nach Bedarf ebenfalls Untergruppen ergänzt werden können. Ziel ist die übersichtliche Visualisierung thematischer Bezüge.

DER FILM ALS EIGENE KUNSTFORM   WAHLPFLICHTMODUL 3

Absolute Giganten
Filmwissen auf einen Spielfilm anwenden

In diesem Modul beschäftigen Sie sich u.a. mit dem Spielfilm *Absolute Giganten* von Sebastian Schipper aus dem Jahr 1999.

1 *Lernarrangement*
a) Notieren Sie im Cluster spontan Ihre Erwartungen an den Film. Orientieren Sie sich dabei sowohl an dessen Titel als auch am obigen Bild. Sollten Sie *Absolute Giganten* bereits kennen, schreiben Sie die Stichwörter auf, die Sie noch mit dem Film assoziieren.
b) Vergleichen Sie in Kleingruppen Ihre Erwartungen.

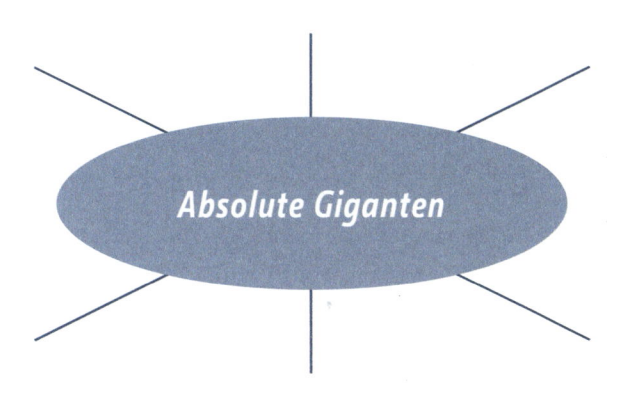

2 Sehen Sie sich den Film (gemeinsam im Unterricht) an und tauschen Sie sich über Ihre ersten Eindrücke aus. Gleichen Sie diese auch mit Ihren Erwartungen (Aufgabe 1) ab.

3 a) Untersuchen Sie *Absolute Giganten* hinsichtlich seines Themas (vgl. S. 160). Erläutern Sie anhand von Filmszenen, welches Thema / welche Themen die Filmhandlung veranschaulicht.
b) Nehmen Sie dazu Stellung, inwiefern Sie die Verarbeitung des Themas für gelungen halten. Skizzieren Sie in Form eines kurzen Treatments alternative Filmgeschichten zur Veranschaulichung des Themas.

4 Analysieren Sie *Absolute Giganten* mithilfe der Drehbuchanweisungen Howards und Mableys (vgl. S. 161f.). Sammeln Sie Gemeinsamkeiten und Unterschiede des Films zu diesem Konzept.

Treatment
Vorstufe des Drehbuchs. Treatments sind häufig in Form einer Kurzgeschichte formuliert; die Charaktere, der Handlungsverlauf und die wesentlichen Wendepunkte, manchmal auch die Schauplätze, werden vorgestellt; Dialoge oder detaillierte Szenenbeschreibungen fehlen.

Die Filmexposition
Filmsprachliche Mittel im ästhetischen Gesamtzusammenhang erschließen

Ähnlich wie bei einem Roman oder Drama stellt auch die filmische Exposition Filmemacher immer wieder vor dramaturgische Herausforderungen. So gilt es, dem Zuschauer möglichst schnell und effizient die notwendigen Informationen über Figuren, Konflikt, Handlungsort sowie die allgemeine Filmatmosphäre zu vermitteln. Praxisorientierte Drehbuchhandbücher bieten Filmemachern dementsprechend Tipps für die Gestaltung gelungener Filmanfänge:

David Howard / Edward Mabley

Exposition (1998, Auszug)

I. Verzichte auf jede Information in der Exposition, die nicht wesentlich ist oder im weiteren Verlauf der Geschichte ohnehin deutlich wird.
II. Präsentiere notwendige Hintergrundinformationen in Szenen, die einen Konflikt enthalten und, falls möglich, witzig sind.
III. Verschiebe den Einsatz von der Exposition dienendem Material, wenn irgend möglich, auf einen späteren Zeitpunkt in der Geschichte und präsentiere es dann, wenn es die größte dramatische Wirkung erzielt.
IV. Benutze eine Pipette anstelle eines Suppenlöffels, wenn du notwendige Informationen zur Exposition verabreichst.

1 Analysieren Sie die filmische Gestaltung der Eröffnungsszene in *Absolute Giganten* (00:00 – 04:05). Tragen Sie zusammen, welche filmischen Mittel (Bild, Ton, Musik, Text, Handlungsort, Spiel) hier zum Einsatz kommen, und erläutern Sie die Wirkungsabsicht der Szene.

2 Am Ende der Szene (02:26 – 03:00) lehnt sich Floyd mit ausgebreiteten Armen aus dem Autofenster. Gleichzeitig gibt der Motor den Geist auf. Achten Sie auf die filmische Inszenierung (Bild, Ton, Musik). Nehmen Sie Stellung zu der These, dass beide Handlungen zusammen das Thema des Films vorstellen und kommentieren.

3 Diskutieren Sie die Aussage des Regisseurs Sebastian Schipper zur Musik, die am Ende der Szene einsetzt:
„Dieses Thema hat mich total umgehauen. Es ist 1:20 min lang und ist für mich der Film."

4 Überprüfen Sie, inwiefern Howards und Mableys Hinweise zur filmischen Exposition in *Absolute Giganten* Anwendung finden. Erläuterten Sie Ihre Ergebnisse mithilfe von Beispielen.

5 Listen Sie Szenen auf, die in *Absolute Giganten* Teil der Exposition sind und wichtige expositorische Funktionen übernehmen.

DER FILM ALS EIGENE KUNSTFORM WAHLPFLICHTMODUL 3

„Ich muss woanders hin!": Figurenzeichnung
Die Charakterisierung von Haupt- und Nebenfiguren in Spielfilmen analysieren

Szene	Figuren	Handlung
1		
2		
3		
4		

1 Beschreiben Sie mit Ihrem Wissen um filmische Ikonografie (vgl. S. 158) die vier Screenshots.

2 Ordnen Sie die Filmszenen in die Filmhandlung ein, indem Sie mithilfe der Tabelle stichwortartig jeweils Figuren und Handlung beschreiben.

3 Erklären Sie, wie die Figuren in diesen Szenen jeweils charakterisiert werden.

David Howard/Edward Mabley

Der Protagonist und sein Ziel (1998, Auszug)

„Beim Schreiben dramatischer Szenen kommt es vor allem auf die Veränderung der Figuren an. Am Ende ist die Figur nicht dieselbe, die sie am Anfang war. Sie hat sich in psychologischer Hinsicht verändert, vielleicht sogar in physischer."
Robert Towne (*1934), US-Drehbuchautor, Regisseur und Schauspieler

Die hervorstechende Charaktereigenschaft des Protagonisten ist es, unbedingt ein bestimmtes Ziel erreichen zu wollen, und das Interesse des Publikums besteht darin, ihn sich auf dieses Ziel zubewegen zu sehen, wodurch es erst von der Geschichte in ihren Bann gezogen wird. […] Dieser Wunsch der Figur, das, was sie vorantreibt, kurz: ihr Verlangen, wird normalerweise schärfer ins Auge gefasst und gewinnt mehr Nachdruck, während die Geschichte sich entwickelt. […] Ein guter Protagonist ruft eine starke emotionale Reaktion beim Publikum hervor. […] Wichtig ist, dass das Publikum gegenüber dem Protagonisten nicht gleichgültig bleibt. […] Das heißt nicht, dass alle wichtigen Figuren eines Films notwendig sympathisch oder bewundernswert sein müssen. […] Eine verabscheuungswürdige Figur, bei der noch eine geringe Chance auf Rettung besteht, kann genauso gut Protagonist einer Geschichte sein, wie jemand, den wir belustigend oder bewundernswert finden. […]

Auch andere Hauptfiguren sind von Begierden und Wünschen geprägt, und einander widerstreitende Begierden sind der Stoff, aus dem dramatische Konflikte entstehen. […] Diese Kräfte kollidieren miteinander, bringen die Geschichte ins Rollen und zwingen die Figuren preiszugeben, was in ihnen vorgeht. Das ist das wesentliche Element jeder Figurenzeichnung: zu enthüllen, was sich im Inneren der Figuren abspielt.

„Ich muss wissen, wer die Hauptfigur ist. Woher kommt sie, aus welchem Umfeld stammt sie? Ich muss sie gesellschaftlich, historisch und politisch einordnen können. Was will sie? Wovor hat sie Angst? Wofür oder wogegen würde sie auf die Barrikaden gehen?"
Walter Bernstein (*1919), US-Drehbuchautor

1 Analysieren Sie die Hauptfigur Floyd aus *Absolute Giganten* hinsichtlich ihres Ziels, ihres Konflikts und ihrer Entwicklung mithilfe von Howards und Mableys Hinweisen für die Figurenzeichnung. Belegen Sie Ihre Deutung an Szenen aus dem Film. Tragen Sie Ihre Ergebnisse im Cluster ein:

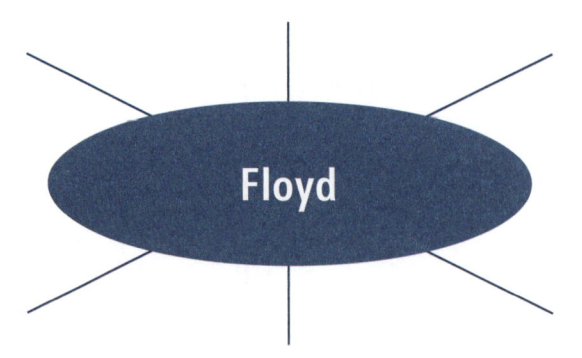

[Cluster-Diagramm mit „Floyd" in der Mitte und sechs Linien nach außen]

2 Erklären Sie die dramaturgische Funktion der beiden Nebenfiguren Ricco und Walter für die Filmhandlung. Erläutern Sie anhand von Beispielszenen Ziel, Konflikt und Entwicklung dieser Figuren.

3 Skizzieren Sie ebenso die Funktion der Figur Telsa innerhalb der Handlung von *Absolute Giganten*.

Handlungsorte erzählen
Die Bedeutung von Handlungsorten und Requisiten in Filmszenen entschlüsseln

Der Zuschauer ist es gewohnt, die visuellen (und akustischen) Details eines Filmbildes, einer Szene und des gesamten Films miteinander in Bezug zu setzen und zu deuten. Aufgrund dessen gestalten Filmemacher Handlungsorte, Requisiten und Kostüme mit großer Sorgfalt, dienen diese doch der Charakterisierung von Figuren und der Etablierung von Stimmung und Atmosphäre. Auch Drehorte außerhalb des Filmstudios werden für Dreharbeiten – den Intentionen des Regisseurs entsprechend – eingerichtet. Bei einer Filmanalyse geht es daher auch darum, diese Handlungsorte zu berücksichtigen.

David Howard / Edward Mabley

Die Welt der Geschichte (1998, Auszug)

1 Die Welt einer Geschichte ist in jedem Film eine einzigartige Schöpfung, einer Variation – mit einer Bandbreite von „sehr realistisch" bis „sehr fantastisch" – der Realität unserer Welt, heute oder zu einer anderen Zeit. Abgesehen von einigen Fortsetzungsfilmen spielen zwei Filme normalerweise nicht in derselben Welt.
5 Stattdessen haben die meisten Filme ein speziell für sie entworfenes Universum mit eigenen Regeln und Grenzen. Das ist selbst dann der Fall, wenn zwei Filme auf den ersten Blick in genau derselben Welt stattzufinden scheinen.

1 Schauen Sie sich die Sequenz an, in der nacheinander die Wohnungen Floyds, Riccos und Walters gezeigt werden, und analysieren Sie dann unter Berücksichtigung der Informationen dieser Seite arbeitsteilig, wie der jeweilige Handlungsort von den Filmemachern gestaltet wurde. Beachten Sie dabei u. a. die Auswahl der Requisiten und die Gestaltung der Tonebene.

2 Erläutern Sie, welche Rolle der jeweilige Handlungsort für die Charakterisierung der Figuren spielt.

3 Untersuchen Sie *Absolute Giganten* hinsichtlich weiterer Handlungsorte, die innerhalb der Geschichte eine dramaturgische Funktion besitzen.

„Unten ist ‚wichtiger' als oben, links kommt vor rechts, unten ist fest, oben beweglich; Diagonalen von unten links nach oben führen ‚hoch' von Festigkeit zu Unbeständigkeit. Horizontalen erhalten mehr Gewicht als Vertikalen: Sehen wir uns horizontalen und vertikalen Linien gleicher Länge gegenübergestellt, lesen wir wahrscheinlich die horizontale als die längere."
James Monaco (*1943), Filmwissenschaftler, zur Psychologie des filmischen Sehens

„Es sollte eine irgendwie geartete Form der Interaktion zwischen den Figuren und dem Milieu geben, in dem sie sich bewegen."
Walter Bernstein (*1919), US-Drehbuchautor

Die Kamera als Erzähler
Kamerabewegungen im narrativen Kontext untersuchen

Eine Filmhandlung wird nicht allein durch Dialoge oder Monologe der Figuren erzählt. Im Gegenteil, viele Filmemacher sind der Überzeugung, dass die besonderen narrativen Qualitäten des Mediums Film darin bestehen, Informationen und Emotionen audiovisuell, d. h. mit Kamera und Ton (Geräusche, Musik), zu transportieren. So kann die Stimmung einer Figur auch ausschließlich mithilfe eines geschickten Kameraeinsatzes ausgedrückt werden. Die Filmkamera kann somit viele Informationen und Gefühle, die in der erzählenden Literatur (z. B. dem Roman) durch den Erzähler vermittelt werden, visuell darstellen und beim Zuschauer eine bestimmte Haltung oder emotionale Reaktion hervorrufen. Auf diese Weise fungiert die Kamera als (filmischer) Erzähler, impliziert sie doch eine spezifische Sichtweise auf das Geschehen.

Neben der Wahl von Einstellungsgröße und Kameraperspektive können die Filmemacher auch die Kamerabewegung dazu nutzen, narrative und visuelle Akzente zu setzen und so filmisch zu erzählen. Unterschieden wird dabei zwischen Kameraschwenks, Kamerafahrten und Zooms. Bei Schwenks wird die Kamera horizontal und/oder vertikal bewegt und lenkt die Aufmerksamkeit so auf bestimmte Details. Je nach Geschwindigkeit des Schwenks verändert sich auch die Wirkung. So können Reißschwenks die Dynamik einer Szene erhöhen, langsame Schwenks wirken oftmals illustrativ. Gleiches gilt für Kamerafahrten, bei denen die Kameras zumeist auf einem Kamerawagen (Dolly) bewegt werden, wodurch sich kontrollierte und ruhige Bewegungen inszenieren lassen. Alternativ kann die Kamera als *Handkamera* eingesetzt werden, wobei die zumeist nicht vermeidbaren wackeligen Bewegungen der Hand eine dokumentarische Qualität besitzen, die einer Szene oder einem Film eine ganz eigene – z. B. raue – Ästhetik verleihen. Beim Zoom verändert sich nicht der Standpunkt der Kamera, sondern die Brennweite des Objektivs, wodurch ein anderes Verhältnis zwischen Vordergrund und Hintergrund entsteht, etwas, was nicht der menschlichen Sehgewohnheit entspricht. Zooms werden im heutigen Kino eher sparsam einsetzt.

> „Viele der besten und lyrischsten [Kamera-]Fahrten sind wahrhaft die Äquivalente zum Liebesakt, wie der Filmemacher zunächst wirbt und sich dann mit seinem Motiv vereinigt; die Kamerafahrt wird zur Beziehung und die Aufnahme zu einer Synthese von Filmemacher und Motiv, größer als die Summe ihrer Teile."
> Filmwissenschaftler **James Monaco** (*1943)

1 Analysieren Sie die Kamerabewegungen in den drei abgebildeten Szenen aus *Absolute Giganten*. Erläutern Sie die narrative Funktion der jeweils verwendeten Kamerabewegung innerhalb der Filmhandlung und im Hinblick auf die Charakterisierung der Figuren.

2 Erproben Sie die Wirkung der erläuterten Formen der Kamerabewegung mithilfe von Videokameras oder der Videofunktion Ihrer Smartphones. Für den Schwenk sollte ein Stativ verwendet werden.

3 Vergleichen Sie die unterschiedliche Wirkung von Kamerafahrt und Zoom, indem Sie sich mit der Kamera auf eine Figur zubewegen oder sie einzoomen.

DER FILM ALS EIGENE KUNSTFORM WAHLPFLICHTMODUL 3

Westernshowdown in Hamburg
Filmhistorische Bezüge und Zitate erkennen

„Duelle gehören zu den Ritualisierungsformen der Konfliktaustragung in meist ausschließlich von Männern gebildeten Gemeinschaften. Ihren Hintergrund bildet ein jeweiliger Ehrenkodex, der die Wiederherstellung gekränkter oder verletzter Ehre reguliert."
Hans Jürgen Wulff (*1951), deutscher Medienwissenschaftler

Filme entstehen nicht im luftleeren Raum, sondern im soziokulturellen Kontext ihrer Zeit. So lassen sich Filmemacher von Werken der Filmgeschichte oder denjenigen ihrer Kollegen inspirieren und zitieren diese direkt oder indirekt in ihren eigenen Filmen. Auf diese Weise finden sich in vielen Filmen teils subtile, teils sehr deutliche Anspielungen auf spezifische Filmgenres (z. B. Western) oder einzelne Filme (*Die glorreichen Sieben*). In dieser Beziehung arbeiten Regisseure ähnlich wie Schriftsteller, die in ihren Romanen und Erzählungen die Werke ihrer Vorgänger aufgreifen (Intertextualität).

So kann ein spannungsreiches Geflecht von Zitaten und Anspielungen entstehen. Ein Beispiel für diesen selbstreflexiven Charakter des Films stellt ein zeitgenössischer Filmemacher wie Quentin Tarantino (*1963) dar, der in all seinen Filmen gekonnt aus dem Fundus der Filmgeschichte schöpft und auch sonst ausgiebig popkulturelle Reminiszenzen einbaut. Filmzitate können sich sehr genau an das zitierte Original anlehnen oder dieses auch frei aufgreifen und kreativ adaptieren.

1 Berichten Sie von Filmen, in denen Sie Filmzitate erkannt haben, und erläutern Sie, welche Aspekte eines Films oder Genres jeweils zitiert und gegebenenfalls abgewandelt wurden.

2 Untersuchen Sie, inwiefern in *Absolute Giganten* die Begegnung der Protagonisten mit der Elvis-Truppe wie ein typisches Westernduell inszeniert ist. Informieren Sie sich dazu, wie solche Szenen im Westerngenre typischerweise ablaufen und filmisch inszeniert werden. Sehen Sie sich zum Vergleich ein klassisches Westernduell wie z. B. die Eröffnungsszene aus *Spiel mir das Lied vom Tod* an und vergleichen Sie dies mit *Absolute Giganten*.

3 Erstellen Sie eine in der heutigen Zeit angesiedelte Fotogeschichte von maximal zehn Fotos, in der Westernkonventionen im schulischen Kontext auftauchen. Vergleichen Sie anschließend Ihre Fotoserien.

Die filmische Heldenreise
Mythologische Erzähltraditionen im modernen Film nachweisen

Viele Mythen aus verschiedenen Kulturen und Epochen ähneln sich in ihrer Grundstruktur, wie der Mythenforscher Joseph Campbell (1904–1987) durch den Vergleich mythologischer Geschichten herausgefunden hat. Campbells davon abgeleitetes Konzept der Heldenreise in seinem Bestseller *Der Heros der tausend Gestalten* (1949) hat eine immense Wirkungsgeschichte nach sich gezogen und Literaten und Filmemacher beeinflusst. So basieren z. B. George Lucas' *Krieg der Sterne*-Filme auf den Motiven der Heldenreise. In Hollywood machte besonders Christopher Vogler das Modell bekannt:

Christopher Vogler

Die Odyssee des Drehbuchschreibers (1998, Auszug)

Christopher Vogler (*1949), US-Drehbuchautor und Publizist, bekannt für seine Arbeiten auf dem Gebiet des Drehbuchschreibens.

1 • Ausgangspunkt der Heldenreise ist die gewohnte Welt des Protagonisten (1. Akt: Status Quo bis zur Trennung).
• Der Held wird durch ein äußeres Ereignis oder eine Person zum Abenteuer gerufen (Ruf zum Abenteuer).
5 • Diesem Ruf verweigert er sich daraufhin zumeist.
• Ein Mentor überzeugt ihn daraufhin davon, die Reise anzutreten, und das Abenteuer beginnt.
• Der Held überschreitet die erste Schwelle, nach der es kein Zurück mehr gibt (Beginn des 2. Akts: Die Prüfungen).
10 • Daraufhin wird er vor erste gefahrvolle Bewährungsproben gestellt und trifft dabei auf Verbündete und Feinde.
• Nun steigt der Held in die Unterwelt hinab, wo er bis zur tiefsten Höhle vordringt. Dort trifft er auf den Antagonisten.
• Hier findet die entscheidende Prüfung des Helden statt: Konfrontation und
15 Überwindung des Gegners.
• Nach seinem Sieg wird der Held belohnt, indem er z. B. einen Schatz oder magischen Gegenstand raubt. Manchmal stirbt der Held auch und wird durch göttliche Hilfe wieder zum Leben erweckt. Diese Auferstehung symbolisiert den inneren Wandel des Helden, da er durch das Abenteuer zu einer neuen
20 Persönlichkeit gereift ist.
• Nun tritt er den Rückweg an (Beginn des 3. Akts: Rückkehr und Ankunft).
• Anschließend tritt der Held mit dem Schatz den Heimweg an.
• In seiner Heimat wird er zumeist eine angesehene Persönlichkeit, z. B. der neue Herrscher.

1 Erstellen Sie eine Liste von Filmen, die auf dem Konzept der Heldenreise basieren. Begründen Sie Ihre Wahl, indem Sie die Filmhandlung in die Stationen der Heldenreise einordnen.

2 Überprüfen Sie, inwiefern das Konzept auch dem Film *Absolute Giganten* zugrunde liegt.

DER FILM ALS EIGENE KUNSTFORM WAHLPFLICHTMODUL 3

Eine Filmhandlung abschließen
Das Ende von *Absolute Giganten* untersuchen

David Howard/Edward Mabley

Spannungsbogen, Höhepunkt und Auflösung (1998, Auszug)

Jedes normale Drehbuch enthält einige kleinere Höhepunkte und Auflösungen, von Szene zu Szene und Sequenz zu Sequenz. [...] Bei der traditionellen Gliederung in drei Akte, bei der der zweite Akt ungefähr die Hälfte der Geschichte einnimmt, bildet der Konflikt im zweiten Akt den eigentlichen Spannungsbogen.
5 Wenn dieser Konflikt im zweiten Akt aufgelöst wird, entsteht dadurch erneut Spannung, die sich am einfachsten mit der Frage charakterisieren lässt: „Was passiert als nächstes?", die direkt (mit kleineren Um- und Abwegen) zur Auflösung der gesamten Geschichte führt. [...]
   Der erfolgreiche Drehbuch-
10 autor hat dieses eher langfristige Interesse daran, wie die Geschichte schließlich ausgeht, in der Vorstellungswelt des Publikums irgendwo
15 in den Hintergrund gerückt. Was aber während des zweiten Akts die Geschichte mit Nachdruck vorantreibt, ist die Reihe von Hindernissen, die
20 dem Protagonisten im Moment mehr zu schaffen machen als die Auflösung der Geschichte, Hindernisse, die zusammen genommen den eigentlichen Spannungsbogen ausmachen. [...]
   Der Stoff, aus dem die Auflösungen sind, kann sehr unterschiedlicher Natur sein. Sie kann zum Beispiel zu verstehen geben, was mit den Figuren in der
25 Zukunft geschieht (so wie uns die Exposition zu Beginn der Geschichte über Ereignisse in der Vergangenheit informiert hat). Oft scheint sie uns aus dem Mund einer der Figuren den Standpunkt zu vermitteln, den der Autor gegenüber seinem Protagonisten oder dem Material seiner Geschichte gegenüber einnimmt. [...]
Die Auflösung ist der Moment, nach dem das Publikum sich entspannt zurückleh-
30 nen darf; ob sich die Dinge nun entwickelt haben, wie es gehofft oder befürchtet hat, die Sache ist zu einem befriedigenden Ende geführt, aufgelöst eben.

> „Das Publikum hat etwas dagegen, dass man ihm schmeichelt, ihm etwas vorspielt. Es ist genauso wie ich daran interessiert, richtige Menschen glaubhaft agieren zu sehen. Die Zuschauer wollen Überraschungen erleben, wollen unterhalten werden, sie wollen zufriedengestellt werden. Das muss kein Happy-End sein, aber sie wollen einen richtigen Abschluss."
> **Tom Rickman**, US-Drehbuchautor und Regisseur

1 Stellen Sie im Kurs Filmenden vor, die Sie für besonders gelungen / misslungen halten, und erläutern Sie die Gründe Ihrer Einschätzung. Erstellen Sie Kriterien für ein gelungenes Filmende.

2 *Lernarrangement*
   a) Teilen Sie die Filmhandlung von *Absolute Giganten* in drei Akte (s. o.) ein.
   b) Bestimmen Sie den Höhepunkt im zweiten Akt sowie Szenen, die den dritten Akt ausmachen.
   c) Erörtern Sie, inwiefern der Hauptkonflikt im Verlauf des Films durch andere Herausforderungen in den Hintergrund gerät.
   d) Erläutern Sie, wie die Szenen des dritten Aktes zur Auflösung der Geschichte beitragen. Achten Sie hierbei auf Dialoge sowie auf die Bild- und Tongestaltung.
   e) Vergleichen Sie im Plenum Ihre Ergebnisse.

3 Diskutieren Sie, ob *Absolute Giganten* ein offenes Ende hat oder ob es sich im Sinne von Howard und Mabley bzw. Rickman (s. o.) um eine „Auflösung" des Konflikts handelt.

RAHMENTHEMA 7 **MEDIENWELTEN**

Coming of Age: Erwachsenwerden als Filmthema
Filmthemen im historischen Kontext bewerten

Im Uhrzeigersinn:

Good Bye Lenin!, Regie: Wolfgang Becker, Deutschland 2003, mit Daniel Brühl

Tschick, Regie: Fatih Akin, Deutschland 2016, mit Tristan Göbel und Anand Batbileg

Sonnenallee, Regie: Leander Haussmann, Deutschland 1999, mit Alexander Scheer

Blueprint, Regie: Rolf Schübel, Deutschland 2003, mit Franka Potente

Jeder der hier abgebildeten Filme lässt sich dem Genre des Jugendfilms zuordnen. Der Coming-of-Age-Film (engl. ‚Heranwachsen') ist ein Subgenre des Jugendfilms und bezeichnet Filme, deren jugendliche Helden mit grundlegenden Fragen und Herausforderungen des Erwachsenwerdens konfrontiert werden. Die Protagonisten müssen häufig wichtige Lebensentscheidungen treffen und Stellung zu ethischen Grundpositionen beziehen. Filme zu diesem Thema sind u. a. auch deshalb reizvoll für das Publikum, da die Protagonisten des Films sich häufig zum ersten Mal mit fundamentalen Problemen auseinandersetzen müssen (erste Liebe, Loslösung von den Eltern, Berufseinstieg, gesellschaftliches Spannungsfeld von Anpassung oder Freiheit). Da es sich hierbei um neue Erfahrungen für den jungen Helden handelt, sind besonders eindringliche und dramatische Szenen möglich. Filme dieser Art sind auch für ältere Zuschauer interessant, müssen doch auch sie sich immer wieder neu mit den aufgezeigten Konfliktfeldern auseinandersetzen. Hinzu kommt, dass diese Filme Erwachsenen oft auch einen melancholischen Zugang zu eigenen Erfahrungen der (verlorenen) Jugend bieten.

1 Recherchieren Sie zu einem der obigen Filme und stellen Sie diesen in Form eines Referats vor. Sehen Sie sich hierzu, wenn möglich, den Film an. Gehen Sie dabei in Ihrem Vortrag u. a. auf folgende Aspekte ein: Thema, Handlung, Hauptfigur, Konflikt, Reaktion von Zuschauern und Filmkritik.

2 Arbeiten Sie heraus, welcher spezifische Konflikt des Themas *Erwachsenwerden* im Film thematisiert und wie dieser gelöst wird.
a) Recherchieren Sie dazu, inwiefern der jeweilige Film zeitspezifische Probleme beinhaltet.
b) Diskutieren Sie, ob die Handlung des Films trotz der heute veränderten gesellschaftlichen Verhältnisse „zeitlos" ist und auch heutigen Jugendlichen Orientierung bieten kann.

Informieren, interpretieren, werten: Filmkritiken
Merkmale der Textgattung Filmkritik kennenlernen und produktiv anwenden

Die Filmkritik ist eine journalistische Textgattung, in der ein aktueller Spiel- oder Dokumentarfilm in Printmedien, Radio, Fernsehen oder Internet vorgestellt wird. Dabei steht die Filmkritik in einem Spannungsfeld ihrer verschiedenen Funktionen, soll sie doch sowohl informieren und interpretieren als auch werten und empfehlen. Folgende Funktionen kommen der Filmkritik traditionell zu:

Informations- und Servicefunktion: Der Rezipient erhält zumeist die zentralen Informationen, um sich ein Bild über die Produktion und Hintergründe des Films zu machen (Regisseur, Produktionsland, Filmlänge, Genre, Altersempfehlung). Diese Informationen helfen dabei, den Film zu kontextualisieren: Handelt es sich z. B. um einen Fortsetzungsfilm oder eine Filmreihe (*James Bond*)? Weiterhin wird die Filmhandlung in groben Zügen erläutert – jedoch ohne das Ende zu verraten, damit der Filmgenuss für den Zuschauer nicht zerstört wird. Oftmals finden sich auch Hinweise für eine Eignung des Films für jüngere Zuschauer (explizite Sex- und Gewaltdarstellung).

Interpretationsfunktion: Der Film wird in seinem ästhetischen Gehalt deutend interpretiert, oftmals unter Berücksichtigung der Konventionen des jeweiligen Filmgenres sowie der Filmgeschichte. Dabei geht es darum, zu veranschaulichen, inwiefern der Film besondere ästhetische oder narrative Qualitäten aufweist oder ob es sich um ein konventionelles Genreprodukt mit nur geringem künstlerischem Reiz handelt. Angesichts der relativen Kürze einer Filmkritik im Rahmen eines Zeitungsartikels können jedoch zumeist nur Interpretationsschwerpunkte gesetzt werden, aus denen sich das Spektrum der ästhetischen Qualität ablesen lässt.

Kommunikations- und Öffentlichkeitsfunktion: Die Filmkritik dient als Vermittler zwischen Film und Öffentlichkeit, sodass ihr eine wichtige Kommunikationsfunktion im öffentlichen Diskurs zukommt. Indem die Filmkritik Empfehlungen ausspricht oder vom Kinobesuch abrät, kommt ihrer Wertung eine hohe Bedeutung im ökonomischen Gefüge der Filmproduktion zu. Die Filmverleihe nutzen teilweise besonders lobende Zitate der Filmkritik zu Werbezwecken.

Eine Filmkritik muss nicht in Textform vorliegen. Filmkritiken können auch als Hörbeitrag (Podcast) oder Video für TV und Internet gestaltet werden.

> ### Inhalte einer Filmkritik
>
> 1. **Grundlegende Informationen zum Film:** Filmtitel, Produktionsland und -jahr, Regisseur, Filmlänge, Genre.
>
> 2. **Inhaltsangabe:** Thema, Handlung und Hauptfigur(en) werden vorgestellt, die Lösung des Konflikts (Ende) wird nicht verraten.
>
> 3. **Interpretation:** Deutung des Films als autonomes Filmkunstwerk. Mögliche Bezugspunkte: eingehaltene oder gebrochene Genrekonventionen, filmische Mittel (Bildgestaltung, Montage usw.), narrative Spannung, eventuelle ästhetische Mängel.
>
> 4. **Wertung:** Aufgrund der jeweiligen ästhetischen Gestaltung wird der Film (einem bestimmten Publikum) empfohlen oder es wird davon abgeraten.

1 Sammeln Sie zu einem aktuellen Film Filmkritiken aus Tageszeitungen, Kinomagazinen (z. B. *Cinema*) und Internetseiten. Vergleichen Sie, inwiefern diese den Funktionen der Gattung *Filmkritik* gerecht werden. Beachten Sie auch den jeweiligen Sprachstil und Adressatenbezug.

2 Erstellen Sie zu einem Film Ihrer Wahl eine Filmkritik in Form eines Zeitungsartikels, Podcasts oder Internetvideos unter Berücksichtigung der Funktionen und Elemente der Gattung *Filmkritik*.

Wolfgang Höbel

Die geilste Zeit im Leben (1999)

Der Regisseur Sebastian Schipper präsentiert mit „Absolute Giganten" seinen ersten Kinofilm – eine raue Ballade über das Ende einer Jungs-Freundschaft.

Was tun drei junge Großstadthelden mitten in der Nacht in der Tiefgarage, wenn sie plötzlich die große Sehnsucht packt? Sie wälzen sich auf der Motorhaube ihres Autos im Hamburger- und Pommes-Müll, drehen das Radio auf Maximallautstärke und nehmen Aufstellung für einen Freudentanz – zu Marc Bolans Pop-Klassiker „20th Century Boy".
Der Einbruch märchenhaften Musical-Glamours in eine ansonsten eher triste Welt aus Hochhausbeton und Absturzkneipen ist in diesem Film so etwas wie die Erfüllung der allerwildesten Träume: Ein paar wunderbare Augenblicke lang sieht es so aus, als wären Floyd, Ricco und Walter tatsächlich das, was der Filmtitel verspricht: „Absolute Giganten" eben. In Wahrheit schlagen sich die drei Burschen, von denen der Schauspieler und Regie-Newcomer Sebastian Schipper in seinem Kinodebüt erzählt, eher als Kleinmurkser durchs Hamburger Leben [...]. „Absolute Giganten" [...] setzt trotzdem nicht auf die Verlierertragik des neueren deutschen Depressionskinos der Nachtwandler und Untergeher. Ob Floyd, Ricco und Walter wirklich Loser sind oder im Lebenslotto nicht doch den Hauptgewinn ziehen, ist nämlich längst nicht ausgemacht.
In ihren Köpfen jedenfalls bewegen die drei grandiose Pläne: [...] Schippers Film füllt ein Genre mit neuem Leben, das im US-Filmgeschäft in schönster Blüte steht, von deutschen Regisseuren aber meist verschmäht wird: den Abschied von der Kindheit, das Drama des Erwachsenwerdens. Dabei lässt sich schon der Filmtitel als Anspielung auf den größten aller jugendlichen Rebellen verstehen. In keinem seiner Filme sah James Dean besser aus als mit geschultertem Schießgewehr in "Giganten". [...] Doch anders als etwa Thomas Jahns deutscher Kinohit „Knockin' on Heaven's Door" verpflanzt Regisseur Schipper nicht einfach US-Vorbilder in ein nur angeblich deutsches Niemandsland. „Absolute Giganten" nämlich ist nicht bloß ein rausentimentaler Jungs-Film, sondern eine Kinohuldigung an Hamburg. Wobei man durchaus ein paar sehr schöne Bilder von der Elbe, vom Hafen und der Reeperbahn zu sehen bekommt. Der Hauptschauplatz des Films aber ist eine Hochhaussiedlung am Rand der Stadt. Das ist der Ort, der Floyd, Ricco und Walter zueinander gebracht hat und mit dem sie eine seltsame Hassliebe verbindet; hier kicken sie auf dem Bolzplatz und flirten mit dem leider ein paar Jahre zu jungen Nachbarmädchen [...]; hier prahlen sie beim Bier mit ihren Tischfußballkünsten und schwärmen von tollen Autos, Musik und krummen Heldentaten; und hier verrät Floyd eines Abends seinen Freunden, dass seine Bewährung überstanden ist und er am nächsten Morgen für immer die Stadt verlassen will.
Als Schauspieler arbeitete Schipper, 32, erst im Theater und war in Tom Tykwers Filmen „Winterschläfer" und „Lola rennt" dabei; in seinem von Tykwer produzierten ersten Spielfilm schickt er seine Akteure auf eine nächtliche Abschiedstour mit Verfolgungsjagden, Ausflügen in die Drogenhölle und einem Duell am Kickertisch – und zeigt in aller Action-Hektik bewundernswertes Vertrauen in die Genauigkeit und den Witz seiner Darsteller. Insofern sind die Passagen, in denen Schipper seine Helden davon reden lässt, wie groß ihre Sehnsucht sei und wie mies sie sich fühlten, weil nun "die geilste Zeit im Leben" zu Ende gehe, nahezu überflüssig: Das alles haben die Gesten und Gesichter längst ebenso erzählt wie die Musik. Die stammt fast vollständig von Notwist, einer allseits hoch gelobten deutschen Rockband. [...] Mit solcher Behauptungskraft und so viel umwerfendem Charme hat lange kein deutscher Film mehr Musicalträume und reales Leben miteinander versöhnt.

1 Überprüfen Sie, ob Höbels Filmkritik die Funktionen der Gattung *Filmkritik* (vgl. S. 173) erfüllt.

2 Verfassen Sie einen Kommentar zu Höbels Filmkritik, in dem Sie auf seine Deutung eingehen und Ihre eigene Meinung zu *Absolute Giganten* formulieren.

RAHMENTHEMA 7 **MEDIENWELTEN**

Wie wurde der Film gemacht?
Anhand von Kriterien einen Film analysieren

Möchten Sie die Wirkung – vielleicht den Erfolg – eines Films nachvollziehen können, so betrachten Sie letzteren, wie auch ein literarisches Werk, anhand zahlreicher Kriterien genauer. Der folgende Bogen hilft Ihnen bei der Strukturierung Ihrer Filmanalyse. Sie können ihn bei jedem beliebigen Film anwenden.

Titel:	**Filmanalyse**	O = oft	S = selten	Zeitangabe

Narration				
Plot (Struktur der Geschichte):				
Linearer Plot?	Non-linearer Plot?	Vorausgesetztes Wissen?		
In welcher Zeit spielt der Film?				
Zeitebenen:				
Für den Plot wichtige Gegenstände, Ereignisse oder Informationen:				
Plot Point 1:	Plot Point 2:	Plot Point 3:	Plot Point 4:	
Interaktionsverhältnis	Gewalt Wer?	Romantik / Liebe Wer?	Psychisches Leid Wer?	
	(Interessen-) Konflikt Wer?	Macht / Herrschaft Wer?	... Wer?	
Informationsverhältnis	Suspense O | S	Surprise O | S	Gleiche Informiertheit O | S	
Erwartungen / Überraschungen / Enttäuschungen:				
Typische Handlungsmuster?				

Filmfiguren			
Name:	Handlungsrolle:	Motiv:	sympathisch J | N durchschaubar J | N
Charaktermerkmale:			

175

DER FILM ALS EIGENE KUNSTFORM — WAHLPFLICHTMODUL 3

Name:	Handlungsrolle:	Motiv:	sympathisch J N
			durchschaubar J N
Charaktermerkmale:			
Name:	Handlungsrolle:	Motiv:	sympathisch J N
			durchschaubar J N
Charaktermerkmale:			
Name:	Handlungsrolle:	Motiv:	sympathisch J N
			durchschaubar J N
Charaktermerkmale:			

Filmästhetik

Beschreibung der realitätsnahen / realitätsfernen Welt:		Spezialeffekte:	
Handlungsort:	Handlungsort:	Handlungsort:	Handlungsort:
Stimmung des Ortes:	Stimmung des Ortes:	Stimmung des Ortes:	Stimmung des Ortes:
Kameraperspektiven	Normaloptik O S	Aufsicht / Vogelperspektive O S	Untersicht / Froschperspektive O S
Gibt es ein Licht- oder Farbkonzept?			
Schnitt / Montage	Harter Schnitt O S	Auf- und Abblende O S	Überblendung O S
	Trickblende O S	Plansequenz O S	Cut Away O S
	Cut In O S	Cut Out O S	Match Cut O S
Narrative Funktion des Schnitts / der Montage	Zeit: Funktion:	Zeit: Funktion:	Zeit: Funktion:

Kontexte

In welche Filmgenres kann der Film eingeordnet werden?				
Genrekonventionen	N J			

Auf einen Blick

Methoden und Arbeitstechniken   **179**
- Texte lesen und verstehen   179
- Texte bearbeiten   179
- Texte planen und verfassen   180
- Zitieren   182
- Referate halten   183
- Präsentieren   184

Klausurwissen   **185**
- Anforderungsbereiche und Operatoren   185
- Die 5-Schritt-Klausurmethode   185
- Der Aufbau einer Klausur   186
- Untersuchende Aufgaben   186
- Erörternde Aufgaben   190
- Materialgestütztes Schreiben   192
- Gestaltende Aufgaben   193
- Tipps für Stil und Ausdruck   194

Fachbegriffe   **195**
- Lyrik   195
- Epik   197
- Dramatik   200
- Film   204
- Pragmatische Texte   205
- Sprache   207

Literaturgeschichtlicher Überblick   **208**

Was finden Sie hier?

Im Folgenden erhalten Sie – kurz und knapp und *auf einen Blick* – die wichtigsten Informationen, die Sie im Deutschunterricht der Sekundarstufe II benötigen: vor allem hilfreiche Tipps für Ihre Klausuren sowie Fachwissen, das Sie schnell im Unterricht oder zu Hause nachschlagen können.

Bei den **Arbeitstechniken** können Sie z. B. nachlesen, wie Sie sinnvoll Markierungen vornehmen, wie Sie richtig zitieren oder wie Sie Ihre Texte überarbeiten.

Im **Klausurwissen** erfahren Sie, was bei den verschiedenen Aufgabenarten von Ihnen erwartet wird, u. a. bei einer Textanalyse, einer literarischen Erörterung oder beim adressatenbezogenen Schreiben. Auf diesen Seiten können Sie nachschlagen, wenn Sie nicht mehr ganz sicher sind, welche Bestandteile z. B. eine Einleitung enthalten sollte. Das Klausurwissen umfasst somit all das im Überblick, was Sie in den unterschiedlichen Klausurtrainings bereits praktisch erproben konnten.

Im Deutschunterricht begegnen Ihnen immer wieder **Fachbegriffe** aus zahlreichen Bereichen. Wenn Sie zum Beispiel Ihr Wissen über den Anapäst, den *stream of conciousness*, Erzählperspektiven, Kamerabewegungen oder Morphologie auffrischen wollen, finden Sie hier die entsprechenden Definitionen.

Und zum Schluss die **Literaturgeschichte**. Die wichtigsten Epochen werden Ihnen kurz und bündig vorgestellt. Dabei helfen Ihnen auch prägnante Begriffe, die jeder Epochenzusammenfassung vorangestellt sind.

Methoden und Arbeitstechniken

Texte lesen und verstehen: Die 5-Schritt-Lesemethode (SQR3-Methode)

1. Sich Übersicht verschaffen (Survey)

Antizipieren bedeutet *vorwegnehmen/vorgreifen*. Vor dem eigentlichen Lesen entwickeln Sie also eine erste Erwartung an den Text, indem Sie sich den Titel, eventuell auch den Untertitel und die Zwischenüberschriften ansehen.

2. Fragen stellen (Question)

Einen Überblick über den Inhalt, die Absicht und die Art des Textes erhalten Sie, wenn Sie anschließend den Text überfliegen. Achten Sie dabei auf den Autor, die Textsorte, das Erscheinungsjahr, eventuell den Erscheinungsort und die sprachliche Gestaltung.

3. Lesen (Read)

Erst im dritten Schritt klären Sie Details, indem Sie bestimmte Textstellen und Schlüsselbegriffe markieren, (inhaltliche und sprachliche) Unklarheiten beseitigen und unklare Begriffe nachschlagen. Die Handlung oder den argumentativen Gedankengang des Textes erschließen Sie an dieser Stelle.

4. Wiedergeben (Recite)

Sie gliedern den Text und fassen ihn mithilfe von Überschriften, die den Inhalt treffend wiedergeben, zusammen.

5. Rekapitulation (Review)

Formulieren Sie mit eigenen Worten die Kernaussagen (Thesen) des Textes und beantworten Sie die Fragen. Prüfen Sie, ob Ihr Textverständnis stimmig ist.

Texte bearbeiten

Markierungen

Ob es sich um Sach- oder literarische Texte handelt: Wenn Sie einen Text bearbeiten, versehen Sie diesen immer mit Markierungen. So behalten Sie besonders bei längeren Texten den Überblick und verlieren nicht zu viel Zeit durch umständliches Suchen nach bestimmten Textstellen. Dies sollten Sie beim Markieren beachten:

Weniger ist mehr! Markieren Sie vor allem einzelne Begriffe oder Satzteile, möglichst aber keine ganzen Sätze. Wenn zu viel gekennzeichnet ist, leidet die Übersichtlichkeit.

Farben erwünscht! Nutzen Sie für verschiedene Aspekte Textmarker verschiedener Farben.

Ergänzen Sie Textmarker durch Fineliner. Aber auch hier gilt: Weniger ist mehr! Bei zehn verschiedenen Stiften blicken Sie kaum noch durch!

Kreativität gefragt! Markieren heißt nicht nur, Textstellen mit Textmarkern hervorzuheben. Seien Sie kreativ und entwickeln Sie Ihr individuelles System: Umkreisen Sie z. B. Schlüsselbegriffe. Nutzen Sie doppelte Unterstreichungen und Wellenlinien.

Skizzieren, schreiben oder zeichnen Sie Symbole an den Rand, wie Frage- und Ausrufezeichen, Blitze oder Glühlampen.

Zwischenüberschriften

Zwischenüberschriften dienen der Orientierung im Text, indem sie einen Abschnitt schlagwortartig zusammenfassen. Wenn Sie einen längeren Text bearbeiten, der über keine Zwischenüberschriften verfügt, formulieren Sie sie selbst und schreiben Sie sie an den Rand. Nicht jeder einzelne Absatz benötigt eine eigene Überschrift, doch eine pro Sinnabschnitt ist empfehlenswert.

Texte planen und verfassen

Nachdem Sie nun Tipps zum Lesen und Bearbeiten von Texten erhalten haben, soll Ihnen die folgende Übersicht beim Schreiben von eigenen (Klausur-)Texten behilflich sein. Sie finden Ratschläge für Ihre Arbeit *vor* dem Verfassen von Texten, *während* des Schreibens und *nach* dem Schreiben.

Vor dem Schreiben:
Text planen

Bevor Sie in die konkrete Textplanung einsteigen, müssen Sie sich als Erstes die Frage stellen: Was wird von mir erwartet? Um dies herauszufinden, ist ein genauer Blick auf die Aufgabenstellung erforderlich. Einen ersten Hinweis gibt der Operator (s. Operatorenliste auf der Umschlaginnenseite), der die Textart und die inhaltlichen sowie formalen Anforderungen an Ihren Text definiert. Zudem finden Sie meist in der Aufgabenstellung schon besondere inhaltliche Schwerpunkte, die Sie setzen sollen (z. B. Hinweise auf die Gestaltung Ihrer Deutungshypothese bei dem Operator „analysieren" oder „interpretieren").

Wenn Sie sich mit der Aufgabenstellung auseinandergesetzt haben, folgt als nächster Arbeitsschritt das genaue Lesen des Textes, den Sie bearbeiten sollen.

Hypothese aufstellen bzw. Kernaussage des Autors formulieren

Analyse und Interpretation **literarischer Texte** bauen auf einer sogenannten **Arbeits-, Deutungs-** oder **Interpretationshypothese** auf.

Hypothese bedeutet Annahme, Behauptung. Wenn Sie beispielsweise ein Gedicht interpretieren sollen, müssen Sie eine Kernaussage des Gedichts entwerfen. So möchten Sie z. B. nachweisen, dass das Gedicht nur auf den ersten Blick heiter wirkt, bei genauerer Betrachtung jedoch eine herbe Gesellschaftskritik aufweist. Diese **These** *(Behauptung)* stellen Sie also zu Beginn Ihrer Interpretation auf, bevor Sie im weiteren Verlauf diese konkret anhand des Textes nachweisen. Ihr gesamter zu verfassender Text basiert nun auf dieser Annahme, die Sie durch Ihre Analyse zu bestätigen versuchen. Da Sie die Hypothese noch vor Ihrer Analyse – auf Ihrem *ersten Lesen* basierend – aufgestellt haben, ist es auch möglich, dass Sie sie am Ende eventuell modifizieren müssen. Dies müssen Sie dann *begründen*.

Bei dem Wiedergeben, Zusammenfassen und Analysieren von **pragmatischen Texten** wird **keine** Deutungshypothese aufgestellt. Stattdessen müssen Sie die **Kernaussage** des Textes bzw. die übergeordnete Position des Autors herausstellen. Anschließend gilt es, beispielsweise bei Sachtextanalysen, die Argumentationsstruktur und -strategie, in der der Autor bzw. die Autorin diese Position entfaltet, offenzulegen.

Ideen sammeln und ordnen

Je nachdem, um welche Art von Text es sich handelt, kann Ihre Vorbereitung auf den Schreibprozess variieren. Das Sammeln und Ordnen von Ideen ist in allen Fällen eine notwendige Voraussetzung für den Schreibprozess. Für die Vorbereitung des Schreibprozesses sollte unbedingt ausreichend Zeit verwendet werden! Markierungen und Randnotizen, die Bezüge zur Deutungshypothese bzw. Kernaussage des Textes aufweisen, sind unumgänglich und sollten bereits beim zweiten Lesen vorgenommen werden. Anschließend können Sie Ihre Ideen ordnen (achten Sie dabei darauf, dass Sie stets Textverweise sofort notieren, damit sie später im Fließtext als Beleg angeführt werden können) und dabei zum Beispiel wie folgt vorgehen:

Cluster

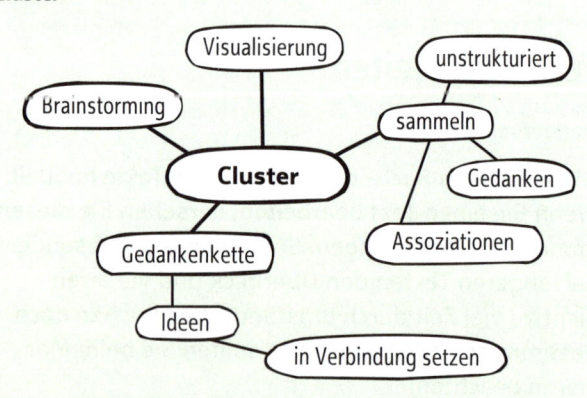

Zum unstrukturierten Sammeln von Ideen, z. B. in einem Brainstorming, bietet sich ein Cluster an. In einen Kreis in der Mitte schreiben Sie Ihr Thema. Alle Ideen und Assoziationen notieren Sie in Kreisen rund um Ihr Thema herum. Mehrere Ideen zu einem Gedanken ergeben eine Gedankenkette. Zur Übersichtlichkeit können Sie Stichwörter wieder streichen, die Sie doch nicht in Ihren Text integrieren wollen.

Mindmap

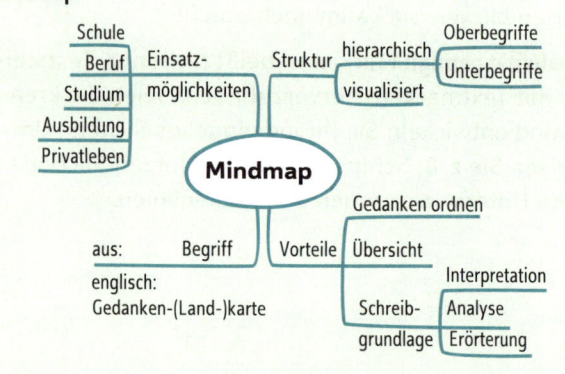

METHODEN UND ARBEITSTECHNIKEN AUF EINEN BLICK

Eine Mindmap sieht auf den ersten Blick ähnlich wie ein Cluster aus. Auf den zweiten Blick stellen Sie aber fest, dass die um das Thema gruppierten Stichwörter bereits logisch angeordnet sind. Dabei helfen Oberbegriffe auf den Hauptästen. An die Äste zeichnen Sie Zweige, die die jeweiligen Unterbegriffe zum Ast aufweisen. So können Sie einen Fremdtext oder Ihre eigenen Ideen anschaulich und hierarchisch darstellen.

Flussdiagramm

In einem Flussdiagramm können Sie durch Pfeile Abläufe sowie Gedankengänge darstellen, zum Beispiel:

Text lesen → Brainstorming → Cluster erstellen → Stichwörter in Mindmap ordnen

Strukturdiagramm

Arbeitstechniken

vor dem Schreiben	während des Schreibens	nach dem Schreiben
Hypothese aufstellen	Text strukturiert verfassen	überarbeiten
roter Faden für ...		
Ideen sammeln und ordnen	Konnektoren ← überprüfen →	inhaltlich sprachlich formal
Cluster	richtig zitieren	
Mindmap		
Flussdiagramm		
Strukturdiagramm	überprüfen	
Gliederung		

(Grundlage)

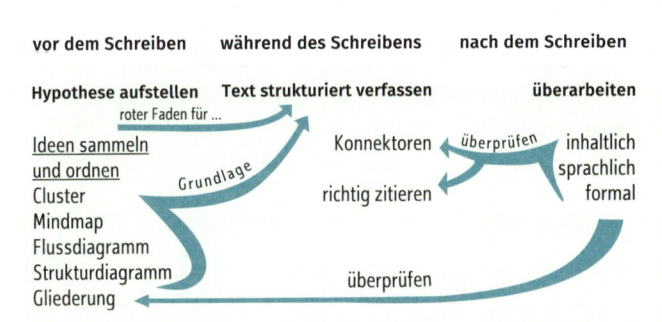

Eine andere Möglichkeit, Ideen anschaulich darzustellen, ist das Strukturdiagramm. Hier können Sie das Verhältnis einzelner Begriffe zueinander durch beschriftete Pfeile, Klammern und Symbole verdeutlichen. Es bietet sich zum Beispiel für die Darstellung eines Beziehungsgeflechts zwischen literarischen Figuren oder eine Übersicht über komplexe Handlungen an.

Gliederung erstellen

Möglicherweise hilft Ihnen aber bei Ihrer Vorbereitung auch eine lineare Gliederung nach *Einleitung, Hauptteil* und *Schluss*. In dieser ordnen Sie Ihre Gliederungspunkte listenartig und nummeriert an, z. B.

1. Einleitung
1.1 Einleitungssatz mit Autor, Titel etc.
1.2 kurze Zusammenfassung des Textes
1.3 evtl. Deutungshypothese

2. Hauptteil
2.1 formale Analyse
2.2 inhaltliche Analyse

3. Schlussteil

Beim Schreiben können Sie dann die bereits ausformulierten Gliederungspunkte abhaken.

Während des Schreibens:

Text verfassen

Die Vorarbeiten sind abgeschlossen, Sie können mit Ihrem Text beginnen. Nutzen Sie nun Ihre Übersichten, deren Struktur Sie auch daran erinnert, *Absätze* zu machen. Denken Sie beim Verfassen eigener Texte – auch bei Inhaltsangaben! – immer daran, eigene Formulierungen zu finden und keine Wörter oder ganze Sätze aus dem Bezugstext zu übernehmen. Während in Inhaltsangaben keine Zitate erlaubt sind, können Sie im Analyseteil auf wortwörtliche Übernahmen zurückgreifen. Diese müssen Sie kenntlich machen („s. S. xy").

Konnektoren

Durch Konnektoren können Sie Sätze oder Satzteile verknüpfen und Ihren Text so sprachlich interessanter gestalten. Eine Auswahl finden Sie hier:

Sie möchten ...	Beispiele für Konnektoren
... etwas hinzufügen (additiv)	und, außerdem, ferner, sowie
... etwas erklären (explikativ)	und zwar, das heißt, nämlich
... einen Grund anführen (kausal)	weil, denn, da, nämlich
... eine Bedingung angeben (konditional)	wenn, falls, vorausgesetzt (dass)
... ein Mittel nennen (instrumental)	dadurch, hierdurch, anhand dessen
... etwas zeitlich einordnen (temporal)	als, während, bevor, nachdem, zugleich
... einen Gegensatz darstellen (adversativ)	aber, allerdings, wohingegen
... etwas einräumen (konzessiv)	obwohl, trotzdem, ungeachtet dessen
... etwas vergleichen (komparativ)	als ob, als wenn, dementsprechend, so
... eine Aussage einschränken (restriktiv)	insofern, jedenfalls, zwar, nur (dass)
... etwas ersetzen (substitutiv)	(an)statt, eher, sondern, anstelle dessen
... eine Folge verdeutlichen (konsekutiv)	daher, damit, deshalb, infolgedessen

AUF EINEN BLICK **METHODEN UND ARBEITSTECHNIKEN**

Nach dem Schreiben: Text überarbeiten

Nach dem Verfassen des Schlussteils sollten Sie noch ausreichend Zeit für Ihre Überarbeitung zur Verfügung haben. Planen Sie diese Zeit bereits vor dem Schreiben mit ein! Die Überprüfung und ggf. Überarbeitung erfolgt auf drei Ebenen: inhaltlich, formal und sprachlich.

Inhaltlich:

- Sind Sie präzise auf den in der Aufgabenstellung geforderten Aufgabenaspekt eingegangen?
- Haben Sie die durch die Operatoren geforderte Textsorte berücksichtigt (z. B. Interpretation)?
- Sind Ihre Ausführungen mithilfe des Quelltextes fundiert begründet, sodass auch eine Person, die den Ausgangstext nicht kennt, Ihre Gedankengänge nachvollziehen kann?
- Sind Ihre Ergebnisse fachlich und inhaltlich korrekt?
- Folgen Sie einem „roten Faden", statt inhaltlich hin- und herzuspringen?

Formal:

- Haben Sie alle Aspekte, die zur Einleitung, zum Hauptteil und zum Schluss gehören, beachtet?
- Ist der Text in sinnvolle Abschnitte gegliedert?
- Sind alle Zitate richtig mit Anführungszeichen und Textquellen versehen?

Sprachlich:

- Sind Satzteile/Sätze/Gedankengänge/Absätze durch Konnektoren sprachlich verbunden?
- Enthält Ihr Text ggf. den nötigen Fachwortschatz?
- Müssen umgangssprachliche Ausdrücke entfernt werden?
- Finden Sie noch Fehler in den Bereichen Rechtschreibung, Zeichensetzung, Grammatik, Tempu, Satzbau und Modus?

Tipp: Kopieren Sie sich diese „Checkliste" und haken Sie die einzelnen Punkte bei der Überprüfung Ihrer Texte ab.

Zitieren

Wenn Sie auf der Grundlage eines Textes schreiben und diesen zum Beispiel analysieren, sollten Sie „nah am Text" arbeiten. Ihre Deutungen müssen Sie anhand von Textstellen belegen. Das bedeutet aber nicht, dass Sie einzelne Sätze oder Wörter ungekennzeichnet in Ihre Arbeit übernehmen dürfen. Sobald Sie wörtlich aus dem Fremdtext zitieren, machen Sie dies durch Anführungsstriche und Seiten-, Zeilen- bzw. Versangaben kenntlich. Bei Kürzungen, gleich welcher Länge, verwenden Sie eckige Klammern [...] im Zitat, bei Ergänzungen ebenfalls eckige Klammern. Achtung: Ein **direktes Zitat** bedeutet eine *im Wortlaut* identische Übernahme aus dem Quelltext und kann gegebenenfalls auch die dortige Schreibung, also womöglich auch die alte Rechtschreibung, aufweisen. Wenn in Ihrem Zitat schon Anführungszeichen stehen, ersetzen Sie diese durch einfache Anführungszeichen. Integrieren Sie Zitate in Ihre eigenen Sätze und lassen Sie sie inhaltlich niemals unangebunden stehen.

Der Nachweis, woraus Sie Ihr Zitat entnehmen, wird immer direkt hinter dem Zitat vermerkt. Sollte das Zitat länger als eine Zeile oder ein Vers sein, wird dies durch die Abkürzung f. (für *folgend*) kenntlich gemacht; erstreckt sich das Zitat über mehrere Zeilen oder Verse, ergänzt man die Angabe um „ff." (für *folgende*).

Beispiel

Quelltext:

Effi konnte nicht weiterlesen; ihre Augen füllten sich mit Tränen, und nachdem sie vergeblich dagegen angekämpft hatte, brach sie zuletzt in ein heftiges Schluchzen und Weinen aus, darin sich ihr Herz erleichterte.

Aus: Theodor Fontane: Effi Briest (1895). Stuttgart: Reclam 2002, S. 287

Direktes Zitat:

So berichtet der Erzähler, dass „Effi [...] nicht weiterlesen [konnte]" (Z. 1), sondern stattdessen in „ein heftiges Schluchzen und Weinen aus[brach]" (Z. 3 f.) und so ihre Enttäuschung offenlegt.

Wenn Sie nicht direkt zitieren, sondern die Aussage, den Gedanken, die Behauptung eines anderen indirekt wiedergeben, brauchen Sie keine Anführungs-

182

zeichen. Vielmehr kennzeichnen Sie das sinngemäße Zitat, indem Sie den Konjunktiv I verwenden (falls der Konjunktiv I allerdings mit dem Indikativ identisch ist, wechseln Sie in den Konjunktiv II). Eindeutig heben Sie die Meinung anderer hervor, wenn Sie einleitend auf sie verweisen:
Er betont, ...
Sie behauptet, ...
Sie legen nahe, ...

Auch bei indirekten Zitaten müssen die Quellen nachgewiesen werden.

Indirektes Zitat:

So berichtet der Erzähler von einem Gefühlsausbruch Effis, der seines Erachtens eine befreiende Wirkung auf sie gehabt habe (vgl. Z. 1ff.).

Referate halten

In einem Referat sollen die Zuhörer über einen Sachverhalt informiert werden, der ihnen bislang unbekannt ist. Das bedeutet, dass Sie der Experte sind und sich genau überlegen müssen, wie Sie das Thema adressatengerecht vermitteln und dabei zugleich der Thematik gerecht werden.

Bei einer ersten Recherche sollten Sie sich einen groben Überblick über Ihr Thema verschaffen (z. B. Lesen des Romans, Internet-Recherche zum Thema, Bibliotheksbesuch). Skizzieren Sie anschließend in Form einer Mindmap Aspekte, die Sie für die Thematik für sinnvoll halten.

Wie eine Mindmap aussieht, sehen Sie auf Seite 181.

Um Ihr Referat differenziert darzubieten, ist es sinnvoll, eine Leitfrage zu formulieren, die ein Problem bzw. einen Konflikt ins Zentrum Ihres Referats stellt. Ein allgemein gehaltener Titel für einen Vortrag „Die junge Dame Effi Briest – ein Roman von Theodor Fontane" klingt sicherlich beliebiger und weniger motivierend als ein konfliktorientierter Zugriff unter der Überschrift „Effi Briest – zwischen Anpassung und Aufbegehren".

Erstellen Sie auch eine erste Gliederung Ihres Referats. Bevorzugt wird meist ein Aufbau, der vom Allgemeinen zum Speziellen führt. Im Beispiel „Effi Briest" würde man also zunächst die Rolle der Frau im 19. Jahrhundert ganz allgemein mit verschiedenen Unterpunkten darlegen, bevor der Roman „Effi Briest" und ihre titelgebende Hauptfigur in diesen historischen Kontext eingeordnet werden. Abschließend sollten beide Stränge kritisch zusammengeführt werden.

Vertiefen Sie Ihr Wissen zum Thema, indem Sie verschiedene Informationsquellen heranziehen. Recherchieren Sie zum Beispiel in Bibliotheken oder ziehen Sie Lexikonartikel sowie ggf. geeignete Onlinequellen hinzu. Achten Sie dabei unbedingt auf die Qualität Ihrer Quellen (so ist beispielsweise ein Artikel eines anerkannten Wissenschaftlers wahrscheinlich glaubwürdiger als der Onlineblog eines selbsternannten Literaturliebhabers). Auf der Basis Ihrer vertieften Kenntnisse sollten Sie Ihre Leitfrage sowie Ihre Gliederung nochmals konkretisieren und ggf. revidieren.

Füllen Sie Ihre einzelnen Gliederungspunkte mit Inhalten und notieren Sie wichtige Aspekte oder Zusammenhänge auf Karteikarten, die Sie beim Vortragen unterstützen. Wählen Sie anschließend eine inhaltlich geeignete visuelle Präsentationsform. Hierbei sollten Sie den Adressaten nicht außer Acht lassen. Mögliche Präsentationsmedien können sein: PowerPoint-Präsentation, Plakat, OHP-Folie, szenische Darbietung, selbsterstellter Videoclip, musikalische Elemente. Wichtig ist allerdings, dass nicht das Präsentationsmedium im Vordergrund steht, sondern dass das Medium Ihre inhaltliche Darbietung unterstützt. Vermeiden Sie daher feuerwerksartige mediale Überfrachtungen oder ein „Erschlagen" der Zuhörer durch zu viele Textinformationen.

Tipp: Manchmal bietet es sich an, die Zuhörer durch einzelne Fragen, die Analyse einer Karikatur oder eines Aphorismus mit in das Referat einzubeziehen.

Bei vielen Referaten ist auch ein Handout gefordert, auf dem Sie die wichtigsten Ergebnisse Ihres Vortrags zusammenfassen und im Anschluss an die Präsentation an die Zuhörer verteilen.

Üben Sie Ihren Vortrag. Beachten Sie dabei auch Ihre Körperhaltung sowie Ihr Sprachverhalten.

Beenden Sie Ihren Vortrag mit einem Dank an die Zuhörer. Besonders sinnvoll ist es, wenn Sie sich im Vorfeld der Präsentation ein bis zwei Diskussionsfragen überlegen, um das Plenum zu einer vertiefenden Auseinandersetzung mit der Thematik anzuregen.

Beachten Sie hierzu auch das Kapitel „Präsentieren" auf Seite 184.

Präsentieren

Bei einer Präsentation vor Gruppen wird die Wirkung wesentlich durch die Körpersprache bestimmt, d. h. durch Körperhaltung, Gestik und Augenkontakt. Einen starken Effekt erreicht man durch die Stimmlage. Ein nur geringer Teil der Wirkung eines Vortrags wird durch den Inhalt erzielt. Es stellt sich also die Frage, wie man die Ergebnisse so präsentieren kann, dass diese bei den Zuhörern im Gedächtnis bleiben.

Aspekte der gelungenen Präsentation

Körperhaltung und Auftreten

- Positionieren Sie sich den Zuhörern zugewandt im Raum, seien Sie offen und freundlich.
- Strahlen Sie Selbstsicherheit aus, beispielsweise durch einen festen, schulterbreiten Stand.
- Nutzen Sie inhaltlich unterstützende Gestiken.
- Nutzen Sie ggf. einen Stift oder Karteikarten, um Ihre Hände zu „beschäftigen".
- Kleiden Sie sich dem Rahmen angemessen (zum Beispiel Jacke ausziehen, kein Kaugummi, keine „Käppi"), aber verkleiden Sie sich nicht.
- Achten Sie beim Zeigen auf Plakate und Schaubilder darauf, den Augenkontakt zum Publikum zu halten. Zeigen Sie also gewissermaßen hinter oder neben sich.

Stimmlage und Sprachverhalten

- Setzen Sie bewusst inhaltliche Akzente durch eine gezielte Betonung oder Pausen.
- Sprechen Sie möglichst frei und lesen Sie nur in Notfällen ab. Vermeiden Sie vorgefertigte Formulierungen in vollständigen Sätzen, nutzen Sie stattdessen Stichpunkte. Üben Sie die Präsentation vorher.
- Vermeiden Sie das Zugeben von vermeintlichen Schwächen (Nervosität, Unwissen), blenden Sie diese aus. Wenn Sie nicht direkt auf diese aufmerksam machen, bemerkt Ihr Publikum diese oftmals auch nicht.

Inhalt

- Vermeiden Sie schwierige und unverständliche Fremdwörter; erklären Sie stattdessen in eigenen Worten die Sachverhalte unter Berücksichtigung der Fachbegriffe so, dass sie von Ihren Zuhörern verstanden werden (Adressatenbezug).
- Gliedern Sie Ihre Gedanken im Vorfeld der Präsentation, sodass Ihre Aussagen und Überlegungen für die Zuhörer logisch nachvollziehbar sind.
- Versuchen Sie, so oft wie möglich Bezüge zwischen Aussagen und Präsentationsmedium herzustellen (z. B. durch Zeigen auf das Plakat) und erklären Sie die eingesetzten (Schau-)Bilder.
- Wenn Sie komplexe Sachverhalte erklären wollen, visualisieren Sie diese unbedingt! Besonders Folgeerscheinungen eines Sachverhalts lassen sich beispielsweise gut in Form von Flussdiagrammen aufbereiten.

Richtige Körperhaltung: offen und zugewandt

Ungünstige Körperhaltung

Klausurwissen

Anforderungsbereiche und Operatoren

Unabhängig davon, um welche Aufgabenart es sich bei Ihrer nächsten Klausur handelt, werden die Arbeitsaufträge **Operatoren** enthalten. Deren jeweilige Definitionen können Sie schnell in der vorderen Umschlagsinnenseite nachlesen.

Operatoren geben Ihnen bereits Hinweise auf den Anforderungsbereich (AFB) der jeweiligen Aufgabe.

Im **AFB I** geht es um *Reproduktion*. Sie sollen einen vorgegeben Text wiedergeben. Dies wird meist mit den Operatoren *beschreiben, wiedergeben* oder *benennen* formuliert.

Die Arbeit in diesem Anforderungsbereich ist meist die Grundlage für die weiteren Aufgaben. Insofern besteht eine gewisse Abfolge und auch eine gewisse Hierarchie.

Im **AFB II** geht es um *Reorganisation* und *Transfer*. Sie sollen Ihre erworbenen Kompetenzen und Ihr fachliches Wissen anwenden und Zusammenhänge herstellen. Dies wird meist mit den Operatoren *analysieren, vergleichen* oder *erläutern* formuliert.

Im **AFB III** geht es um *Reflexion* und *Problemlösung*. Sie sollen komplexe Denkvorgänge organisieren und zu einem eigenständigen, begründeten Urteil kommen. Dies wird meist mit den Operatoren *beurteilen, begründen* oder *Stellung nehmen* formuliert.

Operatoren wie *analysieren* und *interpretieren* sind komplex, weil sie zwei oder sogar alle drei Anforderungsbereiche abdecken.

Analysieren und *Interpretieren* als umfassende (und im Abitur regelmäßig vorkommende) Operatoren:

Analysieren kann man auch verstehen als *durchleuchten* oder *in einzelne Bestandteile zerlegen*. Die Analyse eines Textes ist die entscheidende Voraussetzung für eine Interpretation. In erster Linie geht es um das Erfassen des Textes: Wesentliche Elemente und Strukturen müssen erkannt werden. Dabei ist immer zu unterscheiden zwischen *inhaltlichen* Aspekten (z. B. Stichhaltigkeit, Schlüssigkeit, Adressaten-/Situationsbezug, Aussageabsicht, übergreifende Zusammenhänge), Aspekten der *formalen* Gestaltung (z. B. Aufbau) und *sprachlichen* Merkmalen (z. B. Wortwahl, Satzbau).

Interpretieren kann man auch verstehen als *Bedeutung zuweisen*. Dies erfordert ein hohes Maß an selbstständigem Denken. Entscheidend für eine gelungene Interpretation ist die durchdachte und differenzierte Begründung der eigenen Beurteilung. Eine *Interpretationshypothese* sollte formuliert und hergeleitet werden. Wenn nicht anders gefordert, bieten sich selbst gewählte Interpretationsansätze an, wie z. B. Intention, Wirkung, Rezeption, Wertvorstellungen.

Die 5-Schritt-Klausurmethode

1. Zeitplanung

Zeit für Überarbeitung am Ende der Klausur einplanen! Gewichtung der Aufgabenbewertung berücksichtigen, um die zur Verfügung stehende Zeit auf die Aufgaben zu verteilen.

2. Vorbereitung: Text planen

Aufgabenstellung verstehen, Material erschließen, Arbeitshypothese formulieren, Ideen sammeln (Brainstorming → Cluster)

3. Strukturierung des Inhalts

Mindmap, Gliederung erstellen

4. Schreibprozess: Text verfassen

Jeder Gliederungspunkt = 1 Abschnitt

5. Überarbeitung: Text überarbeiten

Der Aufbau einer Klausur

Bei der Aufgabenstellung der Klausuren wird Ihnen immer die **Gewichtung** bekannt gegeben, woran Sie erkennen können, mit welchem Prozentanteil welche Aufgabe in die Gesamtbenotung eingeht. Dies gibt Ihnen einen brauchbaren Hinweis darauf, welche *zeitlichen* und *quantitativen* Ausmaße Sie für die Bearbeitung einzelner Aufgaben einplanen sollten. Sie können die oben dargestellte 5-Schritt-Klausurmethode auch dahingehend variieren, dass Sie aufgabenweise vorbereiten, strukturieren und schreiben. Gestalten Sie die Materialien, mit denen Sie vorbereiten und strukturieren, übersichtlich und auch für andere Personen lesbar. Falls Sie nämlich aus irgendwelchen Gründen in Zeitnot geraten und Sie Ihren Schreibprozess nicht wie geplant abschließen, können Ihre Planungs- und Strukturierungsunterlagen bei der Bewertung Ihrer Klausur herangezogen werden.

Verfassen Sie den Text Ihrer Klausur so, dass auf den ersten Blick eine **Struktur** erkennbar ist, etwa durch **Absätze** oder **Zwischenüberschriften**. Operatoren, die Sie zur Reproduktion auffordern (AFB I), lassen sich meist mit einer recht schlichten Struktur bearbeiten, die häufig durch die Art des vorgelegten Textes vorgegeben ist.

Die komplexeren Operatoren aus den Anforderungsbereichen II und III legen nahe, dass Sie Ihre Texte nachvollziehbar strukturieren. Ganz allgemein geschieht dies am besten mit der Unterteilung in *Einleitung*, *Hauptteil* und *Schluss*. Es bietet sich an, an diesen Stellen mindestens eine **Leerzeile** zu lassen und vielleicht auch aussagekräftige Zwischenüberschriften zu formulieren.

Welche Bestandteile Ihre Einleitung, Ihr Hauptteil und Ihr Schlussteil enthalten sollten, können Sie im Folgenden nachlesen.

Dort erhalten Sie Antworten auf die Fragen: Worauf muss ich achten bei …

… untersuchenden Aufgaben (**Textinterpretation** und **Textanalyse**)

… erörternden Aufgaben (**literarische Erörterung, Texterörterung, materialgestütztes Schreiben**)

… gestaltenden Aufgaben (**gestaltende Interpretation** und **adressatenbezogenes Schreiben**)

Untersuchende Aufgaben

Textanalyse und Textinterpretation eines literarischen Textes

Analysieren bedeutet, einen Text *in einzelne Bestandteile zu zerlegen*. Die Analyse ist die entscheidende Voraussetzung für eine Interpretation. In erster Linie geht es um das Erfassen und um das Verstehen eines literarischen Textes, damit die mögliche Intention des Autors abgeleitet werden kann. Wesentliche Elemente und Strukturen müssen deshalb analysiert, erläutert und im Zusammenhang gedeutet werden.

Literarische Texte sind epische Texte (z. B. Roman/Romanauszug, Texte der Kleinepik etc.), lyrische Texte (z. B. Gedichte, Balladen etc.) oder dramatische Texte (Tragödie, Komödie, bürgerliches Trauerspiel etc.).

Bei der Analyse eines literarischen Textes ist zu unterscheiden zwischen *inhaltlichen, formalen und sprachlichen* Aspekten, die in ihrer Wirksamkeit und ihrer funktionalen Anbindung interpretiert werden. Kernaussagen und Schlüsselbegriffe sollten direkt zitiert werden und als Belege für Ihre Ausführungen dienen.

In der *inhaltlichen Analyse* eines literarischen Textes sind folgende Aspekte zu analysieren: Thema, Bedeutung des Titels für den literarischen Text, Handlung, Figuren und Figurenkonstellation, Zeit- und Raumstruktur, Motive etc.

In der *formalen Analyse* eines literarischen Textes sind folgende Textelemente zu analysieren: Textsorte, Aufbau des Textes (Absätze, Kapitel etc.), Erzählsituation (Ich-/Er-/Sie-Erzähler, erzählerische Gestaltung, Erzählform, Erzählhaltung, Erzählperspektive, Erzählerstandort, Erzählerverhalten, Redeformtechnik, z. B. Figuren- oder/und Erzählerrede) etc.

In der *sprachlichen Analyse* eines literarischen Textes sind folgende Aspekte zu analysieren: Wortwahl (Verben, Adjektive, Nomen etc.), Syntax (Satzarten, Satzbau, Interpunktion etc.), Bildlichkeit, Metaphorik, Wiederholungen (Leitmotive), Gegensätze, Auslassungen, Sprachregister etc.

Interpretieren lassen sich alle literarischen Werke oder literarische Textauszüge der Gattungen **Dramatik, Lyrik und Epik**. Um einen Text aspektorientiert oder vollständig zu **interpretieren/(auszu-)deuten**, sind textprägende Besonderheiten (z. B. Wortwahl, rhetorische Stilmittel, formale Elemente etc.) in ihrer spezifischen Verwendung zu analysieren, um aus der Zusammenführung der Einzelergebnisse eine Gesamtdeutung des literarischen Textes abzuleiten und die mögliche Verfasserintention zu erläutern. Mit Ihren Ergebnissen dokumentieren Sie Ihr Textverständnis und Ihre Kompetenz bezüglich analytischer Texterarbeitung. Darüber hinaus verdeutlichen Sie in Ihrer begründeten Positionierung und Deutung Ihre Kompetenz, selbstständige Denkprozesse zu bewältigen. Wenn nicht anders gefordert, ist eine eigene Schwerpunktsetzung für die Interpretation möglich (mögliche Intention des/der Verfassers/-in, Wirkung, Rezeption, Wertvorstellungen). Sie sollten hier aber immer den literarhistorischen und den biografischen Kontext des/der Literaten/Literatin berücksichtigen.

Textaufbau: Interpretation eines literarischen Textes

Die **Einleitung** enthält vollständige Angaben über den *Autor, Titel, Ort* und *Zeit* der Entstehung und Veröffentlichung, die *Gattung,* und das *Thema etc.* des literarischen Textes.

Ein wichtiger Aspekt ist der *zeitliche Zusammenhang* der Entstehung und der Veröffentlichung des Werkes/Textes. Gerade bei literarischen Texten kann es von Bedeutung sein, ob der Autor beim Verfassen des Textes jung oder alt war, ob der Text thematisch einen offensichtlichen literarhistorischen Zeitbezug hat, ob er zeitnah verfasst oder erst später veröffentlicht worden ist. So kann es sein, dass ein Autor als junger Mensch Kriegsgeschehen verherrlicht, was er im hohen Alter nicht mehr tun würde. Auch wäre es möglich, dass ein Text für eine gewisse Zeit verloren gegangen ist, zensiert oder bewusst zurückgehalten worden ist, sodass zwischen Entstehung und Veröffentlichung eine große Zeitspanne liegt. Ein bemerkenswertes Beispiel dafür ist das Drama *Dantons Tod* von Georg Büchner, das 1835 verfasst und erst 1902 zur Uraufführung gekommen ist. Solche Zusammenhänge sollten in der Einleitung erwähnt werden.

Entscheidend für eine gelungene Interpretation ist die durchdachte und differenzierte Begründung der eigenen Deutungsergebnisse. Deshalb sollte vor der Analyse eine *Interpretationshypothese* formuliert werden, die im weiteren Erarbeitungsprozess berücksichtigt und zum Schluss der Analyse und Interpretation überprüft wird.

Für den **Hauptteil** ist eine nachvollziehbare gedankliche Gliederung sinnvoll, um die eigenen Ausführungen zu strukturieren.

In einem *ersten Arbeitsschritt* sollte in knapper Form der *Inhalt* der zu bearbeitenden Textstelle wiedergegeben werden, sodass zunächst der Kern der inhaltlichen Aussage formuliert wird. Liegt Ihnen ein Textauszug vor, müssen Sie diesen in die Ganzschrift einordnen. An dieser Stelle ist es durchaus angebracht, erste *Deutungsansätze* zu skizzieren und auf Widersprüche, Brüche oder andere Auffälligkeiten im Text hinzuweisen.

Schwer verständliche Textelemente sollten Sie als solche benennen und problematisieren. Besonders die Gefühle und Stimmungen der literarischen Figuren sollten Sie beachten, um daraus erste Interpretationsansätze ableiten zu können.

Für den *zweiten Arbeitsschritt*, für die Analyse und Interpretation literarischer Texte, sollten Sie immer beachten, dass eine Beziehung zwischen den formalen, gestalterischen Mitteln und dem Inhalt besteht. Sie müssen sich grundsätzlich verdeutlichen, dass Inhalt und Sprache eine Einheit, eine Symbiose, bilden. Als Hilfe können Ihnen Antworten auf die sogenannten W-Fragen dienen: Wer handelt? Welche (Handlungs-)Motive hat er? etc. und Wie spricht er? Welche nonverbale Kommunikation findet statt? etc.

Je nach Charakter des literarischen Textes bzw. abhängig von der Aufgabenstellung können die Textanalyse und Interpretation mit einer gründlichen Form- bzw. Inhaltsanalyse beginnen, damit anschließend Bedeutungszuweisungen für den Inhalt/die Form formuliert werden können. In der Regel erfolgen die Analyse und Interpretation jedoch integrativ, indem ein spezifisches Gestaltungselement unmittelbar gedeutet wird. Je nach Gattung des Textes (Epik, Drama, Lyrik) gibt es zahlreiche Aspekte formaler Analyseaspekte (s. oben).

Je nach Themenstellung erfolgt diese Detailanalyse entweder *textlinear* oder *aspektorientiert*. Wenn die Aspekte von Ihnen selbst gewählt sind, sollten sie klar formuliert und hergeleitet werden.

Mögliche Aspekte sind Epochenzuweisung, Wirkungsgeschichte, Autorenbiografie oder Textintention. Für die Produktion durchdachter, nachvollziehbarer und begründeter Zusammenhänge zwischen formaler Gestaltung und inhaltlicher Aussage ist von großer Bedeutung, dass folgende Fragen geklärt sind: Gibt es ein Grundthema des Textes oder mehrere Themen- und Problemfelder? Gibt es eine Übereinstimmung zwischen Titel und Thema und existieren Abweichungen und Gegensätze? Spielt Ironie eine Rolle? Weist der Text eine gedankliche Entwicklung auf? Sind möglicherweise inhaltliche Elemente des Textes wegen seines Entstehungsdatums dem zeitgenössischen Leser nicht mehr unmittelbar deutlich?

AUF EINEN BLICK **KLAUSURWISSEN**

In einem *dritten Arbeitsschritt* erfolgt die (bestätigende) Darlegung Ihres Interpretationsansatzes und deren Herleitung und Formulierung. Damit wird erläutert, mit welcher Absicht ein Text ein bestimmtes Thema mit einer spezifischen formalen und sprachlichen Gestaltung behandelt. Da es sich um eine Hypothese handelt, sollten der Modus *Konjunktiv I* in Verbindung mit Modalverben verwendet werden, um eine differenzierte Betrachtung bzw. Deutung zu verwirklichen.

Im **Schlussteil** der Textanalyse und Textinterpretation fassen Sie Ihr Untersuchungs- bzw. Interpretationsergebnis, auf das Wesentliche reduziert, zusammen. Hier können Sie auf Unstimmigkeiten eingehen, die nicht zu klären sind. Hier sollten Sie auch auf Schwierigkeiten hinweisen, die möglicherweise in dem großen zeitlichen Abstand zwischen Entstehung und Rezeption des Textes begründet sind.

Vermeiden Sie im Schlussteil klischeehafte Äußerungen, erläutern Sie stattdessen die mögliche Intention des Schriftstellers/Dichters/Dramatikers vor dem Hintergrund des (literatur-)historischen und biografischen Kontextes.

Achten Sie auf eine **korrekte Zitierweise** und auf die Verwendung des **Präsens**.

Textanalyse eines pragmatischen Textes

Analysieren bedeutet, einen Text *in einzelne Bestandteile zu zerlegen*. Die Analyse ist die entscheidende Voraussetzung für die Erfassung und das Verständnis eines pragmatischen Textes, damit die Textfunktion (Darstellung, Ausdruck, Appell) und die mögliche Intention des Autors abgeleitet werden können. Wesentliche Elemente und Strukturen eines Textes müssen deshalb analysiert, dargestellt und im Zusammenhang erläutert werden.

Die Analyse ist die entscheidende Voraussetzung für ein vollständiges Textverständnis. In erster Linie geht es um das Erfassen des Textes: Wesentliche Elemente und Strukturen müssen erkannt werden. Bei der Analyse eines pragmatischen Textes ist zu unterscheiden zwischen *inhaltlichen, formalen und sprachlichen* Aspekten, die jeweils in ihrer spezifischen Wirksamkeit und funktionalen Anbindung erläutert und beurteilt werden. Kernaussagen und Schlüsselbegriffe sollten direkt zitiert werden und als Belege für Ihre Ausführungen dienen.

Beispiele für die Analyse **pragmatischer** Texte sind journalistische Formen, (populär-)wissenschaftliche und philosophische Texte, Reden, Essays, Tagebücher, Memoiren, Reisebeschreibungen, Biografien etc.

In der **inhaltlichen Analyse** eines pragmatischen Textes sind folgende Textelemente zu analysieren: Thema, Bedeutung des Titels für den Text, zentrale Textaussagen, Thesen, Argumente, Beispiele, Position des/der Verfassers/-in, Adressaten- und Situationsbezug etc.

In der **formalen Analyse** eines pragmatischen Textes sind folgende Textelemente zu analysieren: Textsorte, Aufbau des Textes (Absätze, Argumentation/Gedankengang etc.), Nachvollziehbarkeit der Gedankenführung, etc.

In der **sprachlichen Analyse** eines pragmatischen Textes sind folgende Textelemente zu analysieren: Wortwahl (Fremdwörter, Fachbegriffe, Schlüsselwörter etc.), Satzbau und Interpunktion, Bildlichkeit, Metaphorik, Wiederholungen (Leitmotive), Gegensätze, Auslassungen etc.), rhetorische Gestaltungsmittel, Sprachform (Fachsprache, Jugendsprache, Umgangssprache etc.).

Zu einer **gelungenen Analyse** gehört eine durchdachte und differenzierte Begründung der eigenen, am Text nachgewiesenen Ergebnisse und Beurteilungen. Um einen pragmatischen Text aspektorientiert oder vollständig zu analysieren und um die Textfunktion und die mögliche Intention des Verfassers zu erläutern, sind textprägende Besonderheiten (z. B. Wortwahl, rhetorische Mittel, formale Elemente etc.) in ihrer spezifischen Verwendung zu analysieren, um aus der Zusammenführung der Einzelergebnisse eine Gesamtbeurteilung des pragmatischen Textes abzuleiten und die mögliche Intention des Verfassers zu erläutern. Mit Ihren Ergebnissen dokumentieren Sie Ihr Textverständnis und Ihre Kompetenz bezüglich analytischer Texterarbeitung. Darüber hinaus verdeutlichen Sie in Ihrer begründeten Positionierung und Textauslegung Ihre Kompetenz, selbstständige Denkprozesse zu bewältigen.

Wenn nicht anders gefordert, ist eine eigene Schwerpunktsetzung für die Vorgehensweise möglich (mögliche Intention des/der Verfassers/-in, Wirkung, Rezeption, Wertvorstellungen). Sie sollten bei eigener Schwerpunktsetzung immer den literaturhistorischen und den biografischen Kontext des/der Verfassers/-in berücksichtigen.

Textaufbau: Analyse eines pragmatischen Textes

Die **Einleitung** enthält vollständige Angaben über den *Autor, Titel, Ort* und *Zeit* der Entstehung und der Veröffentlichung, über die *Gattung* und das *Thema* etc. des literarischen Textes. Der Einleitungssatz beantwortet die klassischen W-Fragen: Wer hat den Text geschrieben? Wann wurde der Text verfasst?

Welches Thema/Problem wird behandelt? Wo wurde der Artikel/Text veröffentlicht? Wie lautet der Titel des Textes?

Ein wichtiger und manchmal schwieriger Aspekt ist der *zeitliche Zusammenhang* der Entstehung und der Veröffentlichung des Textes. So kann es von Bedeutung sein, ob der Autor beim Verfassen des Textes jung oder alt war, ob der Text thematisch einen offensichtlichen sozial-politischen oder literaturhistorischen Zeitbezug hat, ob er zeitnah verfasst oder erst später veröffentlicht worden ist. So kann es sein, dass ein Autor als junger Mensch Kriegsgeschehen verherrlicht, was er im hohen Alter nicht mehr tun würde. Auch wäre es möglich, dass ein Text zeitweise verlorengegangen ist, zensiert wird oder bewusst zurückgehalten worden ist, sodass zwischen Entstehung und Veröffentlichung eine große Zeitspanne liegt. Darauf sollten Sie gegebenenfalls in der Einleitung hinweisen.

Ihr Einleitungsteil kann auch einen Hinweis auf den Zusammenhang enthalten, in dem der Text steht und entstanden ist. Vor allem sollte die Kernaussage des Textes mit eigenen Worten beschrieben werden.

Für den **Hauptteil** ist eine nachvollziehbare gedankliche Gliederung sinnvoll, um die eigenen Ausführungen und die Ausführungen des zu bearbeitenden Textes zu strukturieren. Entscheidend für eine gelungene Analyse ist die durchdachte und differenzierte Darstellung und Begründung Ihrer Ausführungen sowie Ihrer Ergebnisse. Deshalb sollten vor der eigentlichen Analyse die *Textfunktion* und die *mögliche Intention* des Verfassers, ähnlich einer *Deutungshypothese*, formuliert werden. Diese Annahmen werden im weiteren Erarbeitungsprozess berücksichtigt und zum Schluss Ihrer Analyse auf Schlüssigkeit überprüft.

In einem *ersten Arbeitsschritt* sollten Sie in knapper Form den *Inhalt* wiedergeben und möglicherweise auf den *Adressatenbezug* sowie auf den *Schreibanlass* des zu bearbeitenden Textes hinweisen, sodass der Kern der inhaltlichen Aussage und der Kontext deutlich werden. Liegt Ihnen ein Textauszug vor, müssen Sie diesen in den Gesamttext einordnen. An dieser Stelle ist es durchaus angebracht, erste Aussagen bezüglich der Textaussage und -funktion zu treffen und auf Widersprüche, Brüche oder andere Auffälligkeiten im Text hinzuweisen.

Schwer verständliche Textelemente sollten Sie als solche benennen und problematisieren.

Für den *zweiten Arbeitsschritt* der analytischen Texterarbeitung sollten Sie immer beachten, dass eine Beziehung zwischen den formalen, den sprachlichen und rhetorischen Gestaltungsmitteln und dem Inhalt besteht. Sie müssen sich grundsätzlich verdeutlichen, dass Inhalt und Sprache eine Einheit bilden. Auch hier können Ihnen W-Fragen hilfreich sein: Wer spricht wie worüber? Welches Ziel hat der Verfasser? Wer ist/sind der/die Adressat/en? Welche Funktion hat der Text? Was möchte der Verfasser verdeutlichen und erreichen? In welchem sozial-politischen oder gesellschaftlichen Kontext muss der Text beurteilt werden? etc.

Je nach Charakter des pragmatischen Textes bzw. abhängig von der Aufgabenstellung kann die Textanalyse mit einer gründlichen Form- bzw. Inhaltsanalyse beginnen, damit anschließend Bedeutungszuweisungen bezüglich der Wirksamkeit und Funktion des Inhaltes bzw. der formalen Gestaltung formuliert werden können. In der Regel erfolgt die Analyse so, dass die Gestaltungselemente unmittelbar in funktionaler Anbindung erläutert werden.

Abhängig von der Aufgabenstellung erfolgt entweder eine *textlineare* oder eine *aspektorientierte Analyse*. Wenn diese Aspekte von Ihnen selbst gewählt sind, sollten Sie diese klar formulieren und begründen. Mögliche Aspekte sind Epochenzuweisung, (literatur-)historischer Kontext, Autorenbiografie, Rezeption oder Textintention. Schlüssige Formulierungen nachvollziehbarer und begründeter Zusammenhänge zwischen formaler Gestaltung und inhaltlicher Aussage sind für eine ergebnisreiche Analyse von Bedeutung. Sie sollten folgende Fragen klären: Gibt es ein Grundthema des Textes oder mehrere Themen- und Problemfelder? Gibt es eine Übereinstimmung zwischen Titel und Thema und existieren Abweichungen und Gegensätze? Spielt Ironie eine Rolle? Enthält der Text eine gedankliche Entwicklung, einen roten Faden oder Widersprüche? Sind möglicherweise inhaltliche Elemente des Textes wegen seines Entstehungsdatums dem zeitgenössischen Leser nicht mehr unmittelbar deutlich?

In einem *dritten Arbeitsschritt* erfolgt die (bestätigende) Darlegung Ihres Analyseansatzes bezüglich Ihrer Einschätzung der Textfunktion und möglichen Verfasserintention. Damit wird erläutert, mit welcher Absicht ein Text ein bestimmtes Thema mit einer spezifischen formalen und sprachlichen Gestaltung behandelt. Da es sich um eine Hypothese handelt, sollten der Modus Konjunktiv I und Modalverben verwendet werden, um eine differenzierte Betrachtung bzw. Deutung zu verwirklichen. Im Gegensatz zu literarischen Texten geht es hier um inhaltliche Aspekte und um die Erarbeitung einer intendierten *Wirkungs-*

absicht (Intention): Die Leser (Rezipienten) sollen informiert oder überzeugt werden, an sie wird appelliert oder sie werden mit Fragen zurückgelassen. Sie sollten den Aufbau der Argumentation untersuchen und mit der Intention verknüpfen. Folgende Fragen bieten sich als Analyseinstrumente an: Wie ist der Text gegliedert? Wie sind die Argumente des Autors aufgebaut? Warum ordnet er die Argumente so an? Wie stichhaltig sind seine Argumente? Bemüht sich der Autor redlich um Ernsthaftigkeit oder wirkt seine Vorgehensweise oberflächlich und ungenau?

Schlüsselbegriffe werden häufig für die Darlegung argumentativer Zusammenhänge verwendet. Pragmatische Texte enthalten häufig Beispiele zur Unterstützung und Verdeutlichung zentraler Thesen und Argumente.

Untersucht werden muss auch, ob Gegenpositionen erwähnt und behandelt werden. Hinsichtlich der sprachlichen Gestaltung muss analysiert werden, ob ein sachlicher Stil benutzt wird oder ob Gegenpositionen mit Herabsetzungen, Über- oder Untertreibungen bedacht werden. Mit der Formulierung der zentralen Textaussage und dem Einsatz der sprachlichen und formalen Gestaltungsmittel in funktionaler Anbindung wird die Analyse pragmatischer Texte im Hauptteil beendet.

Im **Schlussteil** der Textanalyse fassen Sie Ihr Untersuchungs- bzw. Interpretationsergebnis, auf das Wesentliche reduziert, zusammen. Hier können Sie auf Unstimmigkeiten innerhalb des Textes eingehen. Sie sollten auch auf Schwierigkeiten hinweisen, die möglicherweise in dem großen zeitlichen Abstand zwischen Entstehung und Rezeption des Textes begründet sind.

Vermeiden Sie im Schlussteil klischeehafte Äußerungen, erläutern Sie stattdessen die Textfunktion und mögliche Intention des Autors vor dem Hintergrund des (literatur-)historischen und biografischen Kontextes.

Achten Sie auf eine **korrekte Zitierweise** und auf die Verwendung des **Präsens.**

Erörternde Aufgaben

Etwas ausführlicher formuliert geht es im ersten Fall um die **erörternde Auseinandersetzung mit pragmatischen Texten** und deren Bedeutung oder Wirkung.

Im zweiten Fall geht es um die **erörternde Bearbeitung literarischer Texte** und die in ihnen vertretenen Positionen.

Generell bedeutet **Erörtern**, unterschiedliche Standorte zu einer Fragestellung zu erkennen, sie zu gewichten und letztlich selbst eine *begründete Position* zu formulieren. Eine grundlegende Tätigkeit beim Erörtern ist das **Argumentieren**. Dabei wird eine **These** (Behauptung) mit **Argumenten** (Begründungen) gestützt und jeweils anhand von **Beispielen, Belegen, Erläuterungen** und/oder **Folgerungen** untermauert. Während bei einer *mündlichen Erörterung* (Diskussion) die unterschiedlichen Argumentationen von einzelnen Diskussionsteilnehmern vorgetragen werden und es einen Diskussionsleiter gibt, der die Moderation übernimmt, ist der Verfasser einer schriftlichen Erörterung alles zusammen: Moderator, Befürworter und Ablehner, zumindest im Hauptteil des Textes.

Textgestützte Erörterung auf der Grundlage eines pragmatischen Textes

Bei der Erörterung von pragmatischen Texten geht es darum, auf der Grundlage und ausgehend von einem **Sachtext** ein vorgegebenes Problem zu erörtern und sich deutlich zu positionieren. Sie sollten die unterschiedlichen Arten von Sachtexten kennen. Am häufigsten handelt es sich um *Abhandlung, Essay, Kolumne, Kommentar, Leserbrief* oder *Rezension*. Näheres dazu finden Sie unter dem Stichwort „*Pragmatische Texte*" auf Seite 329f.

Sachtexte können sich um Sachlichkeit und Wissenschaftlichkeit bemühen, sie können aber auch sehr einseitig und subjektiv sein. Meistens sind bei Sachtexten bestimmte, immer wiederkehrende Bauelemente erkennbar. Sie haben einen (häufig aussagekräftigen) Titel, Untertitel oder Zwischenüberschriften. In der Regel liegt eine erkennbare *Makrostruktur* vor, die gewissermaßen der rote Faden ist. Auch verfügen viele pragmatische Texte über Zusammenfassungen oder bilanzierende Passagen.

In Ihrer **Einleitung** nennen Sie zuerst den Titel, den Verfasser, Datum und Ort des Erscheinens des vorliegenden Textes. Dann erläutern Sie das Grundthema und den Problemaufwurf des Textes.

Im **Hauptteil** der Erörterung pragmatischer Texte bietet es sich an, eines der im Kasten vorgestellten Darstellungsmuster auszuwählen. Sie legen Ihre Stoffsammlung an, die sowohl aus Argumentationszusammenhängen besteht, die im Text enthalten sind, wie aus ihren eigenen Kenntnissen und Einschätzungen der zu erörternden Fragestellung. *Sachtexte* können informieren, darstellen, argumentieren, erörtern, appellieren oder regulieren (z. B. Gesetze). Je nachdem, was sie tun oder nicht tun, kann es also sein, dass sie möglicherweise einseitige Argumente enthalten oder kaum welche aufzuweisen haben. Auch müssen Sie untersuchen, ob die im Ausgangstext enthaltenen Argumente stichhaltig sind. Bei Ihrer Darstellung achten Sie daher darauf, welche Argumente dem vorliegenden Sachtext entnommen wurden, und kennzeichnen diese durch entsprechende Hinweise. Ihre eigene Argumentation muss logisch entwickelt, beispielhaft unterstützt und inhaltlich schlüssig sein, um Ihre Position überzeugend zu verdeutlichen.

Im **Schlussteil** der Erörterung auf der Grundlage pragmatischer Texte geht es wiederum um Ihre begründete und argumentativ hergeleitete Beurteilung und Stellungnahme. Je nachdem, wie deutlich Sie diesbezüglich im Hauptteil geworden sind, sollten Sie an dieser Stelle nur Ihre zentralen Ergebnisse zusammenfassen und pointieren.

Sanduhrprinzip Das Bild der Sanduhr entspricht einem X. Es soll also begonnen werden mit den *Gegen*argumenten zur Fragestellung. Das stärkste („breiteste") Kontra-Argument wird als Erstes angeführt, gefolgt von weiteren bis hin zum schwächsten („schmalsten"). Dann erfolgt der Übergang zur Pro-Argumentation. Es wird jetzt umgekehrt verfahren, bis das stärkste („breiteste") Pro-Argument am Schluss des Hauptteils erscheint. Diese Vorgehensweise setzt voraus, dass Sie wissen, welche Position Sie selbst als Beurteilender einnehmen wollen, weil Sie diese ja im Schlussteil ausformulieren. Gewissermaßen folgt das Sanduhr-Prinzip rhetorischen Überlegungen: Es ist, als ob Sie als Redner ein Publikum *überzeugen* wollten. Deshalb fangen Sie überraschend mit dem stärksten Gegenargument zu Ihrer eigenen Beurteilung an. Achten Sie immer darauf, dass Sie die passenden sprachlichen *Konnektoren* (Anbindungsfloskeln) verwenden und diese variieren (vgl. S. 305).

Reißverschlussprinzip Das andere Darstellungsprinzip folgt der Idee, dass Sie einen Pro-Gedanken unmittelbar mit einem Kontra-Gedanken in Verbindung bringen und abwägen. Sie *verzahnen* also Ihren Argumentationsgang („Reißverschluss") oder Sie machen es wie der Ochse am Feldrain: Er dreht um und pflügt in die andere Richtung. Das Reißverschlussprinzip bietet sich an, wenn es keine klare Hierarchie in der Gewichtung der Argumente gibt. Auch eignet es sich dann, wenn Pro und Kontra sehr nah beieinanderliegen. Welches der beiden Darstellungsschemen sich am besten eignet, hängt von der Komplexität der Themenstellung ab und muss von Ihnen entschieden werden. Halten Sie sich aber auf jeden Fall an den Ratschlag, *ein* Prinzip auszuwählen und es vorher differenziert zu planen. Meist geht es bei literarischen Erörterungen um großdimensionierte Problemaufwürfe. Es handelt sich vielleicht um große Motive wie *Sehnsucht*, *Verlorenheit* oder *Aufbruch*, vielleicht auch um Epochen. Grundlegende Fragen der menschlichen Existenz sollen möglicherweise erkannt, durchdacht und beurteilt werden. Ein Aspekt der Beurteilung ist die *Problematisierung*, was bedeutet, dass keine klaren, eindeutigen Beurteilungen getroffen werden können, sondern dass Fragen *unbeantwortet* bleiben müssen. Fühlen Sie sich also nicht unter Druck gesetzt, unbedingt eine eindeutige Stellungnahme abfassen zu müssen. Eine argumentativ gut fundierte Problematisierung ist ebenfalls möglich.

Textgestützte Erörterung auf der Grundlage eines literarischen Textes

In der **Einleitung** zu einer literarischen Erörterung empfiehlt es sich, grundlegende Einordnungen vorzunehmen. Voraussetzung dafür ist, dass das Thema und die dort angesprochenen Sachverhalte klar sind. Möglicherweise wird erwartet, dass Sie sich mit einer *Epoche* auseinandersetzen oder ein bestimmtes *Motiv* untersuchen und vergleichen. Eine erste grundlegende Einordnung wäre also das *Grundthema*, um das es geht. Diese Denkleistung entspricht etwa der Formulierung des Kernsatzes einer Inhaltsangabe.

Die zweite grundlegende Zuordnung bestünde im Verfassen eines *Problemaufwurfs*. Hier würden Sie ankündigen, wie Sie gemäß der Aufgabenstellung planen und inhaltlich sowie formal auf das Grundthema zugreifen.

Im **Hauptteil** einer literarischen Erörterung besteht die entscheidende Aufgabe darin, eine übersichtliche Struktur Ihrer Argumentation zu gestalten.

Es geht um *antithetisches Argumentieren*, also um die Behandlung von **Pro- und Kontra-Positionen**. Während Ihrer Vorbereitungsphase haben Sie in Gestalt einer *Stoffsammlung* alles zusammengetragen, was Sie dafür brauchen. Jede literarische Erörterung setzt eine genaue Textkenntnis und Epochenwissen voraus. Das dichterische Werk ist Ihre Stoffquelle und dient Ihnen als Argumentationsbasis. Ihre Inhaltsaspekte, Ihre Argumente und Beispiele können Sie auch aus Zitaten, Kernstellen und weiteren Textbelegen aus dem literarischen Bezugstext ableiten. Daran zeigt sich die Nähe zu Ihrer Texterschließung und Textinterpretation. Im Schreibprozess kommt es vor allem darauf an, eine übersichtliche und eindrucksvolle Form der Darstellung zu finden. Es spricht viel dafür, als Vorbereitung eine Mindmap oder eine Übersichtsskizze anzufertigen, die Sie anschließend abarbeiten, indem Sie Einzelaspekte in logischer, sinngebender Reihenfolge miteinander verknüpfen. Dadurch können Sie assoziative Einwürfe und Abschweifungen in Nebensächlichkeiten vermeiden. Grundsätzlich bieten sich zwei Darstellungsformen an: die *Sanduhr-* und die *Reißverschluss-* bzw. *Ochsenfurchenmethode (vgl. S. 315)*. Um Ihre Argumentation abwechslungsreicher zu gestalten, sollten Sie variierend induktiv bzw. deduktiv argumentieren, das heißt, vom Einzelfall/Konkreten auf das Allgemeine/Abstrakte schließen bzw. umgekehrt vorgehen und sich vom Allgemeinen/Abstrakten ausgehend auf den Einzelfall beziehen.

Im **Schlussteil** einer literarischen Erörterung erscheint Ihre *persönliche Stellungnahme*, sei es als klare Position oder als offene, problematisierende Frage. Sie können u. U. auch auf Nebenaspekte eingehen, die nicht zum Kern des Problemaufwurfs gehören. Das könnten zum Beispiel Aspekte der Relevanz sein, wenn Sie z. B. einen Gegenwartsbezug herstellen und das Lesen von Büchern vor dem Hintergrund der digitalen Medien problematisieren oder die berechtigte Frage anschneiden, inwiefern der Besuch von Theaterveranstaltungen heute zum Standardrepertoire des Durchschnittsbürgers gehört. Sie können aber auch auf weitere literarische Werke verweisen, die eine kontrastierende Behandlung des Themas dokumentieren, oder auf das Menschen- und Weltbild der Epoche eingehen. Entscheidend ist eine dokumentierte, begründete persönliche Auseinandersetzung mit der angesprochenen Problematik.

Materialgestütztes Schreiben
informierender und argumentierender Texte

Das Aufgabenformat **materialgestütztes Schreiben** begegnet Ihnen entweder in der Variante **informierend** oder in der Variante **argumentierend**. In beiden Fällen erwartet die Aufgabenstellung von Ihnen die Produktion eines Textes. Möglicherweise gibt es für diesen Text quantifizierende Vorgaben: Für einen Kurs auf erhöhtem Niveau könnten das 1000 Wörter und für einen Kurs auf grundlegendem Niveau rund 500 Wörter sein. In diesem Zusammenhang ist es wichtig, dass Sie eine ungefähre Vorstellung davon haben, wie viele Wörter Ihrer persönlichen Handschrift auf eine Heftseite passen, denn so können Sie sich zeitaufwendiges Zählen sparen.

Dieser eine Text, den Sie schreiben sollen, wird in der Aufgabenstellung näher charakterisiert. Mögliche Formate sind: Brief oder Leserbrief, Redebeitrag, Kommentar in einer Zeitung, Debattenbeitrag, Informationstext oder eine Rezension. Alle diese Formate haben einen Adressaten, den es zu beachten gilt, und sie haben alle eine eigene Struktur. Für alle ist ein Veröffentlichungsort oder -medium vorgegeben, woraus sich eine (gedachte) Ausgangssituation ergibt („make-believe"). So könnte z. B. ein Debattenbeitrag etwas erörtern, ein Textformat, das Sie aus dem Unterricht kennen. Alle anderen Formate sollten im Unterricht vorbereitet sein oder sich aus der Aufgabenstellung ergeben.

Die Anzahl der Materialien variiert von mindestens drei bis zu zehn und mehr. Dabei soll eine Obergrenze von insgesamt 1500 Wörtern nicht überschritten werden. In der Hauptsache handelt es sich um lineare Texte, aber es können auch Bilder, Grafiken, Schaubilder oder Statistiken vorgelegt werden. Alle diese Texte haben einen Autor, ein Erscheinungsdatum und eine Quelle; Angaben, die Sie je nach Maßgabe der Aufgabenstellung beachten müssen.

Materialgestützt einen Text verfassen

Sie sollen nun auf der Grundlage dieser Materialien einen Text verfassen, der einem bestimmten Gedankengang folgt oder mit einer bestimmten Absicht verfasst wird. Als Erstes sollten Sie die Materialien zur Kenntnis nehmen. Halten Sie fest, ob es sich um einen pragmatischen Text handelt, der informiert, argumentiert oder appelliert, oder ob es sich um einen literarischen Text handelt. Literarische Texte stehen naheliegender Weise im engen Zusammenhang mit der Themenstellung, sodass Sie hier auf Autor, Epoche, Thema, Stil und Aussageabsicht achten sollten. Der Stellenwert und die Aussagekraft von nichtlinearen Texten ergeben sich ebenfalls aus der Fragestellung. So könnte z. B. eine Statistik über die Verkaufszahlen bestimmter literarischer Werke die Bedeutung eines Autors betonen. Sortieren Sie also das gesamte Textmaterial, indem Sie je nach Fragestellung zeitliche Abfolge, Gegensätzlichkeit oder Übereinstimmung und Informationsgehalt zugrunde legen. Achten Sie darauf, inwieweit Texte sich überschneiden. Einerseits könnte das bedeuten, dass redundante Dopplungen vorliegen, aber andererseits könnte es auch bedeuten, dass derselbe Sachverhalt aus einer (grundlegend) anderen Perspektive betrachtet wird. Versuchen Sie, alle Materialien für die Produktion Ihres Textes zu nutzen, und scheuen Sie sich nicht, zusätzliche Kenntnisse einfließen zu lassen.

Als nächsten Schritt sollten Sie den Charakter bzw. die **Struktur Ihres Textes** konzipieren. Dafür ist die konzentrierte Themenformulierung von großer Bedeutung. Wenn es sich um einen **argumentierenden** Text handelt, dann müssen Sie eine Position beziehen, deren Herleitung oder auch deren Infragestellung sich aus den Materialien und ggf. auch aus Unterrichtszusammenhängen ergibt. So könnte es in der Aufgabenstellung heißen, dass Sie auch weitere Kenntnisse zu einem bestimmten Aspekt heranziehen sollen. Wenn es sich um einen **informierenden** Text handelt, dann müssen Sie festlegen, in welcher Reihenfolge Sie aus welchen Materialen bestimmte Informationen entnehmen und was Sie noch zusätzlich aus vorangegangenen Unterrichtszusammenhängen einbringen wollen. In jedem Fall sollten Sie auf einen **adressatenadäquaten Stil** achten.

Gestaltende Aufgaben

Gestaltende Interpretation und adressatenbezogenes Schreiben

Beide Aufgaben erwarten von Ihnen, dass Sie als Autorin oder Autor tätig werden und selbst Texte verfassen.

Gestaltende Interpretation

Im literarischen Bereich interpretieren Sie also, indem Sie die Erkenntnisse Ihrer Textuntersuchung in der Gestaltung eines Textes umsetzen. Dabei kann es sich um *Leerstellen* handeln: Sie würden also den Roman oder das Drama um einen Textteil ergänzen. Weitere gestaltende Schreibaufträge könnten z. B. sein: *Brief, Tagebucheintrag, innerer Monolog, Dialog, Rollenbiografie, Plädoyer, fiktives Gespräch* oder *Szenengestaltung* (mit Dialogen und Regieanweisungen).

Dabei sollen Sie wahrscheinlich auf Perspektivwechsel, Motivaufnahme oder Figurenausgestaltung achten. Grundlage für Ihre Aufgabenstellung ist immer vorgelegtes Textmaterial.

In Ihrer **Einleitung** schreiben Sie eine *Inhaltswiedergabe* oder eine *aspektorientierte Analyse*.

Im **Hauptteil** der gestaltenden Interpretation soll also eine Leerstelle in einem literarischen Werk gefüllt oder ein „begleitendes" Dokument verfasst werden. Entscheidend ist hier, dass dieses nicht zusammenhanglos, assoziativ und beliebig erscheint, sondern dass Sie als Autorin oder Autor interpretierend tätig werden. Sie sollen sich in den historischen Hintergrund, die Gefühlslage der Protagonisten, die Schreibabsicht des Autors/der Autorin und die Herausforderungen des Themenzusammenhanges hineindenken und aus dieser Position heraus schreiben. Insofern sind Sie einerseits kreativ tätig, werden aber durch die oben skizzierten Faktoren angeleitet.

Eine nicht zu unterschätzende Herausforderung besteht darin, den *Sprachduktus* des Protagonisten nachzuahmen. Handelt es sich um eine Figur aus dem 18. Jahrhundert, dann reicht es sicherlich schon, offensichtliche sprachliche Modernismen zu vermeiden und sich dem Sprachgebrauch der literarischen Figuren anzupassen. Goethes Werther hätte um 1770 sicherlich nie „okay" gesagt.

Der **Schlussteil** der gestaltenden Interpretation ist der Ort, an dem Sie Ihre Gestaltung *reflektieren* können. Sie erläutern und begründen Ihre Entscheidungen hinsichtlich Ihres inhaltlichen und formalen Zugriffs. Auch können hier Schwierigkeiten oder Widersprüche formuliert beziehungsweise problematisiert werden.

Adressatenbezogenes Schreiben

Das adressatenbezogene Schreiben erfolgt häufig auf Grundlage pragmatischer Texte, kann sich aber auch auf literarische Texte beziehen (s. materialgestütztes Schreiben, S. 198 f.). Sie werden also Autorin oder Autor eines Sachtextes, der sich an vorgegebene Adressaten wendet. Voraussetzung dafür ist, dass das vorliegende Textmaterial untersuchend erschlossen wurde.

Die *Kommunikationssituation* und der *Gestaltungsauftrag* sind vorgegeben, d. h., Ihnen ist bekannt, an wen Sie sich wenden sollen. Mögliche Schreibaufträge sind z. B., eine *Rede*, ein *Debattenbeitrag*, ein *Interview*, ein *Brief*, ein *Kommentar*, eine *Glosse* oder ein *Essay* zu verfassen.

In der Einleitung geben Sie Thema, Inhalt, Argumentation und Sprachführung des vorgelegten Sachtextes wieder.

Im Hauptteil verfahren Sie im Prinzip wie beim gestaltenden Interpretieren (s. o.).

Im Schlussteil bietet sich neben der Reflexion Ihrer inhaltlichen und formalen Schreibkonzeption an, die Adressaten Ihres Textes analytisch klar zu umreißen, etwa im Hinblick auf ihre Erwartungshaltung, ihr Bildungsniveau oder ihre Themennähe.

Tipps für Stil und Ausdruck

Häufig werden gelungene Ideen und Beobachtungen in Klausuren nicht deutlich, weil sie sprachlich nicht angemessen dargestellt werden. Sprachlich präzise und elegante Formulierungen ermöglichen es dem Leser, gelungene Ansätze von Ihnen angemessen zu würdigen. Die folgenden Aufgaben dienen dazu, Sie für Schwächen in Stil und Ausdruck zu sensibilisieren und Ihnen Lösungen anzubieten.

Stiltipps

1. Das **Tempus** der Analyse und Interpretation ist das **Präsens**; bei Vorzeitigkeit wird das **Perfekt** verwendet.

2. Beginnen Sie Sätze möglichst nicht (oder nur selten) mit einem ausgeschriebenen Zeilenverweis:

Nicht: In Zeile X erkennt man die dominante Rolle Gretes." oder „In Vers Y wird deutlich, ...".

Stattdessen sollten Sie mit dem Kern Ihres Gedankens beginnen und diesen mit einem Textverweis stützen.

Besser: Die Dominanz Gretes drückt sich in ihren Redeanteilen sowie in der Tatsache aus, dass sie die Versorgung Gregors übernimmt (vgl. S. ..., Z. ... f.).

3. Zahlen von eins bis zwölf einschließlich werden ausgeschrieben. In Zeilenangaben sollten Sie die Zahlen jedoch nicht ausschreiben:

Nicht: Sie geht 3 Mal zu ihm, um ihn zu von seinem Entschluss abzubringen (vgl. Z. ...).

Besser: Sie sucht ihn drei Mal auf, um ihn von seinem Entschluss abzubringen (vgl. Z. ...).

4. Im Einleitungssatz sollte **nicht** „*geht es um*" geschrieben werden:

Nicht: Im Textausschnitt geht es um ...

Besser: Der vorliegende Textausschnitt veranschaulicht/problematisiert/kritisiert etc.

5. Vermeiden Sie Konstruktionen mit „man":

Nicht: Man kann sehen, dass der Protagonist aufgeregt ist.

Besser: Die Aufregung des Protagonisten zeigt sich darin, dass ...

Formulierungshilfen zur Verknüpfung von sprachlichen und formalen Analyseergebnissen mit inhaltlichen Deutungen

– *Durch ... wird ... erzeugt.*

– *Diese Darstellung legt nahe, dass ...*

– *... unterstützt den Eindruck/veranschaulicht, dass ...*

– *Formulierungen wie ... verdeutlichen/erzeugen ...*

– *Durch das sprachliche Mittel des ... wird hervorgehoben, wie/warum ...*

– *Durch ... wird deutlich, dass ....*

– *Das Thema ... findet auch in ... Niederschlag.*

– *Mithilfe der mehrfachen Verwendung von ... wird ... besonders betont ...*

– *... unterstreicht/drückt aus/evoziert*

– *... steht im Widerspruch zu/stellt einen Gegensatz zu ... dar.*

Fachbegriffe

Lyrik

Ursprünglich handelt es sich bei der *Lyrik* um Gesänge, die mit Lyra-Begleitung vorgetragen wurden. Die enge Bindung dieser Gattung an den Tanz, das Lied und an die Musik wird sinnfällig in den die Lyrik prägenden Gestaltungselementen *Vers, Rhythmus, Klang, Reim, (Sprach-)Melodie* und *Strophe*. Lyrik realisiert sich in Gedichten, deren notwendiger Baustein der Vers ist. Aber auch Dramen, Heldenepen und Fabeln können in Versform gestaltet sein und wurden bis ins 19. Jahrhundert häufig als Gedichte bezeichnet (z. B. *Dramatisches Gedicht*).

Der fiktive Sprecher eines Gedichts wird als **lyrisches Ich** bezeichnet. Dieses ist nicht mit dem Autor gleichzusetzen (die einzige Ausnahme bildet eine Interpretation unter Berücksichtigung des biographischen Deutungsansatzes). Wird hingegen jemand angesprochen in einem Gedicht, ist dieser als **lyrisches Du** zu verstehen.

Vers Die in Form einer Druckzeile (häufig beginnend mit einem Großbuchstaben) hervorgehobene Sprecheinheit, die durch eine rhythmische Ordnung geprägt ist.

Vers – Prosa Vers und Prosa lassen sich graduell unterscheiden. Die Verssprache ist zwar wie die Prosasprache durch unterschiedliche Sprecheinheiten/-phasen (Kola) und durch die Verteilung von je unterschiedlichen Tonstärken auf die verschiedenen Silben gegliedert, doch zeigt die Verssprache gegenüber der Prosa das größere Maß an Ordnung: Die einzelnen Sprecheinheiten (Verse) sind in ihrer jeweiligen Länge zahlenmäßig festgelegt und auch die Abfolge von betonten und unbetonten Silben fügt sich zu einer deutlich sichtbaren Ordnung.

Verslehre Die jeweilige Realisierung von betonten und unbetonten Silben innerhalb eines Verses wird erfasst.

Formmerkmale

Metrum Dem Vers kann ein bestimmtes Metrum bzw. ein bestimmter Takt zugrunde liegen, ein festes Muster der Anordnung von betonten und unbetonten Silben bzw. eine regelmäßig wiederkehrende Folge von *Hebungen* und *Senkungen*.

Versfuß auch Taktart. Die kleinste Einheit, durch deren Wiederholung eine messbare Reihe entsteht. Dabei werden folgende Taktarten unterschieden:

Jambus als Folge einer unbetonten und einer betonten Silbe xx́,

Trochäus als Folge einer betonten und einer unbetonten Silbe x́x,

Daktylus als Folge einer betonten und zweier unbetonter Silben x́xx,

Anapäst als Folge von zwei unbetonten und einer betonten Silbe xxx́.

Der Vers lässt sich durch die Angabe der Anzahl seiner Takte oder Hebungen genau beschreiben. Enthält er z. B. vier Takte oder Hebungen, spricht man von einem *vierhebigen* Vers. Ist der Vers durch einen regelmäßigen Wechsel von betonten und unbetonten Silben bestimmt, so ist er *alternierend*.

Versanfang Beginnt der Vers mit einer oder mehreren unbetonten Silbe(n), so spricht man von einem Auftakt oder einem auftaktigen Vers.

Versende Der Versausgang wird auch als *Kadenz* bezeichnet. Verse, die mit betonter Silbe enden, heißen *stumpf* oder *männlich*, solche, die mit unbetonter Silbe enden, *klingend* oder *weiblich*. Findet am Versende ein regelmäßiger Wechsel der klingenden und stumpfen Kadenzen statt, so spricht man von *alternierenden* (= wechselnden) *Kadenzen*.

Versformen Je nach Art des Verses, des Versanfangs, der Kadenz und der Anzahl seiner Hebungen ergeben sich verschiedene Versformen, z. B.: Blankvers, Alexandriner, Knittelvers, ...

xx́ xx́ xx́ xx́ xx́

Blankvers Ungereimter fünfhebiger Jambus, der häufig im klassischen Drama verwendet wurde. Blank bedeutet *leer, unverziert*, also reimlos. *Darf ich's mir deuten, wie es mir gefällt?* (Heinrich von Kleist: *Prinz Friedrich von Homburg*, V. 711)

xx́ xx́ xx́ | xx́ xx́ xx́ (x́)
xx́ xx́ xx́ | xx́ xx́ xx́

Alexandriner Sechshebiger Jambus mit einer Zäsur – einem Einschnitt – nach der dritten Hebung bzw. sechsten Silbe. *Du siehst, wohin du siehst,/nur Eitelkeit auf Erden. // Was dieser heute baut,/reißt jener morgen ein* (Andreas Gryphius: *Es ist alles eitel*)

Knittelvers Vierhebiger Vers, der stets im Paarreim auftritt. *Eins abents spat da schaut ich aus/zu eim fenster in meinem haus* (Hans Sachs: *Hans Unfleiß*)

Hexameter Aus sechs Daktylen bestehender antiker Vers, deren erste vier durch Spondeen (Versfüße mit zwei Hebungen) ersetzt werden können und deren letzter katalektisch (unvollständig) ist.

AUF EINEN BLICK **FACHBEGRIFFE**

x́xx|x́xx|x́x|x́xx|x́x
x́xx|x́xx|x́|x́xx|x́xx|x́

Pentameter Trotz des Namens bestehend aus sechs Daktylen, wobei dem dritten und sechsten Daktylus die Senkungen fehlen. *Lass dich, Geliebte, nicht reun, dass du mir so* **schnell dich ergeben!** [Hexameter] *Glaub' es, ich denke nicht frech, denke nicht niedrig von dir.* [Pentameter] (J. W. von Goethe: *III. Römische Elegie*)

Volksliedzeile Mit drei oder vier Hebungen bei Freiheit in der Wahl der Senkungen.

Reimlose Verse Von beliebiger Länge, Hebungszahl und Senkungsfüllung, d. h. metrisch ungebundene Verse werden als *Freie Rhythmen* bezeichnet.

Rhythmus Beim Vortragen von Gedichten wird die metrische Ordnung von Versen durch andere sprachliche Bewegungen überlagert. Diese realisieren sich im Sprechtempo (*schnell – langsam*), in der Klangfarbe (*hell – dunkel*), in der Betonungsstärke (*laut – leise*) und in der Pausierung (*lang – kurz*). Diese Bewegung bezeichnet man als Rhythmus. Besondere Möglichkeiten der rhythmischen Gliederung ergeben sich aus der Verwendung von **Zäsuren** (Einschnitte innerhalb des Verses, die beim Sprechen kleine Pausen erfordern) und aus der Beziehung von Satz- und Versgestaltung. Fallen die syntaktische Einheit/der Satz und das Versende zusammen, so spricht man vom Zeilenstil. Überspielt die syntaktische Einheit die Vers- bzw. Strophengrenze, so bezeichnet man dies als einen Zeilensprung bzw. Strophensprung (**Enjambement**).

Reim Verse können durch Gleichklang von Silben und Lauten miteinander verbunden werden. Die am häufigsten verwendete Klangform ist der *Endreim*: der Gleichklang zweier oder mehrerer Verse vom letzten betonten Vokal an.

Reimarten Unterscheidung nach Stellung der miteinander reimenden Verse: *Haufenreim* (a a a a, b b b b), *Paarreim* (a a b b), *Kreuzreim* (a b a b), *umschließender/ umarmender Reim* (a b b a), *Schweifreim* (a a b c c b). Wird ein Vers am Schluss einer Strophe wiederholt, so spricht man von einem *Kehrreim*.

Reimlose Verse von beliebiger Länge und mit beliebiger Anzahl von betonten und unbetonten Silben, also metrisch ungebundene Verse, werden als *freie Rhythmen* bezeichnet.

Alliteration Ein weiteres Klangmittel, das die Übereinstimmung der anlautenden Konsonanten von Wörtern eines Verses oder einer Strophe bezeichnet. Diese werden dadurch besonders hervorgehoben. (*Das Wallen und Wogen der Wipfel*)

Assonanz Die betonten Silben zweier oder mehrerer benachbarter Wörter besitzen den gleichen vokalischen Laut (z. B. *Ledas Schwan/Megastar*)

Strophe Ursprünglich in der antiken Tragödie ein Teil des Chorgesangs, heute die Unterteilung in mehrere formal gleich oder zumindest sehr ähnlich gebaute Versgruppen. In der Regel erfolgt die Verbindung mehrerer Verse zur nächsthöheren Einheit der Strophe durch den Reim. Die einfachste Form der Strophenbildung ergibt sich aus der Verbindung von zwei Versen durch den Endreim (Zweizeiler). Darüber hinaus stellt die Strophe innerhalb der thematischen Gestaltung des Gedichts zumeist eine Sinneinheit dar.

Strophen- und Gedichtform Je nach Art und Anzahl der Verse, die zu Gruppen zusammengefasst werden, ergeben sich unterschiedliche Strophen- und Gedichtformen wie z. B.

- die **Volksliedstrophe**, die sich aus vier im Kreuzreim angeordneten Volksliedzeilen zusammensetzt.

- das **Sonett**, eine strenge 14-zeilige Gedichtform, die durch die Reimstellung meist in je zwei *Quartette* (Vierzeiler) und *Terzette* (Dreizeiler) unterteilt wird.

- das **Madrigal** als freies strophisches Gebilde von etwa 3 bis 20 Versen, die unterschiedlich lang und von wechselndem metrischen Charakter sind.

- das **Distichon** als eine zweizeilige, klassisch-antike Strophenform, die sich aus einem Hexameter und einem Pentameter zusammensetzt. Die Aneinanderreihung von Distichen führt zur Gedichtform der Elegie.

- die **Ode** als ernstes, weihevolles Gedicht, das in der Regel an einen Adressaten – Gott, Held, Freund – gerichtet ist. Bestimmend für sie ist eine strenge Formgebung, die für die Strophe – je nach Odenart – ein festes metrisches Schema vorsieht.

- das **Epigramm** als Sinngedicht in Reimen, in dem seit der Antike eine Idee oder eine Beobachtung kurz und pointiert, manchmal auch satirisch formuliert wird.

- die **Hymne**, ursprünglich ein kirchlicher Lob- und Preisgesang, der seit dem Sturm und Drang auch weltliche Themen aufgreift und meist in freien Rhythmen verfasst wird.

- die **Ballade** als eine Sonderform, die alle drei poetischen Gattungen in sich vereint, denn sie erzählt eine Geschichte (episch) in Versform (lyrisch) mit Dialogelementen (dramatisch).

- die **visuelle/konkrete Poesie** als experimentelle Form, in der die Sprache selbst zum Inhalt und Zweck des lyrischen Textes wird und oft optische und/oder akustische Elemente zum Tragen kommen.

schweigen	schweigen	schweigen
schweigen	schweigen	schweigen
schweigen		schweigen
schweigen	schweigen	schweigen
schweigen	schweigen	schweigen

Eugen Gomringer (1960)

Epik

Die Epik (griech. epikos= episch, zum Epos gehörig) oder erzählende Literatur bildet neben Lyrik und Dramatik die dritte der großen literarischen Gattungen. In der Epik werden fiktive oder angenommene reale Geschichten in Vers- oder Prosaform erzählt. Das Erzählen dient als Vermittlung zwischen dem Ereignis und dem Zuhörer bzw. Rezipienten, um ihm bestimmte Situationen verständlich und nachvollziehbar zu machen. Die Darstellung der Geschehnisse erfolgt im Wesentlichen über einen Erzähler, der dieser erzählten Welt (Wirklichkeit oder Fiktion) entweder angehört oder völlig außerhalb dieser Welt steht. Vom Standort des Erzählers und seiner Erzählweise hängt die Form des epischen Erzählens ab. Es gibt neben den einfachen Formen der Epik (Legende, Sage, Märchen) die *Kurzepik* (Parabeln, Fabeln, Kurzgeschichten, Erzählungen, Anekdoten) und die *Großepik* (Roman, Novelle).

Erzähler Der Erzähler ist eine fiktive Figur und vermittelt zwischen dem Erzählten und dem Rezipienten/Zuhörer den Erzählgegenstand. Er ist nicht mit dem Autor des literarischen Textes gleichzusetzen. Der Erzähler stellt aus seiner Perspektive heraus als Ich-/Er-/Sie-Erzähler die Geschehnisse so dar, wie er sie vermitteln möchte. Er ist entweder ein Teil dieser realen oder fiktiven Welt oder er bezieht seinen Erzählerstandort außerhalb dieser erzählten Welt. Von seiner Erzählweise hängt es ab, wie dem Rezipienten die Ereignisse sowie die innere und äußere Welt der Protagonisten dargestellt werden. Es wird zwischen dem Ich-Erzähler, dem Er-/Sie-Erzähler (personal, auktorial) unterschieden.

Erzählsituation In epischen Texten fungiert ein Erzähler als vermittelnde Instanz zwischen dem *Autor* und dem *Rezipienten, indem d*as Geschehen vom Ich-/Er-/Sie- Erzähler mithilfe erzähltechnischer Gestaltungsmittel präsentiert wird. Der Autor lässt den Erzähler entweder als Figur in der Handlung agieren, sodass dieser selbst in der Erzählung wahrgenommen wird, oder er lässt ihn hinter dem Erzählten völlig zurücktreten. Durch die Positionierung des Erzählers durch die Wahl des Ich-/Er-/Sie-Erzählers und dessen Perspektive wird die Art und Weise der Darstellung und bestimmt.

Erzählhaltung (auch: Erzählerhaltung) Mit Erzählhaltung ist die Einstellung des Erzählers als Vermittler zwischen Ereignis und Rezipienten bzw. dem Zuhörer gemeint. Er hat gegenüber dem von ihm Erzählten seinen individuellen Erzählerstandort und eine eigene Perspektive gegenüber einzelnen Figuren und deren Handlungen. Seine Einstellung (z. B. Empathie, Abneigung...) kann er z. B. mit Distanzierung, Ironie oder Humor verdeutlichen. Die Erzählhaltung drückt sich auch in der Sprache aus, z. B. bejahend, ablehnend, kritisch, ironisch, mitfühlend etc.

Die Erzählhaltung ist nicht zu verwechseln mit der Erzählperspektive und mit dem Erzählverhalten.

Erzählverhalten liegt dem Erzählten zugrunde und lässt sich unterscheiden in *auktoriales, personales* und *neutrales* Erzählverhalten.

Ein *auktorialer Erzähler* steht „allwissend" über seiner Erzählung, kommentiert und reflektiert sie, kann im Geschehen vor- und zurückspringen und lenkt so die Deutung des Textes.

Der *personale Erzähler* berichtet direkt aus der Sicht einer Figur oder mehrerer Figuren und steht somit unmittelbar innerhalb des Geschehens. Seine Sichtweise und Wahrnehmung ist begrenzt auf das, was die jeweilige Figur äußerlich und innerlich wahrnimmt.

Der *neutrale Erzähler* schaltet sich nicht kommentierend oder reflektierend in das Geschehen ein.

Erzählform Sie weist die Art der Beteiligung des Erzählers an der Erzählung aus. Berichtet der Erzähler von sich selbst und ist er am erzählten Geschehen direkt beteiligt, so liegt dem Text die *Ich-Form* zugrunde. Hier tritt ein Ich-Erzähler auf, der subjektiv und beschränkt auf seine persönliche Wahrnehmung berichtet und dabei durch eigenen Charakter, persönliche Ansichten und Interessen selbst als Figur greifbar wird. Bei der *Er-/Sie-Form* berichtet eine außenstehende Person von den Erlebnissen einer anderen. Der Erzähler selbst ist hier also nicht am Geschehen beteiligt.

AUF EINEN BLICK FACHBEGRIFFE

Erzählperspektive Entweder nimmt der Erzähler eine *Außensicht* auf Figuren und Geschehen ein oder er verfügt über eine *Innensicht* in die Figuren und kennt z. B. ihre Ängste und Sehnsüchte. Der *auktoriale Erzähler* hat eine allwissende Erzählperspektive, er kann werten und kommentieren, weiß mehr als die Figuren, die in der Geschichte handeln, und kann darüber berichten, was diese denken und fühlen. Außerdem kann er Geschehnisse vorwegnehmen (Vorausdeutung) oder in Rückblenden den Hintergrund der Handlung erläutern. Dieser Erzähler blickt sowohl von außen auf die erzählte Welt (Außenperspektive) als auch in die Innenwelt. Er weiß alles über das Geschehen und kennt die Gedanken und Handlungen aller Figuren.

Der *personale Erzähler* weiß nicht alles und erzählt aus der Perspektive einer einzelnen oder mehrerer Figuren des literarischen Textes.

Der *Ich-Erzähler* berichtet das Geschehen aus der Perspektive des erlebenden oder erlebten Ichs. Er/sie kann nur das erzählen, was er/sie selbst erlebt, sieht und denkt, sodass seine Perspektive begrenzt ist.

Erzählerstandort beschäftigt sich mit dem Standort des Erzählers selbst. Dieser kann sich durch besondere räumliche und zeitliche Nähe oder Distanz zum Erzählten auszeichnen, wodurch die Erzählweise bestimmt wird.

Raum

Die *Raumgestaltung* kann eine wirkliche Topografie abbilden, der Text kann aber auch in einem gänzlich fiktiven Raum angesiedelt sein. Die Figurenhandlung erfolgt immer an bestimmten Orten, die sowohl völlig nebensächlich als auch von besonderer Bedeutung für das Geschehen sein können. Dabei tragen die räumlichen Begebenheiten für die Erzählung ganz unterschiedliche Funktionen. Der Raum kann Voraussetzung für das sich ereignende Geschehen sein und bestimmte Inhalte des Textes symbolisieren. Er kann die Stimmung des Textes und seiner Figuren widerspiegeln und indirekte Aussagen über ihren Charakter machen.

Zeit

Die zeitliche Struktur eines Erzähltextes wird unterschieden in *erzählte Zeit* und *Erzählzeit*.

Erzählte Zeit ist diejenige Zeit, die innerhalb der erzählten Geschichte dargestellt wird.

Erzählzeit ist die Zeitspanne, die der Leser zur Lektüre des Textes benötigt. Anders als die erzählte Zeit liegt die Erzählzeit demnach außerhalb des Erzähltextes und bezieht sich nicht auf seinen Inhalt, sondern auf seine sprachliche Realisierung. Dabei können Erzählzeit und erzählte Zeit deckungsgleich sein, sich aber auch – durch in der erzählten Zeit vorliegende *Zeitdehnung* oder *Zeitraffung* – deutlich voneinander unterscheiden.

Rückblenden und *Vorausdeutungen* innerhalb des Erzähltextes ermöglichen eine Loslösung von einer streng chronologischen Erzählweise. Dabei kann die Erzählung in Form von Rückblenden (*Retrospektiven*) durch das Erzählen bereits vergangener Geschehnisse oder durch Vorausdeutungen zugunsten eines Ausblicks auf künftige Ereignisse unterbrochen werden.

Figuren

Als Trägern der Handlung kommt den Figuren eines Erzähltextes eine besondere Bedeutung zu.

Figurencharakterisierung Man unterscheidet zwischen der *direkten* und der *indirekten* Figurencharakterisierung. Meist setzt sich das Bild des Lesers von der Figur aus beiden Formen der Charakterisierung zusammen.

Die *direkte Form* der Charakterisierung erfolgt durch den Erzähler oder andere Figuren, indem z. B. das äußere Erscheinungsbild der Figur näher beschrieben, ihre Handlung kommentiert und beurteilt wird und der Leser die Figur im Beziehungsgeflecht mit anderen Figuren erlebt.

Durch die *indirekte Charakterisierung* kann der Leser zusätzlich anhand der Äußerungen, Gedanken und Handlungsweisen der Figur selbst ein Bild von ihr entwickeln.

Figurenkonzeption wird vom Autor als *statisch* (sich nicht verändernd) oder *dynamisch* (sich im Verlauf der Erzählung verändernd), als *Typus* (auf einige wenige Charakterzüge reduziert) oder *Individuum* (mit vielschichtigen Charaktereigenschaften) angelegt.

Figurenkonstellation Bei der Untersuchung der Figurenkonstellation wird eine Figur hinsichtlich ihres Alters, Geschlechts, sozialen Status, ihrer Herkunft, der Wertvorstellungen, des Verwandtschaftsgrades sowie ihrer Handlungen und Einstellungen zu den anderen Figuren in Bezug gesetzt. Sie beschreibt die *Beziehung*, in welcher die Figuren zueinander stehen. Aus der Figurenkonstellation resultiert in der Regel auch der zentrale *Konflikt* des Textes.

Redeformen:

Erzählerrede Redeform, die man direkt dem Erzähler des Textes zuordnen kann. Dazu gehören Erzählerkommentar und -bericht sowie die Wiedergabe der Figurenrede in *indirekter Rede*.

Figurenrede bezeichnet die *direkte Rede*, welche die Figuren innerhalb des Erzähltextes verwenden. Der Erzähler tritt hinter die Aussagen der Figuren zurück.

Erlebte Rede Kombination aus direkter und indirekter Rede. Die Gedanken einer Figur werden (im Indikativ Präteritum der 3. Person Singular) aus der Innensicht wiedergegeben.

Innerer Monolog Hier erfolgt die direkte Wiedergabe der Gedanken einer Figur in Form eines Selbstgespräches in der Regel in der 1. Person Singular Präsens, während der Erzähler vollkommen hinter die Rede der Figur zurücktritt.

stream of consciousness (*Bewusstseinsstrom*) ist dem inneren Monolog verwandt und bezeichnet ebenfalls das Selbstgespräch einer Figur, jedoch noch stärker losgelöst von grammatikalischen und syntaktischen Regeln. Häufig weist er Ellipsen und Wiederholungen bestimmter Leitmotive auf, vollständige Sätze sind hier selten. Der rational nicht bewusste, inkohärente Strom von Gedanken und Empfindungen wird so gestaltet.

Epische Gattungsformen

Anekdote Eine epische Kurzform, die eine besondere authentische oder fiktive Begebenheit im Leben einer berühmten (historischen) Persönlichkeit zum Inhalt hat. Sie beschreibt die Begebenheit in auf wesentliche Züge reduzierter Form, beschäftigt sich mit nur einer kleinen Zahl von Figuren und schließt mit einer überraschenden Wende, der *Pointe*.

Epos Das bereits in der Antike geläufige Epos beschäftigt sich mit mündlichen Überlieferungen historischen oder mythologischen Charakters. Götter und Heldenfiguren stehen im Mittelpunkt der Erzählung eines bedeutenden Ereignisses. Mit der mündlichen Überlieferung hängt die Versform des Epos zusammen, welche dem Vortragenden als Gedächtnisstütze dient. Antike und mittelalterliche Epen lassen sich aufgrund der mündlichen Übertragung mitunter keinem bestimmten Autor zuordnen, wie z. B. das *Nibelungenlied*.

Erzählung Der Begriff wird im weiteren Sinn als Oberbegriff für alle epischen Gattungen genutzt. Im engeren Sinn bezeichnet er eine erzählerische Gattung, die zumeist kürzer ist als ein Roman sowie weniger Handlungsstränge aufweist. Es wird meist ein durchgängiger Handlungsverlauf in chronologischer Abfolge und aus lediglich einer Erzählperspektive heraus dargestellt.

Fabel Eine lehrhafte und sozialkritische erzählende Kurzform, die sowohl in Vers- als auch in Prosaform gestaltet sein kann. Ihre Protagonisten sind meist Tiere, seltener Pflanzen oder Dinge, die neben ihren natürlichen auch menschliche Charakterzüge und Fähigkeiten (z. B. Sprache) besitzen. Abgeschlossen wird sie oft mit einer lehrhaften Moral.

Gleichnis Ein zumeist kürzerer Text, der mit belehrender Absicht einen komplexen Sachverhalt auf eine bildhafte und damit sehr anschauliche Art darstellt. Explizit Gesagtes und implizit Gemeintes stehen im Gleichnis stets in Bezug zueinander und werden im sogenannten Vergleichsmoment einander gegenübergestellt. Der Rezipient muss anders als bei der *Parabel* die Sachebene nicht aus der Bildebene ableiten, sondern bekommt sie zusammen mit der Bildebene ausdrücklich erläutert.

Kurzgeschichte In Anlehnung an die amerikanische *short story* entwickelt sich in Deutschland besonders in der Zeit nach 1945 die Kurzgeschichte als knappe Prosaform, deren Hauptmerkmal ihre besondere Kürze ist. Inhaltlich stellt die Kurzgeschichte in zumeist lakonischer, d. h. schmuckloser und trockener Sprache einen charakteristischen Ausschnitt aus dem Leben ihrer Protagonisten in den Fokus, wobei sie unvermittelt in die eigentliche Handlung einsteigt und durch Andeutungen, Aussparungen und sprachliche Bilder eine erzählerische *Verdichtung* hervorruft. Klar auf das Wesentliche reduziert, ist die Handlung der Kurzgeschichte *linear* angelegt. Auch die Gestaltung von Raum, Zeit und Figuren zeichnet sich durch eine besondere Reduktion und Skizzenhaftigkeit aus, was dem Rezipienten eine gute Übertragbarkeit auf seine eigenen Lebensumstände ermöglicht. Das unvermittelte Einsetzen der Erzählung entspricht dem offenen Schluss, der den Leser zum Nachdenken über ein mögliches Ende und damit zum Transfer auf seine eigene Lebenswirklichkeit anregen soll.

Legende Der Ursprung liegt in der Lesung der Leidenswege von Märtyrern und Heiligen innerhalb der mittelalterlichen Kirche. Ab dem 15. Jahrhundert entstehen zusätzlich zu den kirchlichen auch weltliche Legenden, d. h. weitgehend fiktive Erzählungen mit moralisch belehrendem Charakter.

Märchen Eine kurze, frei erfundene Erzählung mit fantastischen Elementen in Prosaform. Man unterscheidet zwischen *Volksmärchen*, die vor ihrer Verschriftlichung zunächst mündlich und ohne Rückbezug zum Autor überliefert wurden, und *Kunstmärchen* mit direkter Zuordenbarkeit zum Verfasser/zur Verfasserin. Die Märchenwelt ist klar unterteilt in Gut und Böse und stellt zumeist einen Helden in den Mittelpunkt, der sich im Spannungsfeld guter und böser Kräfte beweisen muss. Charakteristisch für die Gattung des Märchens sind darüber hinaus ein formel-

AUF EINEN BLICK **FACHBEGRIFFE**

hafter Anfang und ein gutes Ende sowie die indirekte Übermittlung bestimmter Lehren an den Adressaten.

Novelle Eine Erzählung mit linearer Handlung ohne Nebenhandlung von kürzerer bis mittlerer Länge in Prosaform, die eine neue, unerhörte und einzigartige Begebenheit in den Fokus des Erzählens stellt. Die Gestaltung ist klaren Regeln unterworfen: Die geschlossene Form zeichnet sie ebenso aus wie die Verwendung immer wiederkehrender *Leitmotive* oder *Dingsymbole*. Häufig ist die beschriebene Binnenhandlung in eine Rahmenhandlung eingebettet, welche die Situation des Erzählens erläutert.

Parabel Eine kurze lehrhafte Erzählung, die ihrem Charakter nach dem *Gleichnis* verwandt ist. Auch die Parabel setzt sich zusammen aus einer Bild- und einer Sachebene. Im Unterschied zum Gleichnis wird die Sachebene in der Parabel aber nicht explizit dargelegt, sondern muss im Zuge der Übertragung auf die Lebensumstände des Rezipienten von diesem selbst erschlossen werden.

Roman Die Großform der Epik. In Prosaform legt er meist das Schicksal einer einzelnen Figur oder einer Figurengruppe dar, weist ein umfangreiches Personal sowie eine komplexe, in mehrere Stränge unterteilte Handlung auf. Thema und Schreibstil variieren von Roman zu Roman, sodass eine Einteilung in unterschiedliche Romantypen möglich ist: z. B. Abenteuerroman, Agentenroman, autobiografischer Roman, Bildungsroman, Briefroman, Detektivroman, Entwicklungsroman, Fantasyroman, Gegenwartsroman, Gesellschaftsroman, Gothic Novel, Historischer Roman, Horrorroman, Kriegsroman, Kriminalroman, Liebesroman, postmoderner Roman, Reiseroman, Ritterroman, Schauerroman, Schelmenroman, Science-Fiction-Roman, Spionageroman, Tatsachenroman, utopischer Roman oder Zukunftsroman.

Sage Wie *Märchen* und *Legende* ist auch die Sage eine zunächst auf der mündlichen Überlieferung basierende kurze Erzählung fantastischer Ereignisse. Durch die Kombination unwirklicher Elemente mit realen Geschehnissen, belegbaren Angaben zu Figuren, Ort und Zeit des Erzählten, wird der Eindruck erweckt, die Sage berichte von einem tatsächlich eingetroffenen Ereignis.

Dramatik

Begriff Der Name leitet sich ab vom altgriechischen Wort *dráma*, was so viel wie *Handlung* bedeutet. Das literarische Produkt der Dramatik ist das Drama. Es entfaltet seinen Konflikt mithilfe von *Dialogen* und *Monologen* der agierenden Figuren. Ursprünglich gedacht für die Darbietung auf der Theaterbühne, wendet das Drama sich weniger an ein lesendes, sondern vielmehr an ein Theaterpublikum. Über *Regieanweisungen (Nebentext)* wird der reine Dramentext um Angaben zur Bewegung, Gestik und Mimik, zum Bühnenbild und zu den Requisiten ergänzt.

Struktur des Dramas

Akt Der Begriff leitet sich aus dem lateinischen Verb *agere* ab, was so viel wie *das Gemachte* oder *die Tat* bedeutet und in einem dramatischen Text für den Abschnitt eines Theaterstückes steht. In manchen Dramen wird der Akt auch als **Aufzug**, abgeleitet vom Aufziehen des Vorhangs zu Beginn eines *Aktes*, bezeichnet.

Seit dem 20. Jahrhundert wird in der Dramatik die Einteilung in *Akte* häufig aufgegeben und durch Überlegungen, wann eine Pause sinnvoll ist, ersetzt.

Auftritt Der *Auftritt* stellt auf der Bühne im Theater eine bestimmte Konstellation der Figuren dar; bei einem Figurenwechsel beginnt ein neuer Auftritt. Die Akte eines Theaterstücks werden nach *Auftritten* oder *Szenen* gegliedert; sie sind die kleinste strukturelle Einheit des Dramas. Das Gegenteil vom *Auftritt* einer Figur auf der Bühne ist der *Abgang*. Der Begriff *Auftritt* kann auch im Sinne eines Schauplatzes oder Bühnenbildes verwendet werden. In Dramen von Lessing oder Schiller erscheint die Szene in der Bedeutung des Schauplatzes, der zusätzlich noch in *Auftritte* eingeteilt ist.

Szene Der Begriff leitet sich aus dem Griechischen von *skene* ab, einer Holzhütte, die ein Teil einer antiken griechischen Theateranlage war. Heute bezeichnet sie eine kleine Einheit innerhalb eines Theaterstücks oder eines Filmes. Das Ende einer Szene wird meist durch einen Figuren-, Orts- oder Zeitwechsel markiert.

Bild Eine andere Art der Unterteilung von Theaterstücken (neben dem größeren *Akt* und der kleineren *Szene*), die in der Regel einen *Schauplatz* kennzeichnet, den das Bühnenbild darstellt.

Station Der Begriff stammt vom lateinischen *statio* für den *Stand* oder *Standort* und bezeichnet vor allen Dingen in Dramen der *offenen Form* einzelne *Szenen* oder *Bilder*, die lose aneinandergereiht und hauptsächlich nur durch den Protagonisten des Stücks miteinander verbunden sind. Die Gesamtheit aller *Stationen* eines Stücks wird *Stationendrama* genannt.

Typischer Dramenaufbau

Exposition (Einleitung) Die *Figuren* werden eingeführt, der dramatische Konflikt kündigt sich an. Der Zuschauer erhält Informationen zu den Vorbedingungen des sich später anbahnenden Konflikts.

Steigerung Steigende Handlung mit *erregendem Moment*: Die Situation/der Konflikt verschärft sich.

Peripetie (Umschlag der Handlung, Umkehr der Glücksumstände des Helden): Die Handlung erreicht ihren Höhepunkt (*Klimax*).

Retardierung/Retardation Fallende Handlung mit *retardierendem* (aufschiebendem, hinhaltendem) *Moment*: Die Handlung verlangsamt sich und eine positive Wendung, die bevorstehende Katastrophe abzuwenden, scheint für einen kurzen Moment möglich.

Katastrophe (*Dénouement*) Es kommt meist zum endgültigen Scheitern des Protagonisten bzw. zu der Bewältigung des dramatischen Konflikts. Der Held stirbt als Märtyrer für seine Überzeugung. Dadurch werden die Konflikte gelöst und die Figuren sittlich gereinigt/geläutert (*Katharsis*).

3. Akt: Höhepunkt und Peripetie
2. Akt: Steigende Handlung mit erregendem Moment
4. Akt: Fallende Handlung mit retardierendem Moment
1. Akt: Exposition
5. Akt: Katastrophe

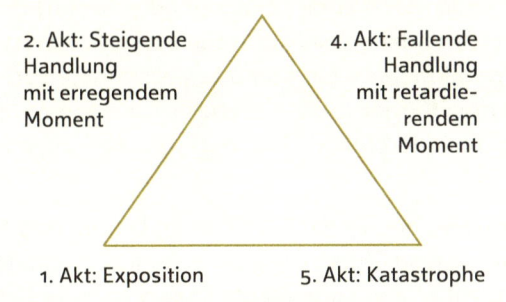

Figuren

Figur Der Begriff steht für eine erfundene, fiktive Person und ist nicht mit einer realen Person zu verwechseln. Die Figurengestaltung ist unterschiedlich. Man spricht von einer *dynamischen Figurengestaltung*, wenn sich eine Figur im Laufe der dramatischen Handlung entwickelt, von einer *statischen Figurengestaltung*, wenn keine erkennbare Entwicklung im Verhalten und Denken der Figur deutlich wird. Eine *geschlossene Figurengestaltung* enthält für das Publikum keinen Deutungsspielraum, während eine *offene Figurengestaltung* unterschiedliche Deutungen zulässt.

Charakter Die Persönlichkeit einer Figur, ihre Eigenschaften und ihr Verhalten werden differenziert dargestellt, um ihre individuellen Kompetenzen und Fähigkeiten zu vermitteln, damit der Zuschauer die Motivation für ihr moralisches Handeln erkennt. Eine Figur kann auch einen gemischten Charakter mit Stärken und Schwächen aufweisen.

Typus Die Figur wird auf typische Eigenschaften und Verhaltensweisen reduziert und mit feststehenden Merkmalen versehen: der Typus des intriganten Unruhestifters, des listigen Überlebenskünstlers, des betrogenen Ehemannes, des vergeistigten Intellektuellen ...

Protagonist Die zentrale Figur in einem Drama (*Hauptdarsteller*), sein Gegenspieler ist der *Antagonist*.

Figurenkonstellation Die sozialen, psychologischen und/oder emotionalen Beziehungen der einzelnen Figuren eines Stückes zueinander. Die Charaktermerkmale, Verhaltensweisen und Wertvorstellungen einer Figur lassen sich vor allem durch ihr Verhältnis zu den anderen Figuren erfassen.

Figurenrede

Monolog leitet sich aus dem Griechischen von *monos* = *allein* ab und ist im Gegensatz zum *Dialog* ein reflektierendes Selbstgespräch. Indem die Figur zu sich selbst spricht, richtet sie sich zwar nicht direkt an die Zuschauer, doch ist das Publikum der eigentliche Adressat, um die Gedanken, Konflikte und seelischen Vorgänge der Figur hörbar nach außen zu tragen und damit deutlich werden zu lassen.

Dialog Im Gegensatz zum Monolog ist der *Dialog* eine zwischen zwei Figuren geführte Rede und Gegenrede (Wechselrede). Der Dialog ist der wesentliche Handlungsträger eines Dramas. Hier erhalten die Zuschauer Informationen über die Vorgeschichte, über die Handlungsmotive der Figuren, ihre Einstellungen und über die Zuspitzung des Konfliktes.

Botenbericht Der *Botenbericht* fungiert als Stilmittel, das Publikum in Kenntnis von einem bereits *vergangenen* und *abgeschlossenen* Ereignis zu setzen, um das Verständnis für die Handlung zu erleichtern, weil nicht alles direkt auf der Bühne dargestellt werden kann, z. B. eine Schlacht oder eine Hinrichtung. Von besonderer Bedeutung ist der Botenbericht in der griechischen Tragödie, die an die Geschlossenheit der drei Einheiten von Ort, Zeit und Handlung gebunden ist.

Teichoskopie (oder *Mauerschau*) Im Gegensatz zum Botenbericht berichtet eine Figur von erhöhter Position aus (z. B. einer Stadtmauer) über ein *gleichzeitig* stattfindendes Ereignis, das auf der Bühne nicht dargestellt und von anderen Figuren nicht gesehen

AUF EINEN BLICK FACHBEGRIFFE

werden kann, wie aufmarschierende Armeen oder Naturphänomene (Sternenhimmel/Sonnenaufgang). Die Teichoskopie kann ein *Monolog* oder auch ein *Dialog* sein.

A parte Eine Figur spricht während eines Dialogs zum Publikum gewandt, ohne es ausdrücklich anzusprechen.

Ad spectatores Eine Figur wendet sich wie im Volkstheater oder im epischen Theater an die Zuschauer.

Anti Labe (*Widerhall*) Ein einzelner Sprechvers wird auf mehrere Figuren verteilt und durch Einrückungen im Schriftbild gekennzeichnet.

Stichomythie (Reihenrede) Die Figurenreden wechseln nach jedem einzelnen Vers.

Handlung

Haupttext Der gesamte Text, der auf der Bühne von den einzelnen Figuren gesprochen wird.

Nebentext In der Regel alle Informationen, die durch ein besonders hervorgehobenes Schriftbild (in Klammern, kursiv) für den Leser eines dramatischen Textes von Bedeutung sind: *Titel, Vorwort, Personenverzeichnis* und vor allen Dingen *Regieanweisungen*.

Prolog – Epilog Eine „Vorrede" in der Art einer Einleitung oder Vorgeschichte, die vom Haupttext abgegrenzt ist, im Gegensatz zum Epilog, der „Nachrede", einem Nachwort oder Nachspiel.

Dramatischer Konflikt Der Kern des Dramas, der sich aus unterschiedlichen Interessen und den sich gegenseitig ausschließenden Zielen der Protagonisten und Antagonisten ergibt. Dabei sind besonders drei Aspekte zu beachten:

1. Ursache und Entstehung
2. Entwicklung
3. Lösung des Konflikts

Der Konflikt kann vom Helden sowohl verschuldet als auch unverschuldet ausgelöst werden. Während in der *Tragödie* der Konflikt unweigerlich auf eine *Katastrophe* hinausläuft, wird er in der *Komödie* meist positiv gelöst, sodass am Ende ein Happy-End erfolgt.

Formen des Dramas

Tragödie Die Tragödie bezeichnet allgemein einen dramatischen Text, in welchem der Held an einem tragischen Konflikt scheitert. Der Protagonist ist dem Schicksal unterlegen und durchlebt die dargestellte Handlung schließlich auch in dem Bewusstsein, dass er scheitern muss. Auslöser der Tragödie kann eine von ihm selbst nicht zu verantwortende Schuld des Dramenhelden oder aber eine von ihm persönlich verursachte Schuld sein. Außerdem können das Schicksal, Missverständnisse, Irrtümer und Intrigen das Scheitern des Helden verursachen. Der antike Tragödienbegriff des Aristoteles sieht für die Tragödie als höchste dramatische Gattung ausnahmslos Figuren von besonderem gesellschaftlichen Rang vor, da diese aufgrund ihrer hohen Stellung besonders tief fallen können (*Ständeklausel*; *Fallhöhe*). Die Tragödie der Figuren des ersten Standes sollte so beim Publikum *Furcht* und *Mitleid* erregen und es von derartigen Affekten reinigen (*Katharsis*). Dementsprechend herrscht in Tragödien in der Regel die Hochsprache vor. Bis ins 18. Jahrhundert hinein werden in der Tragödie Figuren und Konflikte des Adels und der höfischen Welt dargestellt (*Ständeklausel*).

Mit der Entwicklung des *bürgerlichen Trauerspiels* werden zunehmend auch die gesellschaftlichen Probleme und Konflikte des Bürgertums aufgegriffen und die *moralische Fallhöhe* des Bürgertums in den Blick genommen.

Komödie Ihr wichtigstes Merkmal ist ihr Hang zur komischen Darstellung und der gute Ausgang des in ihr aufgeworfenen Konflikts. Anders als in der Tragödie ist der Konflikt in der Komödie lösbar, sodass ein gutes Ende durch Zufall, Klugheit oder Torhaftigkeit des Helden oder seines Kontrahenten möglich ist. Die Dramenfiguren der Komödie entstammen zumeist dem Bürger- oder Bauerntum und kommunizieren in niederer bzw. Umgangssprache miteinander.

Passionsspiel Um für die Bevölkerung Leiden und Auferstehung Jesu Christi erlebbar zu machen, entstehen im Mittelalter sogenannte Passions- oder Osterspiele, in denen charakteristische Bibelstellen, wie Auferstehung und Wächterszene, aufgeführt werden.

Bürgerliches Trauerspiel Im 18. Jahrhundert reformieren die Dramatiker, zunächst Gotthold Ephraim Lessing, später auch Friedrich Schiller, das Theater. Lessing entwickelt das „bürgerliche Trauerspiel", in dem typische bürgerliche Probleme (z. B. Konflikte zwischen Bürgertum und Adel) fokussiert werden. Die Aufhebung der *Ständeklausel* ist die Folge dieser neuen Dramengestaltung und man erkennt, dass die tragischen Stoffe, welche bis dahin ausschließlich dem Adel vorbehalten gewesen sind, auch auf das Bürgertum übertragbar sind.

Historisches Drama wendet sich der Aufarbeitung historischer Ereignisse zu und thematisiert häufig die

Auswirkungen der Geschichte auf das einzelne Individuum.

Lyrisches Drama wird im 18. Jahrhundert als Textgrundlage für *Opern* oder *Singspiele* mit starker Gefühlsbetonung genutzt. Es bezeichnet aber gleichzeitig einen Dramentyp, der durch eine stark stilisierte Sprache und die Darstellung von tiefen Emotionen der Protagonisten gekennzeichnet ist.

Naturalistisches Drama fokussiert im Deutschland des ausgehenden 19. Jahrhunderts die möglichst naturgetreue Wiedergabe der Wirklichkeit auf der Theaterbühne. So entstammen die behandelten Stoffe dem realen Leben und beschreiben ein Milieu so exakt wie möglich. Im Fokus steht dabei immer der Mensch selbst, seine Armut, Krankheit, Neurosen, nicht so sehr die Geschichte, die sich um ihn herum abspielt. Ausführliche Regieanweisungen, die Einhaltung der Einheit von Raum und Zeit, ein auf wenige Figuren begrenztes Personal sowie ein analytischer Aufbau der Handlung mit aneinandergereihten Sequenzen sind kennzeichnend für das naturalistische Drama.

Illusionstheater Das Illusionstheater vermittelt dem Publikum den Eindruck, im Bühnengeschehen Zeuge realer Vorgänge zu werden. Das Stück wird also nicht mehr als Fiktion wahrgenommen, denn der Zuschauer erliegt der Illusion, einem sich in der Realität abspielenden Geschehen beizuwohnen. Illusionstheater wurde vor allem im Barock sowie im Naturalismus dazu genutzt, dramatische Texte möglichst real wirken zu lassen.

Episches Theater Einen radikalen Bruch mit dem Illusionstheater begeht Bertolt Brecht mit der Etablierung des epischen Theaters, welches dem Publikum mithilfe von bestimmten *Verfremdungstechniken* stets den illusionären Charakter des Bühnengeschehens vor Augen führt und dadurch eine Distanzierung der Zuschauer von der Bühnendarstellung erreicht. Zu den Verfremdungstechniken, die den Verlauf der Haupthandlung auf der Bühne immer wieder durchbrechen, gehören der Kommentar eines Erzählers oder Ansagers, der Einsatz von Chören und der Gebrauch von Spruchbändern und Plakaten. Die Zuschauer sollen zum Mitdenken und zum Auffinden alternativer Lösungen angeregt werden, indem er das auf der Bühne Dargestellte auf seine eigenen Lebensumstände überträgt und mögliche Handlungsalternativen aufdeckt.

Dokumentartheater entwickelt sich in den 1960er-Jahren in der Tradition von Brechts epischem Theater und will den Rezipienten zu politischem Einsatz anregen. Dazu bringt es Quellen oder authentische historische Szenen in mehr oder weniger starker künstlerischer Bearbeitung auf die Bühne. Auch schwierige historische Probleme, wie die Schrecken des Zweiten Weltkriegs und die sich daran anschließende Verdrängungsmentalität vieler Beteiligter, finden im dokumentarischen Theater Platz und erreichen eine breite Öffentlichkeit.

Lesedrama besteht aus Texten, die zwar der Form nach dramatisch sind und mit Dialogen und Regieanweisungen arbeiten, aber vom Verfasser nicht für die Aufführung auf einer Bühne gedacht sind. In Lesedramen erschweren oder verhindern häufige Schauplatzwechsel, schwierig zu gestaltende Bühnenbilder oder die bloße Länge des Textes, dass eine Aufführung überhaupt möglich ist.

Einakter ein dramatischer Text, der nur aus einem einzigen Akt besteht und kaum Szenenwechsel aufweist. In meist vergleichsweise geringem Umfang geben Einakter keine komplexe und in sich geschlossene Handlung wieder, sondern stellen zumeist mit offenem Anfang und Ende einen bestimmten Ausschnitt aus dem Leben der Figuren in einer immer komplizierter werdenden Welt dar.

Dramatische Formen (nach Volker Klotz):

	Geschlossene Dramenform	**Offene Dramenform**
Handlung	**Einheit der Handlung:** Einsträngigkeit; Seitenstränge dienen der Haupthandlung Geschlossenheit der Handlung: Die Handlung ist in sich abgeschlossen und vollständig; sie enthält keine wesentlichen Sprünge und Lücken.	**Vielfalt der Handlung:** Mehrsträngigkeit; relativ eigenständige Nebenhandlungen Offenheit der Handlung: Die Handlung ist schlaglichtartig, bruchstückhaft und fortsetzbar; ist sprunghaft, mit vielen Aussparungen
Zeit	**Einheit der Zeit:** geringe Zeiterstreckung; Zeitverlauf ist wichtiger als Zeiteindruck: Die szenische Gegenwart ist überlagert von Vorwärts- und Rückwärtsbezügen.	**Vielfalt der Zeit:** weite, z. T. unbestimmte Zeitausdehnung: Der intensiv erlebte dramatische Augenblick ist wichtiger als eine klare zeitliche Abfolge.

	Geschlossene Dramenform	**Offene Dramenform**
Ort	**Einheit des Ortes:** kein dramatisch wirksamer Ortswechsel Der Raum ist typisiert, er bildet nur den Rahmen, ist kein Handlungsfaktor.	**Vielfalt des Ortes:** Fülle verschieden gearteter, eigentümlicher Lebens- und Handlungsräume: Der Raum ist charakteristisch, ist Mitspieler und bezeichnet den Menschentyp, den Stand, das Milieu, die Atmosphäre und Sprache.
Figuren	**Einheit des Standes:** Das Personal ist sozial einheitlich, mit einem gemeinsamen geistigen Bezugssystem. Einhaltung der Ständeklausel: In der Tragödie: wird die höfische Welt dargestellt, in der Komödie die bürgerliche Welt. Es sind klare personenbezogene Gegenspieler sichtbar. Die Protagonisten sind mündige, verantwortliche, reflektiert handelnde Persönlichkeiten, die im Wesentlichen geistig und seelisch geläutert sind.	**Vielfalt des Standes:** Aufeinandertreffen verschiedener sozialer Schichten und Weltbilder; Es gibt keine Standesvorbehalte, jeder Stand kann tragisch und komisch dargestellt werden. Die Figuren befinden sich im Kampf mit allgemeinen Welt-, Klassen- und ihren Milieuverhältnissen. Es gibt unterschiedliche Menschenbilder: z. B. unreife, unfreie, unfertige, dumpfe und durch ihre sozialen Verhältnisse getriebene Menschen. Sie handeln einander ebenbürtig, kreatürlich, teilweise triebhaft, unbewusst und sozial oder unsozial.
Sprache	**Einheit der Sprache:** Versverwendung, Dichtungssprache, hoher Stil. Die Sprachverwendung dient als zentrales Ausdrucksmedium. Der Satzbau ist häufig hypotaktisch (unterordnend), die Satzfolge beständig, schlüssig, grammatisch stimmig. Die Sprachverwendung ist kunstvoll, zielgerichtet, logisch folgernd und dialogisch.	**Vielfalt der Sprache:** Die Sprechweisen der Figuren sind nach dem Stand, dem Charakter und der Situation entsprechend verschieden: Prosa, Alltagssprache, unterschiedliche Sprachniveaus, Dialekt und Stilmischungen. Neben der verbalen Kommunikation werden auch non-verbale Elemente der Kommunikation verwendet: z. B. Körpersprache, ausgedrückt durch Mimik und Gestik. Aber auch Regieanweisungen werden verstärkt formuliert. Der Satzbau ist häufig parataktisch (nebenordnend), die Satzfolge auch sprunghaft, stockend, unvollständig. Die Sprachverwendung ist vielfältig, sie ist häufig, je nach sozialer Zugehörigkeit und emotionaler Verfassung der Figur, unbeholfen, zerfahren, assoziativ, elliptisch oder monologisch.
Aufbau	In der Darstellung wird das Prinzip der Geschlossenheit in einer straff geordneten Komposition umgesetzt und eingehalten.	Die Darstellung verdeutlicht eine offene, lockere Komposition. Wie in einem Kaleidoskop findet ein steter Wechsel der Bilder und Eindrücke statt, sodass einzelne Aspekte mosaikartig auseinanderfallen und wieder zusammengefügt werden.

Film

Bildkomposition

Einstellungsgrößen Bildverhältnis zwischen Bildobjekt (Person/Gegenstand) und Bildraum. Das Spektrum reicht dabei von der extrem weiten Panaromaeinstellung, in der der Raumeindruck dominiert, hin zur Detailaufnahme, bei der Ausschnitte hervorgehoben werden. Die Wahl der Einstellungsgrößen (*Panorama, Totale, Halbtotale, Halbnahe, Amerikanische, Nahe, Groß, Detail*) und deren Montage entscheiden grundlegend über die Erzählhaltung eines Films und die emotionale Wirkung beim Publikum. Jede Einstellungsgröße kann theoretisch aus jeder Perspektive gedreht werden, wodurch sich das kreative Potenzial des Kamerastandpunkts vervielfacht.

Kamerabewegung Die Veränderung des Kamerastandpunkts kann zusätzlich zur Wahl von Einstellungsgröße und Perspektive narrative Intentionen verfolgen.

Beim *Kameraschwenk* wird lediglich die Kamera auf einem Stativ oder mit der Hand horizontal und/oder vertikal geschwenkt, während der Kamerastandort gleich bleibt.

Bei *Kamerafahrten* mit Kamerawagen (Dolly) oder durch den Kameramann selbst (*Handkamera*) hingegen wird die Kamera selbst durch den Raum bewegt.

Bei einem *Zoom* wird mithilfe der Veränderung der Objektivbrennweite der Kamera an einen Gegenstand oder eine Person „herangezoomt" – eine Fähigkeit, die das menschliche Auge nicht besitzt. Die Rolle der Kamera als filmischer Erzähler wird durch Kamerabewegungen deutlich, lenkt sie doch den Blick des Zuschauers besonders stark.

Mise en Scène Filmästhetische Bezeichnung in Analogie zur Bühnengestaltung im Theater oder der Bildgestaltung der bildenden Kunst für das Arrangieren des Filmbildes, z. B. Positionierung von Personen im Bildraum, Farbkomposition, Verhältnis von Vorder- und Hintergrund, weiterhin Maske, Kostüm und

Schauspiel. Die Mise en Scène beeinflusst die emotionale Haltung des Zuschauers zum Geschehen.

Perspektive Position der Kamera im Verhältnis zum Bildobjekt (Person). Als Normalsicht bezeichnet man die Kameraposition auf Augenhöhe einer Person. Aus *Untersicht/Froschperspektive* können Personen mächtig oder heldenhaft wirken. Die *Aufsicht/Vogelperspektive* kann Personen klein und verloren wirken lassen sowie Unterlegenheit suggerieren.

Montage/Schnitt

Montage Bezeichnung für den Schnitt von Filmaufnahmen – früher analog mit dem Filmmaterial, heute digital mithilfe von Schnittprogrammen. Bei der Montage wird neben dem Bild auch die Tonspur (Geräusche, Sprache, Musik) bearbeitet. Die Montage, die Zusammenfügung einzelner Filmaufnahmen, gilt auch als das wesentliche Merkmal der Filmkunst und Unterscheidungskriterium von anderen Kunstgattungen. Erst mithilfe des Schnitts entsteht aus Einzelaufnahmen eine kohärente Handlung und damit der Film. Verschiedene Montagekonzepte wie *Assoziations- und Kontrastmontage, Ellipse, Jump Cut, Match Cut* oder *Parallelmontage* bieten vielseitige Möglichkeiten, eine Geschichte zu erzählen.

Assoziations- und Kontrastmontage Aufnahmen werden so aneinandergeschnitten, dass diese vom Zuschauer assoziativ verbunden und so metaphorisch gedeutet werden: Der Schnitt von einem Reh in freier Wildbahn zu einem Gefangenen hinter Gittern wird so zu einem Sinnbild für Freiheit und deren Fehlen im Falle des Gefangenen.

Ellipse Kürzung einer Handlung in der filmischen Darstellung durch Auslassung von Handlungselementen in der Montage. Auslassungen können die logische, kausale und temporale Folge der Geschehnisse betreffen. Im heutigen Film stark verwendet, um den Erzählfluss zu beschleunigen

Jump Cut Schnitt zwischen zwei Bildern, die hinsichtlich Einstellungsgröße und Perspektive nahezu identisch sind, aber einen Handlungssprung vollziehen. Kann z. B. zur Dynamisierung einer Actionszene oder Verunsicherung des Zuschauers genutzt werden.

Match Cut Verbindung zweier Filmbilder im Schnitt mithilfe optischer Übereinstimmungen, z. B. Positionierung im Bildraum, Farbgebung oder Objektbewegung im Bild. Hierdurch entsteht eine narrative Klammer zwischen Szenen.

Parallelmontage Durch die Montage wird zwischen zwei zeitlich parallel verlaufenden Handlungen hin- und hergeschnitten, wodurch z. B. bei Verfolgungsjagden Spannung aufgebaut werden kann. Die Parallelmontage ist besonders effektiv in Verbindung mit Match Cuts.

Pragmatische Texte

Begriff Texte, die Informationen und Fakten liefern, auch Gebrauchs- oder pragmatische Texte genannt, z. B. Zeitungsbericht, Gebrauchsanweisung, Rezension, Kommentar, Rede, Leserbrief, Memoiren, Biografie, Einladung, Schulordnung.

Funktionen von Sachtexten

Sachtexte haben verschiedene Funktionen bzw. Wirkabsichten, wobei ein Text meist nicht nur eine der folgenden Funktionen (Darstellung, Ausdruck, Appell) erfüllt, sondern in unterschiedlichem Maß verschiedene Wirkabsichten verfolgt.

informierend Informierende Texte dienen der Darstellung und machen Angaben zu bestimmten Sachverhalten, z. B. *Nachrichten, Meldungen, Abhandlungen, Berichte* oder *Protokolle*.

appellierend Appellative Texte sollen den Rezipienten zu einer Handlung veranlassen, z. B. *Werbetexte, Annoncen, Einladungen, Aufrufe* und *Empfehlungen*.

expressiv Bei expressiven Texten überwiegt der Ausdruck; die Selbstmitteilung des Verfassers bzw. Senders wird deutlich gegenüber den behandelten Sachinhalten, z. B. in *Traueranzeigen, Glückwunschschreiben* oder *Glossen*.

argumentiert Der Standpunkt der Verfasserin bzw. des Verfassers wird mittels diverser Argumente für den Leser/Empfänger/Hörer/Rezipienten logisch nachvollziehbar dargelegt, z. B. in *Diskussionen* oder *Erörterungen*.

bescheinigend Durch bescheinigende Texte werden neue Fakten geschaffen bzw. eine institutionelle „Deklarationsfunktion" erfüllt, z. B. in *Zeugnissen, Gutachten, Zertifikaten* und *Ernennungen*.

instruiert Primäres Ziel ist es, die Rezipienten in die Lage zu versetzen, nach der Lektüre bestimmte Handlungen bzw. Tätigkeiten erfolgreich ausführen zu können. Dies ist der Fall etwa bei *Gebrauchsanweisungen, Bedienungsanleitungen* oder *Rezepten*.

kommentiert In Texten wie *Kommentaren* oder *Rezensionen* formuliert der Verfasser deutlich wertend-beurteilende Aussagen zu einem Sachverhalt oder literarischen Werk.

AUF EINEN BLICK FACHBEGRIFFE

normiert Durch normierende Texte werden Normen bzw. Regeln festgeschrieben; dazu zählen *Spielregeln* ebenso wie *Gesetzestexte*.

verpflichtet Steht die „Obligationsfunktion" im Zentrum eines Textes, so verpflichtet sich der Verfasser (bzw. der Unterzeichnende), eine bestimmte Handlung zu vollziehen, z. B. bei *Verträgen, Einverständniserklärungen, Vereinbarungen*, aber auch bei *Haus- und Schulordnungen*.

Argumentation

Argumentation Die Verknüpfung mehrerer Argumente. Erfolgt diese in Form einer Abwägung von Pro- und Kontra-Argumenten, so spricht man von einer *Erörterung*.

These Ein Satz bzw. eine **Behauptung**, der/die des Beweises bedarf.

Argument Die **Begründung**, die dem Beweis oder der Widerlegung einer These/einer Behauptung dient. Es können fünf Typen von Argumenten unterschieden werden, zum Beispiel:

– das *Faktenargument* (Verweis auf ein allgemein bekanntes, unumstößliches Faktum),
– das *normative Argument* (Verweis auf allgemein anerkannte Grundsätze),
– das *Autoritätsargument* (Verweis auf die Aussagen von Fachleuten),
– das *analogisierende Argument* (Übertragung eines Beispiels aus einem anderen Lebensbereich auf die aktuelle Problemstellung),
– das *indirekte Argument* (Stärkung der eigenen Position durch deutliche Schwächung der Gegenposition).

Beispiel/Beleg Ein spezifischer Sachverhalt wird als musterhaft-illustrierende Erklärung für ein Argument angeführt.

Argumentationsmodelle

Sanduhrprinzip Eine Vorgehensweise bei der dialektischen Erörterung. Zuerst beginnt man mit den Argumenten, die nicht der eigenen Position entsprechen, und nennt das stärkste Argument zuerst. Dann folgt die Darstellung der eigenen Position mit dem stärksten Argument am Ende.

Reißverschlussprinzip Eine Vorgehensweise bei der dialektischen Erörterung. Argumente der Pro- und Kontraseite wechseln. Den Anfang machen jeweils die Argumente, die nicht der eigenen Position entsprechen. Diese werden dann durch die Gegenargumente entkräftet.

Textsorten

Autobiografie Die Beschreibung der eigenen Lebensgeschichte aus der Retrospektive (Gegensatz: Tagebuch) an der Grenze zwischen Sachtext und literarischem Text.

Essay Eine subjektiv-geistreiche *Abhandlung* zu kulturellen, gesellschaftlichen oder wissenschaftlichen Themen, die nicht den strengen Regeln der Wissenschaftlichkeit folgt.

Glosse Ein meist kurzer, pointierter Meinungsbeitrag, in dem sich der Verfasser bzw. die Verfasserin zu weltpolitisch-ernsten oder zu allgemeinen und gegebenenfalls amüsanten Themen in polemisch-satirischer Weise äußert.

Kommentar Ein sogenannter Meinungsbeitrag, in dem ein Autor bzw. eine Autorin persönlich Stellung zu einem aktuellen Thema bezieht. Dies geschieht mit expliziter Nennung des Autornamens. In Zeitungen wird darüber hinaus häufig ein Bild des Verfassers/der Verfasserin neben dem Artikel abgedruckt, im Fernsehen sprechen die Kommentatoren ihre Texte (als „Zwischenruf") meist selbst.

Kritik Subjektiv gefärbte, wohlwollende oder problematisierende *Besprechung* einer Veranstaltung (Konzert, Theaterinszenierung) oder Veröffentlichung (Bücher, CDs). Die Kritik insbesondere von Büchern wird auch als *Rezension* bezeichnet.

Leserbrief Eine persönliche *Stellungnahme* eines Lesers bzw. einer Leserin zu einem zuvor erschienenen Artikel oder auch zu einem aktuellen Problem. Der Leserbrief ist adressatenbezogen und kann sowohl sachlich als auch ironisch oder polemisch geschrieben sein.

Nachricht Mitteilung einer für die Rezipienten potenziell wichtigen oder informativen Neuigkeit in möglichst objektiver Weise. In einer Nachricht sollten die journalistischen W-Fragen (vor allem: *Was* ist *wo, wann, warum, wozu* und *wie* passiert? *Wer* war an dem Ereignis beteiligt?) beantwortet werden.

Rede Eine für den *mündlichen* Vortrag konzipierte Mitteilung, die vom Redner bzw. von der Rednerin explizit auf den Redeanlass (*politische Rede, Preisrede, Gedenkrede, Ansprache, Vorlesung, Predigt*) und die Zuhörerschaft mit Adressatenbezug hin fokussiert wird.

Tagebuch (auch **Diarium**) Aufzeichnungen von Erlebnissen, Stimmungen und Gefühlen in chronologischer Form zur Selbstvergewisserung, die zu Lebzeiten des Verfassers nicht zur Veröffentlichung gedacht sind (im Gegensatz zur *Autobiografie* oder zum öffentlich einsehbaren *Blog* im Internet).

Sprache

Grundlagen

Linguistik Sprachwissenschaft; Wissenschaft von Aufbau und Struktur einer Sprache; sie beschreibt Ausdrucksmöglichkeiten menschlicher Kommunikation sowie den konkreten Sprachgebrauch.

Etymologie ermittelt, ausgehend von der sprachgeschichtlichen Entwicklung, die Herkunft und Bedeutung einzelner Wörter sowie deren Veränderung im Lauf der Zeit (historisch-vergleichend).

Phonologie Die Lehre von den Sprachlauten; sie untersucht **Phoneme** (kleinste *bedeutungsunterscheidene* Lauteinheit) einer Sprache (*Wald – bald – kalt*) und deren Beziehung zueinander.

Morphologie beschreibt Struktur und Form der Wörter; aus **Morphemen**, den kleinsten *bedeutungstragenden* Einheiten einer Sprache (*Haus*), bildet man komplexe Wörter (*Haus-tür, Hinter-haus-tür*).
Man unterscheidet *Flexion* (*des alten Hauses, du gehst*) und *Wortbildung* (*haus-ieren*).

Semantik Lehre von der *Bedeutung* von Wörtern; zerlegbar in kleinste Bedeutungsmerkmale (*tot/lebendig, menschlich/tierisch*), die manchmal mehr oder weniger zutreffen (*Teetasse/Kaffeetasse*).

Pragmatik beschreibt jede Äußerung als Sprachhandlung mit bestimmter Absicht und zu bestimmtem Zweck.

Sprechhandlung/Sprechakt Eine sprachliche Äußerung zum Vollzug einer Handlung; die *Absicht* (Intention) des Sprechers kann direkt oder indirekt sein (je nach Zusammenhang zu erschließen).

Sprachkritik Reflektierte Auseinandersetzung mit aktuellem und früherem Sprachgebrauch ohne Wertung, sondern rein aus linguistischer Perspektive; im Gegensatz hierzu: *Sprachpflege*.

Rhetorik Lehre von der Kunst des Sprechens, um Hörer/Leser zu einer bestimmten Einstellung zu beeinflussen.

Varietät Bezeichnung für eine bestimmte Ausprägung einer Einzelsprache. Meistens sind damit die Standardsprache, Regiolekte, Dialekte, Soziolekte und die Umgangssprache gemeint.

Wortebene

Wort *Selbstständige* sprachliche Einheit, gekennzeichnet durch die *Wortart* (je nach Sprachverwendung).

Wortbildung Komposition komplexer Wörter durch **Zusammensetzung:** (Haus-tür), mit Affixen (Präfix: *be*-enden, Suffix: Zeit-*ung*, Zirkumfix: *ge*-red-*et*) oder **Ableitung:** ausgehend vom Basiswort (sagen: sag-*bar*, das *Sagen*); Wortbildung oft mit *Fugenelement* (Hilf-*s*-mittel).

Flexion Bildung grammatischer Wortformen (nur bei flektierbaren Wörtern).
Deklination: Genus, Numerus, Kasus bei Nomen/Substantiven.
Konjugation: Person, Numerus, Tempus, Genus verbi, Modus bei Verben.
Komparation: Positiv, Komparativ, Superlativ (*groß – größer – am größten*) bei Adjektiven.

Silbe Beim Sprechen zusammengefasste Lautfolge (phonologische Einheit), kein *Morphem*.

Lexem Basiseinheit des Wortschatzes, enthält alle Informationen zu Bedeutung, grammatischer und pragmatischer Verwendung im Zusammenhang (wie ein Wort im Wörterbuch).

Wortfamilie Wörter unterschiedlicher Wortart mit gleichem Wortstamm (morphologisch ähnlich).

Wortfeld Wörter derselben Wortart, gegebenenfalls mit unterschiedlichem Wortstamm (semantisch ähnlich).

Lautverschiebung Allmähliche Veränderung im Phonemsystem einer Sprache.

Denotation – Konnotation Die *Denotation* ist die Relation zwischen sprachlichem Ausdruck und Bezeichnetem auf der Sachebene (*Nacht:* Zeit zwischen Sonnenunter- und -aufgang). Die *Konnotation* ist das Mit-Gemeinte, der subjektive, soziale und kulturelle Aspekt (*Nacht:* assoziiert mit Angst, Einsamkeit).

Satzebene

Syntax Lehre von der Kombination von Wörtern zu verstehbaren (grammatisch korrekten) Sätzen.

Satz Lineare, selbstständige und abgeschlossene sprachliche Einheit (meist mit Verb), die aus kleineren Einheiten bestehen und selbst Teil einer größeren Einheit (Text) sein kann; man unterscheidet Hauptsätze von Nebensätzen (die wiederum Teil von Hauptsätzen sind).

Satzglied ist eine funktionale Einheit zur Satzgliederung; es besteht aus Wörtern oder Wortgruppen, die sich nur geschlossen verschieben und als Ganzes ersetzen (und erfragen) lassen (z. B. *Subjekt*).

Textebene

Text Eine komplex strukturierte, thematisch und inhaltlich zusammenhängende sprachliche Einheit (mündlich oder schriftlich) mit erkennbarem kommunikativem Sinn; oft: Folge von Sätzen.

Konnektor Wort, das inhaltliche, logische und/oder grammatische Bezüge zwischen Sätzen herstellt.

Literaturgeschichtlicher Überblick

Periodisierungsproblematik

Der Ausdruck *Epoche* stammt aus dem Altgriechischen und bedeutet (Zeit-)Abschnitt. Unter einer Literaturepoche verstehen wir also einen Zeitabschnitt oder historischen Zeitraum, in dem eine bestimmte Art, Literatur zu gestalten, prägend ist. Die Einteilung in Abschnitte kann dabei helfen, sich **im Nachhinein** in der – viele Jahrhunderte umfassenden – Geschichte der Kunst oder Literatur zu *orientieren*. Epochenbezeichnungen haben also eine strukturierende Funktion und erleichtern damit die Verständigung über die Produktion und Rezeption von literarischen Texten. Beispielsweise lassen sich inhaltlich und formal ähnliche Texte übersichtlicher bündeln, wenn sie einer Epoche zugeordnet werden. Ein inhaltliches Kriterium könnte ein bestimmtes Motiv – wie z. B. der *Tod* im Barock und der *Mond* in der Romantik – sein. Eine formale Gemeinsamkeit wäre z. B. die Formstrenge in der Klassik.

Bei allen Vorteilen, die die Periodisierung durch Epochen mit sich bringt, müssen Sie jedoch bedenken: Epochen sind keine natürlichen oder zwingenden Zeitabschnitte, sondern *künstliche Konstruktionen*, und sie werden immer wieder hinterfragt und neu diskutiert.

So sind die *Kriterien*, nach denen Epochen bestimmt und unterschieden werden, sehr unterschiedlich. Hier finden sich stilgeschichtliche Kategorien neben historisch-politischen Epochenbegriffen. Stilgeschichtliche sind z. B. der Kunstgeschichte entlehnt wie *Jugendstil*, *Expressionismus*.

Historisch-politische Epochen beziehen sich auf bestimmte historische Zeiträume und Strömungen oder auf politische Ereignisse wie z. B. *Reformation*, *Vormärz*, *Literatur der Weimarer Republik*.

Werden Epochen mit festen Grenzen versehen und auf typische Merkmale festgelegt, sind sie aber auch fragwürdig – schon aus dem Grund, weil sich bestimmte Stilrichtungen und literarische Bewegungen häufig überschneiden oder parallel zueinander verlaufen. Wir sprechen in der Literaturgeschichte daher auch von **literarischen Strömungen**. Die folgenden Seiten werden z. B. zeigen, dass die *Aufklärung* auf ca. 1720–1790, die *Empfindsamkeit* auf ca. 1740–1790 und der *Sturm und Drang* auf ca. 1767–1790 datiert werden. Sie verliefen also nicht nacheinander. Auch werden viele Autoren häufig mehreren Epochen zugeordnet, z. B. Johann Wolfgang von Goethe, dessen Werke, je nach Motiv und Inhalt, dem *Sturm und Drang* oder der *Klassik* zuzuordnen sind, oder Heinrich Heine dem *Vormärz* und der *Romantik*. Einige Autoren, die wir heute bestimmten Epochen zuweisen, wussten damals noch gar nicht um die Existenz dieser Epochenbegriffe. Andere hingegen setzten sich bewusst mit der Schaffung einer neuen Epoche in Abgrenzung zur vorhergehenden auseinander.

Besonders schwierig ist die Einordnung und Kategorisierung von Werken der Literatur in der jeweils aktuellen Gegenwart. Die Literatur der Vergangenheit wird rückblickend nach Epochen oder Strömungen zusammengefasst und nach charakteristischen Merkmalen und Gemeinsamkeiten beschrieben. Ohne den nötigen zeitlichen Abstand ist das für die Literatur der Gegenwart kaum möglich.

Letztendlich sollte Ihnen bei der Zuordnung von Autoren und Werken zu einer bestimmten „Epoche" oder auch „Strömung" also bewusst sein, dass strikte Periodisierungen subjektiv und deshalb problematisch sein können.

Mittelalter (ca. 500–1500)

Heldenepos (Nibelungenlied) • Zaubersprüche • Rittertum • Minnesang • Tagelied • Passionsspiele • Kirche • Jenseitsglaube

Der Begriff *Mittelalter* wurde im Zeitalter der Renaissance geprägt und bezeichnet den historischen Zeitraum zwischen Antike und Neuzeit.

Werner von Teufen. Aus der Heidelberger Liederhandschrift, frühes 14. Jahrhundert

Historischer Kontext Das mittelalterliche Weltbild steht stark unter dem Einfluss von Kirche und Glauben. Gott wird als Schöpfer der Welt betrachtet und greift direkt in das Leben der Menschen und in ihr Schicksal ein. Die individuellen Belange des Einzelnen treten vor seinem Platz innerhalb der mittelalterlichen Gesellschaft zurück.

Lesen und Schreiben sind Fertigkeiten, die im **Frühmittelalter** fast ausschließlich Angehörige des *Klerus* (geistlicher Stand) beherrschen. *Adel* sowie *Bauern*, die beiden übrigen Stände, müssen in der Regel auf die Auslegung der Literatur (v. a. der Bibel) durch die kirchlichen Würdenträger vertrauen.

Im 12. Jh. setzt mit dem Herrschergeschlecht der Staufer im deutschen Sprachraum das **Hochmittelalter** ein. Durch das stete Bevölkerungswachstum im 13. Jh. erleben landwirtschaftliche Produktion, Handwerk und Handel einen Aufschwung. Geld wird als Zahlungsmittel eingeführt und die Menschen drängen zunehmend in die Städte, werden von bäuerlichen Selbstversorgern zu Handwerkern und Kaufleuten. Mit der wirtschaftlichen Entwicklung geht eine kulturelle Blüte einher. Immer mehr Angehörige des Adels lernen das Lesen und Schreiben.

Sind die Könige des Hochmittelalters in Deutschland noch bedeutend und einflussreich, so wandelt sich dies im Übergang zum **Spätmittelalter**. Reichs- und Kurfürsten sowie die Städte gewinnen stetig an politischer wie wirtschaftlicher Bedeutung, wobei Letztere neben den Adelshöfen zu neuen Zentren für Bildung und Kultur heranwachsen. In dem Maße, wie die Städte an Macht gewinnen, wird auch das aufstrebende Bürgertum zu einem immer einflussreicheren Teil der Bevölkerung.

Themen, Motive, Texte

Frühmittelalter Im Zuge der Völkerwanderung tragen die Germanen ihre eigene Literatur in den deutschen Sprachraum und sorgen dabei für die Verbreitung unterschiedlicher Sagenkreise. Unter der Herrschaft der Karolinger kommt es zur Christianisierung der Germanenstämme, was sich auch in der entstehenden althochdeutschen Literatur (ca. 750–1060) niederschlägt. Neben germanisch-heidnischen Elementen finden sich zunehmend auch christliche Einflüsse in der Literatur. Mit dem Übergang von der *althochdeutschen* zur *mittelhochdeutschen* Sprache im 11. Jh. entwickelt sich die frühmittelhochdeutsche Literatur (ca. 1060–1120) mit vorwiegend christlich-religiösen Motiven und Inhalten. Zwischen 1120 und 1180 treten dann mit der vorhöfischen Literatur auch Werke weltlicher Autoren in den Vordergrund. Erstmals wird mit dem *Alexanderlied* des Pfaffen Lamprecht ein Werk geschaffen, das sich nicht auf eine lateinische, sondern auf eine volkssprachliche Quelle gründet. Bevorzugte Textsorten sind Evangelienharmonien, Fürstenpreis, Gebete, Gelöbnisse, Heldensagen, Rätsel, Segen, Spielmannsepen und Zaubersprüche.

Hochmittelalter Aufgrund der Bedeutung der ritterlichen Tugenden im Hochmittelalter – Dienst für den weltlichen Herrn, die christliche Kirche und Frauen- bzw. Minnedienst – sind die vorherrschenden literarischen Gattungen Minnesang, höfisches Epos und Heldenepos. Häufig sind außerdem Textsorten wie Artusepos, Kreuzlied, Leich, Minnesang, Spruchdichtung und Vagantendichtung.

Spätmittelalter und frühe Neuzeit Die spätmittelalterliche Literatur baut auf bereits bekannten Formen wie Minnesang, höfisches Epos und Heldenepos auf und macht sie sich in modifizierter Form nutzbar. Zudem werden erste Schauspiele in deutscher Sprache entwickelt. Die geistliche Dichtung bringt Oster-, Weihnachts- oder Passionsspiele vor breiten Volksmassen auf öffentlichen Plätzen zur Aufführung. Bevorzugte Textsorten sind *Fastnachtsspiel, geistliches Drama, Legende, Meistersang, Schwank, Totentanz, Volkslied*.

Autoren und Werke

Pfaffe Lamprecht (12. Jh.): *Alexanderlied* (um 1120/1140)
Dietmar von Aist (vor 1140 – nach 1170): *Minnelieder*
Hartmann von Aue (um 1165–1210): *Erec* (ca. 1180)
Wolfram von Eschenbach (um 1170 – um 1220): *Minnelieder* (1200/05), *Parzival* (1200/10)
Walther von der Vogelweide (um 1170 – um 1230): *Minnelieder und Sangsprüche*
Heinrich von Morungen (um 1220): *Minnelieder* (seit 1180)
anonym: *Nibelungenlied* (ca. 1200)
Gottfried von Straßburg (um 1225): *Tristan und Isolde* (ca. 1210)

Renaissance und Reformation (ca. 1500–1600)

Wiedergeburt • Menschlichkeit • Buchdruck • Bibelübersetzung • Reformation • Volksbücher (Faust) • Meistersang • Diesseits

Renaissance bedeutet Wiedergeburt. Gemeint ist die Wiederbelebung und Rückbesinnung auf die antike

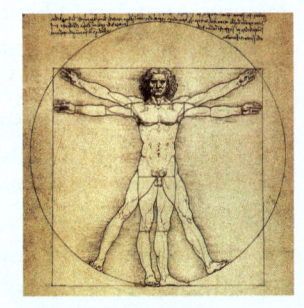

Leonardo da Vinci: Der Vitruvianische Mensch, ca. 1490

Kultur. In dieser spielte der Begriff der *humanitas* eine zentrale Rolle. Dieser bezeichnet allgemein das Menschsein sowie die Normen und Verhaltensweisen, die den Menschen ausmachen. In dieser Zeit wird also zunehmend der Mensch ins Zentrum der geistigen Auseinandersetzung gerückt, die Macht der Kirche wird infrage gestellt.

In der *Reformation* wird die Umwälzung kirchlicher Verhältnisse unter Reformatoren wie Martin Luther angestrebt.

AUF EINEN BLICK **LITERATURGESCHICHTLICHER ÜBERBLICK**

Historischer Kontext Im Gegensatz zur weitgehend auf das Jenseits ausgerichteten Weltsicht der mittelalterlichen Gesellschaft wird der Blick des Menschen zunehmend auf die irdische Existenz und die Bedingungen des Lebens im Diesseits gelenkt. Der Mensch der Renaissance ist selbstbewusst und schöpferisch tätig, zeigt Interesse am technischen Fortschritt, an Kriegskunst und Geschichte sowie den ästhetischen Idealen der Antike. Das Zeitalter steht ganz im Zentrum neuer wissenschaftlicher Forschungen und technischer Entwicklungen. Wie kaum ein anderer verkörpert der Künstler, Erfinder und Universalgelehrte Leonardo da Vinci die Ideale seiner Zeit. Der von Johannes Gutenberg um 1455 entwickelte *Buchdruck* mit beweglichen Lettern macht Literatur für ein breiteres Publikum zugänglich. Mit der Landung in Amerika 1492 durch Christoph Kolumbus erweitert sich das Weltbild der Europäer, welches durch Kopernikus als heliozentrisch (Planeten bewegen sich um die Sonne) anerkannt wird. Martin Luther schließlich beschleunigt mit seinen Thesen 1517 die *Reformation* der katholischen Kirche und übersetzt die Bibel für breite Volksschichten ins *Neuhochdeutsche*. Damit entwickelt sich die deutsche Sprache zur Nationalsprache.

Themen, Motive, Texte Ausgehend von bedeutenden italienischen Schriftstellern wie Giovanni Boccaccio und Dante Alighieri kommen die Ideale der Renaissance in literarischen Werken immer mehr zum Tragen. Programmatische Texte deutscher Gelehrter wie Erasmus von Rotterdam und Johannes Reuchlin zur humanistischen Erziehung und Theologie bilden Grundpfeiler für die sich entwickelnde Reformation, ebenso wie Übersetzungen klassischer Werke. Ihre Verbreitung wird mit Erfindung des Buchdrucks erheblich beschleunigt. Bevorzugte Textsorten sind *Abenteuer-, Helden- und Ritterroman, Fabel, Fastnachtsspiel, Meistersang, Narrenliteratur, Schwank und Streitgespräche.*

Autoren und Werke
Hans Rosenplüt (um 1400 – um 1460): *Fastnachtsspiele*
Hermann Bote (um 1450–1520): *Till Eulenspiegel* (1510/11)
Sebastian Brant (1457–1521): *Das Narrenschiff* (1494)
Erasmus v. Rotterdam (1466–1536): *Das Lob der Torheit* (1511)
Martin Luther (1483–1546): *An den christlichen Adel deutscher Nation/Neues Testament* (übersetzt 1522)
Hans Sachs (1494–1576): *Die Wittenbergische Nachtigall* (1523)

Barock (ca. 1600–1720)

Sonett • Sprachgesellschaften • memento mori • vanitas • carpe diem • Absolutismus • Ständegesellschaft • Dreißigjähriger Krieg • Pest

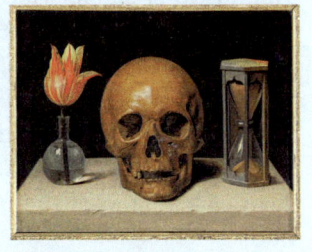

Philippe de Champaigne: Vanitas, ca. 1671

Der Begriff „Barock" als Bezeichnung einer Epoche geht auf das 19. Jahrhundert zurück. Er beschreibt einen in der italienischen Renaissance entstandenen Kunststil und lehnt sich an das portugiesische Wort *barroca* an, das so viel wie *schiefrunde Perle* bedeutet.

Historischer Kontext Die Schrecken des Dreißigjährigen Krieges (1618–1648) und der verheerenden Pestepidemien in der ersten Hälfte des 17. Jhs. kosten etwa ein Drittel der Bevölkerung des Heiligen Römischen Reichs Deutscher Nation das Leben. Für das Welt- und Menschenbild des Barock sind daher das Bewusstsein um die menschliche Vergänglichkeit, die Angst vor dem Tod sowie der christliche Glaube bestimmend. Nach dem Ende des Krieges entsteht ein Territorialabsolutismus. Die weltlichen Herrscher entscheiden über kulturelle, wirtschaftliche und kirchliche Lebensbereiche und haben Einfluss auf Erziehung und Bildung.

Themen, Motive, Texte Im Zeitalter des Barock entwirft Martin Opitz in seinem Werk *Buch von der deutschen Poeterey* (1624) eine *Regelpoetik* und gibt damit Anstöße zu einer Reform des deutschsprachigen Literaturschaffens. Die weitgehend lateinische Dichtung der Renaissance wird abgelöst durch Dichtung in deutscher Sprache, die der festgelegten Regelpoetik in stark reglementierten Formen wie Sonett, Elegie oder Ode folgt und sich mit antithetischen (gegensätzlichen) Themenfeldern wie Leben und Tod, Spiel und Ernst, Blüte und Verfall, Wollust und Tugend, Reichtum und Armut beschäftigt. Weltflucht, religiöse Vorstellungen und Sinnenfreudigkeit resultieren aus dem Wissen um die Vergänglichkeit alles Lebenden, das sich in der zeitgenössischen Literatur in den Motiven *vanitas* (Vergänglichkeit), *carpe diem* („Nutze den Tag!") und *memento mori* („Gedenke, dass du sterblich bist!") ausdrückt. Laienspiel, Wander-, Schul- und Hoftheater sowie die Oper bringen dramatische Werke unter strenger Beachtung der *Ständeklausel* (Tragödie: Protagonisten des Adels; Komödie: Protagonisten aus den unteren Ständen,

z. B. aus dem Bürgertum) zur Aufführung. Zu den wichtigsten Textsorten zählen *Sonett, Ode, Lied, Schäferdichtung, Kirchenlied, Jesuitendrama, Epigramm* und *Emblem*.

Autoren und Werke
Martin Opitz (1597–1639): *Buch von der Deutschen Poeterey* (1624)
Paul Fleming (1609–1640): *Teutschen Poemata* (1646), *Herr Peter Squenz oder Absurda Comica* (1658)
Andreas Gryphius (1616–1664): *Sonn- und Feiertagssonette* (1639), *Leo Armenius oder Fürstenmord* (1650)
Hans Jakob Christoffel von Grimmelshausen (1621/22–1676): *Der abenteuerliche Simplicissimus Teutsch* (1669)

Aufklärung (ca. 1720–1790)

Vernunft • Bürgertum • Mündigkeit • Buchmarkt • Belehrung • Fabel • Lesezirkel • bürgerliches Trauerspiel

Das Zeitalter der *Aufklärung* bezeichnet (wie auch die Barockzeit) eine gesamteuropäische Epoche, die sich durch die Besinnung auf die Menschlichkeit und das Vernunftdenken charakterisieren lässt.

Daniel Chodowiecki: Landschaft mit Sonnenaufgang, 1791

Historischer Kontext
Im 18. Jahrhundert entwickelt sich durch die Herausbildung eines gebildeten und wohlhabenden Bürgertums, das immer mehr wirtschaftlichen und politischen Einfluss gewinnt, eine zunehmende Kritik am *Feudalismus*. Die bis dahin geltende und als gottgewollt angesehene Vorherrschaft des Adels wird vom Bürgertum angefochten, das zunehmend Selbstbestimmung und politischen Einfluss einfordert. Der Dreißigjährige Krieg hat zu Zersplitterung und Kleinstaatlichkeit innerhalb des Heiligen Römischen Reiches Deutscher Nation geführt. Die Fürsten der über 300 Einzelstaaten haben weitgehende politische und wirtschaftliche Entscheidungsmacht und leben mehrheitlich zulasten des einfachen Volkes in Prunk- und Verschwendungssucht. Angelehnt an die Philosophie der Aufklärung beginnen die Bürger, sich gegen die vorherrschende Ordnung aufzulehnen. Als einer der bedeutendsten deutschen Philosophen regt Immanuel Kant die Menschen dazu an, sich des eigenen Verstandes zu bedienen *(„Sapere aude!" – „Wage es, zu wissen!")*. Die Ideen der Aufklärung vertreten auch Staatsoberhäupter des aufgeklärten Absolutismus, wie z. B. Friedrich II. von Preußen, Joseph II. von Österreich und die russische Zarin Katharina die Große.

Themen, Motive, Texte
Zentrales Thema der Literatur ist nun nicht länger das Fürstenlob, sondern das Leben und die Aufklärung des bürgerlichen Menschen in Werken, in denen die Ideale der Aufklärung (Vernunft, Menschlichkeit, Nutzen für die Gesellschaft) verbreitet werden. Zu den bevorzugten literarischen Gattungen zählen die *Fabel* und das *bürgerliche Trauerspiel*. Mit dem von Gotthold Ephraim Lessing entwickelten bürgerlichen Trauerspiel werden traditionelle Formstrukturen aufgebrochen und das Theater reformiert, sodass die *Ständeklausel* und damit das feudalistische Literaturkonzept (insbesondere für dramatische Werke) außer Kraft gesetzt wird. Menschen sind auf der Bühne in ihren Handlungen nicht mehr vom sozialen Stand abhängig, sondern aufgrund ihrer Vernunftbegabung frei und handeln im Sinne der Vernunft als selbstbestimmte Individuen. Dramatik wird in den Dienst der Erziehung gestellt und soll den Zuschauer über die Erregung von *Furcht* und *Mitleid* sittlich läutern *(Katharsis)*.

Um ein Mitfühlen mit dem Schicksal des Protagonisten zu ermöglichen, erfolgt die Abkehr vom idealen Helden hin zur Darstellung realer Persönlichkeiten mit all ihren Stärken und Schwächen. So entsteht das *bürgerliche Trauerspiel*, von dem man sich aufgrund der Inszenierungsmöglichkeiten den größten Lerneffekt für das Publikum erhofft. Ähnliche Popularität erlangt auch der *Roman*, in dem nun ebenfalls zunehmend bürgerliche Helden im Mittelpunkt stehen. Auch Kleinformen der Epik, z. B. *Aphorismus* oder *Fabel*, setzen sich durch und thematisieren Probleme der Politik, Religion, Gesellschaft und Kultur, um den Rezipienten nach den Leitideen der Aufklärung zu belehren. Bevorzugte Textsorten der Aufklärung sind *Aphorismus, bürgerlicher Roman, bürgerliches Trauerspiel, Fabel* und *Lehrgedicht*.

Autoren und Werke
Johann Christoph Gottsched (1700–1766): *Versuch einer Critischen Dichtkunst vor die Deutschen* (1730)
Christian Fürchtegott Gellert (1715–1769): *Fabeln und Erzählungen* (1746–1748)
Immanuel Kant (1724–1804): *Beantwortung der Frage: Was ist Aufklärung?* (1784)

Gotthold Ephraim Lessing (1729–1781): *Miss Sara Sampson* (1755), *Minna von Barnhelm oder Das Soldatenglück* (1767), *Hamburgische Dramaturgie* (1767/68), *Emilia Galotti* (1772), *Nathan der Weise* (1779); Georg Christoph Lichtenberg (1742–1799): *Sudelbücher*

Empfindsamkeit (ca. 1740–1780)

Gefühlsüberschwang • Schwärmerei • Naturverbundenheit • bürgerliche Moralvorstellungen • Idylle • Ode • Leitideen der Aufklärung

Die *Empfindsamkeit* stellt die Leitideen der Aufklärung nicht infrage, ergänzt dieses Weltbild aber um die Darstellung von Gefühlen, Freundschaft, Weltflucht und Naturverbundenheit.

Daniel Chodowiecki: Der Spaziergang, 1779

Historischer Kontext Das politisch und gesellschaftlich lange durch die adligen Obrigkeiten unterdrückte Bürgertum findet in Gestalt von Gefühlsüberschwang und Schwärmerei eine Möglichkeit, aus der Knechtschaft auszubrechen, und wendet sich religiösen und mystischen Bereichen zu. Fest im rationalen Gedankengut der Aufklärung verankert, werden *subjektive Erfahrungen* im Zusammenhang mit Tugend und Moral für den empfindsamen Menschen zum Zentrum seines Daseins. Die Empfindsamkeit gründet sich neben literarischen Vorbildern aus England und Frankreich auch auf die religions- und geistesgeschichtliche Bewegung des *Pietismus*, die in den deutschsprachigen Territorien zunehmend an Bedeutung gewinnt. Während der Pietismus einerseits den Kampf der Aufklärung gegen den vorherrschenden kirchlichen Dogmatismus unterstützt, wendet er sich andererseits gegen das einseitig rationale Denken der Aufklärung und setzt sich für die freie Entfaltung tugendhafter Gefühle ein.

Themen, Motive, Texte Die empfindsame Lyrik findet ihren prominentesten Vertreter mit Friedrich Gottlieb Klopstock, welcher in seinem Werk *Messias* vor allem den seelischen Zustand seiner Figuren hervorhebt. Auch die Dramatik zeigt empfindsame Züge und verdeutlicht bürgerliche Tugendideale. In der Epik schlägt sich die Empfindsamkeit vor allem in längeren erzählenden Texten nieder, in welchen bürgerliche Helden durch das Festhalten an typisch bürgerlichen Moralvorstellungen am Ende ihr Glück finden. Bevorzugte Textsorten sind Epos, Hymne, Ode, Idylle und Roman.

Autoren und Werke
Friedrich Gottlieb Klopstock (1724–1803): *Messias* (1748–1773), *Oden* (1771); Matthias Claudius (1740–1815): *Der Wandsbecker Bothe* (1771/75)

Sturm und Drang (ca. 1765–1786)

Impulsivität • Geniekult • Subjektivität • Gefühl und Vernunft • Dramatik • Gesellschaftskritik • Scheitern an der Gesellschaft

Die Bezeichnung der literarischen Strömung *Sturm und Drang* leitet sich vom gleichnamigen Drama *Sturm und Drang* (1776) von Friedrich Maximilian Klinger ab. Diese Epoche beginnt mit dem Erscheinen der *Fragmente* (1767) von Johann Gottfried Herder und endet mit der Rückbesinnung und Konzentration der Literaten Friedrich Schiller und Johann Wolfgang von Goethe auf Themen, Motive und Darstellungsformen der klassischen Antike (s. Weimarer Klassik)

Pieter Paul Rubens: Prometheus, ca. 1636

Historischer Kontext Zeitlich überschneidet sich die Literaturströmung des *Sturm und Drang* mit der Epoche der *Aufklärung*, wobei sich die Vertreter des *Sturm und Drang* gegen die ausschließlich rationale Betrachtung der Welt richten. In diese Zeit fallen auch die revolutionären Bewegungen in Frankreich, die schließlich 1789 in der Französischen Revolution triumphieren und großen Einfluss auf das Denken und auf die politische Entwicklung in ganz Europa haben.

Themen, Motive, Texte Im Gegensatz zur Aufklärung treten Verstand und Vernunft hinter Impulsivität, Spontaneität und Geniekult zurück. Gefühl und freie Entfaltung des Individuums stehen im Fokus des Interesses. Der *Geniekult* tritt ins Zentrum literarischen

Bemühens. Die schöpferische Kraft des Künstlers, sein Genie und ein besonderer Hang zur Subjektivität zeichnen die Werke des Sturm und Drang aus. Sie erweitern die rationalistische Haltung der Aufklärung: Gefühl und Vernunftglaube schließen sich nicht länger aus, sondern ergänzen einander.

Dies wird vor allem im Drama, von dem man sich eine besondere erzieherische Funktion verspricht, deutlich. Die Dramen von Schiller und Goethe sorgen für einen enormen Aufschwung des deutschen Theaters. Aktuelle Gesellschaftskritik wird zum zentralen Thema des dramatischen Wirkens. Der Protagonist scheitert an den gesellschaftlichen Verhältnissen und weiß sich meist nur durch Mord oder Selbstmord aus seiner Misere zu retten.

Auch Goethes Briefroman *Die Leiden des jungen Werthers* zeichnet sich durch die besondere Betonung der Gefühlswelt des scheiternden Helden aus. In der Lyrik nehmen neben *Natur- und Lehrgedichten* vor allem *Liebesgedichte* einen breiten Raum ein. Bevorzugte Textsorten sind bürgerliches *Drama*, *bürgerlicher Roman* und *Empfindungslyrik*.

Autoren und Werke
Johann Gottfried Herder (1744–1803): *Über die neue deutsche Literatur. Fragmente* (1767)
Gottfried August Bürger (1747–1794): *Gedichte* (1778); *Abenteuer des Freiherrn von Münchhausen* (1786)
Johann Wolfgang von Goethe (1749–1832): *Götz von Berlichingen mit der eisernen Hand* (1773), *Ganymed* (1773), *Die Leiden des jungen Werthers* (1774), *Prometheus* (1785)
Jakob Michael Reinhold Lenz (1751–1792): *Der Hofmeister oder Vorteile der Privaterziehung* (1774), *Die Soldaten* (1776)
Friedrich Maximilian Klinger (1752–1831): *Sturm und Drang* (1776)
Friedrich Schiller (1759–1805): *Die Räuber* (1781), *Kabale und Liebe* (1784)

Weimarer Klassik (ca. 1786–1805/1832)

Antike • Toleranz • Harmonie • geschlossene Formen • erzieherischer Auftrag • Bildungsroman • Ballade • Sittlichkeit • Humanität

Der Begriff *klassisch* leitet sich ursprünglich von dem lateinischen Wort *classicus* ab, welches für Mitglieder der obersten Steuerklasse genutzt und in der Bedeutung *erstklassig* nach und nach auf unterschiedliche Lebensbereiche übertragen worden ist. Wenn wir heute etwas als klassisch bezeichnen, deutet dies auf dessen Zeitlosigkeit und seinen Vorbildcharakter hin. Gleichzeitig beinhaltet der Begriff auch eine neuerliche Rückbesinnung auf die *Klassik der Antike*, die in den literarischen Werken wieder eine starke Rolle spielt.

Anselm Feuerbach: Iphigenie, 1871

Historischer Kontext Vielfach hat sich im Laufe des 18. Jahrhunderts die Vorstellung durchgesetzt, dass die Welt sich immer weiter entwickelt, dass Unvernunft und Willkür überwunden werden und sich die Menschen eine vernünftige Gesellschaftsordnung geben können. Die Welt wird als geordneter Organismus betrachtet und auch der *Mensch* wird als ein *nach Vollkommenheit strebendes Wesen* angesehen, welches dazu bestimmt ist, seine (schöpferischen) Kräfte *harmonisch* zu entfalten. *Menschlichkeit* und *Toleranz* sind zentrale Werte für die Menschen in der Zeit der *Klassik*.

1789 findet die Französische Revolution statt, deren Folge in Frankreich die Terrorherrschaft der Jakobiner ist. 1799 gelangt Napoleon Bonaparte an die Macht und wird 1804 zum französischen Kaiser erhoben. Unter ihm entsteht 1806 der Rheinbund, ein Zusammenschluss der rheinischen Staaten unter Napoleons Schutzherrschaft. In Preußen finden unterdessen zwischen 1807 und 1814 weitreichende gesellschaftliche und wirtschaftliche Reformen (Stein-Hardenbergische Reformen) statt, die zur Veränderung der Gesellschaft beitragen (Bauernbefreiung, neue Städteordnung, Einführung der Gewerbefreiheit, Emanzipation der jüdischen Bevölkerung, Bildungs- und Heeresreform).

1813 setzen die europäischen Befreiungskriege ein, die 1815 Napoleons Vorherrschaft in Europa in der Schlacht bei Waterloo beenden. Es kommt zur Neuordnung Europas durch den Wiener Kongress von 1815.

Themen, Motive, Texte Klassische Literatur dokumentiert einen besonderen *Idealismus*, der die Darstellung des Strebens nach *Humanität*, *Harmonie* und *Sittlichkeit* fokussiert. Sowohl inhaltlich als auch formal findet ein *Rückbezug auf die Antike* statt, sodass in der Literatur wieder die Geschlossenheit der Form gefordert wird (Formstrenge).

Johann Gottfried Herder, Johann Wolfgang von Goethe und Friedrich Schiller setzen sich in ihren *programmatischen Schriften* und in ihren literarischen Werken auch mit den Möglichkeiten auseinander, die Menschheit mithilfe der Kunst und der Literatur zu *sittlichem Verhalten* und zur *Humanität* zu erziehen. In der von Friedrich Schiller herausgegebenen Zeitschrift „Die Horen" formulieren die Literaten ihre konkreten Vorstellungen bezüglich klassischer Literatur und entwickeln ein dem *Ideal* der Klassik entsprechendes Menschenbild.

Weimar bildet das Zentrum der deutschen Klassik. Hier treffen die wesentlichen Vertreter der Epoche, Johann Wolfgang von Goethe, Friedrich Schiller Johann Gottfried Herder und Christoph Martin Wieland, aufeinander. Besonders der Briefwechsel zwischen Johann Wolfgang von Goethe und Schiller gibt Aufschluss über die Gedankenwelt und die Dispute der Schriftsteller. Die *Weimarer Klassik* endet mit dem Tod ihrer bedeutendsten Literaten (Friedrich Schillers, 1805/Johann Wolfgang von Goethes, 1832).

Bevorzugte literarische Gattungen der Klassik sind *Ballade, Bildungsroman, Charakterdrama, Distichon, Hymne, Ideendrama, Ode, Sonett und Stanze*.

Autoren und Werke
Johann Gottfried Herder (1744–1803): *Abhandlung über den Ursprung der Sprache* (1772), *Briefe zur Beförderung der Humanität* (1793–97)
Johann Wolfgang von Goethe (1749–1832): *Iphigenie auf Tauris* (1787), *Wilhelm Meisters Lehrjahre* (1795/96), *Hermann und Dorothea* (1797), *Faust I* (1806), *Dichtung und Wahrheit* (1811/14), *West-östlicher Divan* (1819), *Wilhelm Meisters Wanderjahre* (1821), *Faust II* (1831)
Friedrich Schiller (1759–1805): *Don Karlos* (1787), *Die Götter Griechenlands* (1788), *Über die ästhetische Erziehung des Menschen* (1795), *Über naive und sentimentale Dichtung* (1795/96), *Das Lied von der Glocke* (1797), *Wallenstein* (1798/99), *Maria Stuart* (1800)
Christoph Martin Wieland (1733–1813): *Das Hexameron von Rosenhain* (1802/03), *Menander und Glycerion* (1804)

Romantik (ca. 1795–1840)

(Kunst-)Märchen • Traum • Fantasie • Volkslied • Schauerroman • Mystik • Natur • Fernweh • Sehnsucht • Blaue Blume • Mond

Caspar David Friedrich: Mondaufgang am Meer, 1822

Der Begriff *Romantik* lehnt sich an die altfranzösischen Wörter *romanz*, *romant* oder *roman* an, die für volksprachige Dichtung stehen.

Insgesamt stellt die Romantik den einzelnen Menschen als Individuum in seiner ganzen *Subjektivität* in den Mittelpunkt. Sein Innenleben gewinnt zunehmend an Interesse. Wunderbare, fantastische Stoffe, die sich von der wirklichen Welt ab- und zur urwüchsigen und ungezähmten Natur hinwenden, stehen im Zentrum der Dichtung. *Kritik am reinen Vernunftglauben der Aufklärung* und der Wille zur Verbindung von Rationalität und Gefühlswelt spiegeln sich in der romantischen Literatur.

Historischer Kontext Die Romantik entwickelt sich im Kontext des Umbruchs von der feudalen hin zur bürgerlichen Gesellschaft. Nach der Auflösung des Heiligen Römischen Reiches Deutscher Nation und der Gründung des Rheinbundes 1806 wird das bürgerliche Selbstbewusstsein durch weitgehende Reformen (s. Klassik) gestärkt.

Nach dem Wiener Kongress (1815) beginnt die *Zeit der Restauration*, in der bedeutende politische Errungenschaften wieder rückgängig gemacht werden (z. B. die Meinungsfreiheit, Religionsfreiheit, Demokratisierungsprozesse).

Wirtschaftliche und soziale Veränderungen infolge der *Industrialisierung* und der technischen Entwicklungen führen einerseits zur Bildung einer privilegierten Oberschicht, andererseits zu einer Verelendung weiter Bevölkerungsteile.

Themen, Motive, Texte Autoren der Romantik finden sich in verschiedenen Städten (Jena, Berlin, Heidelberg) zusammen, die sich als literarische Zentren entwickeln. Die Romantiker wenden sich von der Antike und den klassischen Vorbildern ab. Die Natur dient nicht als Abbild realer Landschaften, sondern als Ausdruck der individuellen *Sehnsucht nach Harmonie* und *Entgrenzung*. Zu den vorherrschenden Themen zählt das *Motiv* des unheimlichen, künstlich geschaffenen Maschinenmenschen (automatischer Android, „Der Sandmann" (1813) von E.T.A. Hoffmann). Weitere Motive sind Fernweh, (Todes-)Sehnsucht, Natur, Liebe, Religiosität, Natur, Transzendenz, Individualität.

Das Symbol der Romantiker ist die „Blaue Blume".

Frühromantik (auch Jenaer Romantik, 1798–1804): In Jena verfassen Dichter wie *Novalis* und die *Brüder Schlegel* erste programmatische Schriften. Novalis fordert die *Romantisierung der Welt*, indem man „*dem Gemeinen einen hohen Sinn, dem Gewöhnlichen ein geheimnisvolles Ansehen, dem Bekannten die Würde des Unbekannten, dem Endlichen einen unendlichen Sinn*" gibt. Für die Frühromantiker besteht die *Welt voller Gegensätze* (Realität/Ideal und Endlichkeit/Unendlichkeit), die als unüberwindbar betrachtet werden. In diesem Zusammenhang prägt Friedrich Schlegel den Begriff „*romantische Ironie*", die als eigenständige literaturtheoretische Position zu betrachten und nicht mit dem rhetorischen Stilmittel „Ironie" zu verwechseln ist. Diese Form der Ironie ist kein einzelnes stilistisches Element innerhalb eines literarischen Textes, sondern prägt den Text als Ganzes durch einen unablässigen Wechsel von gegensätzlichen Elementen, z. B. dem *Wechsel von Illusionierung* und *Desillusionierung*. Auch die Selbstreflexion innerhalb des literarischen Werks ist hier bedeutend, indem selbstreflexive Momente von unterschiedlichen Figuren (Zuschauer/Rezipient, Protagonist, Verfasser/Dichter oder Erzähler) im Werk selbst artikuliert werden, sodass sich die Literaten damit über ihre eigene Dichtung erheben und distanzieren.

Hochromantik (Heidelberger Romantik, 1804–1815): Es entstehen zahlreiche Gedichte, Märchen und Sagenkreise mit typisch romantischen Motiven wie *Sehnsucht, Natur, Liebe* und *Wanderschaft*, die das *Volkstümliche* und *Irrationale* betonen.

Spätromantik (in Berlin, 1815–1848): Es werden *Schauerromane* und *Kunstmärchen*, aber auch ganze Gedichtzyklen publiziert. Das *Wunderbare* und *Geheimnisvolle*, das *Dunkle* und *Verborgene* findet Eingang in die Welt der „Philister".

Bevorzugte Textsorten sind *Bildungsroman, Entwicklungsroman, Kunstmärchen, Märchen, Sage, Schauerroman, Volkslied* und *Volksmärchen, Gedicht* und *Ballade*.

Autoren und Werke
Friedrich Schlegel (1772–1829): *Athenäum-Fragmente* (1798), *Lucinde* (1799)
Novalis (Georg Philipp Friedrich Freiherr von Hardenberg, 1772–1801): *Hymnen an die Nacht* (1800), *Heinrich von Ofterdingen* (1802)
Ludwig Tieck (1773–1853): *Der gestiefelte Kater* (1797), *Der blonde Eckbert* (1797)
E. T. A. Hoffmann (1776–1822): *Die Elixiere des Teufels* (1815/16), *Der Goldene Topf* (1814), *Nachtstücke* (u. a. *Der Sandmann*, 1816)
Clemens Brentano (1778–1842): *Godwi oder Das steinerne Bild der Mutter* (1801)
Achim von Arnim (1781–1831) und Clemens Brentano: *Des Knaben Wunderhorn* (1806–1808)
Jakob (1785–1863) und Wilhelm (1786–1859) Grimm: *Kinder- und Hausmärchen* (1812)
Joseph von Eichendorff (1788–1857): *Das Marmorbild* (1819), *Aus dem Leben eines Taugenichts* (1826)
Heinrich Heine (1797–1856): *Buch der Lieder* (1827)

Vormärz und Biedermeier (ca. 1815–1848)

Märzrevolution 1848 • politische Einheit • Freiheit • Nationalismus • Restauration • Missstände • Zensur • Flugschriften • Reiseliteratur

Anonym: Straßenkämpfe in Berlin, 1848

Rückzug ins Privatleben • stilles Glück • Tradition • heile Welt • Natur • Entsagung • Melancholie • Novelle

Carl Spitzweg: Der Sonntagsspaziergang, 1841

Der Begriff *Vormärz* bezeichnet das literarische Schaffen im Vorfeld der Märzrevolution von 1848.

Das „Junge Deutschland", welches sich nach der Neuordnung Europas auf dem Wiener Kongress 1815 herausbildet, setzt sich verstärkt ab 1830 (Julirevolution in Paris) für einen einheitlichen deutschen Nationalstaat und die Umgestaltung des Landes in Freiheit und politischer Einheit ein. Dies spiegelt sich auch in der häufig *progressiven antifeudalistisch geprägten Literatur*. Es werden aber nicht nur staatsrechtliche Fragen bezüglich der geforderten demokratischen Verfassung aufgeworfen, sondern zu den zentralen Themen der Literaten gehören auch die Verarmung und Verelendung der Bauern und Arbeiter.

Mit dem Begriff *Biedermeier* kritisieren später im 19. Jh. die Realisten die „biedere" Literatur der Restaurationszeit. Zu Beginn des 20. Jhs. verliert der Begriff seinen negativen Klang und steht für *Häuslich-*

keit und den *Rückzug ins Privatleben*, für eine Zeit, in der die Menschen sich in ihre *unpolitische Innerlichkeit* und in ihre *poetische Naturerfahrung* zurückziehen, um sich nicht mit realen politischen bzw. sozialen Missständen auseinandersetzen zu müssen.

Die beiden Strömungen *Vormärz* und *Biedermeier* verlaufen parallel und zeichnen sich durch ihre Gegensätzlichkeit (*revolutionäre Gesinnung* versus *privates Glücksstreben*; *Anprangern von Missständen* versus *heile Welt*) aus.

Historischer Kontext Nach der Neuordnung Europas durch den Wiener Kongress von 1815 kommt es in Deutschland zur Auseinandersetzung zwischen den nach *Restauration* (Wiederherstellung der alten Ordnung) strebenden Fürsten und den *Universitätsangehörigen*, die unter dem Namen *Junges Deutschland* Freiheit und politische Einheit des Landes fordern. Die Hoffnungen der Bewegung, die sich in Burschenschaften organisiert, erfüllen sich jedoch nicht. Mit Gründung des *Deutschen Bundes* 1815 entsteht weniger ein einheitlicher Nationalstaat als vielmehr ein *Staatenbund* mit weitgehend voneinander unabhängigen Mitgliedsstaaten. In den *Karlsbader Beschlüssen* von 1819 kommt es zum *Verbot der Burschenschaften* und einer zunehmenden Überwachung der Universitäten. Auch die Literatur wird der *Zensur* unterworfen. Die Enttäuschung des *Jungen Deutschland* über das Festhalten an der alten Ordnung durch die deutschen Fürsten bricht sich schließlich in der *Märzrevolution von 1848* Bahn. Engagierte Autoren im *Vormärz* und im *Jungen Deutschland* wenden sich gegen absolutistische Strukturen, die Kirche sowie *gegen das idealistische Menschen- und Weltbild* der Klassik und die *Romantisierung* der Welt durch die Romantiker. Sie beschäftigen sich mit den *zeitgenössischen Missständen* und kämpfen für die *Presse- und Meinungsfreiheit*, den *Sozialismus*, die *Emanzipation der Frau* und die *freie Entfaltung der Liebe*.

Themen, Motive, Texte des Vormärz Die Epik wird zur bestimmenden Gattung, sie ist weniger strengen Regeln als die Lyrik und die Dramatik unterworfen und eignet sich damit in besonderem Maße zur politischen Auseinandersetzung und Systemkritik. In Flugschriften wie *Der Hessische Landbote* (1834) von Georg Büchner wird das einfache Volk zur Revolution gegen Obrigkeit und Autoritäten aufgerufen.

Die *Reiseliteratur* erlebt vor allem durch Heinrich Heine eine Blüte im 19. Jh. und vereint sowohl informierenden, unterhaltenden als auch politisch belehrenden Charakter in sich.

Bevorzugte Textsorten sind *Brief, Feuilleton, Flugblatt, historisches Drama, historischer Roman, journalistische Texte, Komödie, literarische Zeitschrift, politische Lyrik, Memoiren, Novelle, Reisebericht*.

Themen, Motive, Texte des Biedermeier Das Weltbild des *Biedermeier* wird verkörpert durch die Rückbesinnung auf *Traditionen* mit einem regional gefärbten Charakter. Der Mensch strebt nach dem stillen Glück innerhalb seines Privatlebens und befasst sich nicht mit komplexen politischen oder gesellschaftskritischen Themen. In kurzen literarischen Formen werden Themen wie *Natur* und *Geschichte*, der *Rückzug ins Private* und eine *heile Welt* dargestellt. Die Sprache ist schlicht bei detailgetreuer und möglichst bildlicher Darstellung.

Bevorzugte Textsorten sind *Ballade, Kurzgeschichte, Novelle, Skizze, Studie, Verserzählung* und *Volkslustspiel*.

Autoren und Werke des Vormärz
Heinrich Heine (1797–1856): *Reisebilder* (1826/2730), *Deutschland. Ein Wintermärchen* (1044), *Die schlesischen Weber* (1844), *Romanzero* (1851)
August Heinrich Hoffmann von Fallersleben (1798–1874): *Unpolitische Lieder* (1840/41), *Das Lied der Deutschen* (1841)
Georg Büchner (1813–1837): *Der Hessische Landbote* (1834), *Dantons Tod* (1835), *Woyzeck* (1836), *Lenz* (1839)
Georg Herwegh (1817–1875): *Gedichte eines Lebendigen* (1841), *Aufruf* (1841), *Bundeslied für den Allgemeinen Deutschen Arbeiterverein* (1863)
Georg Weerth (1822–1856): *Das Hungerlied* (1844)

Autoren und Werke des Biedermeier
Franz Grillparzer (1791–1872): *Die Ahnfrau* (1817), *Der arme Spielmann* (1848)
Annette von Droste-Hülshoff (1797–1848): *Heidebilder* (1841/42), *Die Judenbuche* (1842)
Nikolaus Lenau (1802–1850): *Don Juan. Ein dramatisches Gedicht* (1851)
Eduard Mörike (1804–1875): *Maler Nolten* (1832)
Adalbert Stifter (1805–1868): *Der Hochwald* (1841), *Bunte Steine* (1853), *Der Nachsommer* (1857)

(Poetischer) Realismus (ca. 1848–1895)

künstlerische Wiedergabe der Realität · Verklärung der Wirklichkeit · Humor · Ironie · Einfachheit in Stoff und Form · Gesellschaftsroman

Stahlstich: Stadtansicht von Elbing, um 1840

Der Begriff *poetischer Realismus* oder auch *bürgerlicher Realismus* stammt vom lateinischen Wort *res* und bedeutet *Ding* oder *Sache*. Die literarische Epoche des poetischen Realismus stellt die *Realität* in den Vordergrund, nicht aber, ohne diese *künstlerisch* zu gestalten.

Historischer Kontext Der Realismus als literarische Strömung beginnt vor dem Hintergrund zahlreicher Bevölkerungsaufstände in unterschiedlichen europäischen Staaten, im deutschsprachigen Raum nach der Märzrevolution 1848. *Politische Mitbestimmung* und das *allgemeine Wahlrecht* werden gefordert, *soziale Missstände* und auch die *Frauenfrage* werden immer heftiger diskutiert. Die Frauen streben nach *Emanzipation*, wollen vor dem Gesetz als selbstständiges Individuum behandelt werden und fordern ihre Gleichstellung mit den Männern.

Mit der Reichsproklamation von 1871 in Versailles wird Wilhelm I. zum deutschen Kaiser gekrönt, während Otto von Bismarck als Reichskanzler des Deutschen Kaiserreichs agiert. Es werden innenpolitische Reformen durchgeführt, z. B. wird die *Zivilehe* eingeführt, um den Einfluss der *Kirche zu begrenzen*; ein *Sozialversicherungssystem* wird entwickelt, um die soziale Absicherung der Bevölkerung bei Krankheit, Arbeitslosigkeit etc. zu verbessern. Außenpolitisch erreicht Otto von Bismarck mithilfe seiner *Bündnispolitik* den friedenssichernden Ausgleich zwischen den europäischen Großmächten.

Als Kaiser Wilhelm II. an die Macht kommt, leitet dieser in der deutschen Außenpolitik die Wende ein, die in einem Zerwürfnis zwischen ihm und Otto von Bismarck gipfelt. Die sogenannte *wilhelminische Epoche* wird nach der Entlassung des Reichskanzlers von dem Streben des deutschen Kaisers nach *Weltmacht* und seinem zweiten großen Ziel bestimmt, deutsche *Kolonien* in Afrika und in der Südsee zu besitzen. Um den „Platz an der Sonne" zu erhalten, wird ab ca. 1890 massiv in allen militärischen Bereichen aufgerüstet. Besondere Priorität genießt die *Flottenpolitik* des Kaisers. Er sieht in der deutschen *Kriegsflotte das Symbol* für die Einheit des Kaiserreiches, weil sie äußere Stärke und innere Sicherheit in sich vereine. Er bedenkt nicht die Bedrohung, die von der Aufrüstung und der Flottenpolitik ausgehen. Besonders Großbritannien fühlt sich durch das Wettrüsten zur See existenziell bedroht, sodass die veränderte Außenpolitik des deutschen Kaiserreichs das europäische Mächteverhältnis ins Wanken bringt.

Themen, Motive, Texte Die Literatur des *poetischen Realismus* stellt nicht die bloße Wirklichkeit dar, sondern versucht, diese mit *künstlerischen Mitteln* abzubilden. *Detailgetreue, realitätsnahe Beschreibungen* in *poetischer Sprachverwendung*, verbunden mit einer fiktiven Handlung, die aber so möglich sein könnte, bestimmen die literarischen Werke. *Humor* und *Ironie* gelten als adäquate Mittel zur poetischen Gestaltung der *Wirklichkeit* in der Literatur. Die Verwendung der *wörtlichen Rede* (Erzählerdistanz) und die *realistische Raum- und Zeitgestaltung* unterstützen einen hohen Grad an Identifikationsmöglichkeiten und einen damit verbundenen Wiedererkennungswert.

Theodor Fontane gilt als einer der bedeutendsten deutschsprachigen Realisten. In seinen „Berlinromanen" (*Effi Briest; Irrungen, Wirrungen* etc.) greift er die Themen seiner Zeit auf (Urbanisierung, Industrialisierung, Frauenfrage, gesellschaftliche Missstände, Innen- und Außenpolitik des Kaiserreichs). In den vielfältigen Gesprächen seiner literarischen Figuren werden die Probleme der Gegenwart des ausgehenden 18. Jahrhunderts *milieugerecht* mithilfe der Verwendung der wörtlichen Sprache (Dialekt, Soziolekt etc.) vermittelt, sodass der Erzähler weitgehend in den Hintergrund tritt. Theodor Fontane stellt in seinen Werken vor allem die moralischen und gesellschaftlichen Konventionen infrage, die verantwortlich für das Scheitern seiner Protagonisten/-innen sind. Er setzt mit seinen literarischen Werken eine öffentliche Diskussion bezüglich der herrschenden gesellschaftlichen Werte und Normen in Gang.

Auch in seinen *literarischen* und *programmatischen Schriften* setzt sich Theodor Fontane mit den Themen und Problemen des 19. Jahrhunderts auseinander und entwickelt daraus die Position des Erzählers. Er reflektiert sowohl die Aufgabe des Erzählers als auch die Anforderungen an das Erzählen selbst, sodass er damit eine theoretische Grundlage für realistisches Erzählen liefert und gleichzeitig die Zielsetzung des *poetischen Realismus* erläutert.

Während frühe realistische Werke meist noch frei von *Gesellschaftskritik* sind, weisen die Werke ab

AUF EINEN BLICK **LITERATURGESCHICHTLICHER ÜBERBLICK**

1860 zunehmend – häufig zwar in verdeckter Form – auf gesellschaftliche Missstände hin.

Bevorzugte Textsorten sind Dorfgeschichten, Entwicklungsroman, Gesellschaftsroman, historischer Roman und Novelle.

Autoren und Werke
Friedrich Hebbel (1813–1863): *Maria Magdalena* (1844), *Die Nibelungen* (1861)
Gustav Freytag (1816–1895): *Soll und Haben* (1855), *Die Ahnen* (1872)
Theodor Storm (1817–1888): *Immensee* (1850), *Der Schimmelreiter* (1888)
Gottfried Keller (1819–1890): *Der grüne Heinrich* (1854/55 und 1897/80)
Theodor Fontane (1819–1898): *Irrungen, Wirrungen* (1887), *Frau Jenny Treibel* (1892), *Effi Briest* (1895)
Conrad Ferdinand Meyer (1825–1898): *Das Amulett* (1873), *Der Schuss von der Kanzel* (1878), *Die Füße im Feuer* (1882)

Naturalismus (ca. 1880–1900)

Lebenswirklichkeit • Naturwissenschaften • Vererbung • soziales Milieu • Großstadtleben • Tabuthemen • Dialekt • Industrialisierung • Fotografie • Klassenbegriff

Oskar Graf: Begräbnis eines Arbeiters, 1900

Als *Naturalismus* wird eine literarische Stilrichtung bezeichnet, mit deren Hilfe die *Realität* ganz *ohne künstlerische Ausgestaltungen* so wirklichkeitsnah wie möglich abgebildet wird. „Naturalismus" hat nichts mit der Darstellung der Natur zu tun, sondern ist eine konsequent *weitergedachte Ausformung des Realismus*.

Historischer Kontext Gegen Ende des 19. Jahrhunderts entstehen bedeutende technische Neuerungen wie die Erfindung der Dampfturbine 1884 und des Dieselmotors 1893. Innen- wie außenpolitisch ist Reichskanzler *Otto von Bismarck* die für das Deutsche Kaiserreich (Reichsgründung 1871) bestimmende Figur. Mit seiner auf ein ausgeglichenes Mächteverhältnis in Europa bedachten Bündnispolitik sorgt er für Frieden und Stabilität. Nach seiner Entlassung 1890 ändert sich dies unter dem neuen Kaiser Wilhelm II., der die militärische Aufrüstung und die deutsche Flottenpolitik betreibt, um sein Streben nach *Weltmacht* und seine Ambitionen bezüglich der *Kolonialpolitik* umzusetzen.

Themen, Motive, Texte Die *Naturalisten* nutzen zur Beschreibung der Welt auch die *Naturwissenschaften*. Ihr *Weltbild* erhebt den Anspruch, *naturwissenschaftlich erklärbar* zu sein, und wendet sich religionskritisch von allem Metaphysischen ab. Der Mensch wird in Abhängigkeit von seiner Umwelt wahrgenommen und durch *Vererbung* und *soziales Milieu* als *determiniert* (bestimmt, festgelegt) angesehen. Der Naturalismus ist die erste Stilrichtung, die sich kritisch mit den Folgen der *Industrialisierung* und *Urbanisierung* auseinandersetzt. *Großstadtleben* und *soziale Frage* werden zu zentralen Inhalten. Naturalistische Literatur zeichnet sich durch besondere Lebensnähe, eine wissenschaftliche Fundierung, die Abwendung von Transzendentem sowie eine schmuck- und tabulose Darstellung der Lebenswirklichkeit aus. Die Aufnahme bisher tabuisierter Themen, eine sprachlich möglichst wirklichkeitsnahe Gestaltung durch Anwendung von *Dialekt* und *Mundart* und sehr *detaillierte Regieanweisungen* in dramatischen Texten kennzeichnen das literarische Schaffen der Naturalisten.

Bevorzugte Textsorten sind *Drama, experimentelle Prosa und Lyrik*.

Autoren und Werke
Wilhelm Bölsche (1861–1939): *Die naturwissenschaftlichen Grundlagen der Poesie* (1887)
Gerhart Hauptmann (1862–1946): *Bahnwärter Thiel* (1888), *Vor Sonnenaufgang* (1889), *Die Weber* (1892), *Der Biberpelz* (1893), *Fuhrmann Henschel* (1898), *Die Ratten* (1911)
Johannes Schlaf (1862–1941): *Meister Oelze* (1892)
Arno Holz (1863–1929): *Die Kunst. Ihr Wesen und ihre Gesetze* (1891), *Revolution der Lyrik* (1899)
Arno Holz und Johannes Schlaf: *Papa Hamlet* (1889), *Familie Selicke* (1889)

Klassische Moderne (ca. 1890–1932)

Fließbandproduktion • Erster Weltkrieg • Kolonialismus • Frauenemanzipation • Kino • Symbolismus • Fin de Siècle • Impressionismus

Als Gegenbegriff zu *alt* oder *antik* beschreibt der Begriff der *Moderne* eine Abwendung von traditionellen Werten und Einstellungen in allen Lebensbereichen. Die Zeit um 1900 wird auch als *Epochenumbruch* bezeichnet. Die sich radikal verändernde Lebensweise führt einerseits zur Aufbruchsstimmung, andererseits aber auch zu großen Ängsten und Unsicherheiten. *Fin de Siècle* (Ende des Jahrhunderts) und *Dekadenz* sind Schlagworte dieser Zeit.

Max Beckmann: Tanz in Baden Baden, 1923

Historischer Kontext Die Welt der *klassischen Moderne* ist weitgehend bestimmt durch technische Neuerungen, Säkularisierung sowie politische und kulturelle Reformen und Revolutionen. Politisch werden *Marxismus*, die *Emanzipation der Frau* und die *Arbeiterbewegung* zu zentralen Themen. Der Mensch wird losgelöst von allem Metaphysischen gesehen und treibt mit seinem wissenschaftlichen und technisch-industriellen Fortschritt die Veränderungen in allen Lebensbereichen voran.

Um die Jahrhundertwende wird unter Wilhelm II. eine verstärkte *Kolonialpolitik* verfolgt und parallel dazu die massive *Aufrüstung* (Flottenpolitik) des Deutschen Reiches im Wettkampf mit den anderen führenden Mächten in Europa betrieben. Die entstehende Spannung zwischen den Großmächten führt schließlich zwischen 1914 und 1918 zum Ersten Weltkrieg. Darüber hinaus kommt es mit zunehmender Industrialisierung zur Verstädterung (*Urbanisierung*) und Entwicklung eines Industrieproletariats in den Städten, was zum Nährboden sozialer Probleme und Spannungen wird.

Themen, Motive, Texte Die Schriftsteller folgen ganz unterschiedlichen geistigen Strömungen, die einander zum Teil auch widersprechen. Einerseits werden wieder verstärkt unpolitische und von *Subjektivismus* und *Individualismus* geprägte Werke geschaffen (*Impressionismus, Jugendstil, Spätromantik, Expressionismus*), andererseits kommt es zur Wiederbelebung der *Ideale* vergangener Epochen, wie z. B. dem *Neoklassizismus* oder der *Heimatliteratur*.

In der Hauptstadt Österreichs entwickelt sich ein Zentrum progressiver Literaten, die sich als Vertreter der sogenannten *Wiener Moderne* betrachten. Sie thematisieren gesellschaftskritische Probleme (*Dekadenz, Verfall gesellschaftlicher Werte und Normen des Bürgertums, (Un-)Freiheit des Individuums, Emanzipationsstreben der Frau*). Sie stützen sich in ihrer Figurendarstellung und Beschreibung der Gesellschaft u. a. auch auf die von *Sigmund Freud* entwickelten Ergebnisse der *Psychoanalyse*. Besonders dessen Werk „Traumdeutung" von 1899 findet bei den zeitgenössischen Literaten große Beachtung.

Arthur Schnitzler, einer der bedeutendsten Vertreter der *Wiener Moderne*, entwickelt eine neue Form des Erzählens, um die inneren Vorgänge einer Figur für den Rezipienten sichtbar zu machen. Seine *Monolognovellen* „Leutnant Gustl" (1900) und „Fräulein Else" (1924) vermitteln die psychischen inneren Vorgänge der Figuren. Über diese *Innensicht* erhält der Rezipient wesentliche Einblicke in die gesellschaftlichen Strukturen und in das gesellschaftliche Denken dieser Zeit.

Insgesamt werden lyrische Texte und epische Kleinformen unter Beachtung der äußeren Form, teilweise ausgeschmückt mit Klangmalerei und sprachlichen Bildern, favorisiert.

Bevorzugte Textsorten sind *Aphorismus, Brief, Einakter, Essay, Kunstmärchen, Lyrik, (Monolog-)Novelle, Prosagedicht, Skizze* und *Studie* sowie *Erzählung*.

Autoren und Werke

Arthur Schnitzler (1862–1931): *Leutnant Gustl* (1900), *Fräulein Else* (1924), *Traumnovelle* (1926)
Frank Wedekind (1864–1918): *Frühlings Erwachen* (1891)
Stefan George (1868–1933): *Das Jahr der Seele* (1897), *Der siebente Ring* (1907)
Heinrich Mann (1871–1950): *Professor Unrat* (1905), *Der Untertan* (1918)
Christian Morgenstern (1871–1914): *Galgenlieder* (1905), *Palmström* (1910)
Hugo von Hofmannsthal (1874–1929): *Ein Brief* („Chandos"-Brief, 1902), *Das Bergwerk zu Falun* (1906)
Thomas Mann (1875–1955): *Buddenbrooks* (1901), *Der Tod in Venedig* (1912)
Rainer Maria Rilke (1875–1926): *Die Aufzeichnungen des Malte Laurids Brigge* (1910), *Duineser Elegien*

(1923), *Sonette an Orpheus* (1923)
Hermann Hesse (1877–1962): *Peter Camenzind* (1904), *Unterm Rad* (1906), *Demian* (1919)

Stefan Zweig (1881–1942): *Sternstunden der Menschheit* (1927), *Schachnovelle* (1942), *Die Welt von Gestern* (1942)

Expressionismus (ca. 1910–1925)

Entfremdung • Film • Jazz • Bruch traditioneller Formen • Krisen • Verfall • Großstadtelend • Die Brücke • Der Blaue Reiter

Expressionismus leitet sich vom lateinischen *expressio* („Ausdruck") ab und steht für besondere ausdrucksstarke, subjektivistische und skeptizistische literarische Ausdrucksformen.

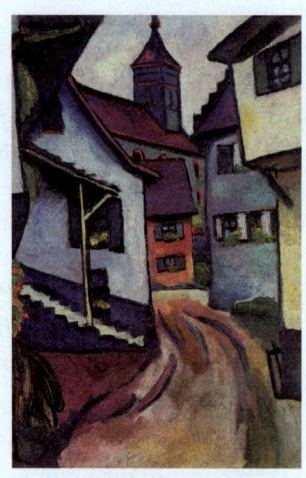

August Macke: Straße mit Kirche in Kandern, 1905

Geschichte und Gesellschaft
Historisch fällt der Erste Weltkrieg (1914–1918) in die Zeit des *Expressionismus*. Die deutsche Bevölkerung steht unter dem Eindruck von *Krieg* und *Moderne*. Das menschliche Individuum geht im Zuge zunehmender Industrialisierung in der Masse unter und zieht sich oft mit selbstzweiflerischen und pessimistischen Gedanken in sich selbst zurück.

Nach der Niederlage im Ersten Weltkrieg, die den „Gesichtsverlust" der zuvor so stolzen Nation zur Folge hat, sind die Menschen orientierungslos. Die Zuerkennung der Kriegsschuld, die Reparationszahlungen, die großen Gebietsverluste und die Millionen von Menschen, die den Krieg nicht überlebt haben, führen zu Unsicherheit, Orientierungslosigkeit und Zukunftsangst. Die Inhalte des Versailler Vertrages werden als unzumutbare Demütigung durch die Siegermächte empfunden, sodass sich zwischen den europäischen Mächten kein stabiler Frieden entwickeln kann.

Nach der Novemberrevolution 1918 muss Kaiser Wilhelm II. am 9. November 1918 abdanken und in die Niederlande ins Exil gehen. Daraufhin wird die *Weimarer Republik* (1918–1933), die erste parlamentarische Republik auf deutschem Boden ausgerufen.

Themen, Motive, Texte Expressionistische Literatur ist geprägt von einer starken *Subjektivität* und Darstellung des ekstatischen oder leidenden Menschen. Es kommt zur *Missachtung grammatikalischer Regeln* und der häufigen Verwendung von starken sprachlichen *Bildern*, *Metaphern* und *Symbolen*. Dies wird besonders in der expressionistischen Lyrik deutlich. Auch der Ausdruck des Hässlichen, Krankhaften und Schockierenden findet Einzug in die expressionistische Literatur.

In der Dramatik nutzen die Autoren das *Stationendrama*, um mit klassischen Formen zu brechen. Anstelle einer geschlossenen Handlung werden einzelne Szenen oder Bilder in zum Teil wahlloser Reihenfolge und unabhängig voneinander aufgereiht dargestellt.

Bevorzugte Textsorten sind *Erzählung, neue Formen der Lyrik, Novelle, Roman* und *Stationendrama*.

Autoren und Werke
Else Lasker-Schüler (1869–1945): *Styx* (1902), *Der Siebente Tag* (1905)
Robert Musil (1880–1942): *Die Verwirrungen des Zöglings Törleß* (1906)
Franz Kafka (1883–1924): *Die Verwandlung* (1915)
Gottfried Benn (1886–1956): *Morgue* (1912), *Gehirne* (1915), *Spaltung* (1925)
Jakob van Hoddis (1887–1942): *Weltende* (1918)
Ernst Toller (1893–1939): *Masse Mensch* (1920), *Die Maschinenstürmer* (1922)
Bertolt Brecht (1898–1956): *Baal* (1919), *Trommeln in der Nacht* (1922)

Avantgarde/Dadaismus (ca. 1915–1925)

Collagetechnik • Montageprinzip • Kabarett/Varieté • Lautgedicht • Inflation • Futurismus • Radio • Sprachkrise • Naivität

Der Begriff *Avantgarde* stammt aus dem französischen Militärvokabular und bedeutet so viel wie *Vorhut*. Neben *Futurismus* und *Surrealismus* zeichnet sich vor allem der *Dadaismus* als wichtige

Hugo Ball im Cabaret Voltaire, Zürich, 1916

avangardistische Richtung aus. Er weist sowohl expressionistische als auch futuristische Merkmale auf und hat seinen Namen von dem kindlich anmutenden Ausdruck „dada", mit dem er sich gegen traditionelle Strömungen und ihre klassischen Formen abgrenzt.

Historischer Kontext Die Welt des Dadaismus wendet sich auch wegen der Erfahrung des Ersten Weltkriegs gegen das Vernunftdenken. Der Mensch soll zu kindlicher Naivität zurückkehren und auf logische Erklärungsmuster verzichten. Erst die Vernunft und die aus ihr resultierenden technischen Neuerungen hätten es dazu kommen lassen, dass Völker sich im Krieg gegenseitig vernichten, so die Kritik der Dadaisten.

Themen, Motive, Texte *Dadaistische Literatur* lehnt Krieg und traditionelle Literaturprogramme gattungsübergreifend ab. Sie bricht mit den Gesetzen der Logik und stiftet in ihren Texten damit eine besondere Abstrusität und Verwirrung. *Montageprinzip* und *Collagetechnik* sind ebenso typisch für dadaistische Werke wie die *Aufhebung der Syntax* und der Einsatz unterschiedlichster Textsorten innerhalb eines Gesamtwerkes.

Laut- und Buchstabengedichte, in denen Wörter bis zur Unverständlichkeit zersetzt werden, gelten als bekannteste Werke dieser literarischen Strömung. Bevorzugte Textsorten dieser literarischen Strömung sind *Aphorismus, Buchstaben-, Laut- und Zufallsgedicht sowie Collage*.

Autoren und Werke
Hugo Ball (1886–1927): *Cabaret Voltaire* (1916), *Die Karawane* (1917)
Hans Arp (1886–1966): *Der Vogel selbdritt* (1920), *Kaspar ist tot* (1920)
Kurt Schwitters (1887–1948): *An Anna Blume* (1919), *Die Ursonate* (1922/23)
Richard Huelsenbeck (1892–1974): *Dadaistisches Manifest* (u. a. 1918), *Dada-Almanach* (1920), *En Avant Dada. Geschichte des Dadismus* (1920)

Neue Sachlichkeit (ca. 1918–1932)

Weltwirtschaftskrise • politische Unruhen • Inflation • Verelendung in den Großstädten • episches Theater • Montage • Reportage • Goldene Zwanziger • Arbeitslosigkeit

Die Bezeichnung *Neue Sachlichkeit* resultiert aus dem Bemühen, die sozialen und wirtschaftlichen Verhältnisse der Zeit möglichst objektiv abzubilden. Der Name weist auch darauf hin, dass

George Grosz: Frau im schwarzen Mantel, 1927

man sich von den parallel erscheinenden Werken der *Dadaisten* und *Expressionisten* abzugrenzen suchte.

Historischer Kontext Die Zeit ist geprägt von den Eindrücken des Ersten Weltkriegs und der Gründung der ersten deutschen Republik. Dabei sieht sich die frühe Phase der *Weimarer Republik* (1919–1923) zahlreichen Krisen gegenüber, muss sich gegen Putschversuche, wirtschaftliche Probleme und die Auswirkungen der Inflation behaupten.

Erst mit dem Beginn der zweiten Phase (1924–1928), den sogenannten „Goldenen Zwanzigern", verbessert sich die Lage. Wirtschaftswachstum, soziale und technische Errungenschaften erleichtern der Bevölkerung das Leben. Dennoch scheitert das Modell der Weimarer Republik letztlich in seiner dritten Phase (1929–1933) unter den verheerenden wirtschaftlichen, politischen und gesellschaftlichen Folgen der *Weltwirtschaftskrise von 1929* und dem *Erstarken der republikfeindlichen Kräfte* von rechts und links.

Themen, Motive, Texte Die Literatur der *Neuen Sachlichkeit* beschäftigt sich mit Themenkomplexen wie Großstadt, Industrie und Technik, Wirtschaft, Arbeit und die moderne Frau. Sie beleuchtet vor allem das Alltagsleben der Menschen.

AUF EINEN BLICK **LITERATURGESCHICHTLICHER ÜBERBLICK**

In der Epik werden neben Romanen vor allem Werke mit dokumentarischem Charakter geschrieben. Auch der Einfluss von *Psychologie*, *Geschichte* und *Philosophie* ist hervorzuheben. Alfred Döblin verfasst 1929 den Roman „Berlin Alexanderplatz". Dieses Werk gilt als Prototyp des Romans der deutschsprachigen *Moderne*. In Form der Montagetechnik wird die Lebenssituation des Protagonisten in der Großstadt dargestellt und beispielhaft die *Krise des Ichs* verdeutlicht.

In der Lyrik entsteht eine sogenannte *Gebrauchslyrik*, welche genaue Anweisungen darüber gibt, wie sie vom Leser nach Ansicht des Autors rezipiert werden soll.

Die Dramatik wendet sich wieder verstärkt politischen Themen zu und favorisiert das *dokumentarische* und *epische Theater*. Durch bestimmte *Verfremdungseffekte* – z. B. direkte Ansprache des Publikums durch einen Erzähler, eingeschobene Chorgesänge, Spruchbänder, Plakate oder Lieder – wird dem Zuschauer immer wieder vor Augen geführt, dass das Bühnengeschehen nicht real ist. Die so erreichte *Distanz* des Dargestellten zum Zuschauer soll diesen dazu anregen, vergleichbare Missstände in seinem eigenen Umfeld zu reflektieren.

Bevorzugte Textsorten sind *Dokumentation*, *Gebrauchslyrik*, *Montage*, *Roman*, *Reportage*, *Sachbericht* und *Zeitroman*.

Autoren und Werke
Gerhart Hauptmann (1862–1946): *Vor Sonnenuntergang* (1932)
Thomas Mann (1875–1955): *Der Zauberberg* (1924)
Hermann Hesse (1877–1962): *Der Steppenwolf* (1927)
Alfred Döblin (1878–1957): *Berlin Alexanderplatz* (1929)
Franz Kafka (1883–1924): *Der Prozess* (1925)
Hans Fallada (1893–1947): *Kleiner Mann – was nun?* (1932)
Erich Maria Remarque (1898–1970): *Im Westen nichts Neues* (1929)
Bertolt Brecht (1898–1956): *Aufstieg und Fall der Stadt Mahagonny* (1930)
Ödön von Horváth (1901–1938): *Geschichten aus dem Wiener Wald* (1931)
Kurt Tucholsky (1890–1935): *Träumereien an preußischen Kaminen: Grotesken* (1920), *Lerne lachen ohne zu weinen* (1931)
Erich Kästner (1899–1974): *Leben in dieser Zeit* (1929), *Fabian. Die Geschichte eines Moralisten* (1931)

Exilliteratur (ca. 1933–1945)

Heimweh • Widerstand • Flugblatt • Radioansprachen • Bücherverbrennung • Verfolgung • innere Emigration • Exilexistenz • Publikationsverbot

Mit der Machtergreifung Hitlers (30. Januar 1933) findet die literarische Entwicklung der Moderne ein jähes Ende. Zahlreiche Schriftsteller, die im nationalsozialistischen Deutschen Reich bleiben, gehen in die *innere Emigration* (Rückzug in die eigene Subjektivität). Die meisten Schriftsteller müssen jedoch aufgrund ihrer politischen oder religiösen Verfolgung bzw. wegen erheblicher Repressalien (Berufs- und Schreibverbote) ihre Heimat verlassen und ins Exil gehen. Die dort entstehende Literatur wird als *Exilliteratur* bezeichnet.

Nuria Quevedo: Dreißig Jahre im Exil, 1971

Historischer Kontext Nach dem Machtantritt Hitlers im Januar 1933 wird vor der Humboldt-Universität in Berlin, am 10. Mai 1933, eine von der deutschen Studentenschaft und den Nationalsozialisten gemeinsam geplante *Bücherverbrennung* unter großem Anteil der Bevölkerung inszeniert. Damit erfolgt an diesem Abend der Höhepunkt der Kampagne „Wider den undeutschen Geist". Während der Bücherverbrennung werden die sogenannten „Feuersprüche" gesprochen und dienen damit als symbolische Grundlage, die vermeintlich oder tatsächlich regimekritischen literarischen Werke und Sachbücher öffentlich zu vernichten. Mehr als *zweihundert Autoren* sind von der Vernichtung ihrer Werke betroffen. Mit den *Nürnberger Gesetzen* von 1935, dem „Gesetz zum Schutze des deutschen Blutes und der deutschen Ehre" werden weitere Sanktionen gegenüber Bürgern jüdischen Glaubens getroffen, die ihr Leben extrem einschränken und unmenschliche Folgen haben. Als Reaktion auf diese Ereignisse verlassen zahlreiche Schriftsteller das nationalsozialistische Deutschland und setzen ihr literarisches Schaffen im Ausland fort.

Themen, Motive, Texte Das Welt- und Menschenbild der Exilliteraten ist sowohl von ihren Eindrücken im ausländischen Exil und der Sehnsucht nach der Heimat als auch von der *Kritik an den politischen und gesellschaftlichen Verhältnissen in NS-Deutschland* geprägt. Die Exilliteratur ist in erster Linie *antifaschistische* Literatur, die zur Aufklärung über die Vorgänge in Nazideutschland beitragen und den Widerstand gegen die Hitlerdiktatur vorantreiben will.

In der Epik gibt es neben der vorherrschenden Tendenz, das *alltägliche Leben im NS-Regime* darzustellen, auch Bestrebungen, in historischen Romanen und Gesellschaftsromanen an die literarische Tradition der Weimarer Republik anzuknüpfen. Lyrische Texte werden unter anderem dazu genutzt, das Heimweh ihrer Verfasser zu verarbeiten. Neben politischer Lyrik entstehen deshalb auch *Liebes- oder Naturgedichte*. Für die Dramatik bestimmend wird Bertolt Brechts *episches Theater* (vgl. auch Neue Sachlichkeit).

Bevorzugte Textsorten sind *Flugblatt, Gesellschaftsroman, historischer Roman, Lehrstück, Manifest, Radiorede, Tarnschrift* und *Zeitroman*.

Autoren und Werke
Heinrich Mann (1871–1950): *Henri Quatre* (1935–38)
Thomas Mann (1875–1955): *Joseph und seine Brüder* (1933–43), *Doktor Faustus* (1947)
Lion Feuchtwanger (1884–1958): *Wartesaal-Trilogie* (*Erfolg* 1930, Die *Geschwister Oppermann* 1933, *Exil* 1940)
Johannes R. Becher (1891–1958): *Abschied* (1940)
Bertolt Brecht (1898–1956): *Der gute Mensch von Sezuan* (1938–42), *Leben des Galilei* (1938–53), *Mutter Courage und ihre Kinder* (1939), *An die Nachgeborenen* (1939)
Anna Seghers (1900–1983): *Das siebte Kreuz* (1942/47)

Deutsche Nachkriegsliteratur (ca. 1945–1950)

Stunde Null • Wiederaufbau • Holocaust • Deutsche Teilung • Entmilitarisierung • Kahlschlagliteratur • Trümmerliteratur • Gruppe 47 • Heimkehrer

Der Begriff *Trümmerliteratur* bezieht sich auf das Leben der Menschen in den Trümmern der vom Krieg zerstörten Städte sowie auf die zerschlagenen Ideale der Bevölkerung in den ersten Nachkriegsjahren (alternative Begriffe: *Literatur der Stunde Null, Kahlschlagliteratur, Kriegs- und Heimkehrliteratur*).

Trümmer Achat, 2009

Historischer Kontext Das Welt- und Menschenbild ist geprägt von den traumatischen Erlebnissen im Zweiten Weltkrieg und nach der Heimkehr. Mit der *bedingungslosen Kapitulation des Deutschen Reichs* endet am 8. Mai 1945 der Zweite Weltkrieg. Deutschland wird unter den Siegermächten USA, Großbritannien, Frankreich und UdSSR in vier Besatzungszonen aufgeteilt und verliert damit sein Selbstbestimmungsrecht.

Im Fokus der Siegermächte stehen die sogenannten „fünf Ds": Demilitarisierung, Denazifizierung, Demontage, Dezentralisierung und Demokratisierung (1945–47).

1949 kommt es aufgrund von unüberwindbaren Interessenkonflikten und ideologischen Gegensätzen zwischen den Westmächten (USA, Großbritannien, Frankreich) und der UdSSR zur Gründung zweier deutscher Staaten, der DDR (07.10.1949) im sowjetischen Einflussbereich und der BRD (23.05.1949) in enger Orientierung an den Westen.

Themen, Motive, Texte Die Autoren versuchen, sich inhaltlich, formal und sprachlich von vorherigen Strömungen abzuheben, indem sie die durch den Nationalsozialismus ideologisch eingefärbte Sprache „reinigen". Sie rücken davon ab, Emotionen in ihren Texten widerzuspiegeln. Dafür nutzen sie vor allem die bis dahin weitgehend unbekannte Gattung der *Kurzgeschichte*. Ziel ist eine möglichst realistische und nicht psychologisierende Abbildung von Vergangenheit und Gegenwart. Gemein ist allen Werken der Trümmerliteratur der Hang zur lakonischen (treffend, knapp und schmucklos) Ausdrucksweise und zu häufigen Wiederholungen. Figuren, Raum und Zeit werden meist nur in Form von kurzen Episoden dargestellt, auf eine genaue Beschreibung wird weitgehend verzichtet. Im Mittelpunkt stehen das Leben in den zerbombten Städten, die Heimkehr aus der Kriegsgefangenschaft, die kollektive Kriegsschuld und der Holocaust. Bevorzugte Textsorten sind *Erzählung, Kurzgeschichte, Lyrik* und *Drama*.

Autoren und Werke
Johannes R. Becher (1891–1958): *Heimkehr* (1946)
Nelly Sachs (1891–1970): *In den Wohnungen des Todes* (1947)
Werner Bergengruen (1892–1964): *Der letzte Rittmeister* (1952)

AUF EINEN BLICK LITERATURGESCHICHTLICHER ÜBERBLICK

Hans Fallada (1893–1947): *Jeder stirbt für sich allein* (1947)
Wolfgang Koeppen (1906–1996): *Tauben im Gras* (1951), *Das Treibhaus* (1953)
Paul Celan (1920–1970): *Der Sand aus den Urnen* (1948), *Mohn und Gedächtnis* (1952), *Todesfuge* (1947)

Wolfgang Borchert (1921–1947): *An diesem Dienstag* (1946), *Draußen vor der Tür* (1947)
Heinrich Böll (1917–1985): *Der Zug war pünktlich. Erzählung* (1949), *Wanderer, kommst du nach Spa....* (1950)

Deutschsprachige Literatur in der 2. Hälfte des 20. Jahrhunderts (ca. 1949–1990)

Literatur in der DDR

Antifaschismus • Sozialismus • Mauerbau • Flucht in den Westen • SED • Bitterfelder Weg • Zensur • Volkserziehung • Ausbürgerung

Historischer Kontext Das Welt- und Menschenbild der Literatur in der DDR ist von einem deutlichen Einfluss der Sowjetunion geprägt und sieht den *Sozialismus* als einzig richtige und dauerhaft erfolgreiche Gesellschaftsform an, um die Welt vom Faschismus zu reinigen und allen Menschen ein glückliches und zufriedenes Leben zu ermöglichen. In den Siebzigerjahren werden auch kritische Stimmen laut, die den utopischen Charakter des Sozialismus hervorheben und die Unterdrückung durch das System anprangern.

Nach der Aufteilung Deutschlands in vier Besatzungszonen 1945 kommt es am 23. Mai 1949 zur Gründung der Bundesrepublik Deutschland (BRD) und am 7. Oktober 1949 innerhalb der Sowjetischen Besatzungszone zur Gründung der Deutschen Demokratischen Republik (DDR) mit der Hauptstadt Ostberlin – zwei deutsche Staaten entstehen.

Zementiert wird die Teilung mit dem 1961 einsetzenden Bau der *Berliner Mauer*, um die starke Abwanderung der DDR-Bevölkerung in den Westen einzudämmen. Die politische Macht liegt beim Generalsekretär der Sozialistischen Einheitspartei Deutschlands (SED). Mitte der 1980er-Jahre zeigen sich schwerwiegende wirtschaftliche Probleme, die Bevölkerung wird zunehmend unzufriedener. Massenflucht und gewaltlose Demonstrationen Ende 1989 (*Montagsdemonstrationen*) führen schließlich zur Öffnung der Grenzen und zum Fall der Berliner Mauer am 9. November 1989 – ein entscheidender Schritt hin zur Wiedervereinigung Deutschlands am 3. Oktober 1990.

Themen, Motive, Texte Das literarische Schaffen in der DDR lässt sich in drei Phasen unterteilen:

Frankfurter Buchmesse, 2011

Die *Aufbauliteratur* (1950–1961) zeichnet sich durch ihr Bekenntnis zum Antifaschismus und eine starke Hinwendung zum *Sozialismus* aus. Sie soll die Rezipienten zum *Sozialismus erziehen* und unterliegt einem starken Einfluss vonseiten der SED-Regierung. Was geschrieben und gelesen werden darf, wird durch den Staat vorgegeben und kontrolliert. Mit dem sogenannten *Bitterfelder Weg* wird im Anschluss an eine Autorenkonferenz in Bitterfeld außerdem der Versuch unternommen, der arbeitenden Bevölkerung einen aktiven Zugang zur Kunst zu ermöglichen. Die Trennung von Kunst und Lebenswirklichkeit soll aufgehoben, die Werktätigen sollen Akteure des künstlerischen Schaffens werden. Seit dem Bau der Berliner Mauer beschäftigen sich die DDR-Autoren zwischen 1961 und 1971 dann zunehmend mit dem Alltagsleben innerhalb der DDR.

Beispielhaft zeigt die *Ankunftsliteratur* (1961–1971), mit welchen Problemen sich der Einzelne während seiner Erziehung zum Sozialismus konfrontiert sieht. Sie stellt einen Helden in den Mittelpunkt, der in Konflikt zu den im Sozialismus vorherrschenden Lebensbedingungen gerät, am Ende aber seine Ansichten ändert und im Sozialismus ankommt.

Kritik am Sozialismus (1971–1990): Erst nach dem Machtwechsel von 1971, als Erich Honecker die Führung des DDR-Staates übernimmt, entwickelt sich innerhalb der DDR-Literatur eine kritische Auseinandersetzung mit dem Sozialismus und den vorherrschenden Lebensumständen. Autoren, die in ihren Werken offen *Kritik am System* äußern, werden mit *Aufführungsverboten oder Ausbürgerung* bestraft. Viele von ihnen siedeln aus eigenem Antrieb in den Westen um und veröffentlichen dort ihre Werke. Nach der *Wiedervereinigung 1990* thematisieren sie ihre Erfahrungen und Konflikte als Schriftsteller in der DDR.

Bevorzugte Textsorten sind *Ankunftsroman, Aufbauroman, Erzählung, Lyrik* und *Schauspiel*.

Autoren und Werke
Erwin Strittmatter (1912–1994): *Tinko* (1954), *Ole Bienkopp* (1963)
Johannes Bobrowski (1917–1965): *Sarmatische Zeit* (1961)
Hermann Kant (1926–2016): *Die Aula* (1965)
Günter Kunert (1929–2019): *Wegschilder und Mauerschriften* (1950)
Heiner Müller (1929–1995): *Ödipus Tyrann* (1967)
Christa Wolf (1929–2011): *Der geteilte Himmel* (1963), *Nachdenken über Christa T.* (1968), *Kindheitsmuster* (1976), *Kein Ort. Nirgends* (1979), *Kassandra* (1983)
Reiner Kunze (*1933): *Die wunderbaren Jahre* (1976)
Ulrich Plenzdorf (1934–2007): *Die neuen Leiden des jungen W.* (1972)
Wolf Biermann (*1936): *Die Drahtharfe* (1965), *Deutschland Ein Wintermärchen* (1965)
Jurek Becker (1937–1997): *Jakob der Lügner* (1968)
Volker Braun (*1939): *Hinze und Kunze* (1973)

Literatur in der BRD

Wirtschaftswunder • Dokumentarisches Theater • Studentenrevolte (68er) • Happenings • Innerlichkeit • Neue Subjektivität • Popliteratur

Historischer Kontext Welt- und Menschenbild der BRD stehen stark unter dem Einfluss der deutschen Teilung und des Konflikts zwischen den Ost- und Westmächten im *Kalten Krieg*. Die schrecklichen Geschehnisse des Zweiten Weltkriegs müssen verarbeitet, Schuldfragen thematisiert werden. Nach der *Gründung der Bundesrepublik Deutschland* 1949 auf dem Gebiet der westlichen Besatzungsmächte erfolgt für den noch jungen Staat der BRD 1955 der *Beitritt zur NATO* und 1973 zur *UNO*. In der Entspannungsphase während der 1980er-Jahre nehmen BRD und DDR einen entscheidenden Platz in der Annäherungspolitik zwischen der UdSSR und den Westmächten ein.

Themen, Motive, Texte Das literarische Schaffen in der BRD in der Zeit bis zur Wiedervereinigung lässt sich in unterschiedliche Phasen einteilen.

Die 1950er-Jahre sind bestimmt von *zeitkritischen Themen* wie der Aufarbeitung der NS-Vergangenheit und der atomaren Bedrohung durch den Kalten Krieg. *Lyrik* und *Epik* sind bevorzugte Gattungen.

In den 1960er-Jahren erlebt die Literatur eine *Politisierung*. Schriftsteller wenden sich den bestehenden Konflikten zu. Die zuvor bestehende strikte Trennung von Kunst und Politik wird aufgehoben. Kennzeichnend für die westdeutsche Literatur wird der Einsatz authentischer Dokumente: Über das Stilmittel der *Montage* werden z. B. Protokolle oder Zeitungsartikel in Werke integriert.

Das *Dokumentarische Theater* mit herausragenden Vertretern wie Peter Weiss und Heinar Kipphardt entwickelt sich. Autoren wie Heinrich Böll und Günter Grass beschäftigen sich in erzählenden Texten mit der *Aufarbeitung der Vergangenheit*. Die Hoffnungen der Autoren, mit ihren Werken auf politische Entscheidungen einzuwirken, bleiben aber weitgehend unerfüllt.

Mit der Desillusionierung der 1968er-Bewegung und dem sich ausbreitenden RAF-Terrorismus wenden sich westdeutsche Autoren der 1970er-Jahre immer häufiger vom politischen Geschehen ab und stattdessen ihrer eigenen Subjektivität und Identität zu.

Demgegenüber streben in den 1980er-Jahren die Schriftsteller im Zusammenhang mit den Entspannungstendenzen im Kalten Krieg eine erneute Erweiterung des schriftstellerischen Horizonts über die eigene Subjektivität hinaus an.

Die Trennung zwischen west- und ostdeutscher Literatur wird durch einen regen Austausch von BRD- und DDR-Literaten außerdem mehr und mehr aufgehoben.

Bevorzugte Textsorten sind *Alltagslyrik, Autobiografie, Dokumentarisches Theater, Novelle, politische Lyrik* und *Roman*.

Autoren und Werke
Alfred Andersch (1914–1980): *Sansibar oder Der letzte Grund* (1957)
Heinrich Böll (1917–1985): *Billard um halbzehn* (1959), *Ansichten eines Clowns* (1963), *Die verlorene Ehre der Katharina Blum* (1974)
Heinar Kipphardt (1922–1982): *In der Sache J. Robert Oppenheimer* (1964)
Ingeborg Drewitz (1923–1986): *Gestern war Heute. Hundert Jahre Gegenwart* (1978)
Siegfried Lenz (1926–2014): *So zärtlich war Suleyken* (1955), *Deutschstunde* (1968), *Schweigeminute* (2008)
Günter Grass (1927–2015): *Die Blechtrommel* (1959), *Katz und Maus* (1961), *Hundejahre* (1963), *Der Butt* (1977), *Die Rättin* (1986), *Ein weites Feld* (1995), *Mein Jahrhundert* (1999), *Im Krebsgang* (2002), *Beim Häuten der Zwiebel* (2006)

Martin Walser (*1927): *Ehen in Philippsburg* (1957), *Ein fliehendes Pferd* (1978), *Brandung* (1985), *Ein springender Brunnen* (1998), *Der Lebenslauf der Liebe* (2001)
Hans Magnus Enzensberger (*1929): *Die Verteidigung der Wölfe* (1957), *Der Untergang der Titanic* (1978)
Günter Kunert (1926–2019): *Stilleben* (1983)
Rolf Hochhuth (*1931): *Der Stellvertreter* (1963)
Uwe Johnson (1934–1984): *Ingrid Babendererde. Reifeprüfung 1953* (ersch. 1985), *Mutmassungen über Jakob* (1958), *Jahrestage* (1968 ff.)
Rolf Dieter Brinkmann (1940–1975): *Keiner weiß mehr* (1968), *Westwärts 1 & 2* (1975)
Patrick Süskind (*1949): *Das Parfüm* (1985), *Die Taube* (1987)
Ulla Hahn (*1946): *Das verborgene Wort* (2001), *Aufbruch* (2009), *Spiel der Zeit* (2017), zahlreiche Gedichte
Christian Kracht (*1966): *Faserland* (1995), *Imperium* (2012)

Literatur in Österreich und in der Schweiz

Kriegsende • Vergangenheitsbewältigung • Kalter Krieg • Wohlstandsgesellschaft

Historischer Kontext Österreich ist bis 1955 von den Alliierten besetzt. Nach dem Abzug aller Siegermächte des Zweiten Weltkriegs erklärt sich Österreich als künftig neutraler Staat.

Auch in der seit jeher *neutralen Schweiz* bedeutet das Ende des Zweiten Weltkriegs – wenngleich nicht in ebenso starkem Maße – einen Einschnitt.

Die Schweiz hat während der nationalsozialistischen Diktatur zahlreiche *exilsuchende deutschsprachige Schriftsteller* aus Österreich und Deutschland aufgenommen, diese können sich dort aber literarisch kaum entfalten. Nach 1945 ist es ihnen zwar möglich, wieder in ihren Heimatländern zu wirken, für die meisten Literaten ist es jedoch ausgesprochen schwer, an ihre Vorkriegserfolge anzuknüpfen.

Die literarischen Erzeugnisse beider Länder stehen in engem Bezug zum literarischen Betrieb des größeren Nachbarlandes Deutschland.

Themen, Motive, Texte In Österreich muss sich, wie in Deutschland, die kulturelle und geistige Landschaft nach Faschismus und Krieg erst wieder entwickeln. In den 1950er-Jahren entstanden Ansätze zu einer neuen Literatur, die sich durch *eindringliche Sprache* und *Experimentierfreude* auszeichnet; vor allem lyrische Werke finden große Beachtung. Auch das *Hörspiel* ist eine häufig verwendete Gattung.

In den 1960er- und 1970er-Jahren erlebt die österreichische Literatur eine Blüte, in der die Literatur sich auch der nationalsozialistischen Vergangenheit stellt und sich gegen die vorherrschende Tendenz zur Verdrängung stemmt. *Elfriede Jelinek* erhält für ihr Werk 2004 den Nobelpreis für Literatur.

In der Schweiz ragen vor allem die *Theaterstücke* und *Romane* von *Friedrich Dürrenmatt* und *Max Frisch* heraus und werden im gesamten deutschsprachigen Literaturraum stark rezipiert. Sie behandeln Themen wie das *Verhältnis von Individuum und Gesellschaft*, die *Bewältigung der Unübersichtlichkeit der Welt*, das *Finden einer eigenen Identität* und die *Bedrohung der Menschheit durch den technischen Fortschritt*.

Kurt Marti, Peter Bichsel und andere stehen vor allem für die Gattung der Kurzgeschichte. Eugen Gomringer ist bekannt für seine „Konkrete Poesie".

Autoren und Werke in Österreich
Ingeborg Bachmann (1926–1973): *Die gestundete Zeit* (1953); *Anrufung des Großen Bären* (1956)
Ilse Aichinger (1921–2016): *Die größere Hoffnung* (1948), *Der Gefesselte* (1953), *Verschenkter Rat* (1978), *Die Schwestern Jouet* (Hörspiel, 1969)
Friederike Mayröcker (1924–2021) *Larifari: Ein konfuses Buch* (1956), *Je ein umwölkter Gipfel* (1973), *Reise durch die Nacht* (1984), *Die kommunizierenden Gefäße* (2003), *Von den Umarmungen* (2012)
Rose Ausländer (1901–1988): *Gedichte und Briefe*
Ernst Jandl (1925–2000): *Laut und Luise* (1966), *dingfest* (1973), *Aus der Fremde* (1980), *stanzen* (1992)
Thomas Bernhard (1931–1989): *Auf der Erde und in der Hölle* (1957), *Gehen* (1971), *Die Macht der Gewohnheit* (1974), *Der Untergeher* (1983)
Peter Handke (*1942): *Publikumsbeschimpfung* (1966), *Die Angst des Tormanns vorm Elfmeter* (1970), *Die linkshändige Frau* (1977), *Der Chinese des Schmerzes* (1983), *Die Stunde, da wir nichts voneinander wussten* (1992), *Die morawische Nacht* (2008), *Die Obstdiebin – oder – Einfache Fahrt ins Landesinnere* (2017)
Elfriede Jelinek (*1946): *Die Klavierspielerin* (1983), *Was geschah, nachdem Nora ihren Mann verlassen hatte oder Stützen der Gesellschaften* (1977)

Autoren und Werke in der Schweiz
Kurt Marti (1921–2017): Lyrik, Prosa, Essays
Eugen Gomringer (*1925): *konstellationen* (1953), *Theorie der Konkreten Poesie* (Gesamtwerk 1997)
Max Frisch (1911–1991): *Homo faber* (1957), *Biedermann und die Brandstifter* (1958), *Andorra* (1961),

Mein Name sei Gantenbein (1974), *Montauk* (1975), *Blaubart* (1982)
Friedrich Dürrenmatt (1921–1990): *Romulus der Große* (1949), *Der Richter und sein Henker* (1950), *Der Besuch der alten Dame* (1956), *Die Physiker* (1962), *Durcheinander* (1989)
Peter Bichsel (*1935): *Eigentlich möchte Frau Blum den Milchmann kennenlernen* (1964), *Die Jahreszeiten* (1967), *Wo wir wohnen* (2004)
Urs Widmer (1938–2014): *Alois* (1968), *Das enge Land* (1981), *Der blaue Siphon* (1992), *Top Dogs* (1996)

Migrantenliteratur

Fremdheit • Heimatverlust • Sprache • Identität • Integration

Historischer Kontext Mit der Anwerbung ausländischer Arbeitnehmer in den 1960er-Jahren und später einer zahlenmäßig bedeutenden Einwanderung von politischen Flüchtlingen, Aussiedlern und Arbeitsmigranten entsteht ein neues Phänomen in der deutschsprachigen Literatur. Diese Literatur wird als *Migrantenliteratur, interkulturelle Literatur* oder auch *multikulturelle Literatur* bezeichnet. Man versteht darunter Werke von Autorinnen und Autoren, deren Sichtweise von mindestens zwei unterschiedlichen Kulturräumen geprägt wird.

Themen, Motive, Texte Die Migrantenliteratur ist äußerst vielgestaltig. Ihre Werke sind zunächst vor allem geprägt durch die Herkunft der Autorinnen und Autoren, ihre Sozialisation und den Grad ihrer Integration in die deutsche Gesellschaft. Themen sind *Verlust von Heimat, Fremdheit in Sprache* und *Kultur* und *Probleme der Orientierung* in der neuen Umgebung. In zahlreichen Werken greifen die Literaten aber auch Aspekte deutscher Kultur und Literatur auf und setzen sich damit vielfältig und ideenreich auseinander, was z. B. spielerisch oder provokant geschehen kann.

Autoren und Werke
Rafik Schami (*1946): *Eine Hand voller Sterne* (1987), *Der geheime Bericht über den Dichter Goethe* (1999), *Eine deutsche Leidenschaft namens Nudelsalat und andere seltsame Geschichten* (2011)
Renan Demirkan (*1955): *Schwarzer Tee mit drei Stück Zucker* (1991), *Es wird Diamanten regnen vom Himmel* (1999), *Septembertee* (2008)
Zehra Cirak (*1960): *Flugfänger* (1988), *Leibesübungen* (2000), *Der Geruch von Glück* (2011)
Nevfel A. Cumart (*1964): *Im Spiegel* (1983), *Unterwegs zu Hause* (2003), *Hochzeit mit Hindernissen* (2015)
Feridun Zaimoglu (*1964): *Kanak Sprak* (1995), *Zwölf Gramm Glück* (2004), *Hinterland* (2009)
Wladimir Kaminer (*1967): *Russendisko* (2000), *Ich mache mir Sorgen, Mama* (2004), *Goodbye, Moskau* (2017)

Deutschsprachige Literatur der Gegenwart – Postmoderne (1990 bis heute)

Mauerfall • Globalisierung • Toleranz • Meinungsvielfalt • Digitalisierung • Terrorismus • Fake News • Klimaschutz • Wende • Wiedervereinigung

Historischer Kontext Der Fall der Mauer am *9. November 1989* markiert eine *historische Wende*, die sich auf alle Bereiche von Politik, Gesellschaft und Kultur auswirkt. Mit dem Ende des Kalten Krieges zerfällt der ehemalige „Ostblock" in zahlreiche Einzelstaaten, die sich geopolitisch und ideologisch neu positionieren. Das wiedervereinigte Deutschland gewinnt zunehmend an wirtschaftlicher Stärke und wächst zur größten europäischen Volkswirtschaft heran.

Die *Europäische Union* erweitert sich nach Osten. Im Nahen und Mittleren Osten entstehen neben bereits existierenden Konflikten neue, auch militärisch ausgetragene Auseinandersetzungen zwischen feindlichen Staaten und Bürgerkriegsparteien. Die Welt ist trotz des *Falls des Eisernen Vorhangs* und trotz der Überwindung des Kalten Krieges nicht sicherer. Es werden nach wie vor *Stellvertreterkriege* geführt und globale Herausforderungen (Klimawandel, Massenfluchten etc.) können nur gemeinsam gelöst werden.

Federico Caputo: Bücher mit einem E-Book-Reader lesen, 2016

Ein weiteres Ereignis mit erheblichen Auswirkungen stellt der *Anschlag des 11. September 2001* auf das World Trade Center in New York dar. In seiner Folge steigt auf der ganzen Welt die Zahl terroristischer Angriffe in den Metropolen unserer Welt – und auch die Angst davor.

Die *Globalisierung* erhält durch die voranschreitende *Digitalisierung* einen enormen Schub, was aber auch dazu führt, dass sich einige Menschen überfordert fühlen, weil sie mit den rasanten Veränderungen kaum Schritt halten können.

AUF EINEN BLICK LITERATURGESCHICHTLICHER ÜBERBLICK

Die individuellen Möglichkeiten von Konsum, Mobilität und Selbstverwirklichung steigen in einem nie gekannten Ausmaß. Zugleich öffnet sich die soziale Schere zunehmend und Teile der Bevölkerung betrachten diese Entwicklung mit Sorge. Deshalb erleben Menschen in Deutschland und Europa den Wandel vielfach auch als Verunsicherung, Bedrohung und Verlust von Gewissheiten. Nationalistische und populistische Tendenzen in Politik und Gesellschaft nehmen europaweit, ja global zu.

Themen, Motive, Texte Der *Buchmarkt* ist seit dem Zweiten Weltkrieg unaufhörlich gewachsen. Die Frankfurter Buchmesse verzeichnet jährlich ca. 90 000 Neuerscheinungen. Ein entsprechend großer Literaturmarkt unterwirft sich immer mehr den *Gesetzen der Ökonomie und des Marketings*. Auch die Literaturkritik und die Vergabe von literarischen Preisen sind zu Instrumenten des ökonomischen Erfolgs geworden.

Nach 1989 ist in Deutschland zunächst die Wiedervereinigung ein prägendes Thema der Literatur.

Ob als Folge postideologischer Orientierungslosigkeit, der Befreiung von ideologischen Zwängen oder der technischen Entwicklung durch die Digitalisierung: Es steigt die *Vielfalt literarischer Produktionen* hinsichtlich ihrer Themen und Formen. Die Gegenwartsliteratur beschäftigt sich auch, aber nicht zwangsläufig mit der Gegenwart. Gesellschaftskritische Werke, die der Zeitdiagnostik verpflichtet sind, stehen neben Werken, die, z. B. in Form von Fantasy-Literatur oder historischen Romanen, einer breiten burn-out-gefährdeten Leserschaft Erleichterung durch die Flucht aus einem von Stress belasteten Alltag verschaffen („Eskapismus") oder einfach nur unterhalten wollen.

Zur Gegenwartsliteratur müssen auch die neuen performativen literarischen Formen wie *Poetry Slam* und *Lesebühne* gezählt werden. Mit den digitalen Möglichkeiten des Publizierens (E-Book, Book on demand, self publishing) geht auch eine *Demokratisierung der Literatur* einher; denn im Prinzip kann heute jeder als Literaturschaffender in Erscheinung treten.

Eine Bewertung und Klassifizierung der Literatur **unserer** Gegenwart wird erst die nachfolgende Literaturwissenschaft leisten können.

Lesetipps
Eva Demski (* 1944): *Afra* (1992)
Judith Hermann (* 1970): *Sommerhaus, später* (1998)
Karen Duve (* 1961): *Regenroman* (1998)
Sibylle Berg (* 1942): *Ein paar Leute suchen das Glück und lachen sich tot* (1997), *Das Unerfreuliche zuerst. Herrengeschichten* (2001)
Uwe Timm (* 1940): *Rot* (2003)
Daniel Kehlmann (* 1975): *Die Vermessung der Welt* (2005)
Julia Franck (* 1970): Die *Mittagsfrau* (2007)
Birgit Vanderbeke (* 1956): *Die sonderbare Karriere der Frau Choi* (2007)
Uwe Tellkamp (* 1968): *Der Turm* (2008)
Herta Müller (* 1953): *Atemschaukel* (2009)
Hanns-Joseph Ortheil (* 1951): *Die Erfindung des Lebens* (2009)
Sabrina Janesch (* 1985): *Katzenberge* (2010)
Eugen Ruge (* 1954): *In Zeiten des abnehmenden Lichts* (2011)
Arno Geiger (* 1968): *Der alte König in seinem Exil* (2012)
Wolfgang Herrndorf (1965–2013): *Tschick* (2012)
Robert Seethaler (* 1966): *Der Trafikant* (2012)
Florian Illies (* 1971): *1913* (2012)
Jenny Erpenbeck (* 1967): *Gehen, ging, gegangen* (2015)
Dörte Hansen (* 1964): *Altes Land* (2015)
Juli Zeh (* 1974): *Unterleuten* (2016)
Benedict Wells (* 1984): *Vom Ende der Einsamkeit* (2016)
Matthias Brandt (* 1961): *Raumpatrouille* (2016)
Ferdinand von Schirach (* 1964): *Strafe* (2019)

STICHWORTVERZEICHNIS ANHANG

5-Schritt-Klausurmethode 185
5-Schritt-Lernmethode 179

A
a parte 202
Absolute Giganten 163 ff.
ad spectatores 202
Adoleszenz 24 ff.
Akt 200
Alexandriner 195
Alliteration 196
Anapäst 195
Anekdote 199
Anglizismus 88 f.
anti labe 202
Argument 206
Argumentationsmodelle 206
Assonanz 196
Assoziationsmontage 205
Aufklärung 211
Auflösung der Handlung 171
Auftritt 200
Aufzug 200
Auschwitz 18, 22
Ausdruck 194
Ausländer, Rose 17
Autobiografie 206
Avantgarde 221

B
Ballade 196
Bär, Jochen 82, 85
Barock 210
Beispiel 206
Beleg 206
Bender, Hans 11
Benrather Linie 108
Berg, Sibylle 31, 40
Berlin 24, 25
Berliner Dampf 56
Berlinerisch 116
Bernstein, Walter 166, 167
Bernsteinhypothese 128
Biedermeier 215
Bild 200
Bildkomposition 204
Bildungssprache 129
Blackfacing 124
Blankvers 195
Blueprint 172, 175
Bobrowski, Johannes 47
Bogdal, Klaus Michael 43
Böll, Heinrich 14
Borchert, Wolfgang 13
Botenbericht 201

Brant, Sebastian 136
BRD, Literatur der 225
Brecht, Bertolt 10
Brussig, Thomas 24
bürgerliches Trauerspiel 202

C
Celan, Paul 18
Charakter 201
Cluster 180
Code, elaboriert 125
Code, restringiert 125
Coming of Age 172
Concept-Map 162
Cybermobbing 147

D
Dadaismus 221
Daktylus 195
Dativ 90 f.
DDR, Literatur der 225
Deixis 125
Denotation 207
deutschsprachige Literatur (ab 1950) 224
Dialekt 106 ff., 111, 122
Dialog 201
Diarium 206
Digitale Medien 149 ff.
Digitale Medien 67 ff.
Digitale Medien 96
Digitalisierung 227
Distichon 196
Dokumentartheater 203
doppelte Halbsprachigkeit 102
Drama 200
Dramatik 200
dramatische Formen 203
dramatischer Konflikt 202
Dramaturgie 161
Dramenaufbau 201
Drehbuch 161, 170
Duden 92
Dueck, Günter 127

E
Edel, Peter 56
Eich, Günter 12
Einakter 203
Einstellungsgrößen 159, 204
elaborierter Code 125
Ellipse 205
Elsen, Hilke 98
Eltern 76
Empfindsamkeit 121
Entwicklung Jugendlicher 68, 75

Enzensberger, Hans Magnus 149
Epigramm 196
Epik 197
Epilog 202
epische Gattungsformen 199
episches Theater 203
Epos 199
erlebte Rede 199
erörternde Aufgaben 190 ff.
Erzähler 197
Erzählerrede 198
Erzählerstandort 198
Erzählform 197
Erzählhaltung 197
Erzählperspektive 198
Erzählsituation 197
erzählte Zeit 198
Erzählung 199
Erzählverhalten 197
Erzählzeit 198
Essay 206
Etymologie 207
Euphemismus 92
Exilliteratur 222
Exposition 164, 201
Expressionismus 220

F
Fabel 199
Facebook 140
Fallada, Hans 120
Faulstich, Werner 136
Feuchtwanger, Lion 10
Figur 201
Figuren 198, 201
Figurencharakterisierung 198
Figurenkonstellation 198, 201
Figurenkonzeption 198
Figurenrede 199, 201
Figurenzeichnung 165
Film 158 ff., 204
Filmanalyse 176
filmhistorische Bezüge 169
filmisches Erzählen 159 ff.
Filmkritik 173 ff.
Filmthemen 160
Flexion 207
Flussdiagramm 181
Formen des Dramas 202
Fremdbild 66
Fremde 78 ff.
Fremdwörter 88
Frühromantik 215
Fuchs, Günter Bruno 46
Funktionen von Sachtexten 205

229

G

Gallizismus 88
Gegenwart, Literatur der 227
Gegenwartssprache 80 ff.
Generationen 76
Generationenkonflikt 36 ff., 76
Genitiv 90 f.
geschlossene Dramenform 203
Gestaltende Aufgaben 193 f.
Gleichnis 199
Gliederung 181
Globalisierung 227
Glosse 206
Good Bye Lenin 172
Grass, Günter 49
Gruppe 47 15

H

Halbsprachigkeit, doppelte 102
Handlung 202
Handlungsort 167
Haupttext 202
Heine, Matthias 123
Heißenbüttel, Helmut 48
Heldenreise, filmische 170
Herrndorf, Wolfgang 42
Hexameter 195
Hiroshima 16
historisches Drama 202
Hochromantik 215
Höhepunkt der Handlung 171
Hollerith-Tabelliermaschine 138
Holocaust 17 ff.
Holtmeier, Stephan 66
Hörisch, Jochen 132 ff.
Howard, David 166
Huchel, Peter 33
Hymne 196

I

Identität 140
Identität 28 ff., 62 ff., 67, 68
Identitätsdiebstahl 67
Identitätsentwicklung 68
Identitätsmodell 68
Idomeneo 77
Ikonografie 158
Illusionstheater 203
Ilse Bähnert 119
innere Mehrsprachigkeit 115
Innerer Monolog 199
Internet 143 ff., 149
Internet 96 ff.

J

Jambus 195
Jandl, Ernst 46
Jenny, Zoë 39, 70, 72, 74
Johnson, Uwe 35
Jugendwerkhof Torgau 26
Jump Cut 205

K

Kadem, Bilkay (geb. Öney) 101
Kahlschlagliteratur 12
Kamerabewegung 168, 204
Kanzleisprache 108
Karsunke, Yaak 34
Kaschnitz, Marie Luise 16
Katastrophe 201
Kaufmann, Sabine 107
Kiezdeutsch 86 f. 122
Kirsch, Sarah 69
Klassik 213
Klassische Moderne 219
Kluge 20
Knittelvers 195
Kock, Felicitas 147
Kolbe, Uwe 79
Kommentar 206
Kommunikation 96 ff.
Komödie 202
Kompa, Lars 50
Konkrete Poesie 197
Konnektor 181, 207
Konnotation 207
Kontrastmontage 320, 529
Kritik 206
Kümmel, A. 138
Kunze, Reiner 28
Kurzgeschichte 199

L

Latinismus 88
Laubmeier, Johannes 145
Lautverschiebung 207
Legende 199
Leisi, Ilse und Ernst 125
Lesedrama 203
Leserbrief 206
Lexem 207
Liebesfilm 160
Linguistik 207
Loevinger, Jane 68
Lyrik 195 ff.
lyrisches Drama 203

M

Mabley, Edward 166
Madrigal 196
Maletzke, Gerhard 135
Mann, Thomas 126
Märchen 199
Massenkommunikation 135
Match Cut 205
materialgestütztes Schreiben 192 ff.
McLuhan, Marshall 132
Medien 130 ff.
Mediengeschichte 130 ff., 138
Medienkritik 154
Mediennutzung 96 ff.
Medienwandel 130 ff.
Mehrsprachigkeit 100 ff.
Mehrsprachigkeit, innere 115
Meinunger, André 90
Meißner Kanzleideutsch 108, 118
Meißner Kanzleisprache 118
Metrum 195
Migazin 101
Migrantenliteratur 227
Migration 78 ff. 102
Mindmap 180
Mise en Scène 204
MIT Massachusetts Institute
  of Technology 150
Mittelalter 208
Modding 145
Moderne 219
Monaco, James 167
Monolog 201
Montage 205
Morphem 207
Morphologie 109, 117, 207
Multidimensionalität 106 ff.
Multioptionsgesellschaft 140

N

Nachkriegsliteratur 10, 11, 223
Nachkriegszeit 10, 11
Nachricht 206
Naturalismus 218
naturalistisches Drama 203
Nebentext 202
Neue Sachlichkeit 221
Norm 45 ff.
Novelle 200

O

Ode 196
offene Dramenform 203
Offizierston, preußischer 117

Online-Rollenspiel 143
Operatoren 185, Innendeckel vorn
Österreich, Literatur in 226

P
Parabel 200
Parallelmontage 205
Passig, Kathrin 151
Passionsspiel 202
Pauls, Tom 118
Peer 142
Pentameter 196
Periodisierung 208
Peripetie 201
Perspektive 205
Phonem 207
Phonologie 207
Poesie, konkrete 197
Poesie, visuelle 197
poetischer Realismus 217
Polenz, Peter von 117, 129
Postmoderne 227
Pragmatik 207
pragmatische Texte 205
Präposition 91
Präsentieren 184
preußischer Offizierston 17
Prolog 202
Prosodie 117
Protagonist 201
Protest 33 ff.
Pudor, Christian 119

R
Rassismus 122 f.
Raum 198
Realismus 217
Rede 206
Redeformen 198
Referat 183
Reformation 209
Reim 196
Reimarten 196
Reimloser Vers 196
Reinhard, Doreen 118
Reißverschlussprinzip 191
Renaissance 209
restringierter Code 125
Retardierung/Retardation 201
Rhetorik 207
Rhythmus 196
Rickman, Tom 171
Roman 200
Romantik 214

S
Sachs, Nelly 17
Sächsisch 116
sächsische Kanzleisprache 108
Sanduhrprinzip 191
Satz 207
Satzebene 207
Satzglied 207
Schnitt 205
Scholl, Armin 154
Scholz, E. 138
Schumacher, E. 138
Schwarze Kunst 131
Schweiz, Literatur in der 226
Seger, Linda 160
Selbstbild 63, 66
Semantik 207
Shaw, George Bernhard 126
Shell Jugendstudie 53 ff.
Sick, Bastian 90
Silbe 207
Sonett 196
Sonnenallee 24, 172
Soziale Medien 140 ff., 143
Soziolekt 113
Soziolinguistik 113 ff.
Spannungsbogen 171
Spielfilm 160, 163
Sprache 207
Sprachhandlung 207
Sprachheilpädagogik 111
Sprachkritik 92 ff., 207
Sprachpflege 90
Sprachvarietäten 106 ff.
Sprachverfall 100
Sprachwandel 98 ff.
Sprechakt 207
SQR3-Methode 179
Station 200
Steenfatt, Margret 30
Steigerung 201
Stichomythie 202
Stil 194
stream of consciousness 199
Strömdörfer, Dennis 84
Strophe 196
Sturm und Drang 121
Syntax 207
Szene 200

T
Tabuwörter 92 f.
Tagebuch 206
Täter-Opfer-Ausgleich 148

Tawada 65, 78
Technologiekritik 151
Teichoskopie 201
Text 207
Textebene 207
Textsorten 206
„The Medium is the Message" 132 ff.
These 206
Tournier, Nadine 140
Towne, Walter 166
Tragödie 202
Treatment 163
Trochäus 195
trotz (Präp.) 91
Trümmerliteratur 12, 14
Tschick 42, 172
Typus 201

U
Umgangssprache 10
Universität Oldenburg 109
Untersuchende Aufgaben 186 ff.
Unwort des Jahres 94 f.

V
Varietät 106 ff., 207
Vers 195
Visuelle Poesie 197
Vogelgesang, Waldemar 140
Vogler, Christopher 170
Voigt, Jutta 116
Volksliedstrophe 196
Volksliedzeile 196
Vormärz 215

W
Weib 98
Weimarer Klassik 213
Weiss, Peter 22
Wiese, Heike 86, 87, 100, 122
Wondratschek, Wolf 36
Wort 207
Wortbildung 207
Wortebene 207
Wortfamilie 207
Wortfeld 207
Wulff, Hans Jürgen 169

Z
Zeit 198
Zitieren 182
Zuckmayer, Carl 126

ARD: Wie kann das Internet wieder vergessen? Aus: Programm.Ard.de vom 24.3.2013; URL: https://programm.ard.de/TV/Programm/Sender/?sendung=284879771498633. S. 97

Ausländer, Rose: Biografische Notiz. Aus: Regenwörter. Gedichte. Stuttgart: Reclam 1994, S. 23. S. 17

Bär, Jochen A.: Deutsch im Jahr 2000 (Auszug), Aus: Jochen A. Bär: Deutsch im Jahr 2000. Eine sprachhistorische Standortbestimmung (Auszug). In: Eichhoff-Cyrus, Karin M./Hoberg, Rudolf [Hrsg.]: Die deutsche Sprache zur Jahrtausendwende. Sprachkultur oder Sprachverfall? Mannheim [u. a.]: Duden 2000, S. 9–34. S. 85

Bär, Jochen A.: Deutsch im Jahr 2000. Aus: Jochen A. Bär: Deutsch im Jahr 2000. Eine sprachhistorische Standortbestimmung (Auszug). In: Eichhoff-Cyrus, Karin M./Hoberg, Rudolf [Hrsg.]: Die deutsche Sprache zur Jahrtausendwende. Sprachkultur oder Sprachverfall? Mannheim [u. a.]: Duden 2000, S. 9–34. S. 82–83

Bender, Hans: Heimkehr. Aus: Hilde Domin (Hrsg.): Nachkrieg und Unfrieden. Gedichte als Index 1945–1970. Neuwied und Berlin: Luchterhand 1970, S. 22. S. 11

Berg, Sibylle: Hauptsache weit. Aus: Das Unerfreuliche zuerst. Herrengeschichten. Köln: Kiepenheuer & Witsch 2001. S. 40–41

Berg, Sibylle: Nora hat Hunger. Aus: Ein paar Leute suchen das Glück und lachen sich tot. Leipzig: Reclam 1997, S. 9 f. S. 31–32

Berlin-Brandenburgische Akademie der Wissenschaften: Weib. Aus: Digitales Wörterbuch der Deutschen Sprache. S. 98

Berliner Dampf (Peter Edel): Schicklgrubers Unterhosen (1949), Aus: Scherz beiseite. Die Anthologie der deutschsprachigen Prosa-Satire von 1900 bis zur Gegenwart. Herausgegeben von G. H. Herzog und Erhardt Heinold, S. 402 f. München: Scherz Verlag 1966. S. 56–58

Bernstein, Walter: „Ich muss wissen, wer die Hauptfigur ist ...". Zit. nach: David Howard / Edward Mabley: Drehbuch Handwerk. Techniken und Grundlagen mit Analyse erfolgreicher Filme. Übers. v. Matthias Schmitt. 2. Aufl. Köln: Emons 1998. S. 166

Bernstein, Walter: Zitat „Das entscheidende Wort ...", Zit. n.: David Howard/ Edward Mabley: Drehbuch Handwerk. Techniken und Grundlagen mit Analyse erfolgreicher Filme. Übers. v. Matthias Schmitt. 2. Aufl. Köln: Emons 1998, S. 67. S. 161

Bernstein, Walter: Zitat „Es sollte eine irgendwie ...", Zit. n. David Howard/ Edward Mabley: Drehbuch Handwerk. Techniken und Grundlagen mit Analyse erfolgreicher Filme. Übers. v. Matthias Schmitt. 2. Aufl. Köln: Emons 1998, S. 48 S. 167

Binder, Thomas: Entwicklungsstufen der Identität (nach Jane Loevinger). Vgl. Thomas Binder: Wie gut verstehen Berater ihre Kunden? Ich-Entwicklung – ein vergessener Faktor in der Beratung. In Stefan Busse & Susanne Ehmer (Hrsg.): Wissen wir, was wir tun? Beraterisches Handeln in Supervision und Coaching (S. 104 ff.). Göttingen: Vandenhoeck & Ruprecht 2010 S. 68

Bobrowski, Johannes: Die ersten beiden Sätze für ein Deutschlandbuch. Aus: Gesammelte Werke in sechs Bänden. Bd. 4. S. 89–90. © 1999, Deutsche Verlags-Anstalt, München, in der Verlagsgruppe Random House GmbH. S. 47

Bogdal, Klaus Michael: Verschwindet der Generationenkonflikt? Aus: Der Deutschunterricht 5/2000. Velber: Friedrich Verlag 2000 . S. 43–44

Böll, Heinrich: Bekenntnis zur Trümmerliteratur. Aus: Essayistische Schriften und Reden 1952–1963. Hrsg. von Bernd Balzer. Köln: Kiepenheuer & Witsch 1979, S. 40 f. S. 14–15

Borchert, Wolfgang: Die drei dunklen Könige. Aus: Die traurigen Geranien und andere Geschichten. Reinbek bei Hamburg: Rowohlt 1967. S. 13–14

Brecht, Bertolt: Die Rückkehr. Aus: Gesammelte Werke Bd. 10. Frankfurt/Main: Suhrkamp 1967 (1989), S. 858. S. 10

Brussig, Thomas: Am kürzeren Ende der Sonnenallee (Auszug), Frankfurt/Main: Fischer Taschenbuch, 21. Aufl. 2001. S. 24–25

Celan, Paul: Todesfuge. Aus: Paul Celan: Gedichte I. Frankfurt/Main: Suhrkamp 1975, S. 39–42. S. 18

Chayefsky, Paddy: Zitat: „Das Beste, was einem ...". Zit. n. David Howard / Edward Mabley: Drehbuch Handwerk. A. a. O., S. 78. S. 160

Daniel, Frank: Zitat: „Der Unterschied zwischen ...". Zit. n. David Howard / Edward Mabley: Drehbuch Handwerk. A. a. O., S. 67. S. 162

dpa-Meldung: „Anti-Abschiebe-Industrie" ist „Unwort des Jahres". Aus: NRZ vom 15.1.2019, URL: https://www.nrz.de/panorama/unwort-des-jahres-wird-verkuendet-id216210555.html (Abruf: 3.12.2019). © dpa. S. 94

Duden Redaktion: Weib. Aus: Deutsches Wörterbuch. Mannheim u. a.: Dudenverlag 1992. S. 98

Duden: Euphemismen. Aus: www.duden.de (=Duden online), ohne Datum, Berlin: Bibliographisches Institut GmbH. S. 92

Dueck, Gunter: Der Oberschicht-Code. Aus: Spektrum.de, 31.3.2012, URL: https://scilogs.spektrum.de/wild-dueck-blog/der-oberschicht-code/ (Abruf: 3.12.2019). S. 127–128

Dürscheid, Christa: Soziolekt. Aus: www.researchgate.net, Januar 2013; ResearchGate GmbH, Berlin. S. 113–114

DWDS: Eintrag „Zigeuner". Aus: DWDS. Deutscher Wortschatz von 1600 bis heute. Herausgeber: Berlin-Brandenburgische Akademie der Wissenschaften. Ohne Datum. S. 93

Eich, Günter: Inventur. Aus: Gesammelte Werke in 4 Bänden, Bd. 1, Frankfurt/Main: Suhrkamp 1973, S. 388. S. 12

Elsen, Hilke: Die unsichtbare Hand (2013), Aus: Linguistische Theorie. Tübingen: Narr 2013. S. 180f. S. 98–99

Enzensberger, Hans Magnus: Das digitale Evangelium. Aus: Hans Magnus: Das digitale Evangelium – Propheten, Nutznießer, Verächter. Erfurt: Sutton Verlag 2000, S. 10ff. S. 149–150

Fallada, Hans: Wolf unter Wölfen (Auszug). Berlin: Rowohlt Verlag 1937. S. 120

Faulstich, Werner: Jetzt geht die Welt zugrunde …" Aus: Werner Faulstich: Medienkulturen; Wilhelm Fink Verlag; München; 2000, Seite 171ff. S. 136–137

Feuchtwanger, Lion: Arbeitsprobleme des Schriftstellers im Exil (1954), Aus: Sinn und Form, 6, Heft 3, 1954, S. 361. © Aufbau Verlag GmbH & Co. KG, Berlin 1999, 2012. S. 10–11

Fuchs, Günter Bruno: Gestern. Aus: Blätter eines Hof-Poeten. München: Hanser 1967. S. 46

Geick, Anne: Ich hab mein Selbstbild kennengelernt (2011), URL: https://annegeick.wordpress.com/selbstbildfremdbild/ (Abruf: 18.06.2015) . S. 63–64

Goldman, William: Zitat „Jede kleine Szene …", Zit. n. David Howard / Edward Mabley: Drehbuch Handwerk. A.a.O. S. 90. S. 162

Göttert, Karl-Heinz: Eintrag „Zigeuner". Aus: Neues Deutsches Wörterbuch. Lingen: Lingen Verlag 2012. S. 93

Gomringer, Eugen: schweigen. Aus: Nortrud Gomringer (ed.): Eugen Gomringer. Poema Gedichte und Essays. Nimbus, Wädenswil 2018. S. 197

Grass, Günter: Die Blechtrommel. Hamburg, Zürich: Luchterhand Literaturverlag 1959. Seite 46 ff./ Göttingen: Steidl 2009. S. 49

Heine, Matthias: In Wahrheit ist Kiezdeutsch rassistisch. Aus: Welt online vom 30.06.2014. URL: https://www.welt.de/kultur/article129622721/In-Wahrheit-ist-Kiezdeutsch-rassistisch.html (Abruf: 3.12.2019). S. 123–124

Heißenbüttel, Helmut: Kalkulation über was alle gewusst haben . Aus: Helmut Heißenbüttel: Textbuch V. Walter. Olten und Freiburg: Walter 1965. S. 48

Herrndorf, Wolfgang: Tschick (Auszug). Reinbek bei Hamburg: Rowohlt Taschenbuch Verlag 2012, S. 53 f. S. 42

Hesse, Hermann: Zitat „Der Mensch erlebt das, …" Aus: Roßhalde, Gesammelte Werke Bd. 4, 1. Aufl. Frankfurt/Main: Suhrkamp 1987, S. 13. S. 24

Höbel, Wolfgang: Die geilste Zeit im Leben (1999). In: DER SPIEGEL 39/1999. URL: https://www.spiegel.de/spiegel/print/d-14839604.html (Abruf: 3.12.2019). S. 174

Holtmeier, Stephan: Warum manche Menschen sich schlecht selbst einschätzen können und wie man ihnen helfen kann (2014), URL: http://holtmeier.de/realistisches_selbstbild / (Abruf: 23.06.2015). S. 66

Hörisch, Jochen: Mediendefinitionen. Aus: Jochen Hörisch: Der Sinn und die Sinne – Eine Geschichte der Medien; Eichborn Verlag, Frankfurt am Main; 2001 Seite 61ff: Mediendefinitionen. S. 132–134

Howard, David / Edward Mabley aus: Drehbuch Handwerk. Technik und Grundlagen. Mit Analysen erfolgreicher Filme. Übersetzt von Matthias Schmidt. Köln: Emons 1998. S. 161, 164, 166, 167, 171

Huchel, Peter: Psalm. Aus: Chausseen, Chausseen. Frankfurt/Main: S. Fischer 1963. (auch in: Gesammelte Werke in 7 Bänden, Frankfurt/Main: Suhrkamp Verlag 1984). S. 33

Jandl, Ernst: falamaleikum. Aus: Laut und Luise. Olten und Freiburg: Walter 1966. S. 46

Jenny, Zoë: Das Blütenstaubzimmer (Auszug), 6. Aufl. Frankfurt/Main: Frankfurter Verlagsanstalt 1997, S. 44ff. S. 39

Jenny, Zoë: Das Blütenstaubzimmer (Auszug). Frankfurt/Main: Frankfurter Verlagsanstalt, 6. Auflage 1997, S. 44ff. S. 72–73

Jenny, Zoë: Das Blütenstaubzimmer (Auszug). Frankfurt/Main: Frankfurter Verlagsanstalt, 6. Auflage 1997, S. 44ff. S. 74–75

ANHANG   TEXTQUELLENVERZEICHNIS

Johnson, Uwe: Über eine Haltung des Protestierens. Aus: Kursbuch 9. Frankfurt/Main: Suhrkamp 1967. *S. 35*

Kafka, Franz: Tagebucheintrag. Aus: Franz Kafka: Tagebücher. Herausgegeben von Max Brod. Frankfurt am Main: Fischer Taschenbuch Verlag 1976. *S. 81*

Karsunke, Yaak: Kilroy war hier. Kilroy & andere. Berlin: Wagenbach 1967. *S. 34*

Kaschnitz, Marie Luise: Hiroshima. Aus: Überallnie. Berlin: Claassen Verlag in der Ullstein Buchverlage GmbH 1965. *S. 16*

Kaufmann, Sabine: Deutsche Geschichte – Dialekte (2017). Aus: Planet Wissen, www.planet-wissen.de, 21.12.2016, WDR: Köln. URL: http://www.planet-wissen.de/geschichte/deutsche_geschichte/geschichte_der_dialekte/index.html (Abruf: 3.12.2019). *S. 107–109*

Kerr, Walter: Zitat „Die beste Methode ...",. Zit. n. Drehbuch Handwerk. A. a. O., S. 78. *S. 160*

Kirsch, Sarah: Trauriger Tag. Aus: Sämtliche Gedichte. 2. Aufl. München: Deutsche Verlags-Anstalt (DVA) 1967, S. 16. *S. 69*

Kirsch, Sarah: Wintermusik. Aus: Schneewärme. Gedichte. Stuttgart: Deutsche Verlags-Anstalt (DVA) 1989, S. 47. *S. 69*

Kluge, Alexander: Ein Liebesversuch. Aus: Alexander Kluge: Lebensläufe. Anwesenheitsliste für eine Beerdigung. Stuttgart: Goverts 1962, S. 133 ff. *S. 20–21*

Kock, Felicitas: 1,4 Millionen Schülerinnen und Schüler von Cybermobbing betroffen. Aus: Süddeutsche Zeitung online SZ vom 16.5.2017. URL: https://www.sueddeutsche.de/panorama/jugendliche-im-internet-13-prozent-der-schueler-sehen-sich-als-opfer-von-cybermobbing-1.3507917 (Abruf: 3.12.2019) *S. 147*

Kolbe, Uwe: Alleinsein. Aus: Uwe Kolbe (2008): Nicht wirklich platonisch. Frankfurt/Main: Suhrkamp Verlag 2008, S. 26. *S. 79*

Kompa, Lars: Du bist wie deine Mutter! ... und du wie dein Vater! Warum das für viele kein Problem mehr ist – und warum genau das ein Problem ist. In: nullfünfelf. Nr. 13/Okt. 2014. Hannover: Stadtkind Verlag, S. 43–49. *S. 50–52*

Kunze, Reiner: Fünfzehn. Aus: Die wunderbaren Jahre. Frankfurt/Main: Fischer Taschenbuch 1984, S. 26 ff. *S. 28–29*

Kümmel, Albert, Leander Scholz und Eckhard Schumacher (Hrg): Einführung in die Geschichte der Medien (Auszug); Paderborn: Wilhelm Fink Verlag 2004; Seite 7 ff. (Vorwort der Herausgeber). *S. 138–139*

Langenscheidt Redaktion: Weib. Aus: Großwörterbuch Deutsch als Fremdsprache. München: Langenscheidt 2002. *S. 98*

Laubmeier, Johannes: Ich mach mir das Game, bis es mir gefällt. Aus: Tagesspiegel online vom 12.6.2015; URL: https://www.tagesspiegel.de/medien/digitale-welt/modding-ich-mach-mir-das-game-bis-es-mir-gefaellt/11910700.html (Abruf: 3.12.2019) *S. 145–146*

Leisi, Ilse und Ernst: Wie „einfache Leute" reden. Aus: Sprach-Knigge oder Wie und was soll ich reden? Tübingen: Narr Verlag, 2. Auflage 1992, S. 61–69. *S. 125–126*

Maletzke, Gerhard: Massenkommunikation. Aus: Gerhard Maletzke: Kommunikationswissenschaft im Überblick – Grundlagen, Probleme, Perspektiven. Westdeutscher Verlag; Opladen/Wiesbaden 1998. *S. 135*

Martens, Daniela: Dialekte: Wie bitte? Aus: Der Tagesspiegel online vom 16.10.2011; URL: http://www.tagesspiegel.de/wirtschaft/dialekte-wie-bitte/4761734.html (Abruf: 3.12.2019). *S. 111–112*

Meinunger, André: Sick of Sick? Aus: Woher die Vorschriften rühren und was sie uns verbauen. In: Sick oder Sick? Ein Streifzug durch die Sprache als Antwort auf den „Zwiebelfisch". 2. Aufl. Berlin: Kulturverlag Kadmos 2014, S. 45–47 . *S. 90–91*

Migazin (sb): Bilkay Öney: „Kinder sollten ihre Muttersprache sprechen dürfen, ohne sich dafür rechtfertigen zu müssen". Aus: Migazin. Migration in Germany, 21.2.2012. URL: http://www.migazin.de/2012/02/21/kinder-sollten-ihre-muttersprache-sprechen-durfen-ohne-sich-rechtfertigen-zu-mussen/ (Abruf: 3.12.2019). *S. 101–102*

Monaco, James: Zitat „Unten ist ‚wichtiger' ...", Aus: James Monaco: Film verstehen. Kunst, Technik, Sprache, Geschichte und Theorie des Films und der Medien. Mit einer Einführung in Multimedia. Dt. Fassung, hrsg. v. Hans-Michael Bock. Übers. v. Robert Wohlleben. Reinbek: Rowohlt 2002, S. 195, 208. *S. 168*

TEXTQUELLENVERZEICHNIS ANHANG

Monaco, James: Zitat: „Ein Film, der hauptsächlich ...", Aus: James Monaco: Film verstehen. Kunst, Technik, Sprache, Geschichte und Theorie des Films und der Medien. Mit einer Einführung in Multimedia. Dt. Fassung, hrsg. v. Hans-Michael Bock. Übers. v. Robert Wohlleben. Reinbek: Rowohlt 2002, S. 195. *S. 159*

Neumann, Brigitte: Das Blütenstaubzimmer. Aus: Köln: Deutschlandfunk, Sendebeitrag vom 13.02.1998. http://www.deutschlandfunk.de/das-bluetenstaubzimmer.700.de.html?dram:article_id=79422 (Abruf: 23.06.2015). *S. 70–71*

Passig, Kathrin: Standardsituationen der Technologiekritik (Auszug). edition unseld. Suhrkamp Verlag: Berlin 2013; S. 9ff. *S. 151–153*

Polenz, Peter von: Das gutbürgerliche Bildungsdeutsch. Aus: Peter von Polenz: Deutsche Sprachgeschichte vom Spätmittelalter bis zur Gegenwart. Band III. Berlin/New York: Verlag Walter de Gruyter 1999; Seite 461ff. *S. 129*

Polenz, Peter von: Der preußische Offizierston. Aus: Peter von Polenz: Deutsche Sprachgeschichte vom Spätmittelalter bis zur Gegenwart; Band III. Berlin / New York: Verlag Walter de Gruyter 1999, S. 459ff. *S. 117*

Poppe, Grit: Weggesperrt (Auszug). Hamburg: Cecilie Dressler 2009, S. 9–11. *S. 26–27*

Rabanus, Markus Sebastian (Zitat „Auch wenn viele ..."). Aus: www.Initiative-Dialog.de. Verantwortlich: Markus Sebastian Rabanus, Berlin, Bundesrepublik Deutschland. *S. 93*

Radisch, Iris (Zitat, „Das mag originell sein ..."). Humboldt-Universität zu Berlin, Das literarische Quartett, 17.08.2001. *S. 87*

Reinhard, Doreen: Das Sächsisch verschwindet. Aus: Zeit online vom 29.7.2017, URL: http://www.zeit.de/gesellschaft/2017-05/sachsen-dialekt-saechseln-mundart-ueberland-d17/komplettansicht (Abruf: 3.12.2019). © Doreen Reinhard für ZEIT ONLINE (www.zeit.de) vom 29.05.2017 „Das Sächsisch verschwindet!" *S. 118–119*

Rickman, Tom: Zitat „Das Publikum hat ...", Zit. n. Drehbuchhandwerk, a.a.O., S. S. 75. *S. 171*

Sachs, Nelly: Ihr Zuschauenden. Aus: Das Buch der Nelly Sachs. Hrsg. von Bengt Holmquist. Frankfurt/Main: Suhrkamp 1977, S. 76. *S. 17*

Schares, Thomas: Dialekt. In: Online-Lexikon zur Kultur und Geschichte der Deutschen im östlichen Europa, 2015. URL: ome-lexikon.uni-oldenburg.de/p32834 (Stand 25.02.2015). *S. 109–110*

Scholl, Armin: Zwischen Kritik und Paranoia: Wo hört Medienkritik auf und wo fangen Verschwörungstheorien an? In: Bundeszentrale für politische Bildung (Hrg.): Die Netzdebatte. Erschienen am 19.12.2016. URL: https://www.bpb.de/dialog/netzdebatte/235319/zwischen-kritik-und-paranoia-wo-hoert-medienkritik-auf-und-wo-fangen-verschwoerungstheorien-an (Abruf: 3.12.2019). *S. 154–155*

Seger, Linda: Filmthemen und Figurenentwicklung: „Jeder Film braucht ein Thema ..." (2003), Aus: Linda Seger: Wie gute Autoren noch besser werden. Das Creativity-Workbook fürs Drehbuchschreiben. Köln: Emons 2003. S. 72–73 *S. 160*

Shell-Jugendstudie 2015 (Auszug). 17. Shell Jugendstudie. Herausgegeben von Shell Deutschland. Frankfurt am Main: Fischer Taschenbuch 2015, S. 15. *S. 55*

Shell-Studie (Tabelle) Die Kinder so erziehen, wie selbst erzogen? (2010). Shell Jugendstudie 2010 – TNS Infratest Sozialforschung. Aus: Shell Deutschland Holding (Hrsg.): Jugend 2010. Eine pragmatische Generation behauptet sich. 2. Aufl. Frankfurt/Main: Fischer Taschenbuch 2011, S. 65. *S. 54*

Shell-Studie: „Jugendliche und Erwachsene '85 – Überblick über die Ergebnisse. Aus: Jugendwerk der Deutschen Shell (Hrsg.): Jugendliche und Erwachsene '85. Generationen im Vergleich. Band 1. Opladen: Leske+Budrich 1985, S. 12ff. *S. 53*

Steenfatt, Margret: Im Spiegel. Aus: Augenaufmachen. 7. Jahrbuch der Kinderliteratur, hrsg. von Hans-Joachim Gelberg. Weinheim/Basel: Beltz & Gelberg 1984, S. 218f. *S. 30*

Stelzer, Tanja (Zitat, „Ich habe halt so ein romantisches Kindheitsideal ...") In: DIE ZEIT 33/2008, 07.08.2008. *S. 87*

Tawada, Yoko: Ges-Ich-ter. Aus: Aber die Mandarinen müssen heute abend noch geraubt werden. Tübingen: konkursbuch Verlag 1997. S. 45ff. Übersetzer: Peter Pörtner. *S. 65*

Tawada. Yoko: Ich wollte keine Brücke schlagen. Aus: Aber die Mandarinen müssen heute abend noch geraubt werden. Poetische Prosa, Traumtexte, Gedichte. Konkursbuchverlag 1997, S. 65f. Übersetzer: Peter Pörtner. *S. 78*

Towne, Robert: Zitat „Beim Schreiben dramatischer Szenen ...", Zit. n. David Howard/Edward Mabley: Drehbuch Handwerk. A.a.O., S. 74–75. *S. 166*

ANHANG TEXTQUELLENVERZEICHNIS

Verein für deutsche Sprache: Sandwich, candlelight und candlelightdinner zu finden auf: www.vds-ev.de/index (Abruf: 5.11.2019). *S. 89*

Vogelgesang, Waldemar, Tournier, Nadine: Identitätsbildung in der Multioptionsgesellschaft. Aus: Kai-Uwe Hugger (Hrsg.): Digitale Jugendkulturen; Wiesbaden: Springer Fachmedien, 2., erweiterte und aktualisierte Aufl. 2014. *S. 140–141*

Vogelgesang, Waldemar, Tournier, Nadine: Online-Rollenspieler (2014) Aus: Kai-Uwe Hugger (Hrsg.): Digitale Jugendkulturen; Wiesbaden: Springer Fachmedien, 2., erweiterte und aktualisierte Aufl. 2014. *S. 143–144*

Vogelgesang, Waldemar: Selbstdarstellungen und soziale Beziehungen auf Facebook. Aus: Kai-Uwe Hugger (Hrsg.): Digitale Jugendkulturen; Wiesbaden: Springer Fachmedien, 2., erweiterte und aktualisierte Aufl. 2014. *S. 142*

Vogler, Christopher: Die Odyssee des Drehbuchschreibers. 2. akt. u. erw. Aufl. Frankfurt/Main: Zweitausendeins 1998. *S. 170*

Voigt, Jutta: Über das Verschwinden des Berliner Dialekts. Aus: Jan Eik: Der Berliner Jargon; Vorwort von Jutta Voigt Berlin: Jaron Verlag, 2. Auflage 2012. *S. 116–117*

Weiss, Peter: Die Ermittlung (Auszug). Aus: Stücke I. Frankfurt/Main: Suhrkamp 1976, S. 426–428. *S. 22–23*

Widmer, Urs: Der Geliebte der Mutter. Aus: Der Geliebte der Mutter. Zürich: Diogenes 2000, S. 124 ff. *S. 76–77*

Widmer, Urs: Von der Norm, der Abweichung und den Fertigteilen. Klagenfurter Rede zur Literatur (2011). URL: http://archiv.bachmannpreis.orf.at/bachmannpreis.eu/de/bachmannpreis/2984/ (Abruf: 5.4.2018). *S. 45*

Wiese, Heike: Führt Mehrsprachigkeit zum Sprachverfall? (2011), Aus: Şeyda Ozil, Michael Hofmann und Yasemin Dayıoğlu-Yücel (Hrsg.): Türkischdeutscher Kulturkontakt und Kulturtransfer. Kontroversen und Lernprozesse. Göttingen: V&R unipress 2011. S. 73–84. *S. 100–101*

Wiese, Heike: Kiezdeutsch – ein neuer Dialekt. Aus: Aus Politik und Zeitgeschichte 8/2010 vom 16.2.2010. URL: http://www.bpb.de/apuz/32957/kiezdeutsch-ein-neuer-dialekt?p=all (Abruf: 3.12.2019). *S. 122*

Wiese, Heike: Neue Möglichkeiten der Informationsstruktur (2014). Aus: kiezdeutsch.de. Ein Infoportal zu Jugendsprache in urbanen Wohngebieten mit hohem Migrantenanteil: Informationen für Interessierte und Handreichungen für Schulen (ohne Datum); Humboldt-Universität zu Berlin. URL: http://www.kiezdeutsch.de/sprachlicheneuerungen.html (Abruf: 5.11.2019; Markierungen im Original). *S. 87*

Wiese, Heike: Sprachliche Variation und Grammatikanalyse (2014), Aus: Fallbeispiel Kiezdeutsch. In: Der Deutschunterricht. Heft 3/2014. S. 82–87. Hier S. 82 f. Velber: Friedrich Verlag. *S. 86*

Wondratschek, Wolf: Über die Schwierigkeiten, ein Sohn seiner Eltern zu bleiben (1969) (Auszug) In: Wolf Wondratschek: Früher begann der Tag mit einer Schusswunde. © dtv Verlagsgesellschaft München, 2. Auf. 2014, S. 78–84. *S. 36–38*

Wulff, Hans Jürgen: Zitat „Duelle gehören …". Aus: Lexikon der Filmbegriffe. Kiel: brünger.media – Agentur für individuelle Weblösungen. URL: http://www.filmlexikon.uni-kiel.de/index.php?action=lexikon&tag=det&id=6987 (Abruf: 01.07.2019). *S. 169*

Bildquellen

|Akademie der Künste - Literaturarchiv, Berlin: Peter-Weiss-Archiv, Nr. 2787-20, Foto: Christian Kraushaar 23. |akg-images GmbH, Berlin: 22, 120, 138, 211, 212, 213, 214, 215; Bildarchiv Pisarek 11; Kalter, Marion 77; Lessing, Erich 210; Poklekowski, Doris 149; Stauss, Niklaus 151; Teller, Michael 19; Weiss, Peter 124; © VG Bild-Kunst, Bonn 2019 222. |alamy images, Abingdon/Oxfordshire: Axis Images 136; Barritt, Peter 79; bilwissedition Ltd. & Co. KG 223; Caputo, Federico 227; Entertainment Pictures 172; Fearn, Paul 221; Granger Historical Picture Archive 208; Hallinan, Dennis 209; Hempel, Shawn 224; Heritage Image Partnership Ltd 212, 215; Horree, Peter 218; Horree, Peter/ © Estate of George Grosz, Princeton, N.J./ VG Bild-Kunst, Bonn 2019 221; imageBROKER 217; Macke, August 220; RGR Collection 158; United Archives GmbH 158; Vidler, Steve / © VG Bild-Kunst, Bonn 2019 219. |Baldus, Peter, Riede: 139. |Brunn, Carl, Aachen: 42. |Buchegger, Sepp, Tübingen: 142. |Colourbox.com, Odense: Fotofermer 97. |ddp images GmbH, Hamburg: CDCA 158; interTOPICS/Galuschka, Horst 65; © Relevant Film 172. |Domke, Franz-Josef, Hannover: 111, 115. |Dueck, Gunter, Neckargemünd: Foto: Michael Herdlein 127. |Dürscheid, Christa, Zürich: 113. |fotolia.com, New York: aboutfoto 99; exclusive-design 93. |Freyberg, Falk, Hannover: 78. |Geick, Anne, Hamburg: 63, 63, 63, 64. |Getty Images, München: Hulton Archive/Staff 33. |Heine, Matthias, Berlin: 123. |Interfoto, München: Felicitas 12; Friedrich 9; Friedrich, Brigitte 24; Granger, NYC 34; PHOTOAISA 37. |iStockphoto.com, Calgary: PeopleImages 51. |Kassing, Reinhild, Kassel: 159, 159, 159, 159, 159, 159, 179, 180, 180, 181, 182, 184, 184, 185. |Kaufmann, Sabine, Zürich: 107. |Keis, Heike, Rödental: 31. |Kümmel-Schnur, Albert, Konstanz: Foto: André Beckersjürgen 138. |Masztalerz, Piero, Hamburg: 131. |Medienpädagogischer Forschungsverbund Südwest (mpfs), Stuttgart: JIM-Studie 2018, S. 39 96. |Niederdeutschsekretariat, Hamburg: 108. |PantherMedia GmbH (panthermedia.net), München: Boschi, Maximilian 44. |Picture-Alliance GmbH, Frankfurt/M.: 9, 31; akg-images 16; Deutsche Fotothek/Morgenstern, Klaus 79; dieKLEINERT.de/Koufogiorgos, Kostas 81; dpa 18, 22, 93; dpa-Film Delphi 172; dpa-infografik 102, 143, 143; dpa/Endig, Peter 26; dpa/Loos, Steffi 122; dpa/Wagner, Ingo 69; dpa/Zucchi, Uwe 126; KPA / © GOOD BYE, LENIN!, X Verleih AG 172; Mary Evans Picture Library 158; Radke, Sascha 119; Rose, Klaus 35; Süddeutsche Zeitung Photo/Neubauer, Manfred 106; TASS/Redkin, Mark 10; www.picturedesk.com/Schöndorfer, Karl 20; ZB/Deutsche Fotothek 14; ZB/Endig, Peter 27; ZB/Glaser, Paul 25; ZB/Kaufhold, Reinhard 9; ZB/Nijhof, Kirsten 118; ZB/Schindler, Karlheinz 116, 132. |Ralph Larmann Company, Hadamar: Loreley zur Rheinpartie 2009 46. |Reinhard, Doreen, Dresden: Foto: Frauke Thielking 118. |Roos, Michael, Bingen: Text: Lars Eggers 106. |Scholl, Armin, Münster: © Susanne Lüdeling 154. |Schwoba.de, Haigerloch: 106. |Shell Deutschland Oil GmbH, Hamburg: 55, 55. |Shutterstock.com, New York: frank_peters 67; Monkey Business Images 28; OliverSved 33. |Sick, Bastian, Hamburg: Foto: Herbert Schulze, Berlin 90. |Speth, Frank, Quickborn: (norddt. Künstler) 115. |Stanley, Pablo: 128. |stock.adobe.com, Dublin: Animaflora PicsStock 106; fergregory 81; Fox 40; Gorodenkoff 145; Gracchus, Tiberius 113; Holger B. 113; HSB-Cartoon 81; Ieremy 152; moonrun 3; motortion 147; Porzani, Giuseppe 89; Sabphoto 30; Saim Sam 106; schnapsunddesign 106; sezer66 144; thomasknospe 114. |Süddeutsche Zeitung Digitale Medien GmbH, München: Foto: Daniel Hofer 147. |toonpool.com, Berlin, Castrop-Rauxel: Schley, Karsten 115. |Tournier, Nadine, Berlin: 140. |ullstein bild, Berlin: 16; AKG 15; Andree 69; Bauer, Jürgen 28; Clausen, Rosemarie 13; dpa 14; Friedrich 76; Schleyer 70; Schneider 24; Simon, Sven 49. |vario images, Bonn: 81. |Verlag C.H. Beck, München: 81. |Vogelgesang, Waldemar, Trier: 140. |www.bob-born.de, Freiburg: Christian BOB Born 135. |X-Verleih AG, Berlin: © ABSOLUTE GIGANTEN 163, 164, 164, 165, 165, 165, 165, 167, 167, 167, 167, 168, 168, 168, 169, 169, 169, 169, 169, 170, 170, 171. |Zeller, Bernd, Jena: 95.